数字化转型
与治理方法论

陆峰 著

人民邮电出版社

北 京

图书在版编目（CIP）数据

数字化转型与治理方法论 / 陆峰著. -- 北京：人
民邮电出版社，2022.6
ISBN 978-7-115-59760-1

Ⅰ. ①数… Ⅱ. ①陆… Ⅲ. ①信息经济－研究－中国
Ⅳ. ①F492

中国版本图书馆CIP数据核字(2022)第126512号

内 容 提 要

本书紧紧围绕"十四五"期间"加快数字化发展，建设数字中国"主题主线，以全球视野，
洞察数字化发展大势；从国内视角，梳理 21 世纪以来我国数字化转型的脉络和进程。本书共八
章，聚焦数字基础设施、数字科技、数字经济、数字社会、数字政府、数字生态六大核心，探
索数字化转型的发展理念、体制机制和路径模式，旨在用全局性、战略性、系统性和创新性思
维为摹画数字化发展未来蓝图提供参考。

本书适合党政机关领导干部、企业中高级管理人员、战略咨询研究人员、高校和科研机构
数字化转型研究学者阅读。

◆ 著　　　　　陆　峰
　　责任编辑　韦　毅
　　责任印制　焦志炜
◆ 人民邮电出版社出版发行　　北京市丰台区成寿寺路 11 号
　　邮编　100164　　电子邮件　315@ptpress.com.cn
　　网址　https://www.ptpress.com.cn
　　涿州市般润文化传播有限公司印刷
◆ 开本：720×960　1/16
　　印张：23.75　　　　　　　　2022 年 6 月第 1 版
　　字数：399 千字　　　　　　2025 年 11 月河北第 8 次印刷

定价：99.00 元

读者服务热线：(010)81055410　印装质量热线：(010)81055316
反盗版热线：(010)81055315

序

20 世纪末期，信息通信技术革命狂飙突进，席卷了现代经济社会生产生活的方方面面。千禧年之交，随着"纳斯达克泡沫"的破灭，信息通信技术应用由"喧嚣"走向"理性回归"。进入 21 世纪以来，全球新一轮信息科技革命和产业结构转型及变革深入发展，以互联网、大数据、人工智能等为代表的新一代信息通信技术创新发展日新月异、蒸蒸日上，对经济发展和社会变迁的影响正由表入里、由浅入深，无远弗届，从日常生活到产业转型变革，从商业模式创新到组织管理模式创新，从激发需求到开辟新增长来源，从国家治理体系现代化到世界治理格局重塑，全方位的深刻变革和转型渐行渐近。

最近十年来，作为通用目的技术和赋能技术，新一代信息通信技术正在加速创新、泛在融合和深化应用，经济社会正在向网络化、数字化、平台化、社交化、生态化和智能化方向演进，生产方式、生活方式和经济增长方式正在发生重组、重构和重塑，正在为价值提升、生活提档、产业升级和治理现代化全面赋能。世界主要国家和地区纷纷把新一代信息通信技术创新发展和应用作为抢占未来发展的战略制高点，力图在新一代信息通信技术创新发展上开辟"新赛道"、谋求"先行者优势"，并为未来发展争得创新的竞争优势。

当前，我国经济正进入高质量发展阶段。面对世纪疫情、应对中美战略博弈，我们必须坚决立足新发展阶段、贯彻新发展理念、构建新发展格局，加快发展现代产业体系，建立现代化经济体系，推动经济高质量发展。贯彻落实新发展理念，加快数字经济发展，推动数字化转型，我们必须立足建成富强民主文明和谐美丽的社会主义现代化强国的目标，通过数字化转型，深化互联网、大数据、人工智能等技术融合应用，推进数字经济和实体经济深度融合，推动产业基础高级化和产业链现代化，推动创新链、产业链、供应链和价值链融通发展，加快转变发展方式、优化经济结构、转换增长动力，实现经济发展质量变革、效率变革和动力变革；通过数字化转型，促进消费需求升级，崇尚健康的生活方式，点亮智慧生活，增进广大人民的获得感、幸福感和安全感，满足广大人民群众对美好生活的新期待；通过数字化转型，构建新发展格局，共同应对国际互联网治理面临的挑战，加强国际数字贸易、数字经济合作，深化"一带一路"愿景战略合作，深度参与世界经济治理体系重塑。

不过，我们也要注意到信息通信技术创新发展和广泛应用是一把"双刃剑"。在推动数字化转型中，我们必须密切关注个人信息非法滥采滥用、平台经济垄断、算法滥用等问题对广大人民群众的生活、公平公正的市场竞争秩序以及国家治理体系都产生了一定的危害和困扰；我们必须密切关注技术滥用、误用或不当应用对经济社会发展带来的负面影响，及时解决大众对个人隐私保护、算法作恶、平台垄断、不正当竞争、网络和数据安全等问题的担忧和关切；我们必须密切关注数字化转型对产业结构、区域协调发展、经济结构、宏观经济调控方式、社会管理模式、人才需求和劳动者数字技能、网络和信息安全保障、国家治理以及国家安全等方面带来的机遇和挑战，必须共同编织"技术之网""制度之网""治理之网"，以高度理性、客观务实和适时顺势的认真科学态度，做好相应的政策调整和制度适应，让信息通信技术发展更好地赋能经济社会发展。

数字化转型不只是简单的新一代信息通信技术融合创新应用，也不可能一蹴而就，它是推动经济社会发展方式转变的一场重要变革，是一项系统性工程，涉及技术创新、流程再造、应用建构、人才培养、能力建设、政策调整、制度变革等诸多方面，需要在洞察全球发展趋势和遵循市场发展规律前提下，统筹规划、系统部署、与时俱进、开拓创新、持续推进。陆峰博士长期致力于数字化转型与治理研究。十多年来，他多次参与国家和地方省市数字化相关重要政策规划制定，对数字化转型和治理结构改革积攒了大量案例，并对迎接和适应数字化转型所需要解决的一系列关键性问题有自己独到见解和思考。《数字化转型与治理方法论》是他多年来从事政策研究和现场观察的体验。在写作的过程中，他说，这是他的"一家之言"。我相信，他的"一家之言"会给那些钟情于思考同样问题的读者带来一定的启示；他的"一家之言"也会成为那些数字化转型和治理实践者的"引玉之砖"。

数字化转型引发全面重塑

数字化转型是经济社会发展的新阶段，是时代前进发展的新路径，是人类文明进步的新征程。加快推动数字化转型已经成为世界主要发达国家和地区谋求发展竞争战略优势的重要举措。党中央和国务院作出了"加快数字化发展，建设数字中国"的战略决策部署，国家"十四五"规划提出要加快建设数字经济、数字社会、数字政府，以数字化转型整体驱动生产方式、生活方式和治理方式变革。加快推动数字化转型，有利于提升数字技术产业创新供给能力，有利于推动传统产业提档升级，有利于推动社会治理模式创新，已经成为"十四五"期间推动我国经济高质量发展、提升民生福祉水平、促进国家治理体系和治理能力现代化、构筑国际竞争新优势的内在要求。

一、数字科技发展加速推动经济社会数字化转型

21 世纪以来，全球新一轮科技革命和产业变革愈演愈烈，以移动通信、互联网、云计算、人工智能等为代表的数字科技步入发展快车道，"云""网""端"技术相互驱动、螺旋迭代，呈现出加速迭代升级、群体性突破、协同集成创新、加速融合创新等特点，提高了各领域信息采集、传输、计算、分析等能力，对整个经济社会创新发展产生了巨大驱动作用，为经济社会数字化转型插上了腾飞的翅膀。移动通信技术从 2G 迭代升级到 5G，连接方式不断拓展，网络带宽持续增加，促进了移动互联网广泛渗透应用，构建起更加广泛的社会连接关系，极大地弥补了信息不对称，对经济社会产消关系、供应链关系和商业竞争关系都产生了深远影响，成为驱动数字化转型的先导力量。云计算改变了计算资源使用模式，促进了计算资源社会共享使用，降低了计算资源使用门槛和成本，为各行业数字化转型提供了强有力的

算力保障。大数据技术发展让数据资源成为推动经济社会发展的要素资源，算力、算数、算法协同并进，提高了各行业深度洞察能力，促进了各领域发展方式转变。信息流引领技术流、资金流、人才流、物资流成为数字化转型需要把握的竞争第一规则。物联网技术的发展，提高了信息实时采集、规范采集、海量采集等能力，改变了物理世界和数字世界信息交互模式，强化了物理世界和数字世界连接互动，成为实现数字孪生应用发展的关键。人工智能算法突破性创新发展，与云计算、物联网、大数据等技术协同发力，促进了各行业智能化转型发展，对社会运行方式、产业发展模式、人才需求结构、国家治理方式等都产生了深远影响。

二、数字化转型加速生产方式重塑

互联网、大数据、人工智能等新一代信息技术加速与经济社会各领域深度融合，推动了生产方式变革创新和产业结构演化，促进产业组织和产业服务创新，平台化组织、网络化协同、智能化运行成为新的生产方式。互联网和经济社会深度融合，培育和催生出了一批依托网络平台的行业信息服务企业，推动产业组织方式从线下自由组织向网络平台主导组织转变。平台化组织模式对产业链上下游供求对接、产业协作、价值流向都产生了重大影响，加速了产业融合，成为产业链竞争最强有力的组织模式。网络平台发展打破了时空限制，促进了物资、知识、技术、智力等社会创新资源在更大范围内整合和优化配置，为中小企业提升研发创新能力、拓展销售渠道、适应经济新常态提供了强有力的公共服务支撑。信息化和工业化深度融合，推进了企业数字化研发、生产和销售，工业软件成为提升企业研发设计的第一生产工具，无人车间、智能工厂、灯塔工厂等成为新型车间形态，柔性制造、协同制造、智能制造能力大幅增强，大规模个性化定制、网络化协同生产、智能化生产制造等成为新的供给生产模式，降低了生产风险，提升了产业链协同和生产供给能力。

三、数字化转型加速生活方式重塑

互联网、大数据、人工智能等新技术在大众生活中的渗透应用，促进了社交网络、电子商务、电子支付、智能终端、网络办公等应用发展，点亮了智慧生活，重塑了大众生活方式，增强了大众体验感、幸福感和获得感。微信、微博、博客等社交网络快速发展，改变了大众社交模式，拉近了人际沟通距离，提高了个体交流沟通、信息发布、宣传展示、建言献策、社会动员等能力。零售、餐饮、交通、旅游等领域电子商务的创新发展和深入应用，深刻改变了大众生活消费模式，网上购物、网络外卖、网约车、网上自助游成为新的生活方式，电子支付成为常态，极大提高了生活便利性，促进了绿色生活发展。移动智能终端发展提升了大众信息服务接入和驾驭能力，以移动互联网应用软件为形式的生活性信息服务业的发展加速了大众生活各领域数字化转型，点亮了个人数字生活。

四、数字化转型加速治理模式重塑

数字技术发展促进了数字政府建设，变革了政府社会治理手段，推动了社会治理模式创新，促进了治理体系和治理能力现代化。依托社会治理感知网络，市政管理、交通管理、生态保护、安全生产、应急救灾等领域实现了大规模在线监测和态势感知，提高了问题发现和应急处置能力，改变了线下监管资源配置不足、发现处置不及时等问题。依托大数据、物联网等技术，对社会治理、市场监管、生态保护等领域开展精准治理、深度治理、预防治理，实现了从事中事后治理向事前预防转变。依托各类消费互联网平台，让社会大众在网络生活中通过评价、点赞、投诉、举报等模式参与社会治理，实现了政府和社会协同共治。

五、数字化转型需要变革创新引领

数字化转型不仅是信息技术融合创新应用，而且是涉及发展理念、发展方式、发展模式全方位变化的一次重大变革。加快推动数字化转型，需要以新发展理念为引领，以技术持续迭代创新为驱动，以融合创新推动发展方式和发展模式转变为路径，以制度改革创新为保障，不断推动信息技术创新发展、融合应用和迭代升级，增强数据驾驭能力，提升信息流引领和优化配置技术流、资金流、物资流和人才流的能力。

六、数字化转型需要同步配套治理

数字技术是把"双刃剑"，数字技术融合创新应用催生了许多新业态，在赋能经济社会新发展的同时，也引发了较多经济社会问题，数据滥用误用、网络平台垄断、算法诱导、打着信息服务旗号逃避行业监管、利用技术实施不正当竞争和网络违法犯罪等行为已经严重扰乱了市场竞争和社会发展秩序，对市场竞争、产业创新、经济发展、大众生活和国家安全构成了严重威胁。加快数字化转型，需要加强数字治理，倡导科技向善理念，加强互联网、大数据、人工智能等技术应用治理，明确技术使用原则，规范技术使用领域和使用方式，防止技术滥用和误用。

加快推动数字化转型，是转变发展方式的新需要和新要求，是发展竞争的新变革和新赛道，是打造竞争战略优势的新方法和新利器，机遇不容错失，需要与时俱进，用全局性、战略性、系统性、创新性思维去谋划数字化转型蓝图和推进路线图。为了深入贯彻落实党中央和国务院关于数字化转型战略决策部署，共同助力社会各领域加快数字化转型，作为长期从事数字化转型与治理研究的学者，本人结合长期研究实践积累，将自己关于数字化转型与治理的思路和想法编撰成书，以飨读者。

本书紧紧围绕"加快数字化发展，建设数字中国"主题主线，从数字科技创新、数字基础设施部署以及数字经济、数字社会、数字政府、数字生态建设等重要方面展开深入研究探讨，从发展理念、体制机制、路径模式等战略战术层面进行深入分析和总结。本书的目标读者为数字化转型领域的推动者和管理者，包括党政机关领导干部、企业中高级管理人员、战略咨询研究人员、高校和科研机构数字化转型研究学者、数字化转型研究爱好者等。

本人平时在政策咨询、项目规划、调查研究等过程中，受到较多从事一线工作的数字化推进者和实践者的启迪，他们普遍反映，在推进数字化转型过程中，互联网上各种政策、案例、技术指导铺天盖地，但在实践中却发现存在政策指导太宏观而难落地、案例指导太高端而难适用、技术指导太微观而对转型发展意义不大等问题，他们迫切希望在推进数字化转型过程中能有些中观层面的方法论指导。因此本人撰写了《数字化转型与治理方法论》这本书，更多地提供方法论，而非典型案例，希望能够更好地满足推进数字化转型一线人员的需求。

本书一共分为八章，从数字基础设施、数字科技、数字经济、数字社会、数字政府、数字生态等六个涉及数字化转型的主要方面进行深入研究和探讨，具体说明如下。

第一章主要分析全球数字化转型形势，包括全球数字化转型态势与特点、我国数字化转型与治理进展，以及数字化转型产生的经济社会效应。

第二章围绕新型基础设施建设部署，首先总体讲述新型基础设施建设的由来、作用、影响以及推进策略，其次分别对新型数据中心、5G、工业互联网、域名服务设施、IPv6（Internet Protocol version 6，第6版互联网协议）网络等重点新型数字基础设施建设部署进行分析，给出推进建议。

第三章围绕提升数字科技创新发展水平，系统分析云计算、大数据、物联网、人工智能、基础软件、传感器等通用目的技术的意义、现状、面临的问题等，并给出推进发展建议。

第四章围绕推动数字经济和实体经济深度融合，分别从产业互联网、工业软件、制造业数字化转型、企业数字化转型、网络平台经济、数据资源要素开发利用、数字经济体系构建等方面进行系统性分析，并给出建议。

第五章围绕加快数字社会建设步伐，从新型智慧城市、数字乡村、数字生活等方面，对推进思维、路径、机制等进行深入研究分析。

第六章围绕推动数字政府创新发展，从数字政府建设体制机制、建设运营主体选取、政务云数据中心、政务数据共享交换、在线政务服务、数字化监管治理和政务大数据开发利用等方面进行系统性分析和研究。

第七章围绕构建健康有序数字新生态，从个人信息保护、数据流通交易、网络平台算法、网络安全、新技术应用等领域治理，以及网络综合治理体系、数字治理机制等方面进行系统性分析和研究。

第八章围绕数字化发展的未来，从领导干部数字素养、数字中国建设、数字世界互信共治三个方面进行研究探讨。

数字化转型是"十四五"时期我国国民经济和社会发展各领域转型提档升级的重要主题和主线，对推进各领域高质量发展具有重要意义。本人基于在信息化、数字经济、信息产业、互联网治理等领域十多年的研究积累，将对数字化转型与治理的个人看法和想法集结成册，与读者分享。本书中的内容和观点仅代表个人一些不成熟的专业研究看法和想法，不代表本人所在单位和任何官方机构的看法、意见和建议。因自身知识结构、研究视角、学术能力、专业水平等方面的不足，本人对数字化转型与治理的认知有限；因信息技术快速发展和融合创新引发全球经济社会深刻变革产生的不确定性，本书中收录的本人在特定时期撰写的文章内容具有一定的局限性；因工作繁忙、考虑不周等问题，本人在写作过程中可能会产生疏忽；书中内容和观点不妥不当之处在所难免，敬请大家包涵。

陆峰

目录

第一章

数字化转型：
引领全球创新发展，重塑全球竞争发展格局

　　信息技术的发展和应用已经对人类社会发展进程产生了重要影响。21世纪以来，信息技术革命浪潮席卷全球，对全球各国政治形态变革、经济社会发展、国际竞争参与、竞争格局演变都产生了重要深远影响。世界主要国家和地区把加快发展新一代信息技术当作谋求未来发展竞争新优势、抢占全球发展战略制高点的重要手段，纷纷制定推进战略，在新一代信息技术创新、网络基础设施建设、数字经济发展、网络和数据安全管理、网络空间治理等领域加快推进节奏，加大扶持力度。我国政府高度重视信息技术发展推进工作，特别是党的十八大以来，党中央和国务院积极推动新一代信息技术发展，出台了一系列扶持政策，加快推动互联网、大数据、人工智能和经济社会深度融合，加快数字经济、数字社会、数字政府和数字生态建设，以数字化转型驱动生产、生活和治理方式变革。

第一节 全球数字化转型态势与特点

随着全球新一轮科技革命和产业变革的深入推进，信息技术发展对经济社会发展的溢出、带动和牵引作用愈加凸显，世界许多国家和地区都把推动信息技术发展和创新作用提高到战略高度，纷纷在网络信息基础设施建设、新一代信息技术创新、数字经济发展、智慧城市和数字政府建设、新技术新业态发展规范、数据安全管理和个人信息保护、网络空间治理等方面持续出台政策，加大发展扶持力度，推进技术创新应用，构建应用规则和治理体系，促进数字技术和经济社会融合创新发展，以期在新一轮信息技术革命浪潮中赢得发展竞争新优势。

一、全球数字化转型态势与进展

（一）持续推进网络基础设施迭代升级

1. 实施国家宽带战略

1993 年，美国政府实施了国家信息基础设施计划（即"信息高速公路"计划），对美国政治、经济、社会发展产生了巨大溢出效应，让世界各国都感受到网络信息基础设施在经济发展和国际竞争中的重要战略地位。其后，各国纷纷效仿美国，推进本国信息高速公路建设。据不完全统计，截至 2021 年底，全球已有 150 多个国家推出了国家宽带战略及更新计划，大力推进网络信息基础设施建设，为经济转型升级和国家治理提供保障支撑。各国宽带战略都致力于推进宽带普及提速，释放宽带普及对经济社会发展产生的牵引和溢出效应，具体措施包括光纤入户、3G/4G/5G 等移动宽带建设、无线城市建设、宽带在公共服务领域应用、宽带普遍服务、技术创新、政府监管等。

2. 加快 5G 网络建设

2017 年 12 月，3GPP（3rd Generation Partnership Project，第三代合作伙伴计划）批准了 5G NSA（Non-Stand Alone，非独立组网）技术标准，使用现有 4G LTE（Long Term Evolution，长期演进）网络作为连接 5G 的锚点。2018 年 6 月，3GPP 全会批准了 5G NR（New Radio，新空口）技术标准 SA（Stand Alone，独立

组网）方案，2019 年 3 月，冻结了 5G 第一版标准 R15，实现了对 eMBB（enhanced Mobile BroadBand，增强型移动宽带）的支持，完成了第一阶段全功能标准化工作，推动了全球 5G 网络建设。从 2018 年下半年开始，全球多个国家和地区开始启动 5G 网络试验和建设。在北美洲，美国于 2018 年 10 月启动了 5G 网络建设和商用。在欧洲，英国、德国、法国分别于 2019 年 5 月、2019 年 7 月、2020 年 11 月启动了 5G 网络建设和商用。在亚洲，韩国和日本分别于 2019 年 4 月和 2020 年 3 月启动了 5G 网络建设和商用。2020 年 7 月，3GPP 宣布 R16 标准冻结，实现对工业互联网、车联网等 URLLC（Ultra-Reliable and Low Latency Communication，超可靠低时延通信）应用的支持。2022 年 6 月，3GPP 宣布 R17 标准冻结，将毫米波频段扩展到了 71 GHz，引入了面向较低复杂度物联网终端的 "NR-Light"（RedCap）、NTN（Non-Terrestrial Networks，非地面网）、增强 IAB（Integrated Access and Backhaul，集成接入与回传）、射频中继器等新特性。根据 GSMA（Global System for Mobile Communications Association，全球移动通信系统协会）以及工业和信息化部的相关数据，截至 2021 年底，全球启动 5G 网络规划建设的国家和地区超过 102 个，近 70 个国家和地区实现 5G 商用，全球建成 5G 基站近 240 万座，预计到 2025 年，全球 126 个国家和地区将实现 5G 商用。

3. 加快云计算中心建设应用

自从 2006 年谷歌首次提出云计算概念以来，全球主要国家和地区以及互联网企业都加快了云计算发展步伐，亚马逊、微软、谷歌等公司分别推出了 AWS、Azure、谷歌云等云服务，并加快在全球云计算中心部署，其大型数据中心遍布美国、欧洲、巴西、新加坡、日本等地以及中国香港地区，有力地支撑了各国和地区数字化转型进程。

欧盟方面。2011 年德国提出 "联邦云" 计划，尝试建立一个由联邦政府控制的核心云平台，联邦经济事务和能源部还启动了 "可信云" 项目。2018 年，法国国家网络安全局和德国联邦信息安全办公室开展合作，形成欧洲云计划 Gaia-X，并于 2019 年底正式启动，欧盟 27 个成员国参与，旨在摆脱欧洲对中美两国大型 IT 公司的依赖，建立一个真正属于欧洲的数据基础设施，成为欧盟 "母云端"，并创立通用云标准、参考云架构和互操作性要求等。

美国方面。美国联邦政府鼓励其下各部门积极采购私营机构云服务，提升政府决策服务能力。2010 年，美国联邦政府制定了 "云优先" 发展战略，为政府机构提供了广泛采用基于云解决方案的权利。2018 年 10 月，美国联邦政府制定了

"云敏捷"战略，让各机构采购可以简化转型流程并拥抱具有现代化能力的私营机构云解决方案，根据需求作出信息技术决策。

4. 积极推进太空互联网部署

美国陆续出台《美国国家航天政策》《商业空间法》《鼓励私营航空航天竞争力与创业法》等系列法案，大力扶持私营企业进入卫星产业，促进美国卫星产业的发展。2017年美国重组国家太空委员会，先后批准了SpaceX（太空探索技术公司）星链（Starlink）计划和亚马逊Kuiper计划等卫星互联网项目。2018年，美国政府颁布《国家航天战略》，旨在通过部署多个卫星星座计划，推进低轨通信卫星组网工程建设，力争主导全球低轨宽带卫星市场。SpaceX星链计划将投入12 000颗卫星组成巨型通信卫星星系，截至2022年5月已累计发射2651颗。科技巨头亚马逊Kuiper项目计划发射3236颗LEO（Low Earth Orbit，低地球轨道）卫星。2018年5月，俄罗斯国家航天集团公司公布由288颗LEO卫星组成覆盖全球的低轨通信星座计划，以实现俄罗斯卫星宽带及窄带物联网通信在军民市场的通用。2016年，澳大利亚发布《超高速宽带基础设施》立法草案，明确提出要为卫星宽带网络提供长期资金支持。加拿大政府在2018年财政预算中提供了1亿美元的战略创新基金，以支持LEO卫星项目。此外，巴西、新西兰、缅甸和智利等国也相继启动向边远地区、农村、岛屿提供卫星互联网覆盖的计划。

（二）推进信息技术产业创新发展应用

1. 推动云计算应用和产业发展

2010年以来，随着技术创新发展，云计算改变了IT设施的建设和使用模式，已经成为各国和地区数字化转型的关键基础设施，全球主要国家和地区纷纷出台云计算发展战略，推动云服务部署和推广应用。

美国方面。2011年2月8日，美国白宫首次发布《联邦云计算战略》，强调了云计算的巨大红利，提出了云迁移的决策框架，阐述了云架构，提出了促进应用六大措施。2011年7月，美国国家标准和技术研究所发布《云计算标准路线图》，9月发布《云计算参考架构》和《云计算定义》，11月又发布了《美国政府云计算技术路线图》。2012年5月，美国联邦航空局发布《联邦航空局云计算战略》。2019年2月4日，美国国防部发布《国防部云战略》，认为云计算将为作战人员提供数据，对保持美军技术优势至关重要，推动由通用云和目标云组成的全局级云环境实现，确定了七项战略目标以及制定前进路径的指导原则。2019 年 3 月，美国总统执行办公室发布《国家云计算战略行动升级计划：开创计算未来》，考虑和展望了未来的计算硬件，提出要为计算提供战略基础和推进产学研协调机制。

欧盟方面。2012 年 9 月 27 日，欧盟委员会发布《在欧洲释放云计算潜能》公告，宣布启动云计算战略，在各领域推广云计算应用，并创造大量的就业机会，制定标准使云服务用户在互操作性、数据的便携性和可逆性方面得到保证，支持在欧盟范围内开展"可信赖云服务供应商"认证计划、为云计算服务制定"安全和公平"的合同条款等措施。2019 年 5 月 16 日，欧盟发布《欧盟云计算战略：云为欧洲数字战略赋能》，从监管、数字解决方案、可重复使用的解决方案平台、数据生态系统、混合云平台、数字基础设施等方面作出了发展部署。

英国方面。2011 年 3 月，英国政府发布《英国政府云计算战略》，作为政府 ICT（Information and Communications Technology，信息通信技术）战略的一个子战略，提出政府信息化将摒弃昂贵耗时的方法，转向普遍做法，采用云计算共享资源和基础设施，把中央政府新增 IT 支出中的 50% 用于采购公共云服务，当时预计可以节省开支 3.4 亿英镑。

澳大利亚方面。2013 年 5 月，澳大利亚宽带、通信和数字经济部门发布《澳大利亚国家云计算战略》，提出最大限度地挖掘政府云计算的价值，促进小企业、非营利性机构和消费者对云计算的利用，以及支持创建更活跃的云服务部门等三项目标和相应行动计划。

2. 全面推动人工智能产业发展

2010 年以来，随着人工智能算法模型的突破、大规模计算和网络通信等能力的提升，人工智能技术适用的场景变得越来越多，人工智能技术应用的经济社会价值再次受到社会关注，世界主要国家和地区纷纷制定、出台推动人工智能发展政策措施，积极推动人工智能技术的研发和社会应用。

美国方面。美国近年来多次出台推动人工智能发展战略等的政策文件，力图通过引领人工智能技术创新，保持和获得未来发展领先优势。2016 年 10 月，美国国家科学技术委员会发布《为人工智能的未来做好准备》和《国家人工智能研究与发展战略计划》两份重要报告，探讨了人工智能发展现状、应用领域以及潜在公共政策问题，提出了美国优先发展的人工智能七大战略方向，具体包括人工智能研究投资、人机协作开发、人工智能伦理法律与社会影响、人工智能系统的安全性、公共数据集、人工智能评估标准、人工智能研发人员需求。2016 年 12 月 20 日，美国白宫总统行政办公室发布《人工智能、自动化与经济》报告，分析了人工智能驱动的自动化将会给经济带来的影响，并提出了三大应对策略。2018 年 11 月，美国成立了人工智能国家安全委员会，重点负责推动评估人工智能应用给军事和国家安全带来的风险及影响，推动建立公开训练数据的标准和实现公开训练数据的共享。2019 年 2 月，时任美国总统的特朗普签署了《创建"美国 AI 计划"》行政命令，这是美国政府首次推出的国家层面人工智能促进计划，包括研究和开发、释放资源、道德标准、自动化、国际推广等五方面内容。2018 年 4 月和 2019 年 1 月，美国国会分别发布《人工智能和国家安全》报告及更新版报告，提出要做好军事权衡，掌控人工智能发展。2019 年 6 月，美国国家科学技术委员会发布更新版《国家人工智能研究与发展战略计划》，在 2016 年版七个战略方向的基础上进行更新，增加了第八个战略方向——公私伙伴关系。2021 年 9 月，美国国家标准和技术研究院发布了《可解释的人工智能的四个原则》，四个原则即可解释性、有意义、解释的准确性和知识界限。

欧盟方面。相比美国、中国，欧盟在技术创新不占据领先优势的情况下，其人工智能的推进更加注重应用价值导向建设，强调人工智能伦理道德、法律体系、监管手段研究，积极推进人工智能伦理框架的确立。2018 年 4 月 25 日，欧盟发布《欧洲人工智能战略》，作为欧盟人工智能发展纲领性文件，提出要增加财政支持应用、促进教育和培训体系升级以适应变化，研究和制定了人工智能道德准则等任务要求。2018 年 5 月 14 日，瑞典、丹麦、芬兰、挪威、冰岛、爱沙尼亚、拉脱维亚、立陶宛等八个北欧和波罗的海国家的代表在斯德哥尔摩签署《加强人工智能合作宣言》，提出要加强协调合作，确保欧洲人工智能技术研发竞争力，共同面对人工智能在社会、经济、伦理及法律等方面面临的机遇和挑战。2018 年 12 月，欧盟发布《人工智能协调计划》，该计划主要在"增加投资、提供更多数据、培养人才和确保信任"四个关键领域发力，提出联合行动以促进成员国、挪威和瑞士之间更密切和更有效的合作，同时要求"人工智能欧洲造"必须坚持"设计伦理"和"设计安全"两大关键原则。2020 年 2 月，欧盟发布《人工智能白皮书》，提出一系列人工智能研发和监管的政策措施，并提出建立"可信赖的人工智能框架"，以促进欧洲在人工智能领域创新能力的提升，推动人工智能伦理和可信赖人工智能的发展。2021 年 4 月 21 日，欧盟发布《人工智能协调计划（2021 年修

订版)》，围绕四大发展方向，提出 40 项关键行动。

英国方面。英国政府高度重视人工智能发展，在人工智能技术研发、人才培养、成果转化、行业应用、规则和监管建设等方面积极推进，力图成为全球人工智能领导者。2016 年 10 月，英国下议院科学和技术委员会发布《机器人技术和人工智能》报告，展现了人工智能创新发展带来的潜在伦理道德、法律制度与治理监管挑战，并阐述了应当如何应对。2016 年 11 月，英国政府科学办公室发布《人工智能：未来决策的机会与影响》报告，提出人工智能对产业形态、社会就业、个人信息保护等带来的影响，并就如何利用人工智能发展机遇增强英国国力提出了建议。2017 年 10 月，英国政府发布《在英国发展人工智能产业》报告，从信息数据获取、专业人才培养、研究成果转化、行业应用发展四方面提出了促进英国人工智能产业发展的重要行动建议。2018 年 4 月，英国政府发布《产业战略：人工智能领域行动》，为迎接人工智能时代的到来，提出了打造世界最创新的经济、为全民提供好工作和高收入、升级英国的基础设施、打造最佳的商业环境、建设遍布英国的繁荣社区等五项政府和业界行动，以建立英国在人工智能数据安全和道德伦理等方面的全球领导力，推动英国成为全球人工智能中心。2021 年 9 月 22 日，英国政府发布《国家人工智能战略》，提出了投资人工智能系统长期需求、确保人工智能惠及所有产业和地区、确保英国获得人工智能技术治理权三个基本行动支柱，并宣布启动国家人工智能研究和创新计划等若干措施，力图建立世界上具有高信赖度和支持创新的人工智能治理体系。

法国方面。法国人工智能发展战略注重核心技术创新、技术标准化以及监管规则建设等。2017 年 3 月，奥朗德执政时期，法国政府制定了《国家人工智能战略》，提出了完善科研成果商业化机制、培养领军企业、扶持新兴企业、加大公私合作等 50 多项建议，动员全社会力量共同谋划促进人工智能发展，确保法国保持领先地位。2018 年 3 月，法国政府发布《有意义的人工智能：走向法国和欧洲的战略》报告，提出要将欧洲数据生态系统视为相关国家和地区的共同利益，引入数据生产、共享和管理等新方法，强调了人工智能在医疗保健、环境、交通和国防四方面的应用，并探索人工智能公共研究、资源整合、人员培训和创新等方面的做法。同月，法国政府发布《人工智能发展战略》，宣布重点结合医疗、汽车、能源、金融、航天等法国较有优势行业的发展，计划在 5 年内投资 15 亿欧元用于人工智能研发，推动法国人工智能研究，并在生态系统建设、开放数据政策、监管框架、法律规范等方面提出了重要部署。

德国方面。德国工业基础发达,人工智能和工业制造结合具有广泛应用前景。德国联邦政府十分重视人工智能基础研究、成果转化和经济社会应用。2018 年 7 月,德国联邦政府发布《联邦政府人工智能战略要点》,提出加大对人工智能研发和创新转化的投入、培育和壮大初创企业、促进职业培训、吸引技术工人和专家、深化政府人工智能应用、提高数据可获得性和可用性、完善监管框架和法律等要点,力图将该国对人工智能的研发和应用提升到全球领先水平。2018 年 11 月 15 日,德国联邦政府正式发布口号为"AI Made in Germany(德国智能制造)"的国家人工智能战略,加强德国作为人工智能研究基地的地位,促进人工智能在经济中的应用,提出将德国打造成人工智能的领先基地、合理及负责任地开发和使用人工智能,在伦理、法律、文化和制度等多个方面加强社会对话与引导等目标,计划在 2025 年之前投资 30 亿欧元来推动德国人工智能的发展。2020 年 12 月,德国政府修订了 2018 年发布的《人工智能战略》,将对人工智能的资助从原先的 30 亿欧元增加到 50 亿欧元,重点放在基础研究、转化与应用、监管框架等方面。

韩国方面。韩国电子信息制造业发达,政府高度重视人工智能技术发展,期望人工智能技术发展为信息通信、半导体、电子元器件等产业赋能。2016 年 3 月,韩国政府发布人工智能"BRAIN"计划,该计划提出要破译大脑功能和机制,开发用于集成脑成像的新技术和工具。2016 年 8 月,韩国未来创造科学部向韩国政府提交了韩国未来发展的九大国家战略项目,将人工智能、虚拟 / 增强现实技术、无人驾驶汽车、超轻材质和智能城市等五项确定为确保国家发展动力项目,计划在 2026 年前将人工智能企业数量提升至 1000 家。2018 年 5 月,韩国第四次工业革命委员会审议通过了《人工智能研发战略》,在人才、技术和基础设施等方面作出部署,促进人工智能研发,计划在 5 年内投资 20 亿美元,用于在国防、生命科学和公共安全等领域人工智能应用解决方案的研发。2019 年 12 月 17 日,韩国政府公布《人工智能国家战略》,旨在推动韩国从"IT 强国"向"AI 强国"发展,提出构建引领世界的人工智能生态系统、成为人工智能应用领先的国家、实现以人为本的人工智能技术等发展目标,并将提高国民教育水平和国民对最新技术的接受度作为重点,努力将韩国在信息通信技术、半导体、电子元器件制造技术等领域的优势发挥到最大。

其他国家和地区。2015年以来，世界各国和地区纷纷把发展人工智能技术和产业作为提升竞争力的重要抓手，出台战略，加大推动力度。除了上述美国、欧盟、英国、法国、德国、韩国之外，日本、加拿大、印度、丹麦、挪威、捷克、葡萄牙、西班牙、新加坡、卡塔尔等也陆续单独发布本国人工智能战略。部分国家和地区将人工智能发展纳入数字化战略，这些国家和地区的战略大多都强调人工智能基础研究、创新应用、数据共享、标准建设、伦理道德和监管治理等。

3. 加大半导体产业发展扶持

近年来，随着半导体产品在各领域的广泛应用，全球半导体需求量出现了爆发式增长，市场供给紧缺问题日益严重。美国、欧盟、日本等纷纷出台措施，加大半导体产业投资力度。2021年6月，美国国会参议院通过《2021年美国创新与竞争法案》；2022年2月，美国国会众议院通过《2022年美国竞争法案》，计划投入520亿美元，加大对半导体芯片的投资，支持美国半导体企业生产用于消费电子、汽车、医疗保健、国防系统和其他关键产品的关键零部件。2021年11月，日本出台《半导体产业紧急强化方案》，该方案分三阶段实施，首轮措施就是对台积电熊本工厂以及日本现有的老旧半导体工厂提供资金援助，目标是在2030年将日本企业半导体营收提高至当前的3倍。2022年3月1日，日本《特定高度情报通信技术活用系统开发供给导入促进法（5G法）》等相关法案施行，只要申请企业提出的生产计划符合"持续生产10年以上""供需紧张时能增产应对"等条件，最高将可获得设备费用"半额"的补助金。2022年2月8日，欧盟委员会公布了《芯片法案》，计划动用超过430亿欧元的公共资金和私有资金，扶持半导体产业发展，同时强调加强欧盟在芯片领域的研发能力，支持建设芯片生产设施，支持小型初创企业，希望通过增加投资、加强研发，提高欧盟芯片产能在全球市场占比，以期到2030年欧盟芯片生产份额占全球20%。

4. 推进机器人产业发展及应用

随着人工智能技术的发展以及人口老龄化的加剧，欧盟、日本和美国等工业制造领先国家和地区纷纷布局机器人产业，意图在即将到来的人口老龄化时代继续保持制造业领先优势。2011年6月，美国总统奥巴马宣布启动"先进制造伙伴关系"计划，该计划提出通过发展工业机器人提振美国制造业，将投资28亿美元重点开发基于移动互联技术的第三代智能机器人。2013年3月，法国政府发布《法国机器人发展计划》，在加强技术研发、优化产业结构、支持中小企业发展、发挥政府采购作用、扩大产业国际影响力、国际合作、标准和应用规则建设、能力和科研机构配套等方面作出了部署，并提出到2020年成为世界机器人领域前五强的目标。2013年4月，德国发布"工业4.0战略"，提出以工业机器人推动生产制造向灵活化和个性化方向转型。2014年，欧盟委员会发布《2014—2020欧洲机器人技术战略》报告以及《地平线2020战略——机器人多年发展战略图》，提出要推动机器人行业发展、完善机器人产业供应链建设、在重点领域推动机器人应用等，并提出到2020年欧洲机器人技术市场能够占到世界机器人技术市场的42%以上的目标。2014年6月，欧盟委员会和欧洲机器人协会启动了欧洲民用机器人研发计划"SPARC"，旨在推动机器人的科研、项目建设、成果转化等，研发内容涉及制造业、农业、健康、交通、安全和家庭等各领域的应用，计划到2020年将投资28亿欧元助推机器人研发。2012年，英国政府将RAS（Robotics and Autonomous Systems，机器人和自主系统）确定为八项关键技术之一，以支持英国产业在重塑经济、平衡就业和增长之间的战略努力。2014年7月，RAS-SIG指导小组发布了《RAS2020机器人和自主系统》报告，确定了5个相互交织的行动，作为未来英国投资和行动的核心。2015年2月，日本国家机器人革命推进小组发布《机器人新战略》，提出了建成世界机器人创新基地、成为世界第一的机器人应用国家、迈向世界领先的机器人新时代等三大战略目标，推动日本机器人革命，以应对日益突出的老龄化、劳动人口减少、自然灾害频发等系列社会问题，从而保持和提升日本制造业的国际竞争力。2018年3月，美国国际战略研究中心发布《美国国家机器智能战略》报告，阐述了机器智能对国防、经济、社会等方面的革命性影响，给出了在相关战略制定方面的策略和建议，以保持美国在机器智能方面领先的竞争优势。

5. 推进量子科学等前沿科技探索

量子信息科学发展将会对整个ICT产业发展产生重要影响，引发ICT产业技术和产品全方位变革。当前量子科学技术正处在技术加速突破和产业化的前夜，世界主要国家和地区纷纷制定量子技术发展计划，加大投资力度，加快推动技术攻关和产业化应用。

美国方面。美国对量子科学部署较早，早在2002年就制定了《量子信息科学和技术发展规划》，明确了发展量子科学的时间表和路线图。2018年9月，美国国家科学技术委员会发布《量子信息科学国家战略概述》，系统地总结了量子信息科学发展带来的挑战和机遇，以及为维持和强化美国在量子信息科技领域领导地位应做出的努力。同年 12 月 21 日，美国国会参议院通过了《国家量子倡议法案》，要求联邦政府采取几项关键行动，包括建立国家量子协调办公室、建立研究机构和联盟、启动国家量子倡议咨询委员会以及增加联邦研发投资，该法案计划在 5 年内拨款 10 亿美元支持量子技术的研发。2020 年 2 月，美国白宫国家量子协调办公室发布《美国量子网络战略愿景》，提出要发展量子互联网，确保量子信息科学发展惠及商业、科学、卫生和国家安全等领域。

欧盟方面。2010 年 4 月，欧盟发布《量子信息处理和通信：欧洲研究现状、愿景与目标战略报告》，提出要重点发展量子中继和卫星量子通信，实现 1000 千米量级的量子密钥分配。2016 年欧盟启动了量子长期研究和创新计划"量子旗舰计划"，该计划的长期愿景是在欧洲开发量子互联网、量子计算机，实现模拟器和传感器通过量子通信网络相互连接。

英国方面。2014 年英国启动了"国家量子技术计划"，对量子技术研发进行资助。2015 年 3 月和 9 月，英国政府分别发布了《量子技术国家战略》和《英国量子技术路线图》，提出未来 30 年量子技术商业化应用的初步路线图，目的是建立一个政府、产业界和学术界合作的量子技术集群，使英国在该领域和相应产业占据世界领先地位、占领未来市场。

其他国家和地区。2013 年，日本成立了量子信息和通信研究促进会以及量子科学技术开发机构。韩国分别于 2014 年和 2019 年发布了《量子信息通信中长期推进战略》和《量子计算技术五年发展计划》。此外，法国、德国、澳大利亚、加拿大、印度、俄罗斯、以色列、荷兰、新加坡等也纷纷启动量子技术计划，加大投资力度，促进技术研发和产业化发展。

（三）培育发展做优数字经济产业体系

1. 加快发展先进制造业

随着全球新一轮科技革命和产业变革愈演愈烈，2010 年以来，世界主要国家和地区高度重视利用新一代信息技术驱动制造业转型升级。

美国方面。2010 年以来，美国为重振制造业，先后制定了《重振美国制造业框架》《先进制造伙伴计划》《先进制造业国家战略计划》《国家制造业创新网络计划》《振兴美国制造业和创新法案》等政策措施，加快发展 3D 打印、高分子加工、连接技术等先进制造技术，打造国家先进制造创新网络，促进制造业创新，支持先进制造技术的商业化转化，以进一步强化美国制造业竞争优势。2020年以来，美国国会参众两院又陆续引入《保持创新和卓越制造法案》《美国创新和制造法案》《美国先进制造业工作法案》《美国创新和制造领导力法案》《先进制造全球领导力法案》，加快推进促进制造业创新立法，塑造美国在制造业领域的全球领导优势。

欧盟方面。2020年3月10日，欧盟委员会发布《欧洲新工业战略》，该战略将支持欧洲工业向绿色和数字化双重过渡，使欧洲工业在全球更具竞争力，增强欧洲开放战略自主性，并提出到2050年实现气候中和、保持欧洲工业的全球竞争力及公平竞争环境、塑造欧洲的数字未来三个关键的优先任务。

德国方面。2013年4月，德国国家科学与工程院在汉诺威工业博览会上提出"工业4.0"战略，发布了《保障德国制造业的未来：关于实施工业4.0战略的建议》，提出通过网络实体系统及物联网，建立具有适应性、资源效率及人因工程学的智能工厂，在商业流程及价值流程中整合全球客户及商业伙伴。此后，德国在《数字化行动议程（2014—2017）》《数字战略2025》《高技术战略2025》等战略政策文件中，对实施"工业4.0"给予了重点关注和支持，并将其纳入重要战略内容。为了推进"工业4.0"战略实施，德国制定了标准化和参考架构、工业宽带基础设施、安全和保障等八大优先行动计划。

英国方面。2008年，英国政府推出《高价值制造》战略，提出应用信息技术等先进技术在英国生产更多世界级的高附加值产品，为英国经济带来持续增长和高价值潜力。2013年10月，英国政府科技办公室发布《英国工业2050战略》报告，报告认为信息通信技术、新材料等科技将在未来与产品和生产网络融合，极大改变产品的设计、制造、提供甚至使用方式，认为政府需要更加完整系统地看待制造领域价值创造和明确制造价值链的具体阶段目标等。另外，英国提出在制造、生物、能源、医疗、新材料、信息技术等领域建设弹射中心，并构建不同领域内的知识网络。

法国方面。2013年9月，法国提出《新工业法国》战略，制定了34项具体产业发展计划，意图通过创新驱动法国工业转型升级。2015年4月，法国经济部、工业与数字事务部宣布启动"未来工业"计划，提出利用现代化工业生产工具和数字技术帮助企业转变组织、研发、经营、商业等模式，从而推动经济增长方式变革，建立更具竞争力的工业体系。

日本方面。2016 年 5 月，日本内阁公布了《科学技术创新综合战略 2016》，提出要加大对机器人、新材料、3D 打印等新工业革命标志性技术的研发投入力度，借助物联网、云计算等手段推动制造业管理创新和商业模式变革。

2. 积极推动电子商务发展

21 世纪以来，世界大多数国家和地区都致力于加强网络信息基础设施建设、促进电子支付发展，积极创造电子商务发展的基础环境。美国从 20 世纪 90 年代末就开始高度重视电子商务发展，不仅重视电子商务在本国的应用，而且更加积极推进全球贸易电子商务应用，主导世界贸易组织、二十国集团、亚太经合组织等国际主要组织的电子商务规则的制定，通过互联网开辟国际贸易自由区和免税区，为本国企业产品"走出去"提供贸易便利化措施，将本国信息科技优势转化为国际贸易优势，以电子商务发展持续推动美国经济持续增长。欧盟积极构建单一数字市场体系，在跨境数据流动、网络信息服务等方面整合和统一各成员国碎片化规则，积极协调各成员国在电商企业业务开办、市场监管、征税等方面的政策，完善跨国配送和物流，为欧盟区域跨境电子商务发展提供便利化措施。拉美、东南亚等地区的国家也高度重视电子商务发展，积极利用中国、美国等国家的电子商务企业平台开展国际商贸活动。另外，世界主要国家和地区正积极推进个人信息保护、电子签名、电子合同、电子商务税收等方面立法，为电子商务发展保驾护航。

3. 推动统一数字市场体系建设

为了打破欧盟境内数字市场壁垒，整合各成员国碎片化规则，实现区域内数据自由流动、数字网络与服务的繁荣，2015 年 5 月，欧盟委员会发布《欧洲数字单一市场战略》，提出单一数字市场三大支柱——为个人和企业提供更好的数字产品及服务，创造有利于数字网络和服务繁荣发展的环境，最大化实现数字经济的增长潜力。为了促进欧盟单一市场对数据、数据赋能和服务的使用并满足其需求，2020 年 2 月 19 日，欧盟委员会发布《欧洲数据战略》，期望抓住新一轮数字化转型契机，通过建立跨部门治理框架、加强数据基础设施投资、提升个体数据权利和技能、打造公共欧洲数据空间等战略措施，将欧洲打造成世界上最具吸引力、最安全和最具活力的数据敏捷经济体。2022 年 2 月 23 日，欧盟委员会发布了《数据法案》，该法案是《欧盟数据战略》中宣布的一个关键支柱和第二项重大举措，是实现欧盟单一数据市场的关键立法，该法案针对 B2B、B2G 明确了多项数据流通共享举措，以及数据处理服务提供商的相关责任和义务，促进欧洲数据价值释放。

（四）推动智慧城市和数字政府建设

1. 推动智慧城市建设

21世纪以来，随着信息技术加快创新发展，全球主要城市围绕提升公共服务便捷性、大城市治理和城市绿色发展等需求，纷纷加快推进智慧城市建设，纽约、巴黎、伦敦、上海、深圳、香港、东京、柏林、新加坡市、首尔、斯德哥尔摩、巴塞罗那、维也纳、多伦多等城市亦是全球智慧城市建设典范。例如，新加坡先后于2006年和2014年提出了"智能城市2015"和"智慧国家2025"计划，其中，"智慧国家2025"计划提出建设覆盖全岛的数据收集、连接和分析基础设施和操作系统，以提供更好的公共服务。2004年，韩国政府推出"U-Korea"发展战略，启动以首尔为代表的智慧城市建设，该计划被称作"U-City"计划。"U-City"是指把信息技术包含在所有的城市元素中，使市民可以在任何时间、任何地点通过任何设备访问和使用城市元素。2011年6月，首尔发布"智慧首尔2015"计划，提出"利用城市大数据解决市民小烦恼"的口号，努力打造以信息技术为基础支撑、以人为本、富有创造力的智慧城市。从2000年开始，日本政府先后实施了"E-Japan战略""U-Japan战略""I-Japan战略2015"，让数字技术融入经济社会生产生活的方方面面，努力实现以人为本、安心、充满活力的数字化社会，东京作为日本首都，充分推进信息技术在社会公共服务、智能交通建设、绿色城市发展中的应用。2009年，英国发布"数字英国"计划，提出将英国打造成世界的"数字之都"，为响应这一战略规划，就政府如何提升公共服务便捷性，伦敦先后提出"电子伦敦"和"伦敦连接"计划。纽约于2009年宣布启动"城市互联"行动，通过城市信息化建设，让纽约成为全球知识和信息交流中心与创新中心。

2. 推动数字政府建设

随着数字社会建设的加快推进，较多国家和地区的电子政务建设已经从传统政务信息化发展阶段，开始迈进全面推进数字政府建设阶段，积极利用信息技术创新政府运作方式，持续转变信息公开、政务服务和政府决策方式，提高政府决策能力，积极了解公众需求和公众关切，不断提高政府数字化决策和服务能力，促进治理能力，促进治理能力和治理体系现代化。2010年以来，美国、英国、澳大利亚、新加坡、韩国等发布了数字政府战略或计划，深化政府信息技术应用，并调整政府运作模式，以便更好地适应数字世界发展趋势。根据《2020 年联合国电子政务调查报告》数据，2020 年全球 EGDI（E-Government Development Index，电子政务发展指数）达到 0.60，联合国 126 个会员国处于"高"或"非常高"级别，丹麦、韩国、爱沙尼亚、芬兰、澳大利亚、瑞典、英国、新西兰、美国、荷兰、新加坡、冰岛、挪威、日本等 14 国位列非常高 EGDI 等级；全球有 66% 的会员国提供在线事务服务，在该调查评估的 20 种在线事务服务中，各国平均提供 14 种；各国政府在公开新冠肺炎疫情信息方面展现了极高的透明度，很多国家开通了防疫网站和应用程序；各国都重视政府数据开放，在接受调查的会员国中，59% 的国家制定了开放政府数据政策。

（五）规范新技术新服务新业态发展

1. 强化新技术新应用监管

人工智能、大数据、自动驾驶、数字货币等新技术发展在带来机遇的同时也带来了各类安全隐患，对这类前沿颠覆性技术的监管正成为各国和地区法治的重点。

人工智能方面。2016 年 10 月，欧盟发布《欧盟机器人民事法律规则》，建议欧盟成立机器人专门监管机构，制定机器人应用伦理准则，赋予自助机器人法律地位等。2018 年 3 月，欧洲科学与新技术伦理组织发布《关于人工智能、机器人及"自主"系统的声明》，呼吁为人工智能、机器人技术和自主技术的设计、生产、使用与治理制定共同的、国际公认的道德和法律框架。2019 年 4 月，欧盟委员会发布《人工智能道德准则》，提出了人的能动性和监督，技术的稳健性和安全性，隐私和数据管理，透明度，多样性、非歧视性和公平性，社会和环境福祉，问责制等实现可信赖人工智能的七个要素，遵循"最大化 AI 的收益并将其带来的风险降到最低"的原则，要求不得使用公民个人资料做出伤害或歧视他们的行为。2019 年 6 月，欧盟委员会人工智能高级专家组发布《可信任人工智能的政策和投资建议》，提出改变监管和投资环境、引导人工智能向可持续和值得信赖方向发展的 33 项对策建议。2019 年 6 月，二十国集团（G20）贸易和数字经济部长会议通过了《G20 人工智能原则》，提出了对可信人工智能的负责任管理原则，以及实现可信人工智能国家政策和国际合作的建议。2020 年 2 月，欧洲有关方面与微软、IBM（国际商业机器公司）签署《罗马人工智能伦理宣言》，明确表示人工智能技术应用前提是必须尊重个人的隐私，应以可靠而无偏见的方式工作，应考虑"所有人的需求"，并以透明方式运作，等等。2021 年 4 月 21 日，欧盟发布《人工智能法》提案，解决人工智能系统带来的具体风险，并在全球范围内设定最高标准，确保欧洲人民可以信任人工智能产品，加强欧洲在发展以人为本、永续、安全、包容和值得信赖的人工智能方面的领先地位。

自动驾驶方面。2015 年 7 月，英国发布《通往无人驾驶之路：自动驾驶汽车测试实践守则》，对测试车辆、司机和车辆保险提出要求。2017 年 8 月，英国运输部和国家基础设施保护中心发布《联网和自动驾驶汽车网络安全关键原则》，提出了涉及个人数据信息控制、远距离汽车控制等各项技术的 8 项基础原则，以确保智能汽车的设计、开发及制造过程中的网络安全与信息安全。2017 年 6 月，德国颁布关于自动驾驶的相关法律《道路交通法修订案》，从上位法的角度对自动驾驶的概念、驾驶人义务、驾驶数据记录等进行原则性规定，允许自动驾驶系统在特定条件下代替人类驾驶汽车。2019 年 2 月，欧盟成员国签订自动驾驶指导文件，定义自动驾驶车辆的安全，包括系统性能、驾驶任务转换、行车数据记录、网络安全及安全评估测试等部门。2017 年 7 月，美国国会参众两院相继引入《自动驾驶法案》，要求自动驾驶汽车生产商、系统提供商向监管部门提交安全评估证明，以证明其自动驾驶汽车在数据、产品、功能等方面采取了足够安全的措施，同时要求自动驾驶汽车制造商必须制订隐私保护计划，明确对车主和乘客信息的收集、使用、分享和存储的相关做法。同时，在州层面，截至 2018 年底，美国有 36 个州通过州议会法案或州长行政命令的方式对自动驾驶的认证、测试、部署和安全进行规制。

人脸识别方面。2019 年 3 月，美国国会参议院引入《商业人脸识别隐私法案》，提出商业公司使用人脸识别技术时需要经用户明确同意、投入市场应用人脸识别技术需要第三方测试等要求。美国各州对人脸识别也持不同态度。2019 年 5 月，旧金山市颁布全球首个禁止政府机构购买和使用人脸识别技术的法令，此后，奥克兰、波士顿等多个城市纷纷通过禁止政府使用人脸识别技术进行监控的相关法案。2020 年以来，美国加利福尼亚州、华盛顿州相继通过了《加利福尼亚州人脸识别技术法》《人脸识别服务法》等方案，强调原则上不禁止各类主体运用人脸识别技术，但要求在保障公民隐私、自由和发挥人脸识别技术等方面寻求平衡，以造福社会方式促进人脸识别服务的使用。2021年6月21日，欧盟数据保护委员会和欧盟数据保护监督局发表联合意见，呼吁在公共场所禁止使用人工智能自动识别个人特征，包括人脸识别、步态、指纹、DNA、声音等生物或行为信号。

防范深度伪造方面。美国从联邦和各州政府层面对防范深度伪造技术均有部署行动。2018年以来，美国国会参众两院陆续引入了《2018年恶意伪造禁令法案》《深度伪造责任法案》《2019年深度伪造报告法案》，对深度围绕内容标识、传播、应用进行了规范，并明确了相关法律责任。在州层面，美国得克萨斯州、弗吉尼亚州、加利福尼亚州等均发布了有关防范深度伪造的法律。其中，得克萨斯州通过了《关于制作欺骗性视频意图影响选举结果的刑事犯罪法案》，其中，将深度伪造技术应用于干扰选举被定义为犯罪行为。欧盟主要通过个人信息保护和虚假信息治理等法律法规来从法律层面限制人工智能造假技术的应用。欧盟《通用数据保护条例》将可能被用于制作深度伪造内容的个人图片等数据置于法律保护下。2018年4月，欧盟委员会发布《应对线上虚假信息：欧洲方案》，提出改进信息来源及其生产、传播、定向投放和获得赞助方式的透明度，提高信息可信度，以实现全面防范视频、图像和文字等虚假信息。2018年9月，欧盟发布《反虚假信息行为准则》，要求互联网企业对平台内容加强自我审查，从源头打击网络虚假内容。

数字货币方面。2019年6月，脸书推出了加密数字货币Libra计划，以打造全球资金转移平台，美国政府多个部门多次召开听证会，从个人隐私、数据保护和金融安全等领域评估Libra的影响。2018年，欧盟通过了针对加密数字货币市场的反洗钱法规。韩国、泰国、印度等国均立法对加密数字货币实施管制，加密数字货币的监管生态正在逐渐形成。

2. 严格规范平台经济发展

随着平台经济的崛起，欧盟、美国等都加快了平台经济反垄断、反不正当竞争立法和执法进程。

欧盟方面。欧盟反垄断规制比较严苛，较为重视保护市场弱势群体利益和维护市场自由竞争，《欧盟运行条约》《欧盟小企业法案》《通用数据保护条例》等诸多法律法规都强调对中小企业和消费者利益的保护，强化对大型企业滥用市场支配地位的规制。过去10年，欧盟反垄断机构始终高举反垄断大刀，多次对谷歌、苹果、脸书、微软等互联网巨头开出巨额罚单。随着网络平台经济的发展，针对平台经济的反垄断需求日益迫切，欧盟对平台经济的反垄断制度也不断健全。2020 年 12 月 15 日，欧盟委员会公布了《数字市场法案》和《数字服务法案》的草案，这是欧盟 2004 年来对数字领域法规的最大幅度修改，被称为欧盟"最严"数字监管法案，两法案将进一步规范大型平台科技巨头的市场竞争行为，构建更加安全的数字环境，建立公平竞争的环境，对保护欧盟用户权利和中小企业发展，促进创新、产业增长和竞争力提高具有重要意义。其中，《数字市场法案》通过加强被认定为"守门人"的大型在线企业进行规制与监管，在开放性、广告投放、用户权益等方面对其提出了严格的市场监管措施，防止科技巨头对企业和消费者施加不公平条件，从而促进欧洲数字市场的包容、自由和有序竞争。《数字服务法案》规定了数字服务商应承担的义务，要求互联网平台企业采取更有力的措施，及时删除非法的和有害的在线内容，为在线平台创设了强有力的透明度要求和问责机制，促进更加公平、开放的欧洲数字市场的构建。

美国方面。美国采取审慎监管策略，从执法和司法层面，开展适应于数字经济时代反垄断执法，重视平衡保护创新和消费者利益。2021 年美国国会引入《终止平台垄断法案》《美国选择和创新在线法案》《平台竞争和机会法案》《合并申请费现代化法案》《算法正义和在线平台透明度法案》等草案，加快推进平台经济反垄断、反不正当竞争等制度改革。在平台企业市场支配地位认定方面，美国对确定标准进行了两方面调整：一是认定市场支配地位时，市场份额权重关系不再是关键，其着重考量平台企业是否有能力制造市场壁垒，以及是否有实施阻碍、排除竞争的行为；二是调整销售额认定方法，将平台企业用户规模、使用频率、用户活跃程度等纳入重要评价指标。

（六）构建数据采集流通开发利用秩序

1. 加强数据安全管理和个人信息保护

2015 年以来，随着数字时代的全面到来，数据流通和开发利用变得愈加频繁，为了加强数据安全管理和个人信息保护，欧盟、美国、澳大利亚、日本、韩国等加快了数据保护相关方面立法。

欧盟方面。欧盟对数据保护一贯极为重视，2016 年以来，出台了多部法规，力求构建完善的数据保护制度，对数据本土化以及各主体数据的获取、合作、数据迁移的问题进行具体规定，促进数据合法、有效地利用。2016 年 4 月 14 日，欧洲议会投票通过了《一般数据保护条例》，取代 1995 年发布的《欧盟数据保护指令》，该条例全面规范、统一和明晰了各领域数据管理，于 2018 年 5 月 25 日生效，提出了"一站式"监管做法，适用范围从属地主义向属人主义扩展，明晰了数据主体拥有被遗忘权、可携带权等众多数据权利，明晰了个人跨境数据流动、数据画像等相关活动禁区，加强了数据控制者和处理者约束规定。该条例的出台对全球数字经济企业产生了重要影响。2016 年 10 月，欧洲数据保护委员会通过《欧盟机构通过互联网服务处理个人数据保护指南》，对照《一般数据保护条例》的要求，对欧盟机构利用互联网服务处理个人数据提出了相关保护要求。2017 年 1 月 10 日，欧盟委员会发布了《隐私和电子通信条例》草案，欲取代越来越不适应在线时代发展的《电子隐私指令》，草案包含特别适用于电子通信网络和服务提供商的规则，提出要加强对电子通信服务中用户隐私的保护，并实现欧盟在保持科技创新、进步和客户隐私保护之间的平衡。2021 年 2 月 10 日，欧盟成员国就最新修订的《隐私和电子通信条例》草案达成一致。2018 年 4 月 25 日，欧盟委员会发布了《欧洲数据经济中的私营部门数据共享指南》，提出了企业对企业（B2B）和企业对政府（B2G）数据共享的原则和方法。2022 年 4 月 6 日和 5 月 16 日，欧洲议会和欧盟理事会分别通过了欧盟《数据治理法案》，旨在释放大数据、人工智能等资源和技术对社会发展的带动潜力，增强公民和公司对其数据的控制及信任，建立信任保障体系来鼓励和促进数据共享。2021 年 3 月 9 日，欧洲数据保护委员会通过《车联网个人数据保护指南》，界定了网联汽车个人数据的边界，明确了车联网不同场景下的隐私保护和数据风险以及应对措施。

　　美国方面。美国联邦政府层面在电信、金融、医疗教育等众多行业对数据安全管理和个人信息保护都有严格法律要求。另外，针对在线业务的兴起，近年来美国国会参众两院陆续引入了《数据保护法案 2021》《消费者数据隐私和安全法案 2021》《用户数据保护法案》《安全数据法案》《保护个人健康数据法案》《社交媒体隐私保护和消费者权益法案》《社交媒体数据法案》《隐私权利法案》《儿童在线隐私保护法案》《智能手表数据法案》《数据隐私法案》，加快推进个人信息保护方面立法进程。例如，2022 年 5 月 11 日，美国众议院通过了《促进数字隐私技术法案》，支持隐私增强技术研究，促进负责任数据使用。2022 年 6 月 3 日，美国国会参众两院联合发布《美国数据隐私和保护法案》草案，这是首份获得美国两党和两院支持的联邦层面综合性隐私保护法案，法案针对"大型数据持有者"

设立了更为严格的合规义务，加强了儿童和青少年的个人数据保护。州层面，截至 2019 年底，美国各州在数据管理和个人隐私保护方面都有不同完备程度的法律法规，通过压实电信增值业务企业、互联网企业对数据保护的责任和义务，防止数据泄露、滥用和保护公民隐私。以 2020 年 1 月生效的《加利福尼亚消费者隐私法案》最具代表性，法案将个体的生物信息、能力智商、行为偏好和情感心理偏好等纳入个人信息范畴，因众多互联网企业位于加利福尼亚州而备受多方关注。

澳大利亚方面。2020 年 2 月 5 日，澳大利亚竞争和消费者委员会发布《竞争与消费者（消费者数据权）规则 2020》，目的是为个人和企业提供高效、便利、合规地访问企业持有的消费者数据的途径和能力，让消费者对自己数据有更多控制权，并促进面向消费者的产品和服务创新，提升企业持有的消费者数据的使用效率。

此外，日本、韩国等多个国家和地区为满足数字时代对数据安全和个人信息保护的要求，及时出台或修订了个人信息保护法等相关法律法规或标准规范。

2. 加强跨境数据流动监管

近年来，随着互联网信息服务和数字贸易的快速发展，国家和地区间跨境数据流动变得更加普遍和频繁，为了保障数据安全，越来越多国家和地区开始加强数据跨境监管。2015 年 10 月 6 日，欧洲法院裁定，按照欧盟数据保护法规，欧盟公民个人数据不能传输至非欧盟成员国，除非该国能为这些数据提供有效保护，鉴于美国未能达到此要求，欧美之间 2000 年签订关于自动交换数据的《安全港协议》失效。随后，为了保障欧美之间数字经济与贸易正常发展，欧美推进了新跨境数据流动管理制度安排，2016 年 6 月，欧盟与美国正式签署《欧盟—美国数据保护总协定》，为双方执法部门及刑事司法机关之间的个人数据交换提供全面和高水平保护。2016 年 2 月，欧盟与美国就商业领域跨大西洋传输个人数据隐私问题达成《欧美隐私盾协议》协定，取代《安全港协议》。2016 年 8 月，《欧美隐私盾协议》正式生效，美国承诺加强对个人数据的保护力度，提供多种司法救济途径，并设置监督专员，受理欧盟的相关申诉。2018 年 5 月，欧盟《一般数据保护条例》生效，该条例对跨境数据流动政策进行了大幅改革，取消了许可管理做法，增加了充分性认定的对象类型，扩展了"标准合同条款"，将"有约束力的公司规则"正式确定为法定有效的数据跨境机制，开辟了更多合法数据跨境方式，提升跨境流动灵活度。迄今为止，与欧盟建立"适当性决议"的司法辖区包括安道尔、阿根廷、加拿大、法罗群岛、根西岛、以色列、马恩岛、泽西岛、新西兰、瑞士、乌拉圭、美国和日本等。2020 年 7 月 6 日，欧洲法院判定《欧美隐私盾协议》的充分性认定无效。在《欧美隐私盾协议》的充分性认定被宣告无效之后，美国企业主要采用 SCC（Standard Contractual Clauses，标准合同条款）作为数据跨境传输的依据。2021 年 3 月 25 日，欧盟委员会和美国同时发表声明，表示双方已就跨大西洋数据隐私框架达成原则性协议。

美国跨境数据流动管理与其全球贸易战略政策是高度一致的，目的是维护美国在全球贸易的主导地位。在数据流入方面，美国主张数据自由流动，反对各国数据本地化存储要求，积极利用双边或多边谈判打破他国网络信息服务市场壁垒，将关键数据和重要数据截留在美国本土，确保全球数据源源不断地流向美国科技公司，以美国信息科技优势汇聚、利用全球数据资源，进而维系美国在数字经济时代的全球领导力。在数据流出方面，美国利用出口管制手段限制高科技、军民两用技术数据出境。美国数据出口主要依据《出口管理条例》《国际军火交易条例》及专业领域法案，重点限制技术数据、技术参数数据库和部分关键领域的数据出境，对重要数据实施备案或许可制管理。同时，美国对医疗、教育、金融服务、信用报告、儿童等特定领域的数据的存储和流动有着极为严格的要求，美国依据各类隐私法案对个人隐私数据保护提出相关要求，限制或者有条件允许跨境数据流动。美国有很多法案对重要行业数据流动和存储提出严格要求，例如医疗数据方面的美国健康保险携带和责任法案，金融服务数据方面的格雷姆 - 里奇 - 比利雷法案（也称"金融服务现代化法案"）；在电信领域，美国外资投资委员会要求通信基础设施应位于美国境内，通信数据、交易数据、用户信息等仅存储在美国境内。此外，鉴于数据安全复杂形势，俄罗斯、印度等越来越多的国家和地区要求企业做到数据本地化存储，重要数据禁止出境、一般数据经过评估后出境等。

3. 促进数据流通和开发利用

近年来，随着数字经济的发展，数据要素对经济发展的牵引作用日益增强，欧美国家纷纷主张和制定促进数据流动和开发利用的政策。从 2016 年开始，欧盟委员会启动"欧盟数据自由流动"计划，力争排除大数据计算、云计算、3D 打印、物联网等领域数据自由流动中存在的技术和法律障碍，有针对性地解决数据所有权、互通性、责任分配等问题。欧盟《一般数据保护条例》生效后，为改善单一市场中非个人数据的跨境流动性，释放欧盟数据市场的潜力，欧盟为非个人数据制定了不同的流转规则体系，2018年11月发布了《欧盟非个人数据自由流动框架条例》，该条例自2019年5月28日起实施，同期，欧盟还发布了《欧盟非个人数据自由流动框架条例指南》，为条例具体适用场景做出详细解释，该条例的实施使得数据处理服务者可以使用在欧盟不同市场收集的数据来提高生产率和竞争力。2022年4月6日和5月16日，欧洲议会和欧盟理事会分别通过欧盟《数据治理法案》，旨在建立关于数据市场中立性的新规则，促进欧盟成员国与各部门之间数据共享，支持在健康、环境、能源、农业、金融、制造业、公共管理等战略领域建立和发展欧洲共同的数据空间。美国在跨境数据流动方面，基于其网络科技产业优势，实施"双标"政策，主张"数据正常流动"，旨在打破他国互联网服务市场准入壁垒，推动全球数据在美国的主导下流动，将关键和重要数据"截留"在美国境内，确保全球数据源源不断地流向美国科技公司，以此维系美国数字经济的全球领导力。

（七）积极推进网络空间部署和治理

1. 实施网络空间战略

21世纪以来，随着互联网的普遍应用，网络空间承载的经济社会价值更加凸显，对整个经济社会发展和战略安全都产生了深远影响，美国、英国、法国、德国、日本、新加坡等世界主要国家纷纷陆续出台网络空间战略，将网络空间视为其继领土、领空、领海、太空之后的第五战略空间，进一步强化网络空间部署和安全保障。其中，美国多次发布、迭代升级网络空间战略。2001年7月，美国国防部发布了《网络中心战》报告；2003年2月，美国白宫发布《网络空间安全国家战略》；2011年4月，美国白宫发布《网络空间可信身份国家战略》；2011年5月，美国发布《网络空间国际战略》；2011年7月，美国国防部发布《网络空间行动战略》；特朗普上台后，美国又发布了《国家网络战略》。此外，为了加强美国网络空间外交政策统筹，2022年4月4日，美国务院宣布设立网络空间和数字政策局，该措施是自2017年美国网络事务协调员办公室被撤销以来，美国政府在网络外交方面的资源重大整合，美国此次设立网络空间和数字政策局，旨在将美国价值观融入国际网络空间和数字政策制定中，并且宣称要加强与盟友、合作伙伴在网络空间、数字政策方面步调的一致性。法国也多次发布相关战略，2011 年 2 月发布了《法国信息系统防御和安全战略》，2015 年 10 月又发布了《法国国家数字安全战略》。世界主要国家和地区纷纷将网络空间视为其赢得 21 世纪竞争的必争之地，美国等多数国家和地区为强化其网络空间战略主动，建立了网络空间战略部队，以提高其网络空间战略威慑能力。

2. 加强网络安全保障

近年来，随着全球网络基础设施的大力建设和普遍应用，网络安全问题变得更加普遍，美国、欧盟、日本、加拿大、澳大利亚、以色列、南非、尼日利亚、毛里求斯等纷纷出台网络安全战略，从关键基础设施保障、技术产业支撑、监管治理体系建设等方面作出系统性部署。除了制定网络安全战略之外，世界主要国家和地区纷纷在网络安全方面加快立法进程，推进网络安全保障法治化。

美国方面。美国在网络安全方面不但具有技术产业优势，而且历来也高度重视网络安全问题，并把网络安全问题视为危害本土安全的重要核心问题。2001 年"9·11"事件后，美国颁布了《爱国者法案》《国土安全法》以及《联邦信息安全管理法案》等一系列法案以保护其国家安全。2014 年 12 月 18 日，美国发布了《国家网络安全保护法》，推进联邦政府内部安全信息共享，构建协同应急处置体系。近年来，美国国会参众两院陆续引入和审议了《美国网络安全加强法案》《网络安全漏洞修复法案》《网络护盾法案》《网络感知法案》《卫星网络安全法案》《联邦信息安全现代化法案》《制裁和阻止勒索软件法案》《联邦网络安全监督法案》《州和地方政府网络安全法案》《小型承包商网络安全举措透明度法案》等相关法案，加快推进网络安全各领域立法进程。2020 年 3 月 12 日，美国国会发布了《2019 年安全和可信电信网络》，禁止联邦通信委员会资助美国电信公司从被视为具有威胁性的外国公司购买电信设备，同时要求联邦通信委员会建立 10 亿美元的专项基金，以支持规模较小的通信运营商淘汰并替换从这些被视为具有威胁性的公司中购买的电信设备。2020 年 3 月 23 日，美国总统特朗普签署了《5G 与超越 5G 的安全法案 2020》，法案要求制定战略，以确保美国下一代移动通信系统和基础设施的安全，并协助盟国和战略合作伙伴最大限度地提高下一代移动通信系统基础设施及软件的安全性，白宫于当天发布了《5G 安全国家战略》，提出了 5G 推广、评估 5G 安全以及促进负全球责任的 5G 开发和部署等四项行动，并制定了保护美国国内外 5G 基础设施安全的框架。

欧盟方面。2016 年 7 月 6 日，欧洲议会通过了《欧盟网络与信息系统安全指令》，致力于提高整个欧盟范围的关键基础设施相关组织的 IT 安全性，要求欧盟各成员国加强网络安全跨境管理与合作，要求各国加强能源、银行、交通等公共服务重点领域企业网络信息系统的安全保障，增强防范风险和处理事故的能力，同时将范围扩大到在线市场、搜索引擎、云计算等数字服务提供商以及对现代经济具有关键性影响的组织结构。2019 年 6 月 27 日，欧盟《网络安全法案》正式施行，该法案提出欧盟机构在处理个人用户、组织和企业网络数据安全时应当遵守相关法律规范，并强化了欧盟网络安全机构的作用，为《通用数据保护条例》的实施奠定了安全制度框架。2022 年 3 月 22 日，欧盟委员会发布《网络安全条例》和《信息安全条例》提案，分别从机构配置、治理框架、流程管理、安全评估和协作机制、信息分类、安全政策、互操作性等方面提出要求，全方位构建欧洲新的网络安全治理体系。

此外，英国、日本、韩国等国家出台、修订或拟定了网络安全相关的法律法规，进一步适应网络安全保障新形势的需要。例如，2022 年 1 月 25 日，英国政府发布了《政府网络安全战略 2022—2030》报告，该报告包括政府网络安全对国家弹性的重要性、政府网络安全发展面临的挑战和机遇、两个战略支柱、五个目标方针以及实现目标的方法等内容，旨在确保英国政府所有机构和部门共同抵御网络威胁，建立强大的网络弹性。

3. 加强关键基础设施保护

关键基础设施的安全关系到整个经济社会的正常运行，世界各国和地区高度重视关键基础设施安全保障工作，持续出台政策和措施来加强关键基础设施保障。

美国方面。美国对关键基础设施保护关注较早，1996 年 10 月 4 日，美国国会参议院通过了《国家信息基础设施保护法案（1996）》。2003 年 3 月，美国白宫发布了《关键基础设施和关键资产物理保护国家战略》，对重点领域关键信息基础设施安全保障作出系统性部署；2010 年 6 月 10 日，美国国会参议院引入了《网络空间作为国有资产保护法案（2010）》。奥巴马、特朗普执政期间，多次签署《增强国家关键基础设施网络安全》《加强联邦网络和关键基础设施的网络安全》等总统行政令，要求加强网络和关键基础设施保护；其间，美国国土安全部先后发布了《国家信息基础设施保护计划》《增强关键基础设施网络安全（行政令）》《关键基础设施安全和弹性指南》等文件。2018 年 4 月 16 日，美国国家标准和技术研究院发布了《提升关键基础设施网络安全框架 1.1 版本》，提出了关键基础设施网络安全保障框架要求。近年来，美国国会陆续引入了《关键基础设施制造可行性法案》《保护具有系统重要性的关键基础设施法案》《关键基础设施网络事件报告法案》《太空基础设施法》《关键基础设施员工保护法》《保护关键基础设施免受无人机和新兴威胁法案》等法案，加快推进关键基础设施保护立法。

欧盟方面。欧盟历来高度重视关键基础设施的网络安全保障问题，2004 年发布《打击恐怖主义活动，加强关键基础设施保护的通讯》，明确了关键信息基础设施定义和范围。2006 年 12 月 12 日，欧盟发布了《欧洲关键基础设施保护计划》；2008 年 12 月 8 日，欧盟发布了《欧盟关键基础设施认定和安全评估指令》；2015 年 7 月，欧洲网络与信息安全局发布了《欧洲关键信息基础设施保护方法》；2016 年 7 月 6 日，欧洲议会通过了《欧盟网络与信息安全指令》；多年来，欧盟持续出台系列政策，推动成员国在关键基础设施保护方面开展信息共享和战略协作。

俄罗斯方面。近年来，俄罗斯陆续发布了《关键基础设施防护政策优先方向》《关键基础设施安全保护方案》《俄联邦关键网络基础设施安全法》等政策文件，将科技、国防、通信、司法、应急响应等部门纳入关键基础设施保护部门，明确了俄罗斯联邦关键信息基础设施的保护范围、原则、机构、客体分级、安全评估及监管等要求。2019 年 4 月 22 日，俄罗斯联邦委员会批准了《〈俄罗斯联邦通信法〉及〈俄罗斯联邦关于信息、信息技术和信息保护法〉修正案》（或称《稳定俄网法案》或《主权互联网法》），法案要求通过打造域名解析系统、采用可信路由节点等措施，实现俄罗斯互联网和本国数据的自主安全可控，减少对境外网络的依赖。

日本方面。2005 年，日本颁布《关键信息基础设施安全措施行动计划》，明确了关键信息基础设施的关键部门以及保护要求。2015 年，日本网络安全战略总部出台《关键信息基础设施保护基本政策》，对关键信息基础设施运营者的保护责任和义务，以及国家层面采取的行动做了明确规定。

4. 加强网络空间规则秩序建设

近年来，世界主要国家和地区针对网络空间发展新形势，纷纷提出了利我的网络空间治理规则，期望在数字空间竞争中通过主导规则建设，提升自身竞争力。2018 年 2 月 6 日，美国国会引入了《澄清域外合法使用数据法案》（简称

CLOUD 法案），该法案赋予美国执法机构极大的长臂管辖权，可调取美国服务商控制的存储于任何国家的数据信息，法案将触及别国数据安全底线，特别是那些要求数据跨境审查或是禁止跨境数据流通的国家。2018 年 5 月生效的欧盟《一般数据保护条例》对于负责数据处理机构也实施了长臂管辖原则，不仅成立地在欧盟成员国的机构适用该条例，只要其在提供产品或服务的过程中处理了欧盟境内个体的个人数据，将同样适用该条例。为了分享美国数字巨头在欧洲的经营红利，2018 年 3 月，欧盟委员会公布了《数字经济公平税收规则提案》，提出两项数字税建议。随后，法国、奥地利、意大利和西班牙等国相继宣布向美国科技巨头征收单边数字税，那之后，由于美国的反制，数字税提案被搁置。2021 年 10 月 22 日，七国集团贸易部长就规制数字贸易和数据跨境的各项原则达成合意，原则涵盖数字市场的开放，跨境数据流动，劳动者、消费者和企业的保障措施，数字交易系统以及公平和包容性全球治理。2022 年 4 月 21 日，美国、加拿大、日本、韩国、菲律宾、新加坡以及中国台北等亚太经合组织成员发布《全球跨境隐私规则宣言》，宣布建立"全球跨境隐私规则"体系，建立全球跨境隐私规则论坛，建立基于亚太经合组织跨境隐私规则和处理者隐私认可制度的国际认证体系；通过推广全球跨境隐私规则和处理者隐私认可机制，支持数据的自由流动、有效的数据保护和隐私；就全球跨境隐私规则和处理者隐私认可机制相关事宜提供一个信息交流与合作论坛；定期审查成员的数据保护和隐私标准，以确保全球跨境隐私规则和处理者隐私认可计划要求与最佳实践保持一致；促进与其他数据保护和隐私框架的互操作性。2022 年 4 月 28 日，美国联合欧盟、英国、澳大利亚和日本等 60 个国家和组织推出《互联网未来宣言》，宣称要打造开放、自由、全球、兼容、可靠及安全的互联网，提出可信的数字生态系统通盘考虑技术和非技术因素，全面开展网络安全风险评估，进一步将技术安全问题非技术化和政治化。

二、全球数字化转型的主要特点

（一）重视新一代数字基础设施建设部署

宽带网络等新一代数字基础设施具有很强的经济社会带动和溢出效应，已经成为各国和地区战略性基础设施。21 世纪以来，世界各国和地区加快推进新一代数字基础设施建设部署，为经济社会数字化转型提供网络基础设施支撑，以谋求在新一轮发展中赢得先机。一是大力推进宽带网络建设。许多国家陆续实施了国家宽带战略，持续推进宽带普及提速，推进宽带普遍服务，为经济社会各领域数字化转型提供网络接入基础。二是持续迭代移动通信网络。过去20年中，绝大多数国家积极推动移动通信网络持续迭代升级，实现了移动通信网络从2G网络向3G、4G网络全面连续升级，目前有些国家在2019年底启动了5G在本国部分区域的商用。三是大力发展云计算服务。很多国家积极推进"云上国家"建设，加快政府、公共服务、国防等各领域IT设施的上云步伐，提升数据采集和信息服务能力，以更好地适应数字化建设需求。四是超前部署卫星互联网。为了更好地提升互联网宽带接入能力，从2015年以来，美国、欧盟、俄罗斯、中国等的部分网络科技企业开始投资布局卫星互联网，为不适合蜂窝系统接入的环境提供互联网宽带服务。

（二）重视信息科技攻关研发和创新应用

21世纪以来，全球新一轮科技革命和产业变革愈演愈烈，信息技术已经成为推动经济社会创新发展的新引擎，世界主要国家和地区纷纷加大了前沿性信息科技研发创新扶持力度，支持新技术研发和社会应用，以期在未来发展中谋求竞争新优势。一是重视人工智能技术创新、创新应用和规范发展。2010年以来，世界主要国家和地区纷纷发布人工智能战略，从技术创新、产业发展、社会应用、监管治理等方面提前作出部署，加大人工智能技术研发投入，推进人工智能产业发展、公共服务等领域应用，建立人工智能应用道德准则，美国、欧盟、英国等都纷纷期望将自己打造成为世界人工智能创新中心，在新一轮人工智能技术发展和应用中赢得先机和主动。二是抢先部署量子科技发展。2010年以来，美国、英国、德国、韩国、俄罗斯、欧盟等都出台了量子信息科学发展计划，加大量子技术研发投入，推动量子元器件、量子计算、量子通信等的发展，抢先谋划新一代计算。三是加大半导体产业发展扶持力度。随着全球数字化转型的加快，芯片需求呈现爆发式增长，加上新冠肺炎疫情、贸易战等因素，导致全球半导体产业链供应链发展出现了极大的不确定性，市场上出现了"芯片荒"等现象，世界主要国家和地区都加大了半导体产业发展扶持力度，通过巨额投资补助，吸引半导体制造企业来当地投资建厂，期望未来稳定当地半导体产业供应链的发展。

（三）重视推动数字经济快速健康发展

近年来，随着数字技术在经济社会各领域的广泛深入，数字经济展现出了强大的发展优势，世界主要国家高度重视推进数字经济发展，大力推进先进制造业，积极深化电子商务应用，推进统一数字市场体系建设，为发展方式转变和经济可持续增长提供动力。一是大力发展智能制造。2010年以来，美国、德国、英国、法国等世界主要发达国家围绕制造业创新和转型升级，纷纷出台措施推进先进制造业发展，支持先进制造技术商业化转化，推动制造业数字化、网络化、智能化转型升级，延伸制造业产业链和价值链。二是推动和规范电子商务应用。21世纪以来，世界主要国家积极适应数字社会发展趋势，大力发展电子商务，为中小企业发展提供了重要动能支撑。此外，随着电子商务和经济社会各领域深度融合，对于金融、交通、媒体、通信等有市场准入限制的行业，各国政府对互联网及电子商务企业和传统企业开始一视同仁，均要求遵守现行法规，比如将网约车企业纳入交通运输企业管理，将网络借贷公司纳入金融企业管理等。三是破除数字市场壁垒。统一的数字市场体系有利于促进业务互联互通，降低企业合规成本。随着数字市场的全面推进，欧盟高度重视单一数字市场体系建设，期望整合和统一各成员国碎片化数字市场规则，实现区域内数据自由流动以及数字网络与服务等繁荣。

（四）重视社会发展和治理数字应用建设

随着全球信息技术和经济社会的深度融合，世界主要国家都加快了数字化转型步伐，纷纷加大力度推进智慧城市、数字政府建设，提升公共服务和城市发展品质。一是加快推进智慧城市建设。2010年以来，随着移动互联网、云计算、物联网等技术的发展，纽约、伦敦、巴黎等世界主要大城市面对超大型城市治理难题，纷纷推进信息技术在城市发展和治理中的应用，积极探索推进机制，推动和深化信息技术在公共服务、应急救灾、消防安全、环境保护、交通管理、绿色发展等领域的应用，极力提升城市发展能力和生活品质。二是积极推进数字政府建设。各国政府以优化营商环境、提高政府透明度等为抓手，加快推进数字政府建设，积极探索在线政务公开、在线政务服务、政民互动、公共数据公开等新模式新方法，深化信息技术在市场监管、社会治理、经济运行监测等领域的应用，不断提高政府履职能力。

（五）重视规范新技术新服务新业态发展

新一代信息技术发展和创新应用，引发了经济社会发展模式重大变革，对市场秩序、个人信息保护、传统监管治理提出了新的挑战，世界主要国家和地区纷纷加快新技术新业态发展方面规章制度建设，以更好地促进技术发展为经济社会进步赋能。一是重视新技术新业态发展规范。2015 年以来，欧盟、美国等纷纷密集出台人工智能、大数据、自动驾驶、人脸识别、深度伪造、数字货币新技术新业态应用规范，加强新技术应用伦理道德、使用准则、管理规章、技术标准等方面建设，防范新技术滥用误用对社会发展造成破坏性影响。二是重视平台经济发展监管。2010 年以来，美国、澳大利亚、欧盟等陆续出台平台经济发展的相关规章制度，根据平台经济新特点，建立适应平台经济发展的监管体系，明确平台企业的主体责任和治理要求，加强平台企业业务管理以及业务算法、互联互通、数据安全、个人信息保护、应急处置等方面的管理，加强平台经济反垄断、反不正当竞争执法，维护数字经济市场有序竞争秩序。

（六）重视社会公平竞争和包容普惠发展

新一代信息技术发展和创新应用将进一步拉大地区、企业、人群等发展差距，为了缩小数字鸿沟，让更多地区、企业和人群享受数字化发展带来的红利，世界各国在推进数字化建设的过程中高度重视数字技术的包容和普遍服务。一是重视数字基础设施普遍服务。世界各国在推进数字基础设施建设过程中，十分重视将固定宽带网络、移动通信网络、云服务等网络信息基础设施向农村地区和贫困地区、公共服务领域、中小企业等延伸，力图利用先进的数字基础设施为地区和企业发展赋能。二是重视数字技术为中小企业发展赋能。世界各国都非常重视利用数字技术发展机遇为中小企业发展赋能，为中小企业提供可负担的、便捷的信息技术产品和服务，为其参与市场竞争提供更加公平的条件保障，让中小企业共享数字经济红利。三是重视信息无障碍建设。世界各国都非常重视在公共服务、社区服务、疫情防控、教育医疗等领域的信息无障碍标准建设，鼓励企业提供信息无障碍产品，让老年人、残疾人等弱势群体人群共享数字化红利。

（七）重视数据安全管理和个人信息保护

随着数据开发利用在经济社会发展成为普遍性活动，欧盟、美国、澳大利亚、日本等纷纷加快了数据相关的法律法规建设，进一步完善数据流通交易、开发利用等规则体系，明确企业数据开发利用权责和个人信息保护权益，促进数字经济健康发展。一是重视个人信息保护法治建设。2010 年以来，随着经济社会数字化进程的全面加快，个人信息开发利用变得十分普遍，为了保障个人信息安全，维护个人权益，欧盟、美国、韩国、澳大利亚、日本等都加快了个人信息保护相关的法治建设进程，明确各类场景数字应用企业对个人信息的保护权责，丰富个人信息保护权益种类，严厉打击非经个人同意的数据开发利用行为。二是重视完善跨境数据流动规则。为了适应数字贸易发展形势和数据安全管理的需要，2013 年以来，欧盟、美国、日本等彼此间加快推进跨境数据流动规则体系建设，丰富企业数据跨境便捷流动方法，破除数据流动壁垒，为企业便捷地开展跨境信息服务提供制度保障。三是重视数据开发利用，为社会发展赋能。欧盟、美国等除了制定个人信息保护、跨境数据流动等数据规则来强化数据安全管理之外，还积极探索降低企业数据利用合规成本、促进数据开发利用的规则体系建设，比如欧盟在非个人数据领域出台相关制度来推动非个人数据开发利用。

（八）重视网络空间运行规则和秩序建设

一是重视加强网络安全保障。随着全球各国数字化的加快推进，网络安全问题日益成为影响经济社会正常运行的关键问题，网络攻击、网络盗窃、网络犯罪、网络恐怖主义等行为日益猖獗，世界主要国家都提高了对网络安全问题的重视程度，通过多种手段，加强网络安全防御能力建设，期望应对日益猖獗的网络安全问题。二是重视网络空间发展战略制定。随着网络空间日益成为人类经济社会发展的重要新空间，承载着越来越多的经济社会价值，美国、英国等加快了网络空间发展规则，纷纷出台网络空间发展战略，对网络空间发展提前进行全面部署，力争抢先谋求竞争发展新优势。三是加强关键信息基础设施保障。随着网络信息基础设施成为经济社会正常运行不可或缺的重要设施，世界主要国家纷纷加快通信、金融、能源、交通、水利、公共服务、电子政务、国防科技等领域信息基础设施保护力度，通过制定法律法规、明确产品技术安全要求、加强供应链安全保障、增强技术保障能力等多种手段，强化重点领域网络安全信息保障。四是重视网络空间规则体系建设。世界主要国家高度重视网络空间规则体系建设，根据本国政治体制、产业发展、互联网管理模式等国情，在数字贸易、跨境数据流动、个人信息保护、信息技术产品供应链、数字税等方面提出有利于本国发展的规则制度，期望构建更加有利于本国发展的网络运行规则体系。

第二节　我国数字化转型与治理进展

21世纪以来，我国国民经济和社会发展各领域数字化转型全面提速，随着宽带网络、移动通信、云计算等数字基础设施持续提档升级，以及国家政策大力扶持数字化转型，以互联网为代表的新一代信息技术加速与经济社会融合发展，智慧城市、数字乡村、智能制造、数字政府等全面推进，推动了生活方式、生产方式和治理方式的持续变革，为个人数字化生活打造、经济高质量发展、国家治理体系和治理能力现代化、国际竞争新优势构筑提供了有力保障和坚强支撑。

一、我国数字化转型阶段论分析

（一）数字化转型萌芽期（2000年及以前）

从20世纪80年代开始，随着各级各类国家机构信息中心的建立与发展，政务信息化启动、发展步伐。1993年，我国成立了国家经济信息化联席会议，统一领导和组织协调全国信息化建设工作，确立了推进信息化工程实施、以信息化带动产业发展的指导思想。20世纪90年代，美国提出"信息高速公路"计划之后，世界各地掀起信息高速公路建设的热潮。为适应全球建设"信息高速公路"的潮流，1993年底，我国启动金卡、金桥、金关等重大信息化工程，1994年正式接入国际互联网，拉开了国民经济信息化的序幕。1996年1月，国务院信息化工作领导小组成立，确立了国家信息化的定义和国家信息化体系六要素，进一步充实和丰富了我国信息化建设的内涵，同时提出了信息化建设"统筹规划，国家主导；统一标准，联合建设；互联互通，资源共享"的二十四字指导方针。20世纪90年代，我国启动了"政府上网工程"，推动各级政府各部门在163/169网上建立正式站点并提供信息共享和便民服务的应用项目，加快构建电子政府。

（二）数字基础设施导入期（2001—2010年）

21世纪第一个10年，我国数字基础设施部署实现了全面推进，为整个经济社会数字化应用特别是互联网应用创造了基本条件。移动通信网络实现了从1G

到 3G 的全面升级，2001 年，1G 全面停止服务，2009 年初，3G 牌照的发放让我国全面迈入了 3G 应用国家行列，截至 2010 年底，移动电话普及率达到了 64.4 部 / 百人。3G 网络部署促进了移动互联网的普及应用。固定宽带网络实现了全面升级，家庭固定宽带网络从 ADSL（Asymmetric Digital Subscriber Line，非对称数字用户线）拨号上网推广应用、普及到全面迈入光纤上网时代，截至 2010 年底，互联网宽带接入用户数量达到 1.26 亿户。10 年间，移动通信网络、固定宽带网络的持续升级和普及应用，家庭和企业固定宽带网络的快速普及，为经济社会互联网应用提供了基础条件保障，促进了网络资讯、电子邮件、互联网搜索、网络即时通信、网络论坛、网络娱乐、电子商务等的发展，这一时期涌现出了新浪、网易、搜狐、百度、阿里巴巴、京东等一批知名互联网企业。

（三）数字技术融合创新期（2011—2020年）

21 世纪第二个 10 年，我国数字基础设施全面推进，移动互联网全面兴起，互联网、大数据、人工智能等新型数字基础设施加快部署，国家政策大力扶持数字化发展，有力地促进了数字技术的全面融合创新，消费互联网全面爆发，产业互联网开始兴起。这十年间，数字基础设施建设全面推进，移动通信网络从 3G 迭代到 5G，光纤网络实现全面入户，固定宽带家庭接入百兆和企业接入千兆成为标配，云计算普及成为社会数字化公共基础设施。数字基础设施的全面提档升级为经济社会数字技术融合创新提供了条件。4G 网络全面解决了移动上网带宽问题，加之全球移动智能终端和操作系统兴起，从 2013 年开始，我国移动互联网应用开始爆发式发展，在零售、交通、社交、娱乐、文旅、家政、物流等领域，移动互联网应用全面渗透，促进了消费互联网的繁荣。此期间，阿里巴巴、腾讯、百度、京东等互联网企业受益于我国移动互联网的快速发展，迈入了互联网企业市值全球前十强。2015 年之后，国务院先后发布云计算、"互联网 +"、大数据、人工智能等国家战略，大力支持新一代信息技术创新应用，新一代信息技术全面向产业发展领域渗透，产业互联网全面兴起，许多企业开始纷纷布局工业互联网，涌现出了数字化管控、在线监测、远程运维、个性化定制、分时租赁等一些新的产业业态。党的十九大报告提出要推动互联网、大数据、人工智能和实体经济深度融合，由此，推进数字化转型，加快构建数字化、网络化、智能化的生产方式，成为许多企业发展探索的努力方向。

（四）数字技术发展规范期（2021年起）

2021年开启了我国网络平台经济规范发展的新元年，随着《中华人民共和国网络安全法》《中华人民共和国数据安全法》《中华人民共和国个人信息保护法》《国务院反垄断委员会关于平台经济领域的反垄断指南》《互联网信息服务算法推荐管理规定》《网络安全审查办法》等重要法律法规和系列行业规章的陆续落地实施和修订，我国互联网发展进入了全面规范期。新法律法规的实施，对企业信息技术创新应用、平台经济发展边界、新就业形态劳动者劳动权益保障和税收缴纳、数据安全和个人信息保护等方面提出了更加明确、严格的要求，规范了网络平台经济无序发展乱象。2021年中央提出要强化反垄断和防止资本无序扩张，平台经济领域因垄断和资本无序扩张，成为监管的重点关注领域。随着大型互联网企业反垄断和赴境外上市遭受网络安全审查等案件的推进，我国网络平台经济领域企业长期依靠资本联合形成垄断获得发展优势的时代基本结束。未来，随着《中华人民共和国反垄断法》和《中华人民共和国反不正当竞争法》的修订和完善，以及监管治理手段的不断加强，网络平台经济领域长期获得的灰色发展红利将全面消失，规范新技术滥用、保障新旧业态公平竞争、维护公平有序竞争的市场秩序、加强劳动者权益保护、防止资本无序扩张、加强数据安全和个人信息保护、强化国家安全保障等将成为网络平台经济领域发展的主基调和主旋律。

二、我国数字化转型呈现的特征

（一）政府持续出台系列扶持政策大力推动数字化转型

21世纪以来，我国政府出台一系列扶持政策，大力推动数字化转型。2001年，国家信息化领导小组成立后，确立了以"政府先行，带动信息化发展"推进方针，在电子政务建设、信息资源开发利用、信息安全、电子政务网络建设等方面出台了系列文件，尤其是面对信息技术发展正引起全球新一轮科技革命和产业变革的时代发展大势，党中央和国务院高瞻远瞩、审时度势、与时俱进，在2006年制定和发布了我国首个信息化长期发展战略《2006—2020年国家信息化发展战略》，首次对国家信息化发展作出了全面统筹部署，该战略对其后较长一段时间内我国数字化转型的全面推进起到了较强的思想引领和实践指导作用。党的十八大以来，党中央和国务院高度重视信息技术创新和赋能经济社会发展，陆续在宽带中国、信息消费、移动互联网、电子商务、云计算、"互联网+"、大数据、人工智能、工业互联网、数字经济、数字政府等领域出台系列政策文件，大力推动技术发展和创新应用。"十三五"期间，国家"十三五"规划纲要和"十三五"国家信息化规划确定把五大发展理念、拓展网络经济新空间作为数字化转型的主攻方向和主要任务。党的十九大报告提出要推动互联网、大数据、人工智能和实体经济深度融合，在中高端消费、创新引领、绿色低碳、共享经济、现代供应链、人力资本服务等领域培育新增长点、形成新动能。面向"十四五"时期，我国又确立了"加快数字化发展、建设数字中国"主题主线。党和国家从中央层面持续作出推进数字化转型政策和战略部署，省、市、县等地方政府积极配合，根据地方特色，纷纷出台切合本地区发展实际的数字化转型扶持政策，上下联动，有力地推动了我国信息技术发展和融合创新应用。

（二）各类数字基础设施持续迭代升级引领数字化转型

近 20 年间，在国家政策的大力推动下，我国移动通信网络、固定宽带网络、IPv6 设施、数据中心等数字基础设施持续迭代升级，有力地支撑和引领了经济社会各领域数字化转型。

移动通信网络方面。21 世纪以来，我国移动通信网络实现从 2G 到 5G 的大升级。2009 年 1 月 7 日，工业和信息化部向通信运营商发放了 3G 牌照，中国移动、中国电信、中国联通分别获得 TD-SCDMA、CDMA2000、WCDMA 运营牌照，三家运营商按照各自牌照建设运营各自的 3G 网络，独立展开竞争。3G 网络建设一定程度上突破了移动场景下上网速率瓶颈，让通过手机上网成为可能，谱写了我国移动互联网发展的新篇章。随着全球 4G 标准的确定，2013 年 12 月 4 日，工业和信息化部向中国移动、中国电信和中国联通颁发"LTE/第四代数字蜂窝移动通信业务（TD-LTE）"经营许可。时隔一年多，2015 年 2 月 27 日，工业和信息化部又向中国电信和中国联通发放"LTE/第四代数字蜂窝移动通信业务（LTE FDD）"经营许可。4G 网络的部署使得移动上网速率得到了大幅提升，与全球智能手机发展浪潮带来的机遇叠加，促进了移动互联网爆发式发展，即时通信、网络零售、社交娱乐、交通文旅方面的移动应用得到了广泛应用。2019 年 6 月 6 日，工业和信息化部正式为中国移动、中国联通、中国电信和中国广电四家企业发放

5G 牌照,截至 2021 年底,建成 5G 基站 142.5 万座,5G 用户数达到 3.55 亿户。2020 年 4 月,工业和信息化部发布《关于深入推进移动物联网全面发展的通知》,部署深入推进移动物联网全面发展,提出建立 NB-IoT(Narrow Band Internet of Things,窄带物联网)、4G(含 LTE-Cat1,即速率类别 1 的 4G 网络)和 5G 协同发展的移动物联网综合生态体系。近 10 年来,随着移动通信网络的持续迭代升级,我国移动电话和移动互联网得到了快速发展,我国移动电话用户数和移动互联网接入流量都实现了快速增长,如图 1-1、图 1-2 所示。

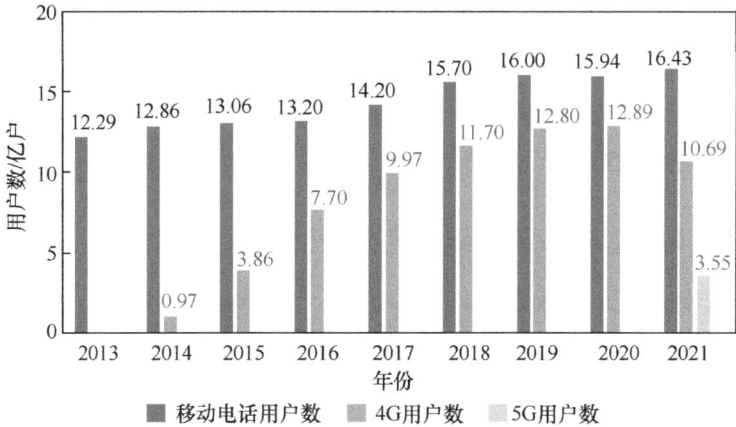

数据来源:根据工业和信息化部历年通信业统计公报整理。

图 1-1 2013—2021 年我国移动电话用户发展情况

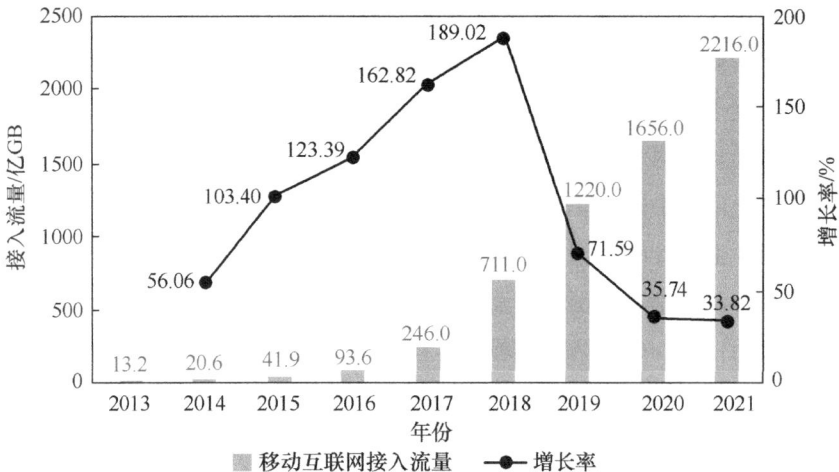

数据来源:根据工业和信息化部历年通信业统计公报整理。

图 1-2 2013—2021 年我国移动互联网接入流量发展情况

固定宽带网络方面。21 世纪以来，我国大力推进光纤网络和智能网建设，积极推进光纤入户，20 多年来，家庭固定宽带普及率、家庭光纤入户率、固定宽带速率等指标实现了飞跃式增长。2008 年 3 月，工业和信息化部成立后，面对我国固定宽带网速在国际上排名常年滞后、频繁遭受社会诟病等形势，坚决贯彻和落实党中央和国务院的决策部署，大力推进宽带中国建设，推进全网城市和光纤入户，使得我国固定宽带网络发生了翻天覆地的变化。尤其是党的十八大之后，我国宽带网络建设全面提速。2013 年，国务院发布了《"宽带中国"战略及实施方案》，提出了要加快构建宽带、融合、安全、泛在的下一代国家信息基础设施，全面支撑经济发展和服务社会民生。每年全国两会期间，国务院都会对通信运营商当年的提速降费问题作出实质性的安排。2021 年 3 月 24 日，工业和信息化部发布《"双千兆"网络协同发展行动计划（2021—2023 年）》，提出要协同推进"双千兆"网络建设。在党中央和国务院的积极推动下，近 10 年来，我国宽带网络建设全面提速，光缆线路里程实现跨越式发展，光纤入户和全光网城市全面推进，截至 2021 年底，我国光缆线路长度达到 5488 万千米，互联网宽带接入端口数量达到 10.18 亿个，光纤宽带接入端口数达到 9.60 亿个，固定互联网宽带接入用户数达到 5.36 亿户，光纤宽带占互联网宽带接入用户比例达到 94.30%，100 Mbit/s 及以上固定互联网宽带接入用户占比达到 93.0%，实现了历史性飞跃，如图 1-3~ 图 1-5 所示。

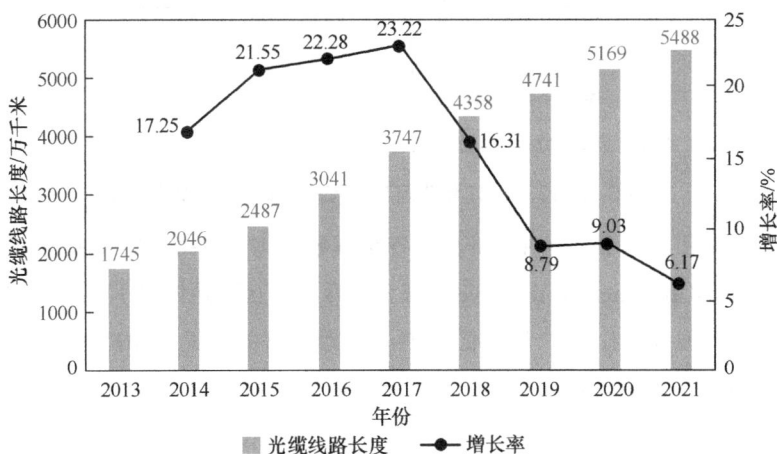

数据来源：根据工业和信息化部历年通信业统计公报整理。

图 1-3 2013—2021 年我国光缆线路建设情况

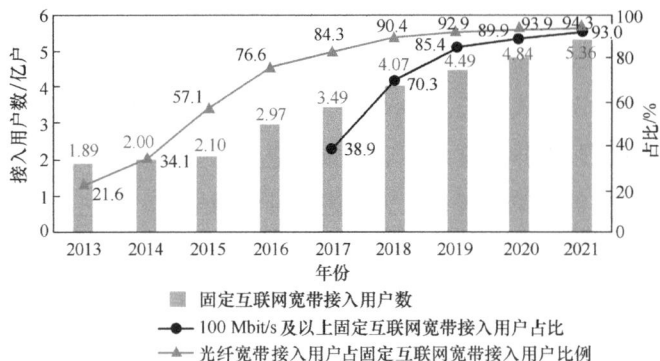

数据来源：根据工业和信息化部历年通信业统计公报整理。

图1-4　2013—2021年我国固定互联网宽带接入用户发展情况

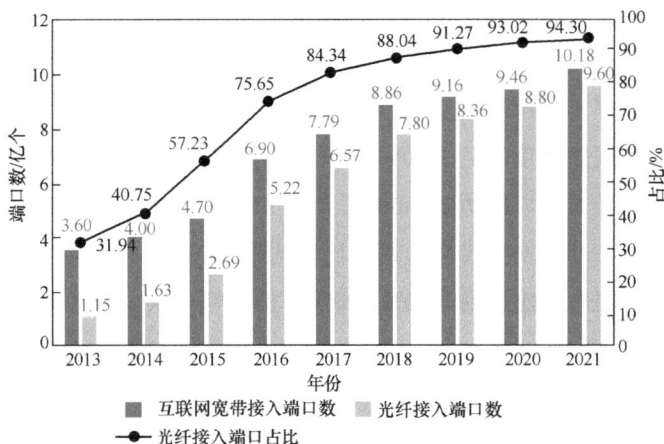

数据来源：根据工业和信息化部历年通信业统计公报整理。

图1-5　2013—2021年我国互联网宽带接入端口发展情况

IPv6设施部署方面。面对经济社会各领域数字化对网络地址需求的快速增长，为了解决IPv4（Internet Protocol version 4，第4版互联网协议）地址数量受限问题，党中央和国务院作出了大力推进IPv6规模部署的决策。2017年11月26日，中共中央办公厅、国务院办公厅印发《推进互联网协议第六版（IPv6）规模部署行动计划》，从基础设施建设、技术产业创新、经济社会应用、安全保障等多方面对IPv6规模应用作出了部署。在党中央和国务院的统筹部署和积极推动下，中央网信办联合多部委积极推进IPv6规模部署和应用，IPv6得到了广泛应用。截至2021年底，我国IPv6活跃用户数达到了6.08亿户。

数据中心建设方面。自 2010 年以来，随着互联网、大数据、人工智能和实体经济的深度融合，经济社会各领域数字化转型全面提速，数据实现了爆发式增长，倒逼数据中心快速发展。"十三五"期间，国家大力推进大数据综合试验区建设，为了支撑大数据存储和开发利用，各大数据综合试验区大力推进数据中心建设，在贵安、呼和浩特、阳泉、乌兰察布、张家口、中卫、克拉玛依等气候环境冷凉、能耗资源充足的地方形成了一批数据中心。2020 年，国家作出了加快数据中心等新型基础设施建设的部署，各地方为支撑数字经济、数字社会、数字政府的发展，纷纷加快了本地数据中心建设步伐。2021 年 5 月 24 日，国家发展改革委联合多部门印发《全国一体化大数据中心协同创新体系算力枢纽实施方案》的通知，提出要围绕国家重大区域发展战略，根据能源结构、产业布局、市场发展、气候环境等，在京津冀、长三角、粤港澳大湾区、成渝，以及贵州、内蒙古、甘肃、宁夏等地布局建设全国一体化算力网络国家枢纽节点，发展数据中心集群，引导数据中心集约化、规模化、绿色化发展。面对数据中心正加速与网络、云计算融合发展的态势，2021 年 7 月 4 日，工业和信息化部发布了《新型数据中心发展三年行动计划（2021—2023 年）》，提出了要构建以新型数据中心为核心的智能算力生态体系。经过几年的大规模建设，我国数据中心规模已经实现了跨越式发展，有力地支撑了数字经济和实体经济深度融合发展。

（三）消费互联网普及推广牵引各领域加快数字化转型

我国经济社会数字化转型明显呈现出了由消费互联网带动的特点。2000 年以后，固定宽带互联网的逐渐推广和普及，促进了新闻资讯、即时通信、网络搜索、网络社交、网络游戏等互联网服务的快速发展，带动了政府、企业和个人家庭的数字化应用。各级政府部门纷纷开设政府网站来推进政务公开，部分企业开始部署内部 OA 系统来提升内部管理能力，以家庭计算机为核心依托的数字家庭应用开始逐渐兴起。2010 年以后，随着 3G、4G 网络的陆续部署和全球移动智能终端的快速发展，我国移动互联网浪潮全面掀起，不仅网络新闻、即时通信、网络搜索等互联网传统服务领域用户数持续迅猛增长（如图 1-6~ 图 1-8 所示），而且零售、娱乐、旅游等与个人消费相关的领域开始全面移动互联网化，特别是微博、微信等应用的出现，极大地提升了网络互动能力。在此期间，政府和企业开始涉水移动互联网应用，纷纷开设微博、微信公众号、App 等，提升移动办公、信息发布、网络服务和内外互动等能力。2015 年 7 月，国务院发布《关于积极推进"互联网 +"

行动的指导意见》后，消费领域互联网应用更加全面深入推进，零售、交通、旅游、家政、社区、教育、医疗、金融等领域"互联网＋"新业态不断涌现，同时新业态的无序发展对监管治理提出了新挑战，倒逼各行业主管部门加强"互联网＋"新业态监管。消费领域互联网服务能力的提升，让大众享受到了生活互联网化带来的巨大获得感和体验感，大众对互联网政务服务有了新期待，倒逼政府加快数字化转型。2017年12月，李克强总理在国务院常务会议上特别强调，力争让群众企业办事像"网购"一样方便。在国务院"放管服"改革的积极推动下，数字政府建设大规模推进，"互联网＋政务服务""互联网＋监管"全面提速，国家一体化政务服务平台和各地方一体化综合指挥平台全面推进，促进了政务服务"一网通办"、城市管理"一网统管"。随着"互联网＋"、大数据、人工智能等国家战略的陆续实施，跨界融合创新成为我国数字化转型的主基调，制造、服务、农业等领域的企业都开始全面探索数字化条件下企业的生存发展新模式。

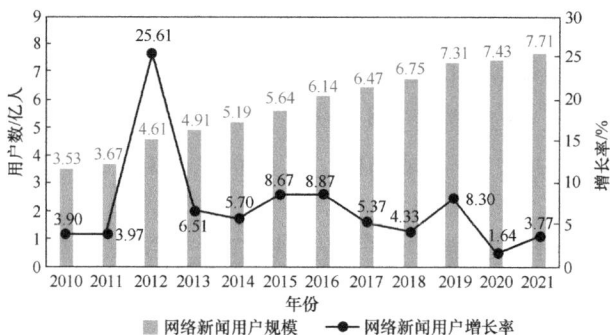

数据来源：根据历年《中国互联网络发展状况统计报告》整理。

图 1-6 2010—2021 年我国网络新闻用户发展情况

数据来源：根据历年《中国互联网络发展状况统计报告》整理。

图 1-7 2010—2021 年我国即时通信用户发展情况

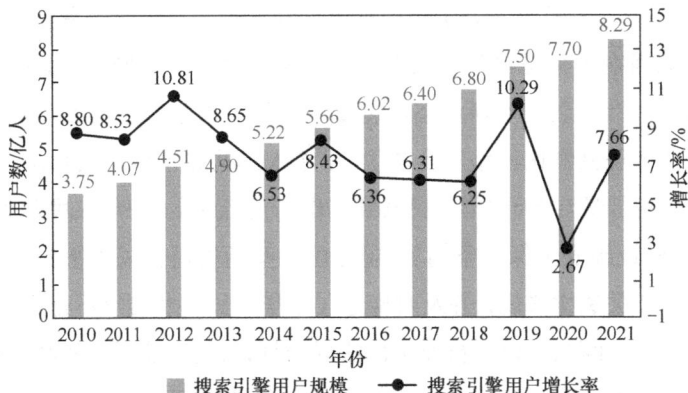

数据来源：根据历年《中国互联网络发展状况统计报告》整理。

图1-8　2010—2021年我国网络搜索用户发展情况

（四）社会积极拥抱和探索为数字化转型注入巨大动能

在过去20年整个数字化转型进程中，大众对新技术新业态新服务表现出了极为热烈的拥抱姿态，对零售、娱乐、社交、打车、支付等各类生活型移动互联网应用表现出了极高的接纳程度。2012年以来，随着移动互联网的发展，网络零售、移动支付、网约车、网络社交等应用在短时间内得到了广泛的普及。以移动支付为例，大众积极拥抱微信支付、支付宝支付等移动支付模式，将移动支付应用到日常生活的各个支付场景中，提高生活便捷性，使得我国在短时间之内成为世界移动支付普及率最高的国家，"无现金社会"成为我国社会的一大主要特征。特别是党的十八大之后，中共中央政治局围绕网络强国、大数据、人工智能、区块链、量子计算、数字经济等主题，每年开展集体学习，中央宣传部门及时对集体学习内容进行广泛宣传，极大带动了全社会对新一代信息技术应用的学习和创新应用的热潮。积极推动互联网、大数据、人工智能创新应用，成为我国绝大多数企业谋求创新发展、寻求新的增长点的重要抓手，企业纷纷在日常的研发设计、生产制造、仓储物流、经营销售、企业管控等环节探索新应用。

（五）监管包容审慎为新技术新业态壮大提供良好环境

智慧城市、数字政府、智能工业等大力推进，创造了海量新技术新业态应用"试验田"，加上包容审慎的监管政策，极大促进了我国新技术新业态的快速发展。

2015 年 7 月，国务院发布《关于积极推进"互联网 +"行动的指导意见》后，国务院总理李克强在国务院常务会议上多次强调，对"互联网 +"新业态要持包容审慎监管态度。针对新技术新业态快速发展态势，出于规范发展需求，国家陆续出台了《中华人民共和国网络安全法》《中华人民共和国数据安全法》《中华人民共和国个人信息保护法》《中华人民共和国电子商务法》《中华人民共和国密码法》《关键信息基础设施安全保护条例》《国务院反垄断委员会关于平台经济领域的反垄断指南》等相关法律法规，并及时推进《中华人民共和国反不正当竞争法》《中华人民共和国反垄断法》以及行业法律法规修订，电信、交通、金融、医疗、教育、文化、食药品等行业主管部门及时完善和修订行业管理办法，国家互联网信息办公室等多部门针对网络空间各种违法违规行为持续开展系列专项行动，加快推进网络空间治理，有效地保障了新技术新业态的健康发展。从各类监管的要求来看，坚持包容审慎的监管态度，规范平台经济发展行为，以监管促健康发展的总基调始终没有变。

三、我国数字化转型存在的问题

（一）关键核心技术严重受制于他人，产业发展存在风险隐患

芯片、软件、电子元器件是几乎所有高端电子信息物理系统不可或缺的基础部件和要素配件，移动互联网、云计算、大数据、物联网、人工智能等新技术新业态的发展都离不开芯片、软件和电子元器件的基础支撑，其产业供给能力和安全可控能力关系到国家数字化转型的成败。当前我国在核心电子元器件、高端芯片、重点基础软件等领域受制于人的局面没有发生根本改变，尤其是高端制造工艺、高端软件等技术产品严重受制于人，国内企业和国外企业在技术发展方面存在较大的技术代际差。面对信息技术快速发展、与经济社会加速渗透融合创新，以及国际地缘政治对全球产业链供应链合作深刻影响的时代大趋势，我国核心电子元器件、高端芯片、重点基础软件等领域关键技术严重受制于人，使得我国推进数字化转型处在一个非常被动的地位，面对不利局面，必须加快推进关键核心技术的整体性突破，打造安全可控的产业链和供应链，保障国家数字化转型安全。

（二）国内数字产业生态圈难以打造，产业链整体竞争力弱

21 世纪以来，美国凭借着在网络科技领域的先发优势，在网络科技各领域率先构建起了以其企业为主导的产业生态圈，并抓住产业链的关键环节，牢牢把控了整个产业生态的竞争规则和价值分配。我国操作系统、芯片、开源软件、云服务、网络设备等重要领域的发展都深度融入全球产业链发展与竞争中，与全球产业链供应链形成了密不可分的关系，贸易战、新冠肺炎疫情常态化等因素，对我国企业产业链供应链的安全产生了重大影响。另外，国内大型网络科技企业间缺乏契约精神和合作共赢理念，难以依据专业分工实现强强联合，而是各自主导构建生态或者依附国外巨头企业构建生态，这在一定程度上削弱了国内产业生态，从整体上影响了国内安全可控的产业链供应链打造。

（三）两化融合供给侧支撑能力不足，制造数字化困难重重

数字化、网络化、智能化是信息化发展的不同阶段，加快推进两化融合发展，首先必须要扎实练好制造业数字化的基本功，从供给端提供更多类型、更好互联、容易实现软件定义的数字化装备产品，为设备互联、数据汇聚、智能运行提供有效支撑。两化融合供给侧能力一定程度上决定了应用侧融合应用水平。当前我国两化融合在供给侧主要存在以下问题：各类工业装备信息自动感知采集、数字化网络化控制等能力普遍偏低，相互集成接入难度大；工业数字装备标准化程度低，存在工业现场总线种类多样、数字装备外联接口五花八门、不同工业操作系统平台应用不兼容等问题，严重影响了工业装备和应用的互联互通。另外，与移动智能终端操作系统全球高度统一化相比，目前面向工业应用的操作系统种类繁多，不同工业操作系统平台不兼容，应用难以跨平台，导致各类工业应用难以规模化发展。

（四）数字化创新基础设施发展滞后，产业转型升级缺支撑

产业数字化创新基础设施是支撑产业数字化转型的需要，是数字经济时代产业转型升级发展不可或缺的重要设施。全社会数字化转型除了需要 5G、宽带网络、大数据中心等一些社会通用数字基础设施之外，还需要一系列面向产业创新的数字基础设施。目前，我国在支撑产业数字化转型创新方面的基础设施建设部署相对滞后，主要表现在以下几个方面：大数据、物联网、人工智能等领域面向产业

创新的试验验证、接入管理等开放平台偏少，难以支撑互联网、大数据、人工智能和产业融合创新发展需要；现有行业性工业互联网平台偏小、偏少，对产业链上下游的协同联动作用没有发挥出来。

（五）新治理思路和手段尚未全面建立，数字治理能力有待提升

数字技术的发展和应用促进经济社会运行模式重塑，给原有政策体系和监管手段带来了新的挑战。面对数字技术加速和经济社会各领域的融合发展，传统治理思路和手段都难以适应，主要表现在以下几个方面：数字化、网络化、智能化的治理手段没有全面建立起来，传统监管政策、管理流程难以适应数字化监管的需要，线上线下协同治理、事前事中事后无缝监管等能力不足，新技术应用深度不够，技术支撑保障能力跟不上形势发展需求，社会共治机制没有形成，平台企业治理主体责任尚未履行到位，用户参与治理的保障机制不完善。

（六）网络和数据等安全问题频出，制度建设和技防有待增强

随着互联网、大数据、人工智能与经济社会各领域的深度融合，网络和数据安全问题已经延伸到了经济社会的各个领域，断网、网络攻击、数据泄露、数据盗窃等安全问题频发并且无处不在，时刻对经济社会正常运行构成威胁。尽管近年来国家陆续出台了《中华人民共和国网络安全法》《中华人民共和国数据安全法》《中华人民共和国个人信息保护法》《关键信息基础设施安全保护条例》等法律法规，但这些都属于宏观层面方向指导性的法律法规，具体到落实层面上，还缺乏更加详细、明确、系统、有操作性的司法解释、管理办法、操作指南、标准规范、示范案例等。另外，网络和数据安全攻击日趋组织化、专业化、产业化，黑客攻击频度、力度和专业水平不断提升，给政府、企业和个人安全防护带来了极为严峻的挑战。

（七）人才培养难以适应发展新需求，人才红利尚未有效释放

数字技术发展对社会人才提出了新需求、新要求，当前我国人才培养存在众多难以适应形势发展的问题，主要表现为：缺乏观趋势、懂战略、谙商业、明技术、清需求的战略科学家人才，难以适应统筹基础理论、技术研发、产业发展、商业应用等需求。高校人才培养难以适应社会数字化转型需求，教学内容陈旧，产学

研脱节，培养的人才社会实践能力不足，难以适应企业需求。部分技术研发人员对应用需求洞察能力不足，研发产品目标客户定位、客户需求分析、商业模式、差异化竞争优势等不清晰，过分注重技术先进性和安全性，忽视用户体验。传统产业工人信息素养偏低，缺乏定期职业技能技术培训，难以支撑企业数字化转型对工人操作技术的新需求。

四、我国数字化转型面临的形势

（一）党和国家政策的大力扶持全面助推各领域数字化转型

党和国家政策的全面扶持是我国数字化转型得以快速推进的根本保障。与"十三五"期间以"拓展网络经济新空间"为核心主题和主线的数字化转型路径相比，"十四五"期间，国民经济和社会发展各领域数字化转型的主题和主线发生了变化，国家"十四五"规划纲要提出要"迎接数字时代，激活数据要素潜能，推进网络强国建设，加快建设数字经济、数字社会、数字政府，以数字化转型整体驱动生产方式、生活方式和治理方式变革"，激活数据要素潜能，加快数字中国建设，驱动生产、生活和治理方式变革成为"十四五"期间数字化转型的主题和主线。随着数字技术创新和应用对经济发展、社会治理、国际竞争重要性的日益提升，加快数字技术创新和应用，推动数字经济和实体经济深度融合，加快各领域数字化转型，将会成为党和国家推动各领域立足新发展阶段、贯彻新发展理念、构建新发展格局的一项长期的基本政策。

（二）新冠肺炎疫情常态化加速经济社会各领域数字化转型

2020年初暴发和席卷全球的新冠肺炎疫情对世界各国经济社会的发展都产生了深远的影响，深刻地影响着大众生活、企业发展、国家治理和国际合作。随着全球新冠肺炎疫情的发展，生产要素流通和供应链受阻时有发生，对生产生活都产生了重要影响，如何提高在疫情环境下保障个人生活、促进企业发展和维持国家运行的能力，已成为全球各国持续加快探索实践的重要话题。数字技术在提高精准化疫情防控能力、助力复工复产方面大有可为。加快数字化转型，推动数字技术发展和应用，大力推动电了商务、在线办公、智能制造、网络娱乐等向着无接触生产、消费新业态发展，将成为各领域阻断新冠病毒传播、打破时空限制、降低疫情管控影响的必然选择。

（三）贯彻落实新发展理念要求加快产业数字化转型

　　党中央和国务院提出新发展理念是顺应时代发展大势、推动经济社会提档升级、实现高质量可持续发展的重要战略举措。贯彻落实新发展理念需要转变发展方式，加快产业结构调整，促进产业发展模式和生活方式转变，是一项全局性、系统性和战略性的工程。数字技术在推动新发展理念贯彻落实中大有可为，发展和应用数字技术是促进经济社会创新、协调、绿色、开放、共享发展的重要利器。随着新发展理念贯彻的持续深入，加快数字化转型，深化信息技术在生产生活中的融合应用，打造精细精益生产方式，构建网络化工作生活模式，提高社会资源利用率，强化节能降耗减排，推动绿色生产生活，促进社会开放共享发展，将成为时代发展的必然要求。

（四）治理体系和治理能力现代化要求加快社会数字化转型

　　数字技术的发展和创新应用让社会治理如虎添翼，是实现社会精准治理、高效治理的重要保障。随着国家大力推进治理体系和治理能力现代化，加快数字化转型，深化互联网、大数据、人工智能等数字技术在社会治理各领域的应用，推动一体化大数据中心建设，深化智慧城市和数字乡村建设，打造一体化综合指挥平台，压实网络平台企业治理主体责任，强化社会协同治理，构建数字化、网络化、智能化治理模式，提高在线治理、精准治理、大数据治理、智能治理、事中事前治理能力，将成为促进国家治理体系和治理能力现代化的必然要求和不二选择。

（五）国际政治格局多变加速我国信息技术产业创新发展

　　加快数字化转型，推进数字产业化创新和产业数字化转型，夯实基础材料、基础工艺、基础软件和基础零部件等产业基础，积极推动基础技术、通用技术、非对称技术、"杀手锏"技术、前沿技术、颠覆性技术等原始创新，多元化企业供应链，推进产业基础高级化和产业链现代化，推动传统产业数字化、网络化、智能化升级，推动产业链、供应链、价值链、创新链协同发展，将成为未来我国加速推进数字化转型的首要任务。

（六）全面深化改革推进助力数字化转型配套保障加快完善

数字化转型是以新一代信息技术全面驱动生活方式、生产方式和治理方式，既是技术应用，又是发展方式和制度的变革。加快推进全面深化改革，破除制约信息技术创新发展和融合应用的财政、金融、税收、投资、人才、行业管理等制度束缚，将为信息技术快速发展和全面深化应用提供强大保障。

第三节　数字化转型引领新时代发展

　　世界经济加速向以数字科技产业为主要支撑的数字经济活动转变，以互联网为代表的数字技术正在加速与经济社会各领域深度融合，已成为引领经济社会发展的先导力量。世界主要国家和地区都把发展数字科技以及推动数字化转型作为后疫情时代推动经济社会转型、培育经济新动能、构筑竞争新优势的重要抓手。当前我国正处在进入新发展阶段、贯彻新发展理念、构建新发展格局的关键时期，加快数字化转型，加快网络基础设施建设，大力发展数字经济，推进互联网和经济社会各领域融合创新，提升数字科技自主创新能力，加强网络空间安全保障，将有助于推进我国加快发展方式转变，推进高质量和可持续发展，抢占发展战略制高点，提升国际综合竞争力，开启发展新时代。

一、数字基础设施广泛普及部署

　　数字基础设施的普及应用加速了经济社会信息的高速流动，信息流带动技术流、资金流、人才流、物资流，促进资源配置优化和全要素生产率提升。

　　高速宽带网络等数字基础设施的普及应用，正在引领着以网络技术为主要代表的新一代信息通信技术快速发展，移动互联网、云计算、大数据、物联网等信息技术成为引领经济社会创新发展的先导力量。移动互联网的发展从根本上摆脱了固定互联网的限制和束缚，极大地拓展了互联网的应用场景，促进了移动通信技术与经济社会广泛深度融合，涌现出了丰富多彩的移动应用，促进移动应用业态的广泛创新。云计算技术的普及应用，改变了 IT 设施的投资、建设和运维模式，降低了 IT 设施建设和运维成本，缩短了 IT 设施建设周期，提升了 IT 设施承载能力，促进了经济社会各领域信息化建设。大数据技术的推广和应用，释放了数据资源的红利，促进了产业发展、社会治理和民生服务等各领域模式创新，优化了资源配置，提高了运行决策预见性。物联网的推广和应用，提高了对经济社会运行的实时感知、在线监测和精准控制能力，促进了经济社会的精细、精准、高效运行。

高速宽带网络等数字基础设施的普及应用，正在引领着以电子商务为主要载体的社会资金流网络周转体系的快速形成，移动支付、扫码支付、近场支付等电子支付模式成为拓展网络经济新空间的先行应用支撑。电子支付弥补了网络交易简单信息撮合的不足，促成了网络交易整个闭环的形成，实现了电子商务交易双方信息流、资金流和物资流的同步，从而大大促进了电子商务发展。电子支付创新了线上线下支付结算模式，微信支付、支付宝支付、银联支付等扫码支付、近场支付、红包支付、数字人民币模式大大拓展了电子支付的应用场景，简化了支付结算手续，提高了商贸交易速度。电子支付促进了交易资金快速流动，实现了小额资金快速周转和计算，提高了资金运转效率，成为推动商业发展的重要加速器。

高速宽带网络等数字基础设施的普及应用，促进了移动互联网、云计算、大数据、物联网等在物流运输中的广泛应用，引领着以智能物流为主要特征的现代智能交通物流运输网的发展，第三方、第四方、网络众包等多种形式的物流信息服务成为经济线上线下融合创新发展的重要基础支撑。移动互联网、物联网等技术的发展让物流运输如虎添翼，实现了物流过程中的泛在感知和精准控制，大大提高了物流作业效率。网络平台技术的发展弥补了物流信息的不对称，降低了物流运输的盲目性，实现了物流信息的有效撮合，促进了物流运输货物、车辆、仓库和工人的高效利用。云计算、大数据、人工智能等技术的发展，提高了物流运输数据决策效率，促进了物流决策的智能化。

高速宽带网络等数字基础设施的普及应用，促进了互联网的广泛应用，提高了互联网普及率，引领着以融合应用为主要特征的互联网领域跨界融合人才快速成长，为发展网络经济提供了丰富的智力支撑。电子商务、网络社交、网上娱乐、网络约车、网络外卖等互联网服务的发展，以及互联网普及率的快速提升（如图1-9所示），培育了大众的网络消费习惯，促进了消费互联网人才培养，为推动经济向网络经济转型奠定了用户基础。智能制造、智能物流、智能管网等产业互联网服务的发展，提高了产业工人的互联网应用技能，培育了产业互联网发展人才，为推进产业互联网化转型奠定了产业工人基础。移动互联网、云计算、大数据、物联网、网络安全等互联网关键技术的研发和应用，培育了一大批互联网关键技术创新应用人才，为推进互联网和实体经济融合提供了坚强的技术保障。

数据来源：根据历年《中国互联网络发展状况统计报告》整理。

图 1-9　2010—2021 年我国互联网普及率发展情况

二、数字经济融合创新日益活跃

数字经济的迅猛发展促进了经济的全面转型升级，经济发展新动能应运而生，创新、协调、绿色、开放、共享成为经济发展新特征。

以互联网跨界融合应用为特征的数字经济的发展，促进了中国经济全面创新发展，创新驱动发展的时代正全面开启。互联网促进了企业组织模式的创新，网络化、平台化、众包化的新型企业组织模式正在极大地发掘人的智慧和潜能，企业发展凭借的人口红利正从人口数量红利向人口智慧优化组合利用红利加速转变。互联网促进了企业服务模式创新，移动服务、精准营销、就近提供、个性定制、线上线下融合等服务创新正在激发和创造新的消费需求，消费拉动经济发展的引擎正在加速驰骋。互联网促进了企业商业模式的创新，组织创新、服务创新和技术创新相互叠加，按需定制、人人参与、体验制造、产销一体、自组织协作、自适应管理等面向未来的企业发展模式正在加速形成。

以互联网跨界融合应用为特征的数字经济的发展，促进了中国经济均衡协调发展，多源驱动经济发展模式正加速形成，经济发展更加持续均衡。互联网促进了城乡均衡协调发展，正在以"洪荒之力"打破城乡二元体制藩篱，促使便捷繁华的商业资源、优质普惠的医疗教育资源、丰富时尚的娱乐社交资源、安全可靠的就业社保资源实现城乡共享，幸福新农村正焕发发展新生机，农民消费需求加速释放。互联网让区域发展更加均衡协调，地区发展"无中生有"成为可能，牵引区域发展的动力正加速转换，网络平台、服务模式、业态创新正在成为一个地区后发崛起的决定性要素和新的发展动能。互联网促进了人与人之间的均衡协调，网络新空间让各类群体有了平等的发展新空间，资金、技术这些在个人发展道路上曾经的必备要素，在互联网时代正让位于个体创造性，特权资源等阻碍人发展、成长的外在要素正在消失，人的发展潜力正在回归于才华和智慧，人人皆能创新创业的时代正在全面开启。

以互联网跨界融合应用为特征的数字经济的发展，促进了中国经济绿色低碳发展，集约化的生活生产模式正在形成，绿色 GDP 让经济社会发展更加可持续。互联网促进广泛形成绿色生产生活方式，经济社会运行变得更加经济高效，资源集约节约型的社会正在加速形成。逛街购物、上班办公、旅游出行、网络娱乐等生活皆因互联网应用变得更加绿色和低碳。网络零售降低了实体店的水电、房租和仓储等消耗，共建物流减轻了出行、商场、购物人群拥挤、交通拥堵的弊端。互联网促进了绿色低碳生产，大数据决策、在线监测、远程维护、网络制造等新的在线化、数字化生产方式，让生产资料利用更加集约高效，让生产过程更加节能节电节水，让生产排放更加绿色清洁。

以互联网跨界融合应用为特征的数字经济的发展，促进了中国经济开放合作发展，基于网络平台的新的协作分工体系正在形成，协同创新让创新变得更加高效和富有活力。互联网促进了产业链上下游企业加强开放合作，企业竞争从耗能竞争向合作竞争加速转变，企业发展因生态发展更加稳健。互联网促进了不同行业的跨界合作，打破了不同行业发展的组织边界，跨界融合正在塑造新的经济增长点。互联网促使企业加强国际开放合作，国际合作的国界正在悄然消失，国际人才、技术、资本正在加速流动和融合。

以互联网跨界融合应用为特征的数字经济的发展，促进了我国经济社会的共建共享发展，创新要素资源正在加速流动，有力地推动了我国经济的转型发展。互联网促进了社会闲置资源的高效共享，提升了资源的社会利用价值。互联网让汽车、停车位、办公室、日用品等方面社会闲置资源的利用实现了人人参与、碎片分享、共同受益，改变了大众资源独占的观念，加速了资源所有权和使用权的分离，实现了资源使用权的高效流动，促进了资源的优化配置。

三、数字技术创新能力全面增强

数字技术创新能力的全面增强，夯实了经济发展技术产业支撑，信息通信技术和社会智能化应用互为驱动，自主、融合、开放创新成为经济社会转型发展的新主题。

数字技术原始创新推进了技术安全可控，促进了关键核心技术逐步摆脱国外依赖，夯实了网络经济发展的新基石。大量网络科技企业在芯片设计、封装和测试等领域技术的进步，正在逐步改变我国"工业粮食"严重依赖进口的局面，一定程度上改变了我国核心关键技术长期受制于人的状况，为捍卫网络空间主权提供了坚实的保障。大型网络科技企业在移动智能终端、物联网、云计算等领域操作系统的自主创新，为我国抓住新兴领域发展、推进操作系统安全可控探索出了一条有效路径，奠定了经济社会领域智慧化应用的基础。阿里巴巴、腾讯等大型互联网企业网络云数据库的自主创新，以及功能和性能的跃升，大大提升了我国在网络经济时代互联网的数据管理、挖掘和分析能力，为抢占网络经济发展战略制高点提供了根本保障。

数字技术集成创新推进了技术集成创新应用，培育了丰富多彩的智能应用。移动互联网、云计算、大数据、物联网、北斗等技术的综合集成创新，让智能应用具备移动、感知计算、存储、导航等各种功能，提高了应用场景的适应性。信息技术与工业技术集成创新应用，促进了智能工业的发展，催生了软件化、网络化和自动化的智能工业生产模式，培育了网络制造、个性化定制、用户全程参与等新兴制造模式，提升了工业适应经济新常态的能力。信息技术与材料技术集成创新应用，促进了智能材料的发展，具有信息感知、数据反馈、自我修复、环境适应的智能材料，丰富了建筑、医疗、航空、航天、军事等特殊领域的应用，解决了特殊领域材料稀缺问题。信息技术与生物技术集成创新应用，促进了信息医学的发展，丰富的医疗信息设备应用促进了医疗模式变革，显著提高了医院智能诊疗水平。

数字技术开放创新促进了全球创新资源的汇聚，加快了创新速度。国内外数字科技企业联合创新模式，基于我国大国大市场优势，促进了国际数字科技资源和我国市场资源的互换，为我国企业在数字科技领域实现从跟跑、并跑向全球领跑转变，赢得了时间、赢得了机遇。数字科技通过并购模式等引进创新，有效弥补了我国在数字科技领域的短板，缩短了技术原始积累的时间，促进了技术的引进、消化、吸收和再创新。

四、网络安全保障能力显著提升

网络安全保障能力的显著提升筑牢了数字经济安全发展的保障，网络安全和信息化建设并驾齐驱，夯实了数字经济发展的双基石。

网络安全保障能力提升促进了技术普遍应用，信息通信技术与经济社会加速融合发展，大大释放了新一代信息通信技术红利。金融、能源、电力、通信、交通等重点行业关键信息基础设施和政务、电商、民生服务等重要领域信息系统的安全平稳运行，带动经济社会各领域信息化水平大幅提升，为全社会应用创新和业态创新奠定了基础。智能手机、平板计算机、智能家居、可穿戴设备、智能汽车等各类智能终端的安全防护能力大大提升，在方便用户生活、带动居民信息化应用水平全面提升的同时，也较好地保护了用户各类隐私，让用户用得省心和放心。CAD（Computer Aided Design，计算机辅助设计）、CAE（Computer Aided Engineering，计算机辅助工程）、CAM（Computer Aided Manufacturing，计算机辅助制造）、ERP（Enterprise Resource Planning，企业资源计划系统）、CRM（Customer Relationship Management，客户关系管理）、SCM（Supply Chain Management，供应链管理）、MES（Manufacturing Execution System，制造执行系统）、PLM（Product Lifecycle Management，产品生命周期管理）等各类企业应用安全运行，保障了企业数字化转型，提升了企业信息化和工业化融合的水平，显著提升了企业响应市场的速度和满足客户多元化需求的能力。

网络安全保障能力的提升维护了网络社会秩序，网络社会规则、秩序和惩戒机制逐步完善，进一步保障了网络经济的健康发展。网络安全、数据保护、电子支付、电子签名、网络新闻、移动应用等方面规章制度的完善，有力地充实了依法办网、依法管网、依法治网的法律依据，对网络犯罪起到了强烈的震慑作用，有效地维护了网络空间秩序。网络平台安全自身管理能力和水平不断提升，平台自律、自治和突发事件应急能力不断增强，大大提升了监管部门间接监管能力，对维护和净化网络空间环境起到了至关重要的作用。网络联合惩戒机制逐步建立，促进了网络违法犯罪信息的共建共享，为维护网络空间秩序和惩治网络犯罪提供了有效手段，促使网络经济持续健康发展。

网络安全保障能力的提升有效维护了网络空间国家主权，保障了网络空间经济发展权利，拓展了网络经济发展新空间，促进了各类网络应用的飞速发展，更为企业拓展网络市场提供了广阔舞台。网络安全保障能力的提升还保障了国家网络经济发展安全，以及金融、商务、税收、信用、人口、法人等国家重要业务系统的安全稳定运行，为网络经济的平稳运行提供了坚强的保障。

作为世界人口大国和第二大经济体，我国仍处于发展的重要战略机遇期，经济新常态迫切要求我们转变经济发展方式。加快数字化转型，推进数字经济、数字社会、数字政府、数字生态建设，将从根本上推进我国经济社会发展方式的转变，以新速度、新方式、新结构、新动力塑造更为强劲的"发展航母"，为实现"两个一百年"奋斗目标和中华民族伟大复兴的中国梦提供强大的基础保障。

第二章　数字基础设施：打基础强基建拓展新领域

第二章

数字基础设施：
超前谋划安装部署，抢占未来发展竞争赛道

新型基础设施建设部署是引发经济社会运行方式变革的先导力量，不同历史时期都有与之先进生产力发展需要相适应的新型基础设施。新型基础设施建设部署是地区发展竞争的新赛道，抢先部署新型基础设施建设，有助于在新一轮区域发展竞争中赢得先机、获得主动。公路、铁路、港口、机场、电站、水厂等基础设施建设，在特定的历史时期内发挥了举足轻重的作用，引发了生产生活方式的巨大变革，甚至成为影响区域竞争发展格局的重要因素。面对着互联网、大数据、人工智能等新技术全面与经济社会深度融合的数字化时代，需要加快构建支撑数字化、网络化、智能化生产生活方式的新型数字基础设施，加快推动 5G、数据中心、物联网、人工智能等新型数字基础设施建设，更好地支撑产业创新、服务创新和治理创新。

第一节 加快推进新型基础设施建设

新型基础设施是构建国家先发优势的战略性、先导性基础设施，是支撑经济社会提档升级的必要条件，是引起区域行业竞争格局演变的先导因素。加快推进新型基础设施建设，有利于构建技术产业创新试验场、促进技术产业业态创新；有利于构建新经济社会运行模式、促进经济社会提档升级；有利于构建面向未来的发展平台、打造国家发展竞争新优势。当前，数字化浪潮正席卷全球，经济社会数字化转型进入新阶段，5G、数据中心、物联网、人工智能等新型基础设施的建设部署，将关系到数字化转型的速度、进度和深度。面对新形势，我国全面加强战略谋划，加大力度，全面推进新型基础设施布局。

一、新型基础设施概念范畴概述

2018 年 12 月，中央经济工作会议首次提出新型基础设施的概念，提出"加快 5G 商用步伐，加强人工智能、工业互联网、物联网等新型基础设施建设，加大城际交通、物流、市政基础设施等投资力度"。2019 年 12 月，中央经济工作会议再次强调了战略性、网络型基础设施建设的重要性，提出要着眼国家长远发展，加强战略性、网络型基础设施建设；引导资金投向供需共同受益、具有乘数效应的先进制造、民生建设、基础设施短板等领域，促进产业和消费"双升级"。2020 年 2 月 21 日，中共中央政治局召开会议，研究新冠肺炎疫情防控工作，部署统筹做好疫情防控和经济社会发展工作，会议强调，"发挥好有效投资关键作用，加大新投资项目开工力度，加快在建设目建设进度。加大试剂、药品、疫苗研发支持力度，推动生物医药、医疗设备、5G 网络、工业互联网等加快发展"。2020 年 3 月 4 日，中共中央政治局常务委员会召开会议，研究当前新冠肺炎疫情防控和稳定经济社会运行重点工作，会议上强调"要选好投资项目，加强用地、用能、资金等政策配套，加快推进国家规划已明确的重大工程和基础设施建设""加快 5G 网络、数据中心等新型基础设施建设进度"。2022 年 4 月 26 日，中央财经委员会第十一次会议提出，要加强信息、科技、物流等产业升级基础设施建设，布局建设新一代超算、云计算、人工智能平台、宽带基础网络等设施，推进重大科技基础设施布局建设。

关于新型基础设施范畴和方向，业内有多种不同的理解。2018 年中央经济工作会议重新定义了基础设施，把 5G、人工智能、工业互联网、物联网定义为"新型基础设施"，并将"加快 5G 商用步伐，加强人工智能、工业互联网、物联网等新型基础设施建设"列为 2019 年重点经济工作任务之一。2019 年中央经济工作会议定义的新型基础设施更多的是从新型数字基础设施层面出发。2020 年 4 月20 日，国家发展改革委提出了新型基础设施的范围，认为新型基础设施是以新发展理念为引领，以技术创新为驱动，以信息网络为基础，面向高质量发展需要，提供数字化转型、智能升级、融合创新等服务的基础设施体系。目前来看，新型基础设施主要包括 3 个方面内容。一是信息基础设施，主要是指基于新一代信息技术演化生成的基础设施，比如，以 5G、物联网、工业互联网、卫星互联网等为代表的通信网络基础设施，以人工智能、云计算、区块链等为代表的新技术基础设施，以数据中心、智能计算中心等为代表的算力基础设施等。二是融合基础设施，主要是指深度应用互联网、大数据、人工智能等技术，支撑传统基础设施转型升级，进而形成的融合基础设施，比如智能交通基础设施、智慧能源基础设施等。三是创新基础设施，主要是指支撑科学研究、技术开发、产品研制的具有公益属性的基础设施，比如重大科技基础设施、科教基础设施、产业技术创新基础设施等。国家发展改革委定义的新型基础设施范畴，既包括新技术基础设施和科技创新基础设施，也包括智能化的传统基础设施。另外，央视新闻报道也定义了新型基础设施的范畴，包括 5G 基建、特高压、城际高速铁路和城际轨道交通、新能源汽车充电桩、大数据中心、人工智能、工业互联网等七大类。

二、新型基础设施的主要特征

与传统基础设施相比，新型基础设施主要有以下几大特征。一是支撑面向未来发展需要，支撑产业转型升级和经济社会发展提档升级需求。就当前而言，新型基础设施部署需要支撑数字经济发展和智慧社会建设，能够为网络强国、交通强国、数字中国、智慧社会等建设提供运行底座支撑。二是具有强大的经济社会带动效应，能够带动新投资，带动产业转型升级，带动消费升级，带动社会提档升级，发挥投资乘数效应。三是有利于促进包容普惠性发展。新型基础设施部署不面向特定的行业和特定的人群，为经济社会数字化、网络化和智能化运行提供了更为先进通用的基础底座，从长期来看，各行各业都能够从新型基础设施发展中受益。

相比传统基础设施，新型基础设施的"新"主要体现在以下三个方面。一是应用新技术。新型基础设施融合了移动互联网、云计算、大数据、物联网、人工智能、区块链等新一代信息技术，是软硬融合型基础设施，是数字化、网络化、智能化的基础设施。二是满足新需求。新型基础设施部署将满足经济社会数字化、网络化和智能化发展新需求，支撑数字经济发展和网络强国、智慧社会建设需要。三是激发新动能。新型基础设施部署能够支撑经济社会创新发展，推动技术创新和产业创新，培育新的产业业态和应用业态，促进产业转型升级和社会提档升级，推动经济发展质量变革、效率变革和动力变革。

三、新型基础设施的作用和影响

新一轮新型基础设施的部署将会发挥出巨大作用，对整个经济社会产生重大影响，主要表现在以下几方面。

从长远看，新型基础设施会带来以下影响。一是新型基础设施将引领经济社会形态变革。不同的社会基础设施对应不同的社会形态和经济形态，5G、数据中心、工业互联网、人工智能等新型基础设施的普及应用，将促进产业服务模式、社会运行模式、经济发展方式发生新的变革。二是新型基础设施将驱动新业态和新经济发展。每一次社会基础设施提档升级都会引发新一轮产业变革，促进新经济和新业态的发展。新型基础设施是驱动新业态、新经济发展的核心基础设施，新型基础设施加快部署将驱动新业态和新经济快速发展。三是新型基础设施部署将重构区域竞争新优势。新型基础设施部署关系到新一轮区域竞争，抢先部署新型基础设施有利于推动新经济发展和新业态区域集聚，并对周边区域产生极大资源虹吸效应，进而改变区域竞争格局。

从短期看，新型基础设施会带来以下影响。一是带动数字科技规模发展。5G、数据中心、工业互联网、人工智能等新型数字基础设施的大规模建设，首先会带动5G基站、服务器、机器人、数字仪器仪表等数字产业提升产品供给能力，同时庞大的投资需求会促使相关企业增加研发投入，加速相关核心电子元器件、高端芯片、基础软件等关键核心部件的攻关研发，持续推动技术和产品的迭代升级，并带动相关产业链和产业生态发展。二是支撑传统产业转型升级。5G、数据中心、工业互联网、人工智能等新型数字基础设施的建设，将会成为传统产业转型升级的助推器。5G 网络的规模化部署将极大增强传统企业网络接入多样化能力，促进产业业态创新，提升经营管理竞争能力。大规模数据中心的建设和工业互联网等基础设施的发展，将加速企业上云步伐，打通企业数据流，提升企业信息流带动物资流、人才流、资金流、技术流等能力，降低企业试错成本。工业机器人、工业互联网、智能物流等基础设施的建设，将加速智能工厂建设，全面提升企业智能管控和柔性供给能力。三是支撑社会大众创新创业。5G、云计算、人工智能、工业互联网等新型数字基础设施，将会吸引一大批创新创业者基于新型数字基础设施开展新技术、新应用、新业态创新，为未来 10 年内产业转型、社会发展、政府治理创新提供新动能。四是助力智慧社会建设。5G、数据中心、人工智能等新型数字基础设施部署将加速智慧社会建设。5G 网络的部署将提供高速、泛在、多样、安全的网络接入服务，为下一阶段"互联网 +"创新发展提供新基础平台和新动能。大规模数据中心建设将为数字经济、数字政府和数字社会建设提供有力的计算存储保障，推动各类信息系统上云，加速"云上国家"建设。人工智能基础设施建设，将为经济社会各领域智能化转型提供基础智能平台支撑。

四、推进新型基础设施部署建议

（一）谋划好新型数字基础设施投资建设顶层设计

做好新型数字基础设施发展的中长期规划，以市场实际需求为导向，适度超前加快新型数字基础设施部署，统筹规划好新型数字基础设施年度投资，防止一哄而上和重复建设，避免短期投资泡沫。进一步放开新型数字基础设施市场准入，全面实施市场准入负面清单，取消不合理的投资者资格要求限制，拓宽民营企业参与投资建设的渠道。正确处理政府和市场的关系，充分发挥市场资源配置的决定性作用，合理选择政府在新型数字基础设施的投资领域，优化政府和社会投资比例，避免政府大规模投资，最大化调动社会资本投资的积极性。加快新型数字基础设施区域、行业等布局，面向重点区域和重点行业，率先推进新型数字基础设施建设，确保新型数字基础设施发挥效益。

（二）创新面向新型数字基础设施的财税金融政策

在融资、贷款、并购、重组、上市、发债等方面出台更加优惠的财政、金融、税收等政策，全面支持面向新型基础设施的各类市场活动。加强新型数字基础设施创新应用试点示范等扶持力度，扩大扶持项目范围，增加项目扶持资金额度，提高财政资金配置效率，增强社会引导效应。支持新型数字基础设施企业上市融资，加快企业上市审核速度，适度放宽企业融资额度。对于参与新型基础设施建设的经营效益好、资产规模雄厚的国有企业、大型网络科技企业，在风险可控的范围之内，支持其发行企业债券。面向新型数字基础设施领域企业，实施大幅度投资税收抵免、研发费用加计扣除、高新企业低税率等政策，提高抵免比例。

（三）鼓励发展基于新型数字基础设施的创新应用

从中央、省级、市级三个层面，遴选基于新型数字基础设施的创新应用试点示范项目，做好试点项目经验总结，加大试点示范项目宣传推广力度。鼓励采取"云服务券"等经验模式，支持企业加大新型数字基础设施应用力度和基于新型数字基础设施的创新创业活动。鼓励行业主管部门、新型基础设施投资运营企业举办基于新型数字基础设施的行业应用创新大赛，强化投资对接能力，提高大赛成果转化率。

（四）推动新型数字基础设施和传统基建融合发展

推动交通、能源、水利、物流、市政、安防、社区、楼宇等传统基础设施领域加快"5G+""云+""智能+"升级改造，加快传感器等智能监测和管控设备部署，推进传统基础设施数字化、网络化、智能化运营和管控，提升传统基础设施利用水平，增强安全保障能力。

（五）完善新型数字基础设施网络安全保障措施

按照《中华人民共和国网络安全法》《中华人民共和国数据安全法》《中华人民共和国个人信息保护法》《关键信息基础设施安全保护条例》等法律法规的要求，同步规划和制定新型数字基础设施安全保障技术措施，制定基础网络、业务平台、应用程序、服务接口、数据使用、运行维护等各个环节的安全保障技术能力要求和防护措施，完善面向新型数字基础设施的安全测评、风险评估、安全审计、保密审查、日常监测等制度，确保国家提出的各项安全要求落实到位。建立健全新型数字基础设施的突发事件预警应急工作机制，建立安全监测手段、应急响应预案、事件处置联动机制和应急处置团队。

第二节　加快推进新型数据中心建设

　　数据中心是数据汇聚和算力供给的枢纽，是数字时代最为关键的网络信息基础设施，是关系国家安全的重要战略性基础设施。加快推进新型数据中心建设，有利于推动"云、网、端"协同发展、提升网络基础设施赋能水平和先进计算供给能力，有利于加速数据资源汇聚集中，促进数据资源开发利用和新技术新服务新业态发展。近年来，随着互联网、大数据、人工智能等国家战略陆续实施，经济社会各领域都加快了数字化转型，数据资源量呈现指数级增长，全社会对数据中心的需求量与日俱增，各地政府加快推进数据中心建设。与此同时，也出现了数据中心"遍地开花"、互联互通困难、节能降耗水平低下、服务器上架率低等一系列问题，亟须推动数据中心合理布局、供需平衡、绿色集约和互联互通。

一、新型数据中心建设发展现状

（一）国家统筹部署一体化大数据中心建设

　　随着数字化转型的加快推进，数据中心对数字中国建设的重要性日益凸显。全国大数据中心实现一体化服务能力，能够极大地提高数据调度应用和安全保障水平。2016 年 10 月，中共中央政治局就实施网络强国战略进行第三十六次集体学习，习近平总书记在主持学习时，提出建设全国一体化的国家大数据中心。2020 年以来，国家发展改革委联合中央网信办、工业和信息化部、国家能源局先后发布了《关于加快构建全国一体化大数据中心协同创新体系的指导意见》（发改高技〔2020〕1922 号）和《全国一体化大数据中心协同创新体系算力枢纽实施方案》（发改高技〔2021〕709 号），重点推动一体化大数中心协同创新体系及算力枢纽建设，在全国范围内规划了 8 个算力枢纽节点，根据市场、气候和能源等条件，要求京津冀、长三角、粤港澳大湾区、成渝等用户规模较大、应用需求强烈和贵州、内蒙古、甘肃、宁夏等可再生能源丰富、气候适宜、数据中心绿色发展潜力较大的两类节点分类发展，并从绿色集约建设、核心技术突破、网络互联互通、能源供给保障、能耗监测管理、算力服务水平、数据有序流通、数据智能应用、网络数据安全等方面对算力枢纽提出了发展要求。

（二）网络持续优化支持各地区域数据中心

为了提升网络数据传输和数据交换能力，更好地支撑经济社会数字化转型对数据传输和交换的需求，近年来，工业和信息化部大力推进骨干网络建设和优化，加速增设国家互联网骨干直联点、新型互联网交换中心、国际互联网数据专用通道以及区域互联网直连通道等，大幅增加网络传输带宽和互联网国际出口带宽，如图2-1所示，有效地促进了跨区域、跨运营商网络数据传输和交换能力。

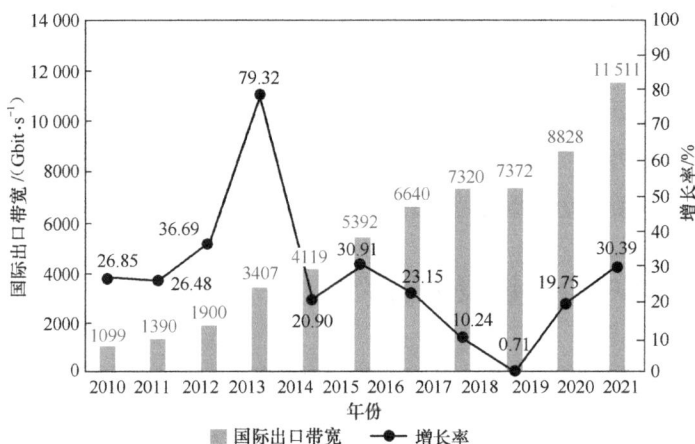

数据来源：根据工业和信息化部历年通信业统计公报整理。

图 2-1 2010—2021 年我国互联网国际出口带宽发展情况

国家级互联网骨干直联点建设方面。2013 年以来，国家陆续增设成都、武汉、西安、沈阳、南京、重庆、郑州、杭州、贵阳、福州、呼和浩特、南宁、太原、济南—青岛等 14 个新的骨干直联点，截至 2021 年底，包括原先设立的北京、上海、广州三个节点，我国互联网骨干直联点已经达到 17 个（如表 2-1 所示）。互联网骨干直联点的部署，将促进省际网间时延、网间丢包率大幅下降，极大提升网间通信的速度和质量。

新型互联网交换中心方面。2019 年以来，工业和信息化部启动了新型互联网交换中心试点工作，截至 2021 年底，工业和信息化部先后在浙江杭州、宁夏中卫、深圳前海、上海临港等四个地区启动了新型互联网交换中心试点。新型互联网交换中心建设，打通了基础电信企业、大型互联网企业、云服务企业和 CDN（Content

Delivery Network，内容分发网络）企业之间的互联通道，实现网络接入方式"一点接入，多点联通"，降低了网络接入成本，提升了网络互联质量。

国际互联网数据专用通道方面。为响应国家"一带一路"倡议，提升我国国际通信服务水平，工业和信息化部大力推进国际互联网数据专用通道建设，截至2021年底，全国已有40多个城市/园区获得工业和信息化部批复建立国际互联网数据专用通道。国际互联网数据专用通道的部署，将大大提升本地产业园区直达国际通信业务出入口局能力，提升国际互联网访问性能，改善园区内企业访问国际互联网的业务体验。

表 2-1　我国国家级互联网骨干直联点建设情况

设立或开通时间	区域	类别
—	北京市	国家级互联网骨干直联点
—	上海市	国家级互联网骨干直联点
—	广州市	国家级互联网骨干直联点
2013 年 12 月	成都市	国家级互联网骨干直联点
2013 年 12 月	武汉市	国家级互联网骨干直联点
2013 年 12 月	西安市	国家级互联网骨干直联点
2013 年 12 月	沈阳市	国家级互联网骨干直联点
2013 年 12 月	南京市	国家级互联网骨干直联点
2013 年 12 月	重庆市	国家级互联网骨干直联点
2013 年 12 月	郑州市	国家级互联网骨干直联点
2016 年 11 月	杭州市	国家级互联网骨干直联点
2016 年 11 月	贵阳贵安	国家级互联网骨干直联点
2016 年 11 月	福州市	国家级互联网骨干直联点
2021 年 1 月	呼和浩特市	国家级互联网骨干直联点
2021 年 1 月	南宁市	国家级互联网骨干直联点
2021 年 9 月	太原市	国家级互联网骨干直联点
2021 年 11 月	济南—青岛	国家级互联网骨干直联点

（三）互联网企业纷纷布局数据中心建设

近年来，随着"互联网+"、大数据、人工智能等国家战略的实施，经济社会加快数字化、网络化、智能化转型，云服务成为与供水、供电同等重要的社会基础性服务，各领域数字化转型对云服务的需求迅猛增长，各类互联网应用创新层出不穷，并广泛渗透到经济社会发展各领域，互联网企业数据中心业务需求快速增长。面对云服务、数据存储、数据灾备等迅猛增长的需求，部分大型互联网企业综合考虑国家政策导向、市场需求、运营成本、网络接入等条件，在东中西部地区全面布局数据中心建设，有力支撑了全社会数字化转型和国家重大战略实施。

二、新型数据中心建设存在问题

（一）数据中心统筹规划和顶层设计滞后

近年来，随着互联网、大数据、人工智能和经济社会深度融合，数据量呈现指数级增长，对数据中心发展提出了新的需求，较多地区都把发展数据中心作为培育本地数字经济的重要抓手。数据中心发展对本地气候环境、能源供给、网络接入等都有严格要求，但较多地区无视发展条件限制，纷纷以政务大数据中心建设为起点，力图把本地打造成为数据中心产业汇聚地，导致各类难以形成市场聚集效应、能耗指标严重不达标、互联互通水平低、技术运维和安全保障能力有限的中小型数据中心"遍地开花"，造成了极大的投资浪费。

（二）数据中心关键核心技术发展相对滞后

数据中心不是简单的服务器堆砌，而是各类技术综合集成和应用优化能力的比拼。当前，我国在数据中心云操作系统、云原生、云网融合、安全供电、能耗管理、安全保障、智能运维等多个领域的技术都跟国外企业存在一定差距，数据中心企业运营成本偏高，服务创新有限，制约了企业市场拓展。

（三）网络带宽和资费制约企业竞争力提升

企业宽带专线接入资费居高不下，在数据中心服务企业支出中占比较高，直接导致企业利润微薄，客观上阻碍了企业研发投入增加和竞争力提升。国内企业宽带专线接入费用价格普遍是欧美国家企业费用价格的数倍，这导致我国企业在与国外企业技术不对等条件下，无法通过价格战获取市场。另外，新型互联网交换中心数量少、建设推进缓慢、未能全面覆盖，制约了基础电信企业、大型互联网企业、云服务企业和CDN企业之间数据传输能力的提升。国际互联网数据专用通道建设仅在部分城市/园区部署，难以满足更大范围内数字化转型数据跨境快速传输需求。区域互联网直连通道建设和运营成本高，难以满足部分城市/地区数据点对点传输需求。

（四）数据中心网络资源监管体系不完善

国内域名、IP 地址、IDC/ISP/ICP[①] 许可证等相关资源管理方面存在信息共享困难和业务难以无缝协同等问题，致使通信运营商难以从网络通道层面精准支撑主管部门做好监管工作。由于国内 IP 地址管理没有统一的管理系统且未完全实现实名制，域名、IDC/ISP/ICP 等许可证管理系统都为独立系统，相互之间缺乏匹配关联和业务协同，致使通信运营商无法根据域名、IP 地址、IDC/ISP/ICP 许可证等相关资源，对非法的 IDC/ISP、未履行 ICP 备案的网站、未实名登记和核验的第三方应用、违规发布信息的网站等实行有效的网络阻断管理。

三、推进新型数据中心建设建议

（一）加强数据中心建设发展统筹规划

严格按照国家一体化大数据中心算力枢纽实施方案的要求，加快推进京津冀、长三角、粤港澳大湾区等 8 个地区算力枢纽核心节点建设，推进数据中心向枢纽节点集聚，提高算力枢纽节点间网络互联互通保障水平，提升枢纽节点间数据交换、互为灾备、协同联动等能力。加强数据中心准入管理，充分利用电力接入、网络接入、土地供给等管理手段，严格控制非国家规划布局内建设大型、超大型数据中心，提高新建设数据中心技术先进性、节能降耗、服务器上架率、承载应用等准入要求，逐步推进技术陈旧、能耗高、规模小、安全问题频发的数据中心退出市场服务。

（二）加强数据中心关键核心技术攻关

鼓励数据中心企业面向云计算和大数据产业发展需求，加快数据中心核心技术的研发攻关，提高技术安全可控能力。加强云计算平台操作系统、大规模资源管理与调度、云网融合、容器、微服务、云平台运行监控、云安全保障等云计算

---

① IDC即Internet Data Center，互联网数据中心；ISP即Internet Service Provider，因特网服务提供者；ICP即 Internet Content Provider，因特网内容提供者。

应用技术研发。推进软件定义数据中心等智能化技术开发，鼓励和支持自动化运维、智能监控、智能调度等数据中心管理技术的研发，推动数据中心智能化发展。加强绿色智能服务器、热场管理、余热利用、水循环利用、分布式供能、直流供电等机房能耗管理技术的研发与应用，加强自然冷源利用、近端制冷、液冷、相变材料等绿色节能技术产品的开发与应用。

（三）持续推进宽带网络优化提速降费

优化国家互联网骨干直联点部署，大力推进新型互联网交换中心、国际互联网数据专用通道以及区域互联网直连通道等建设，提升区域、跨境、网间、企业间等数据传输能力。鼓励和支持通信运营商加快骨干网建设，加大骨干网宽带接入供给，形成企业宽带接入市场充分竞争的格局。优化骨干网网络架构，给予通信运营商平等的企业宽带网络接入条件，破除市场竞争网络资源障碍。大力发展企业宽带接入转售业务，鼓励民间资本积极参与，为企业宽带接入市场提速降费培养外部"鲶鱼"。

（四）提高数据中心数字化监管治理能力

继续完善网络域名管理、IDC/ISP/ICP 许可证管理等系统，加快建设全国统一的 IP 地址实时管理信息系统，促进系统互联互通和信息共享，加强 IDC/ISP/ICP 许可证、网络域名、IP 地址等资源的全链条联动管理，从根源杜绝未经许可业务绕道接入网络、擅自使用网络域名和 IP 地址开展网络服务的行为。充分发挥通信运营商为数据中心服务企业提供宽带接入的优势，加强对数据中心服务企业 IDC/ISP 许可、网络域名、IP 地址、专线、虚拟专用网络、跨境数据传输、网站 ICP 备案等相关管理。对未拿到 IDC/ISP 许可证书的云服务企业，禁止通信运营商提供网络基础设施、IP 地址、宽带接入等相关服务。对已拿到 IDC/ISP 许可证书的云服务企业，压实其网络平台履职主体责任，加强平台网络域名、IP 地址和入驻网站 ICP 备案联动管理，加强对专线、虚拟专用网络、跨境数据传输等的网络监测，确保平台接入用户业务合规，对违规网络行为及时进行网络阻断管理。

第三节　加快推动5G通信创新发展

信息通信技术作为通用目的技术，与经济社会融合发展，具有很强的经济社会溢出效应，每次信息通信网络的迭代升级，都会促进经济社会发生跨越式发展。全球5G竞争已经超越了技术产业竞争范畴，美国等世界主要国家都把发展新一代移动通信技术作为赢得新一轮国际竞争的重要抓手，不惜以政治、经济、外交等各种手段为本国企业赢得5G竞争助力。我国在5G发展方面已经积累了一定的比较优势，涌现出了具有国际引领作用的企业，相关技术产品已经成熟。我国正充分利用体制机制、大国大市场、国际合作等优势，加快推动5G网络部署、普及应用和国际合作，将会为经济发展注入新动能、为社会发展增添新活力、为国际竞争赢得新筹码、为国家安全筑牢新基石。发展5G是一场不容错失的战略竞争。

一、发挥5G通信具有的溢出效应

（一）为经济发展注入新动能

加快推动5G发展，有利于推动我国信息通信产业全面迭代升级。发展和应用5G技术，将会带动核心电子元器件、高端芯片、操作系统、应用服务、智能终端等全面升级，为信息通信产业创造新的市场空间，注入发展新动能，促进我国相关企业实现后发赶超。加快推动5G发展，有利于推动我国传统产业转型升级，通过5G和现有产业的全面深度融合，培育出5G服务下产业发展新业态，通过释放流量和连接红利，进一步促进新服务业态发展。

（二）为社会发展增添新活力

21世纪以来，我国每次移动通信网络的升级都为社会发展增添了新活力。2G移动网络的部署开启了全民移动通信新时代，实现了随时随地能够与其他人通话，降低了社会沟通成本，极大地提高了沟通效率。3G移动网络的部署开启了全民移动互联网时代，手机不再只是用于通话，更是成为人类获取信息的重要渠道。随着4G移动网络的部署，移动基站数量和密度大幅增长（如图2-2所示），移动网速显著提升，开启了"移动互联网+"时代，各种移动服务无处不在，深刻地改变了人们的生产生活模式。相比4G，5G移动网络区分业务服务能力更强，能够支持大流量、大连接、低时延等各种应用场景，必将会促进各种场景下5G应用的新增长，带动社会全面进步。

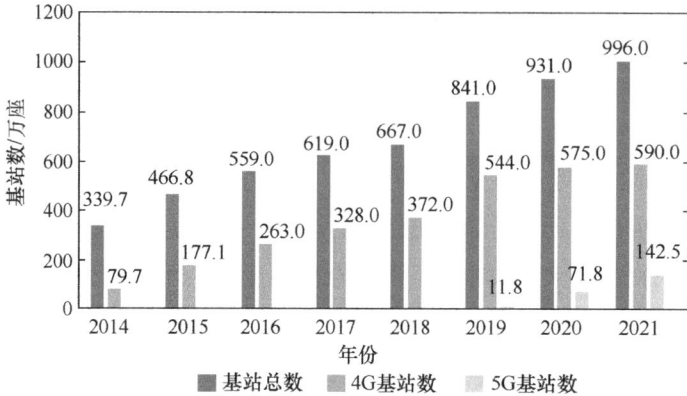

数据来源：根据工业和信息化部历年通信业统计公报整理。

图2-2　2014—2021年我国移动电话基站建设情况

（三）为国际竞争赢得新筹码

全球5G网络的部署和应用将创造一个数万亿美元级别的市场，世界主要大国和重点企业都不愿意错失这块"大蛋糕"，正围绕这个大市场以各种方式展开争夺，力图在争夺中赢得主导权。大力发展5G产业，支持5G重点企业走出国门，为国际合作伙伴提供5G基础网络建设、应用服务和安全保障，不仅有助于我国在5G时代赢得全球信息通信产业发展主动权，更加有助于吸引更多国际合作伙伴加入以我国为核心的5G产业国际竞争队伍，扩大我国国际影响力。

（四）为国家安全筑牢新基石

数字经济时代，基础通信网络的安全性是国家安全的核心之核心。5G是基础性通信承载网络，未来随着数字经济发展和数字社会的推进，各类信息传输都离不开5G网络。网络中的关键核心部件如果不能实现安全可控，就有可能存在网络被其他国家渗透、监听和阻断等风险。发展5G技术和产业，推进5G网络、设备、应用的全面安全可控，可进一步夯实我国在数字经济时代国家安全的基石。

二、制约5G普及应用的主要问题

一是5G移动网络覆盖问题。尽管目前通信运营商都已经实现了5G网络地级市全覆盖，但是信号连续覆盖能力有待提升，尤其是在乡镇、农村、高速公路、高速铁路等地区还存在不少的信号盲区。二是5G网络低时延特性尚未发挥。支持低时延是5G网络相比4G网络的重要优势，但是从目前网络建设条件来看，低时延特性并没有发挥出来。三是5G终端产品市场供给不足问题。目前，市场上无论是消费类还是工业类5G终端产品和模组供给，均存在价格贵、种类少等问题，尤其是支持5G功能的智能手机，普遍是高档手机，适合普通大众消费需求的千元以下中低端5G手机相对较少。四是缺乏5G创新创业支撑平台。目前能为创新创业者提供5G网络接入、应用开发、应用测试的开放式产业服务平台普遍偏少，大企业有支撑5G创新的平台，但为个人或小微团队开展5G创新创业提供开放性服务的平台偏少。五是缺乏具体的推动扶持政策。财政、金融、税收、人才等方面5G专项扶持政策偏少，且扶持力度不够。

三、推进5G通信发展相关建议

（一）制定5G优先发展行动政策

一是加大5G产业发展方面财政、金融、税收政策扶持，从专项支持、金融信贷、税收减免等方面加大扶持倾斜，大力支持5G技术创新和普及应用。二是结合智慧城市、智能工厂、车联网、远程医疗、虚拟现实等的发展，加快推进5G重大试点示范项目建设，以试点示范来带动应用的普及。三是优化频谱资源利用，增大5G低频段频谱供给，降低运营商5G网络部署成本。四是制定合理的5G网络资费政策，确保用户用得上、用得起。

（二）加快推进5G网络广泛覆盖

一是完善城区、产业园区、高速公路、高速铁路等区域5G网络部署，合理布局宏基站和微基站，提高5G网络覆盖率和渗透率，为用户接入提供基本支持。二是统筹基站站址、室分系统、电力等配套设施建设，推动市政路灯杆、监控灯杆等社会杆塔资源向 5G 网络设施开放共享，推进实现多杆合一。三是提高网络服务质量，处理好 5G 和 4G、3G、2G 等网络接续问题，确保网络间实现无缝切换。

（三）加快5G终端产品市场供给

一是推进 5G 模组规模化生产，降低 5G 设备成本。二是加快 5G 智能手机市场规模供给，特别要加大中低端 5G 智能手机供给规模，以中低端 5G 智能手机的规模供给，促进 5G 在社会面快速普及应用，带动 5G 网络用户规模的快速壮大和覆盖面的扩大。三是加快行业领域 5G 终端应用供给，加快交通、工业、医疗、教育、安防等应用场景 5G 智能终端研发和推广，最大限度释放 5G 行业应用红利。

（四）鼓励基于5G场景创新创业

一是借鉴西方国家推动新技术发展的经验，结合智慧城市、智能工业、数字政府、智慧服务等推进契机，提供 5G 网络创新创业"试验田"，吸引创业者面向 5G 应用开展创新创业活动。二是完善 5G 创新创业保障，加快发展 5G 创新创业基础平台、测试验证、技术培训、应用推广、投融资等各类服务，为创业者提供全流程创业服务。三是加大创业政策扶持，从企业注册、房屋租赁、网络应用、人才激励等角度，加大 5G 创新创业激励。

（五）加强5G发展国际合作

充分利用"一带一路"、中非合作、博鳌论坛、金砖五国合作等各类外交机会，加强 5G 技术国际合作，加快推动我国 5G 产业和企业"走出去"，积极参与世界主要国家和地区的 5G 网络建设及应用产品供给，努力打破西方国家对我国发展 5G 技术的封锁，以技术、成本、服务、质量、品牌、信誉等，引领全球 5G 产业发展，赢得 5G 竞争的全面胜利。

5G 是一场不容错失和回避的战略竞争。过去 20 年，我国经济社会发展已经从移动通信技术和网络的屡次迭代升级中获取了巨大的发展红利，尤其是 4G 网络的快速部署，让整个经济社会步入了利用互联网融合创新的发展快车道，为产业转型、服务升级、社会提档注入了强有力支撑。1G 和 2G 时代，我国移动通信技术和产业处在跟跑状态；3G 和 4G 时代，我国移动通信技术和产业转向了并跑；5G 时代，我国要充分利用好创新政策措施、加快网络部署、鼓励创新创业、加强国际合作这四个驱动发展的轮子，加快发展 5G 技术产业，为我国信息通信产业提档升级、经济社会跨越发展、国际竞争全面提升提供坚强支撑。

第四节　推进工业互联网创新发展

工业互联网汇聚了互联网技术、服务、思维和工业技术工艺，是制造业和互联网融合发展的产物，是新工业革命时代不可或缺的工业基础设施，是推动工业转型升级、推进高质量发展、构建现代经济体至关重要的抓手。发展工业互联网对于发展先进制造业、拓展网络经济新空间、推进制造强国和网络强国建设具有十分重要的意义。

一、发展工业互联网重要意义

（一）推进两化深度融合的催化器

网络应用是信息化建设最大的推动力，工业互联网应用将开启两化深度融合发展新时代，为推进两化深度融合注入新动能。工业互联网以业务内外协同为抓手，倒逼工业企业加快研发设计、生产制造、仓储物流、经营销售等环节信息化改造，加快企业数字化、软件化、网络化推进步伐，促进网络互联互通、系统整合共享、数据自由流动。众多企业通过工业互联网平台建设，打通了内外数据流通渠道，建立了以数据创新应用为导向的企业信息化推进机制。

（二）加强产业资源整合的连接器

新一代信息技术促进产业竞争模式不断升级和演化，工业互联网正在开启新一轮产业竞争模式。工业互联网为产业资源整合带来了新机遇，工业互联网平台构建起了产业生态圈中的信息交换核心枢纽，促进了产业资源快速集聚、有效整合和高效利用，成为核心企业产业互联网时代塑造竞争新优势的重要抓手。工业互联网平台以开放接入模式，整合了研发设计、生产制造、仓储物流、经营销售等各个领域的资源，促进了产业生态圈各方供需对接，优化了各方资源配置。

（三）推动制造业业态创新的孵化器

工业互联网为制造业的发展创造了新的网络运行空间，打通了车间、仓储、市场三者之间信息流动的快速渠道，构建起了生产、物流和需求之间的信息流动和利用机制，使得各环节获取和传递信息的成本大大降低，驾驭和利用信息的能力大大增强，极大地促进了制造业业态创新。得益于信息获取和利用成本的大幅降低，个性化定制、用户全程参与、即时生产、网络化制造、远程监测、在线维护等新制造和新服务模式将得到大规模广泛应用。工业互联网应用将培育大量基于网络的制造业信息服务，促进面向制造业的生产性网络信息服务业的繁荣和深度创新，为新制造模式和服务模式的发展提供更多的技术、平台、应用和服务等重要支撑，成为制造业业态创新的重要动能来源。

（四）推进制造业供给侧结构性改革的助推器

制造业是供给侧结构性改革的主战场，推进制造业供给侧结构性改革是形成中国经济增长新动力和经济发展新优势的重要举措。工业互联网应用为制造业推进供给侧结构性改革提供了重要契机，打通了供给侧和需求侧之间的信息流通渠道，改变了以前盲目化、大规模、批量化、备货式的生产制造模式，依托网络和大数据，实现了有计划、精准化、个性化、零库存生产，供给和需求之间的对接和信息匹配能力极大增强，有效地推动了产品和服务供给模式的创新。

（五）推进智能工业发展的加速器

智能工业是现代工业的发展方向，是新一轮工业革命中各国竞相抢占的战略制高点。工业互联网应用打通了工业企业研发设计、生产制造、仓储物流、经营销售等各环节数据流通的血管，让企业总控中心大脑能够依托网络数据信息采集和分析，实现对企业整体运行的有机管控，制造效率、产品质量、生产成本、资源消耗、采购仓储、经营销售等各方面资源配置得到大幅改善和优化，企业数字化、软件化、网络化、智能化运行水平全面提升。

二、工业互联网的关键核心技术

（一）工业异构网络集成融合技术

现代工业环境中有多种异构网络，据相关统计，工业现场总线协议就有几十种。按照网络拓扑来分，既有各种智能设备组成的专用协议局域网，也有基于TCP/IP(Transmission Control Protocol/Internet Protocol，传输控制协议 / 互联网协议）的工业现场网络。按照网络传输介质来分，既有各类无线传输网络，如5G、4G、NB-IoT、ZigBee、Wi-Fi等，也有有线IP网。工业互联网要实现这些网络间的互通协作，需要解决异构网络集成融合和互联互通的问题。由于异构网络融合具有高度复杂性，不同的网络在通信协议、数据格式、传输速率等方面存在较大的差异性，迫切需要制定统一、标准的通信协议机制和工业网络网关，实现数字工业设备间的互联互通和高效通信。

（二）工业物联网平台集成融合技术

工业物联网平台向下需要对接集成不同厂商、不同规格、不同型号、不同协议、不同接口的海量工业机床、仪器、仪表等各种数字化装备，需要提供统一高效的设备集成模块，屏蔽底层硬件的差异性，实现工业设备的方便、快捷、稳定接入。工业物联网平台向上需要支撑工业智能化应用的快速开发与部署，需要构建高效、稳定、安全的支撑工业智能应用的开放型开发工具平台，集成各类组件化的工业知识微服务，为各类工业智能应用开发提供强大的资源和技术支撑。工业物联网平台通过向下集成设备、向上集成工业微服务，最终构建起基于软件定义的高度灵活与智能的新工业体系。

（三）工业软件技术工艺建模技术

工业软件技术是工业互联网平台的关键核心，是决定工业互联网平台价值的关键。工业互联网平台本质上是一个支撑工业软件开发和在线应用的PaaS（Platform as a Service，平台即服务）平台，其核心关键技术包括工艺技术的数据管理、建模仿真、展示显示、服务集成等。其中，数据管理技术主要用于各类工艺技术参数数据全生命周期管理；工艺建模仿真技术主要用于技术产品在力、热、声、光、电、磁、流体、振动、结构等各种环境下的运行模拟仿真；工艺展示显示技术主要用于让技术产品以多维、动态、可互操作的方式展示显示；服务集成技术主要用于各种工业微服务的综合集成和互操作。

（四）工业大数据采集开发利用技术

数字工业时代，随着工业传感器的大量使用以及数字工业设备的普及应用，设备生成了海量数据，与此同时，设计、研发、物流、供应链、销售、服务等各个环节也都在源源不断地产生数据。对这些数据进行采集、存储和分析处理的能力成为未来制造企业竞逐的关键。工业物联网环境下智能设备间需要频繁的数据交互，对数据传输的实时性和可靠性要求提高，数据采集、传输、存储等领域的海量数据存取技术需要不断发展才能满足工业环境下的生产需求。工业大数据环境下，对数据挖掘技术也提出了新要求，即高效、低成本地实现从海量低价值密度的工业数据中快速提取有价值的信息。

（五）工业物联网平台安全保障技术

与传统互联网的安全保障相比，工业物联网平台的安全保障面临更为严峻和复杂的形势。数字工业设备、工业网络协议、物联网操作系统、工业智能应用等多样性、非标准性、复杂性的特点，增加了工业物联网平台安全保障难度，安全保障需要考虑的保障环节、安全种类大幅增加。互联网安全领域各个环节安全企业较多、相关产品体系较为健全，相比之下，工业物联网各领域安全企业和安全产品相对较少，进一步增加了安全防护难度。

三、限制工业互联网发展的因素

（一）制造业设备数字化水平低，影响平台规模接入

数字化是网络化和平台化发展不可逾越的阶段，纵观零售、社交、媒体、交通、金融等领域大型消费互联网平台，都是在广大消费者家庭计算机、智能手机等应用具有一定普及率的基础之上发展起来的。工业互联网平台是制造业发展网络化和平台化阶段的重要基础设施，制造业网络化和平台化发展的重要前提是制造业数字化要达到一定的水平。目前，制造业的数字化水平整体偏低，这是众多工业互联网平台推广应用困难的重要原因，大部分制造企业使用的工业装备还是尚未实现自动化的机械装备，数控装备占比较低，能够按照通用协议即插联网的数控装备更少。制造装备未能全面实现数字化，要推进工业互联网平台应用，促进各类装备联网统一接入、控制和运营，实现网络化和平台化发展，存在较大难度。

（二）制造业信息标准化水平低，影响平台集成互联

计算机的发展正是因为起步阶段有着强大联网的需求，所以无论传输、存储

还是计算、控制，各个环节的全球标准化程度较高，这使得产业链上的相关企业都能够严格按照国际统一的接口、协议等标准来生产、提供产品和服务，促进产品和服务相互之间综合集成和互联互通。与计算机发展不同，制造业数字装备发展尚属于起步阶段，西门子、GE（通用电气）、霍尼韦尔、ABB 等国外大型装备制造企业都按照自己企业的标准来生产数控装备，各自企业的产品能够互联互通，但不同企业的数控装备由于接口、协议等标准不同，互联互通难度极大。部分企业生产的装备都是封闭系统，对外都不开放联通接口。据有关统计，目前市场上流行的工业现场总线协议种类就多达几十种，接口、协议等关系到互联互通的标准不统一，这直接导致了各类工业互联网平台向下难以集成不同装备制造企业生产的各类异构型的数控装备。工业 App 组件数据、方法等访问接口尚未标准化，进一步限制了平台层面装备和系统的互联互通。此外，全球制造装备市场群雄割据，行业市场细分，尚未涌现出有行业领头效应的企业来推动各类制造装备信息标准的统一制定。

（三）制造业信息平台场景不足，影响平台模式创新

消费者需求的多样性和关联性，使得消费互联网平台能够拓展大量应用场景，催生零售、媒体、社交、交通、教育、医疗等多种围绕人的生活需求的互联网融合应用业态。与消费互联网平台相比，受限于制造业数字化发展水平，工业互联网平台应用场景和业态相对较为单一，主要是基于在线监测手段衍生出的机器远程维护、分时租赁以及个性化定制等少数几类业务模式创新，独立的第三方业态创新不足。工业互联网应用场景不够丰富，难以像移动智能终端一样，吸引大量开发者加入，孵化大量场景 App。再者，工业 App 不是普通的 App，而是工业技术工艺数据化和软件化封装产品，个体开发者难以开发，进一步限制了工业互联网平台应用的孵化。

四、发展工业互联网重点破解问题

（一）工业技术工艺数字建模问题

工业互联网平台是软硬融合平台，工业软件在工业互联网平台数字化、网络化和智能化控制以及商业模式创新中发挥着核心作用，工业产品的数字设计、验

证和测试，工业装备的数字化控制，都离不开工业软件的支撑。工业软件绝非一般的普通软件，是工业机理模型的数字化封装和复用，需要对工业工艺、技术和机理等有长期积累。目前，国际主流常用的各领域工业软件达 150 多款，涉及研发设计、生产控制、测试验证等环节，几乎都是由国外企业提供，且软件封闭，不开源、不开放。我国工业各细分领域国产工业软件全链条缺失，影响了国内企业工业互联网平台软件集成，这已成为我国企业部署工业互联网平台的最大障碍之一。

（二）数字工业设备集成互联问题

统一的接口标准是工业互联网平台发挥平台系统集成、资源汇聚、信息共享等作用的关键。工业数控设备网络接入、工业软件互联互通等标准不统一，则不同厂商提供的工业数控设备、工业软件无法综合集成和互联互通，更无法建成一体化的工业互联网平台，互联工厂和智能工厂也就无从谈起。例如，目前市场上常用的工业现场总线种类多达数十种，由国际大型工业数控设备厂商主导，工业数控设备接口协议五花八门，严重地影响了工业互联网平台对工业设备的综合集成。

（三）数字工业设备高速互联问题

提供满足工业应用场景需求的工业网络接入服务，是工业互联网平台畅通内外信息流通渠道的必要保障。固定光纤网络无法满足工业设备移动化应用场景需求，室内 Wi-Fi 无法满足海量设备接入、大场景移动漫游、多路数据高速率并发传输等需求，工业 Wi-Fi 设备存在大场景部署无法弹性伸缩等问题。需要根据工业应用场景的特殊需求，按照 5G 网络服务能力，为工业应用场景量身定制能解决网络接入痛点、技术切实可行、性价比高的 5G 专用网络部署方案。

（四）工业网络服务商业价值问题

商业模式创新是工业互联网平台发展的价值所在。企业数字化转型绝对不是简单地在技术层面推动设备上云上平台，而是通过商业模式创新来重塑工业企业在数字化条件下的物资链、服务链、价值链。没有商业模式重构的工业互联网平台建设，只能算是企业内部的管理信息系统，难以从根本上推动企业数字化转型升级和变革创新。目前，绝大部分工业企业在建设工业互联网平台的过程中，都遭遇到了商业模式可行性问题。

（五）数字工业设备可管可控问题

工业互联网平台遭受病毒等网络攻击会对企业本身乃至经济社会运行产生重大影响，甚至会影响全球供应链稳定。工业互联网平台安全风险来自设备、网络、平台、应用、数据等多个不同层次，需要建立全方位的安全保障体系。需要加强工业互联网设备安全保障，确保来自不同厂商的设备硬件安全可信、不存在漏洞和后门。需要加强工业互联网平台网络、平台安全保障，建立入侵检测、安全防御、访问控制等机制。需要加强工业互联网应用安全保障，建立健全应用安全测评和电子认证机制。需要加强工业互联网数据安全保障，按照工业数据分级分类要求，建立不同级别的数据安全存储和开发利用机制。

五、推进工业互联网创新发展建议

工业互联网平台是工业互联网体系的核心，技术和工艺复杂，准入门槛比较高，是各国新一轮工业革命竞争中的战略制高点。我国必须发挥体制机制、大国大市场等优势，加快推动制造业和互联网深度融合，以系统地推进工业互联网平台建设和应用来抢占发展先机。

（一）加速推进制造企业数字化转型发展进程

一是加强制造企业数字化发展顶层设计，做好企业业务流程、应用发展、系统互联、平台建设、数据共享、数据安全等方面统筹规划，为企业数据的无缝流动奠定基础。二是加快推进制造企业研发设计、生产制造、物流仓储等领域的数字化进程，普及 CAD、CAM、MES、PLM、CRM 等软件化控制工具，提高制造企业生产经营管理全链条数字化水平，为生产装备的数字化接入集成和生产作业信息数字化流通奠定基础。三是加快发展数字化、网络化工业装备，推动互联网、大数据、人工智能和装备产品的深度融合，夯实工业互联网平台集成互联基础。

（二）加快发展面向工业应用场景的网络服务

推进 5G 在工业应用场景的应用，根据工业应用场景的特殊需求，选择合适的网络部署和组网模式，量身定制满足接入需求、性价比高的专用网络接入服务，提高大移动场景下网络接入服务能力。持续优化工业 Wi-Fi，推进工业 Wi-Fi 在工业应用场景的应用，提升移动部署和弹性伸缩服务能力，满足中小工业企业应用场景接入需求。

（三）积极推进工业软件普及应用和跨越发展

引导和支持工业软件服务商服务化转型，推进工业软件网络化和平台化服务，提高模块定制化服务能力，满足工业互联网平台综合集成需要。创新工业软件推进模式，鼓励和支持各领域行业龙头企业强强联合，创新合作推进机制，成立工业软件开发和运营公司，推动领域内工业软件的攻关突破和商业化应用。构建"产学研用"协同推进机制，积极吸收高等院校和科研院所研究成果，丰富工业软件机理模型，及时吸纳应用端的反馈建议，加快工业软件迭代升级，促进工业软件从"可用"向"好用"不断演进。

（四）以跨界合作加速平台技术服务体系构建

一是加强软件信息服务企业和自动化、行业制造等企业的技术合作，加快推动工业技术软件化，发展工业知识、工艺、流程等工业微服务组件，为业态创新夯实软件服务支撑。二是加强网络通信、电子信息制造和装备制造等企业的合作，推进工业装备通信接口和传输协议的标准化，提高工业数据采集和传输的便捷性。三是加强云计算、大数据、人工智能和行业制造等领域企业间的合作，构建工业大数据挖掘分析预测模型，加强工业数据清洗、整合和规范，提高工业数据信息服务能力。

（五）以差异化定位助推平台服务特色化发展

一是面向制造业各领域专业性信息服务需求，大力发展行业性工业互联网平台，推动互联网、大数据、人工智能等信息技术在平台业态创新中的应用，支撑行业转型升级。二是重点发展行业性专业工业知识微服务组件，支撑工业软件开发图形化和调用组件化，降低工业软件开发门槛，加速工业软件开发进程。三是重点加强特色领域工业工艺技术、流程控制等知识服务组件和软件开发，推进工业技术的数字化和软件化，支撑行业业态创新。

（六）以专业化能力强化平台核心竞争力构建

一是增强专业化的工业数据采集服务能力，扩大数据采集支持设备种类，完善感知方式、总线协议、传输接口等异构型数字化装备数据采集方式。二是加强专业化的工业数据整合和规范服务能力，加强各类装备工业数据解析研究，提高工业大数据清洗、规范、关联、整合的效率和能力。三是提高专业化数据建模和分析服务能力，加快构建工业工艺、流程和控制等数据挖掘分析模型，提高对预测性健康维护、工业软件开发等的支撑能力。四是完善专业化数据应用创新服务能力，推进工业大数据和软件信息服务业深度融合创新，促进商业模式创新变革。

（七）以开放式创新助力平台应用生态圈构建

一是构建工业互联网产业生态联盟，强化装备制造、软件信息服务、互联网、电子信息、网络通信、工业自动化等领域的企业合作，推进制造和电子信息、互联网的深度融合，促进平台综合集成和服务业态创新。二是推进工业互联网平台综合集成，推动装备制造、网络通信、工业自动化等企业加强合作，完善工业装备互联互通行业技术规范，促进设备互联和网络互通。三是推进工业互联网平台业务创新，加强互联网、大数据、人工智能等企业和制造企业业务合作，以信息技术推动工业互联网平台业务创新。

（八）以体系化防护保障平台全链条安全发展

一是加强边缘数据安全防护，防止设备数据被暴力窃取等不安全手段采集，确保设备数据采集安全。二是加强平台接入安全防护，强化边缘设备接入认证措施，防止恶意、虚假、不安全、不可信等设备接入，确保接入设备的安全、可靠、可信。三是加强平台网络安全防护，增强入侵检测、电子认证、安全审计、角色管理等技术防护措施，提高平台应对网络安全复杂态势的能力。四是加强平台数据应用安全防护，加强数据使用授权，推进工业数据使用分级分类。五是完善技术、网络、平台、应用、人员等安全管理制度，建立工业互联网平台安全应急预案。

（九）以体系化标准构建促进平台互联和互通

一是完善边缘数据采集标准体系，促进工业设备数据采集的规范化、标准化和高效化。二是完善边缘设备接入标准体系，加快制定统一的工业现场总线协议，吸收 TCP/IP 成功经验，结合 5G 工业应用需求，加快工业设备通信接口、传输协议等方面标准体系建设，加快制定统一的工业互联 TCP/IP 和装备网络接口，适时上升为国家强制标准。三是建立数字工业设备接口标准，发展方便易用的工业设备连接器、适配器、连接线等连接设备，促进工业设备集成互联。四是完善工业大数据清洗、规范、整合等相关标准体系，提升对数据建模分析、工业软件开发、数据业态创新等方面的支撑能力。五是完善工业微服务组件标准体系，加快组件数据、方法等访问接口的标准化，提高组件复用能力。六是完善工业 App 技术标准体系，制定 App 技术架构、业务交互、安全防护等方面的标准，促进程序兼容、互通和安全。七是加大数控装备标准的宣贯，从供给端为制造企业提供标准化、能直接集成互联的制造装备产品，减少企业数字化过程中对装备的二次数字化改造。

（十）以标准和专利构建塑造平台竞争新优势

一是加快工业互联网平台数据采集、设备接入、大数据挖掘分析、微服务组件、App 技术架构等方面标准的制定，以统一、开放、兼容的技术标准促进产业生态构建，塑造产业生态竞争新优势。二是推动工业互联网平台数据采集、设备接入、大数据挖掘分析、微服务组件、App 技术架构等方面的技术创新，加快专利申请，巩固技术创新优势。三是加快工业互联网平台和服务"走出去"，推进标准和专利国际化，塑造和巩固国际竞争优势。

消费互联网已经成为中国互联网过去 20 多年发展的历史写照，工业互联网则将续写中国互联网新的发展篇章。工业互联网正在开启智能工业发展新时代，与消费互联网联合发力，将有可能彻底重塑整个生产制造体系，塑造工业新型生产力，重构新型生产关系，为产业转型升级、供给侧结构性改革、发展数字经济、构建现代经济体系提供强大支撑动力。

第五节　建设安全可控域名服务体系

域名解析服务是互联网最为关键的基础性服务，域名解析服务器是互联网的"心脏"，关系到互联网的整体正常运行，域名解析服务故障会导致互联网休克瘫痪。我国大力发展网络经济，拓展网络经济新空间，维护国家网络空间战略安全，推进我国从网络大国向网络强国迈进，完善域名解析服务和安全保障是最为核心的基础性工作。

一、域名服务体系建设推进面临形势

（一）域名服务体系建设影响着各个国家网络空间安全发展

域名服务体系建设影响着国家网络空间安全发展，是国家安全保障的重要内容。域名服务器是互联网发展最为关键的核心基础设施，是互联网的交通指路牌。一个国家离开了根域名服务器，整个国家网络访问就会从互联网上消失，一个网站离开了域名服务器，该网站就不能让用户通过域名直接方便地访问。随着互联网服务的快速发展，尤其是随着互联网与经济社会各领域的深度融合，网络空间承载的经济社会价值越来越大，域名服务器提供的域名解析服务日益成为经济社会运行的基础性网络服务，不仅影响着一个国家网络空间的发展，更直接影响到一个国家经济社会的正常运行。重要域名服务器瘫痪导致互联网服务停滞，对经济社会造成的破坏影响，已经不亚于断水断电带来的影响。我国"十四五"规划中提出了加快数字化发展、建设数字中国的重要任务，数字经济、数字社会、数字政府建设，都离不开安全可控域名服务体系建设。

（二） ".CN"域名建设对保障我国网络服务安全具有重要意义

近年来，随着我国互联网产业的不断发展壮大、互联网和经济社会各领域的快速融合，域名服务需求越来越大。截至 2021 年底，中国 ".CN"域名总数达到 2401.0 万个，".CN"域名成为全球最大的国家域名，其下网站占中国网站数量的比重达到 65.07%，如图 2-3 和图 2-4 所示。尤其是随着国内互联网企业的发展壮大，我国互联网服务"走出去"，其他国家对".CN"域名的访问与日俱增。大力推进网络强国建设，核心网络基础设施必须安全可控，域名服务体系安全可控至关重要。".CN"域名的不断壮大对保障国内互联网用户访问安全发挥了不可或缺的作用，尤其是在特殊时期，即使国外对我国国际互联网接入采取阻断措施，依靠".CN"域名服务器，我国仍可以保障部署在国内互联网服务访问的安全。

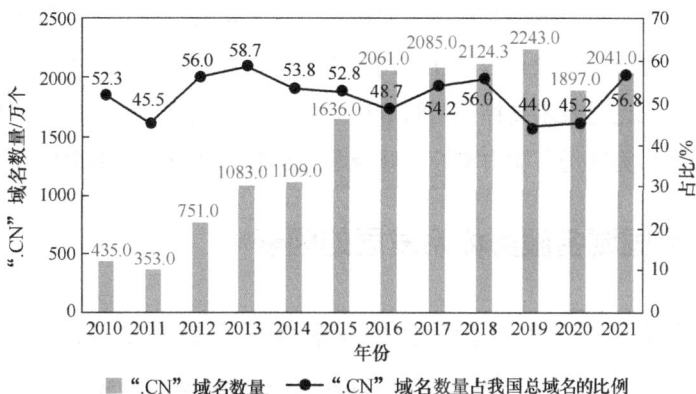

数据来源：根据历年《中国互联网络发展状况统计报告》整理。

图 2-3 2010—2021 年我国 ".CN" 域名发展情况

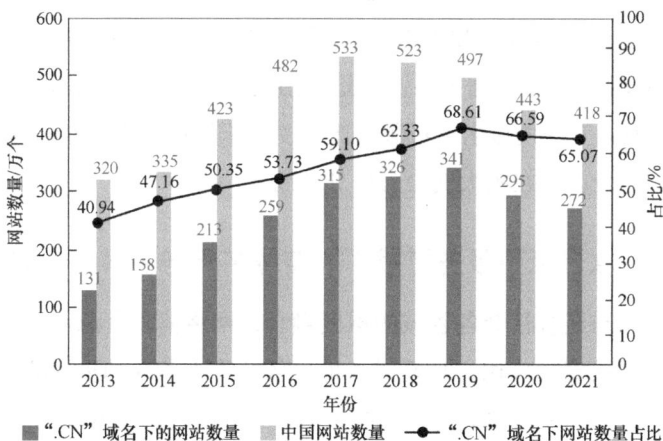

数据来源：根据历年《中国互联网络发展状况统计报告》整理。

图 2-4 2013—2021 年我国 ".CN" 域名下网站发展情况

（三）美国放弃对ICANN的管辖权但仍牢牢掌握控制权

尽管目前美国商务部下属机构国家电信和信息局已经把互联网域名管理权完

全交给 ICANN(Internet Corporation for Assigned Names and Numbers,互联网名称与数字地址分配机构),但全球通用顶级域名的分配权还是由 ICANN 授权的域名注册商在管理,13 台根服务器中 10 台都在美国本土,无论是域名注册商还是管理根域名服务器的公司都是美国本土机构,仍然受美国政策和法律约束,在将国内法凌驾于国际法之上的美国,美国政府仍然有能力通过国内法对域名管理相关机构施加影响,阻碍他国互联网域名解析的正常运转。另外,在域名服务技术和产业支撑能力方面,美国是国际互联网的发源国,在域名解析服务方面拥有长期实践经验积累,无论是技术支撑还是管理模式,仍有其他国家无法比拟的优势,纯粹利用技术手段,美国仍有能力掌控全球域名解析服务运行,影响全球互联网运转。

二、制约我国域名服务体系发展的因素

(一)全球域名服务管理受历史因素影响,严重受到美国把控

尽管目前许多国家都有自己国家的顶级域名服务器,但这只能保证其国内用户访问国内网站的安全。任何用户要想访问别国网站,大部分情况下都需要国际根域名服务器做支撑。然而由于历史原因,目前国际互联网的 13 台根域名服务器几乎长期都受美国政府授权的 ICANN 统一管理。尽管 2016 年 10 月 1 日,美国政府和 ICANN 脱离了管辖关系,但是美国政府对 ICANN 的潜在影响依然会长期存在。如果我国互联网域名解析服务严重受制于根域名服务器的局面没有改变,我国网络强国建设就存在重大安全隐患和威胁。

(二)网络信息资源和服务短板影响着域名服务主导权争夺

随着互联网与经济社会各领域的深度融合,网络信息资源对经济社会发展起着越来越重要的决定性作用,日益成为世界各国重点争夺的重要战略资源。网络数据资源已经成为继网络关键基础设施之后,又一决定国家网络能力的重要因素。网络经济时代,谁掌控了网络信息资源,谁就夺得了未来发展的战略制高点。世界各国都积极踊跃接入美国主导的国际互联网,其中主要原因之一就在于看重美国在互联网信息资源方面的巨大优势,各国都寄希望于通过与美国互联网的连接,能够共享美国互联网信息资源红利。根域名服务器恰恰成为美国利用互联网信息资源优势,吸引他国网络主动接入,实现对他国网络访问有效把控的重要利器。

（三）网络信息技术和产业短板影响着域名服务器安全保障

域名服务器因为其极度的重要性，是互联网中最容易遭受黑客攻击的关键网络信息基础设施，保障域名服务器安全是维护互联网络整体安全不可或缺的条件。保障域名服务器安全离不开域名解析服务等相关网络技术研究和产业支撑。美国作为互联网发源国，主导着全球根域名解析服务的协议设计、技术实现、运维支撑、安全保障，有雄厚的技术实力和产业支撑，更有着长期的实战运维经验，发展过程中抵御了难以计数的对域名服务器的重大攻击事件。我国作为互联网应用大国，在域名解析协议设计、技术实现、运维支撑、安全保障等方面都是在学习和借鉴国际经验，还存在一定的短板，曾发生过".CN"域名遭受攻击出现大面积故障的重大网络安全事件。与建设网络强国的目标相比，我国对域名解析协议设计、技术实现等方面相关技术、产业的理解和支撑还有待加强。

三、加快建设安全可控域名服务体系

（一）建立健全国家".CN"域名服务体系

加快构建".CN"域名解析服务体系，继续完善".CN"域名服务器部署，优化域名解析网络，健全域名解析应急机制，增强域名解析服务攻击能力。加大宣传力度，鼓励国内机构优先选择注册".CN"国家顶级域名，鼓励已经注册国际顶级域名的国内机构补充注册".CN"域名，将注册".CN"域名纳入国外机构在国内提供互联网服务的必要条件，减少对国际顶级域名的依赖。加强与各国国家顶级域名机构的合作，优化域名解析路径，推进国家顶级域名解析服务点对点，完善根域名服务器国内镜像服务器的部署，减少对根域名服务器的直接依赖。

（二）着力夯实域名服务技术产业支撑

加强域名解析协议设计、技术实现、运维支撑、安全保障等相关研究，着力夯实技术支撑和产业保障，推进产、学、研、用联合攻关。大力推广和普及 IPv6 应用，抢先布局 IPv6 网络域名服务器，做好 IPv6 域名服务器发展部署规划，优化 IPv6 域名解析网络架构和业务流程，提高 IPv6 域名解析效率和安全性。加强 IPv6 域名服务器安全保障技术研究，深度研究和完善 IPv6 域名解析协议，提高抗域名劫持、域名污染、DDoS（ Distributed Denial of Service，分布式拒绝服务 ）

攻击等重大网络攻击能力。联合国外相关机构，抓紧推进 IPv6 根服务器全球部署和试运营，共同对 IPv6 根服务器运营、解析协议安全性和效率等方面开展测试验证，抢占 IPv6 域名解析主导权。

（三）深度参与全球域名规则建设工作

深入推进和参与 ICANN 改革工作，推进域名管理、IP 地址分配等管理、域名服务器管理等职能多方共治，提高我国在 ICANN 中的话语权，实现全球互联网共享共治。构建与其他国家顶级域名管理机构的协同合作机制，推进国家间域名解析服务向 P2P 方向发展，建立国家间顶级域名解析直通道，实现国家间域名解析的点对点，破解根域名服务器域名解析顶级管控风险。大力推广和普及中文域名，完善中文域名解析服务体系。

（四）大力发展互联网信息资源和服务

大力发展互联网信息资源和服务，以网络资源和服务提高我国网络连接价值。完善网络空间信息资源采集、存储、传输、共享、开放和开发服务体系，促进信息资源的汇聚和开发利用。大力推进互联网在经济社会各领域的深度融合应用，推进物理世界数字化、软件化和网络化，积极发展互联网服务，以互联网服务促进经济社会信息采集、存储、传输和开发利用，进一步促进信息资源汇集，丰富网络信息资源。大力发展网络资源搜索服务，推进移动搜索、应用搜索、位置搜索、语义搜索、视频搜索等服务。

（五）积极鼓励国内互联网企业"走出去"

积极推进互联网企业"走出去"，以国内互联网企业的国际服务能力提高我国网络连接价值。鼓励大型互联网企业结合各国经济社会和人文风情发展需求，大力发展本地化的互联网服务。鼓励互联网企业参与全球并购，重点支持国内互联网企业参与国内技术短板领域的国外并购活动，在审批、信贷、外汇等方面给予政策扶持。鼓励大型互联网企业积极参与各类互联网相关国际组织，推动全球网络空间治理规则制定，传播中国主张和中国声音。推动互联网企业参与"一带一路"建设，加大对互联网企业在国外发展维权的外交支持力度。

第六节　加快推进IPv6网络协议部署

　　网络地址是网络空间门牌号，是互联网应用发展不可或缺的基础设施，是一种重要的战略资源。独立唯一的网络标识地址是各类元素加入网络和参与网络活动的基础。网络地址数量影响着一个国家互联网业态创新和网络空间的大小。IPv4 缺乏对网络安全、路由效率、服务质量、新业态发展等问题的设计考虑，IPv4 应用问题日益凸显。IPv6 做了有效改进，不仅提高了网络安全保障能力，而且能有效支撑数字经济时代不同应用的多样化网络通信需求。加快推进 IPv6 部署，有利于支撑互联网新兴业态发展、拓展网络发展新空间，有利于带动网络科技产业发展、构建网络科技新生态，有利于支撑网络强国建设、推进网络命运共同体建设。

一、推进IPv6网络部署重要意义

（一）改变我国网络地址资源受制于人局面的重要举措

　　网络地址作为网络空间门牌号，是各类互联网应用不可或缺的必备资源。长期以来，美国凭借互联网发源地的天然优势，控制了互联网网络地址的分配权，占据了大量、优质的网络地址资源。近年来，随着各类互联网、物联网应用的爆发式增长，网络地址需求日益增加，IPv4 地址加速耗尽，IP 地址资源的紧缺已经成为除美国之外的国家和地区发展互联网应用的重要瓶颈限制，IP 地址资源限制成为我国推进网络强国建设道路上的重要阻碍。推进 IPv6 部署是我国建设网络强国的必要举措，有利于解决我国互联网发展网络地址资源严重受制于人的被动局面，扫清网络强国建设道路上的重要障碍。丰富的 IPv6 网络地址资源将大大提高我国网络空间拓展能力，为建设网络强国提供有效的宝贵资源支撑。

（二）改变我国网络关键基础设施受制于人局面的重要举措

　　根域名服务器犹如人的心脏，控制着国际互联网的正常运转。由于历史原因，目前国际互联网 IPv4 网络的 13 台根域名服务器长期被美国政府所掌控，这对他国互联网运行乃至网络经济发展形成了遏制和把控，对推进全球互联网治理造成了巨大障碍，对构建网络空间命运共同体构成了巨大挑战和威胁。尽管美国政府已经移交了 ICANN 管辖权，但是对其影响依然存在，无论是和平年代还是战争时期，美国政府依旧有能力利用政策、法律、技术、军事等多种手段干扰根域名服务器的运行和管理，甚至可以利用剔除国家根域名的方式，将某国互联网置于全球互联网之外。我国在全球率先推进 IPv6 网络部署，并主导全球 IPv6 根域名服务器的建设和部署，有助于提升我国对全球 IPv6 根域名服务器建设和运营的把控权，打破美国对根域名服务器单边的控制垄断，为构建网络空间命运共同体提供有力保障。

（三）推动下一代互联网应用创新的重要举措

缺少公网地址是限制互联网应用发展的重要因素，严重制约着端到端、家庭个人、广域网等各类互联网应用的发展。随着移动互联网、物联网、工业互联网、5G 等的发展，以及移动接入网的 IP 化，各类网络应用对 IP 地址资源的需求呈现爆发式增长。我国率先推进 IPv6 大规模部署应用，有利于扫除网络应用发展部署的技术障碍，有利于促进移动互联网、物联网、工业互联网、5G 等新兴业务的创新发展，有利于促进新型网络应用服务的发展和繁荣。

（四）提高我国网络信息安全保障能力的重要举措

我国加快部署 IPv6，推进应用向 IPv6 网络迁移，有助于营造更加安全的网络发展环境。IPv4 设计时，由于缺乏对网络安全的充分考虑，协议漏洞频出，导致 IPv4 网络频繁遭受网络攻击。IPv6 在网络安全防护上做了较大改进和升级，协议设计时汲取了 IPv4 遭受各类攻击的教训，增加了多种加密和认证机制，自带了 IPsec（Internet Protocol Security，互联网络层安全协议，通过对 IP 的分组进行加密和认证来保护 IP 的网络传输协议簇）功能，对可能引发的各种网络安全问题做了较为周全的考虑，有效保障了数据传输和网络控制的安全性，提高了对各类网络攻击的防护能力。

（五）加速构建我国网络信息技术产业新生态的重要举措

加快推进 IPv6 部署，有利于我国发挥体制机制和大国大市场的优势，充分调动党、政、军、民、产、学、研、用等各方力量和资源，加快构建涵盖技术、网络、应用、服务在内的网络信息技术产业新生态，促进网络信息技术自主创新、网络基础设施普及、网络应用融合创新、网络服务繁荣发展，提高 IPv6 时代网络安全可控和网络服务原始创新能力，抢占 IPv6 时代网络信息技术产业发展先机。

二、我国IPv6网络部署发展现状

（一）政策大力扶持推进IPv6部署和发展

党中央和国务院高度重视 IPv6 网络建设和推广应用工作。2017 年 11 月，中共中央办公厅、国务院办公厅联合印发了《推进互联网协议第六版（IPv6）规模部署行动计划》，提出"用 5 到 10 年时间，形成下一代互联网自主技术体系和产业生态，建成全球最大规模的 IPv6 商业应用网络，成为全球下一代互联网发展的重要主导力量"。此后，中央网信办、国家发展改革委、工业和信息化部等部门围绕各自的"三定"职能，每年制定落实方案加快推动。面向"十四五"发展，2021 年 7 月 12 日，中央网信办、国家发展改革委、工业和信息化部联合发布了《关于加快推进互联网协议第六版（IPv6）规模部署和应用工作的通知》，就加快推进 IPv6 规模部署和应用工作的有关事项进行安排。在党中央和国务院的部署下，在相关部门的大力推动下，近几年，我国 IPv6 应用取得了跨越式发展，截至 2021 年底，我国 IPv6 地址的数量为 63 052 块 /32（如图 2-5 所示）。根据中央网信办监测数据，截至 2021 年 12 月底，我国 IPv6 活跃用户数达 6.08 亿户，物联网 IPv6 连接数达 1.4 亿，移动网络 IPv6 流量占比达 35.15%，政府门户网站 IPv6 支持率达 81.8%，主要商业网站及移动互联网应用 IPv6 支持率达 80.7%。

（二）网络设施服务商大力推进IPv6改造

在中央网信办、国家发展改革委、工业和信息化部联合大力推动下，基础电信企业、广电运营商、域名服务商、数据中心企业、云服务企业、互联网平台企业、广播电视台等机构单位，围绕各自职能，加快推进网络、平台、应用等 IPv6 升级改造。经过几年大力推动，网络基础设施 IPv6 支持能力大幅提升。根据中央网信办监测数据，截至 2021 年底，我国三大通信运营商已完成骨干网、城域网和 LTE 网络 IPv6 升级改造，新建 5G 网络全面支持 IPv6，骨干直联点均实现 IPv6

互联互通。数据中心和域名系统基本支持 IPv6，CDN 和云服务平台具备 IPv6 服务能力。

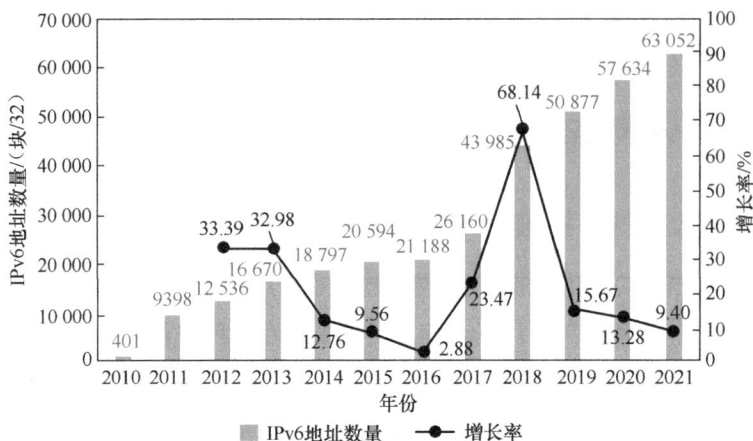

数据来源：根据历年《中国互联网络发展状况统计报告》整理。

图 2-5　2010—2021 年我国 IPv6 地址数量发展情况

（三）重点移动程序IPv6应用活跃

网络、平台、终端等 IPv6 支撑能力大幅提升，促进了移动 IPv6 的应用。根据中央网信办监测数据，截至 2021 年 12 月底，我国国内网民使用频度较高的 200 款移动应用程序均支持 IPv6 访问，平均 IPv6 流量占比达 52.89%，其中 87 款 App 的 IPv6 流量占比超过 65%。

三、我国IPv6网络部署存在问题

（一）移动网络及物联网IPv6部署有待加快

物联网应用发展是倒逼我国加紧推进 IPv6 部署的重要因素之一。但目前看来，经过几年的大力推动，物联网终端 IPv6 应用仍然存在连接比例偏低等问题，大量的物理网终端还在用 IPv4 私网地址。根据中央网信办以及工业和信息化部监测数据，截至 2021 年 12 月底，我国物联网 IPv6 连接数量达 1.4 亿，移动物联网终端数量近 14 亿，物联网 IPv6 连接数量仅占终端（含固定物联网终端）数量的约 10%。另外，移动互联网也是 IPv6 部署应用重点领域之一，但目前移动网络

IPv6 应用还有待拓展。根据中央网信办监测数据，截至 2021 年 12 月底，移动网络 IPv6 流量占比仅为 35.15%。

（二）IPv6应用创新有待进一步激发

IPv6 的部署为公网地址应用、端到端应用等各类应用创新提供了重要的技术支撑保障。但从目前来看，IPv6 的大规模部署并没有带来公网地址应用、端到端应用等各类应用的快速创新发展。受应用需求、改造成本、升级条件等多种因素的影响，之前使用私网地址接入并通过 NAT（Network Address Translation，网络地址转换）实现互联网接入的大量应用，并没有因为 IPv6 部署快速升级改造调整其组织运行架构。IPv6 部署提供了充裕的公网地址以及丰富的互联网应用网络协议选择等发展条件，需要进一步激发其支撑互联网应用创新的活力。

四、推进IPv6网络部署对策建议

（一）加快移动网络及物联网IPv6改造升级

大力发展移动 IPv6，加快推进移动网络 IPv6 改造，实施 LTE 网络端到端 IPv6 改造，推进 LTE 核心网、接入网、承载网、业务运营支撑系统等 IPv6 全面改造，开启 IPv6 业务承载功能，为移动终端用户数据业务分配 IPv6 地址，提供端到端 IPv6 访问通道。充分利用 5G 网络部署机遇，大力推进物联网 IPv6 改造升级，为各类物联网数据终端分配 IPv6 地址，提供基于 IPv6 的物联网运营支撑系统等。

（二）增强IPv6产品供给能力

推进智慧城市、工业互联网、智能家居、移动通信、车联网、医联网等各类应用网络、终端、平台、应用对 IPv6 的支持。推动新生产的网络智能终端、新部署的平台及应用出厂默认配置支持 IPv4/IPv6 双栈，并逐步推进存量网络智能终端通过系统软件升级开启 IPv6 功能。

（三）推进IPv6网络应用创新

推动基于 IPv6 的网络应用创新，大力发展各种基于 IPv6 的网络应用，以 IPv6 应用创新助推数字经济、数字政府和数字社会创新发展。紧紧抓住智慧城市、智能工业、数字政府等数字化转型发展的契机，深化 IPv6 技术在市政园林、交通物流、治安防控、安全生产、应急救灾等领域的应用，提高移动互联网、物联网、车联网、"天网"、环境监测网等各类网络终端的 IPv6 端到端接入能力。充分发挥 IPv6 网络地址充足和网络协议支撑功能丰富等优势，鼓励和支持基于 IPv6 的应用创新。

（四）完善IPv6网络安全保障

加快构建 IPv6 环境下网络安全态势感知、入侵检测、内容管理、网络管理、在线预警、应急处置等各类网络安全配套保障服务，提升网络、系统、平台的安全保障能力。建立健全 IPv6 网络域名解析服务体系，强化网络域名解析系统及服务统筹规划和顶层设计，增强域名解析服务系统的安全保障技术支撑能力，提升安全、可信、可管、可控能力。

IPv6 是下一代互联网网络传输协议，随着物联网和数字经济时代的到来，部署 IPv6 刻不容缓。抢先部署 IPv6，有助于更好地提升关键信息基础设施安全把控能力、支持数字化转型安全推进；有助于更好地利用 IPv6 新特性，促进数字经济创新发展；有助于我国在物联网发展新时代更好地赢得先机，把握发展主动权，抢占发展制高点。

第三章

数字科技：

强化技术创新突破，夯实数字化转型安全根基

20世纪70年代以来，以数字科技为核心的全球新一轮科技革命和产业变革深入发展，对产业创新、社会运行、国家治理、国际竞争、地缘政治等都产生了重要深远的影响。数字科技作为通用目的技术，具有广泛的渗透性和强大的带动性，已经成为全球主要发达国家和地区谋求新一轮发展竞争优势的重要抓手，成为世界发展竞争的战略制高点。特别是21世纪以来，随着移动通信、云计算、大数据、物联网、人工智能等新一代信息技术的发展变革和广泛应用，推动数字科技创新发展的重要性和紧迫性日益凸显。抢先布局数字科技产业，加强基础性、战略性、前沿性、颠覆性数字技术研究创新，打造数字科技产业生态，推动数字科技和经济社会深度融合发展，提升数字创新、数字服务、数字治理能力，打造数字竞争新优势，已成为时代发展趋势。

第一节　大力推进云计算产业发展

云计算技术的出现及应用改变了计算基础设施建设和使用模式，推动了信息化建设模式革命性创新，加快了经济社会数字化转型步伐。大力推进云计算产业发展，有利于推动信息基础设施统建共享，有利于提升信息化建设效能，有利于推动数字化和绿色化协同发展。经过近 10 年的发展，我国云计算产业取得了巨大发展，涌现出了一批大型云服务企业，云服务被广泛应用到数字化建设各个领域，与此同时，我国云计算产业还存在关键技术原始创新能力不足、产业生态不健全、行业融合创新深度不够、监管治理有待提升等问题，影响产业长期持续健康发展。为夯实数字化转型计算设施支撑基石，亟须推动云计算创新、规范、有序发展。

一、发展云计算产业重要意义

（一）推动计算设施统筹规划和统建共享

云计算技术具有资源共享、弹性伸缩、按需调用、付费使用等特点，它的出现和使用改变了计算资源建设和使用模式，让计算设施从信息化项目建设中剥离出来，由社会专业化的云服务公司统一提供，促进了全社会信息化建设计算设施统筹规划和统建共享，减少了计算资源重复建设、投资浪费、利用率不高等现象的发生。例如，云计算技术出现以前，政府和企业推进信息化建设，一般都是机房、服务器等计算设施先行，各个部门单独建设机房、搭建服务器成为推动信息化建设开局的常态。但部门各自建设机房、搭建服务器的做法，引发了计算设施大量重复建设、资源利用效率不高等问题。随着云计算技术的成熟和广泛应用，类似水厂、电站等各类云服务企业总体承担了全社会计算设施建设和运营任务，促进了面向政务、工业、交通、金融、能源、医疗、教育等各个领域专属云的发展和应用，大大提升了各领域计算设施统筹规划和统建共享水平。

（二）提升计算资源保障能力和利用效率

云服务出现之前，各机构各部门信息化都是以各自规划、分散建设模式推进计算设施建设，不仅造成了重复建设、投资浪费等问题，也存在建设部署周期过长、资源利用效率低、需求响应难以跟上、运维专业化水平不高、安全保障能力薄弱等问题。云计算技术的发展和广泛应用，让各领域信息化建设走上新的发展道路。云服务一键部署的便捷性，大大缩短了部门信息化推进计算设施建设周期，提高了对部门信息化建设计算资源需求的快速响应能力。云计算资源共享、动态调用、按需使用的特点，促进了计算资源共建、共享和共用，提高了部门乃至全社会计算资源的整体利用率。云服务企业统一提供运维和安全保障，增强了运维专业水平，提升了抵御各类网络攻击能力，保障了各类系统安全平稳运行。

（三）促进数字化发展模式和业态创新

云服务的出现和广泛普及应用，支撑和促进了各领域信息化发展模式和业态创新。工业云的普及应用，带动了工业互联网平台发展，促进了制造业各领域发展模式创新，支撑了大规模个性化定制、在线监测远程运维、分时租赁等新模式发展，促进了制造业服务化转型升级和提质增效。交通云的普及应用，支撑了智慧导航、智慧信号灯、ETC（Electronic Toll Collection，电子不停车收费）等业务应用，促进了大众出行协同，畅通了交通道路，提升了交通资源服务能力。电商物流云的发展，支撑了电商平台驻户在线支付、在线互动、网络直播等新业态应用技术保障水平，提升了物流全流程智能化和实时感知水平，大大提升了网络零售体验。

二、我国云计算产业发展现状

（一）产业发展方面

近年来，党中央和国务院大力推进互联网、大数据、人工智能和实体经济深度融合，经济社会云计算需求爆发式增长，促进了云计算产业发展和云计算广泛应用，云计算逐渐成为支撑整个经济社会数字化转型最为核心的技术设施。在庞大的社会云服务应用需求的拉动下，以阿里云、华为云、腾讯云、京东云、金山云、百度云、天翼云、沃云等为代表的一大批云服务商乘势崛起，及时为社会提供了庞大先进的算力资源，并将云服务推广应用到各个领域，支撑了整个经济社会数字化转型。同时云服务企业发展，带动了云操作系统、云数据库、云安全等关键技术产品的进步，壮大了云服务生态，提升了数字化转型的安全保障能力。

（二）行业应用方面

近年来，我国大力推进云计算产业发展和经济社会融合应用，先后在云计算产业发展、企业上云、行业云发展等方面出台系列指导意见、行动计划和实施指南，有效地促进各行各业上云上平台、云服务应用深化和服务业态模式创新。尤其是网络零售、交通物流、金融资讯、文化旅游、能源水利、网络娱乐、医疗卫生、在线教育等重点行业和领域的云计算得到普遍应用，显著提升了行业数字化、网络化、智能化服务能力，促进了行业发展模式创新，为抗击新冠肺炎疫情提供了有效保障。

（三）监管治理方面

近年来，我国大力推进网络空间治理，规范网络空间发展秩序，云计算服务作为网络空间中的基础性服务，发展秩序得到了有效规范。国家陆续出台和修订完善了相关法律法规以及行业管理规范等一系列政策措施，严格规范了云服务准入、平台业务入驻、安全评估、网络安全保障、数据安全管理、个人信息保护、跨境数据流动管理等行为，督促了云服务企业网络安全主体责任制落实，加强了云计算关键信息基础设施保护，有效地规范了云服务市场经营行为和竞争秩序。

三、我国云计算产业存在问题

（一）云计算关键核心技术受制于人

我国云计算基础理论、前瞻技术等创新能力薄弱，新技术、新模式原始创新能力不足，云计算相关框架、架构、算法创新等处于跟跑模仿阶段，相关产品技术先进性有待提升。云计算相关的服务器芯片、高端服务器、存储器、系统软件等领域部分核心技术受制于人，自主产品生态不健全，产业化程度不高，相关产品供应链安全风险隐患极大。云计算和 5G、物联网、大数据、人工智能、区块链、元宇宙等融合技术缺乏前瞻性研究布局。

（二）云计算产业生态发展不健全

主流云计算企业与国内芯片、服务器、存储器、网络设备、基础软件等领域企业合作程度不深，对产业链上下游企业产品转型升级的带动效应不强，打造全产业链协同配套产业生态圈的效应没有显现出来。国内大型云服务商之间互联互通、跨云迁移、平台兼容性等能力有待提升，服务垄断和平台绑架等行为时有发生。与国外头部云服务企业相比，国内主流云服务企业SaaS（Software as a Service，软件即服务）层云服务生态相对落后，国内外主要软件企业在国内主流云部署偏少，国内软件企业云化转型进展缓慢，影响了国内云服务企业"走出去"。国内云计算开源社区建设进展缓慢，社区制度和激励机制不健全，社区契约精神和共赢理念营造不足，有些企业缺乏贡献意识和奉献精神。

（三）云计算和行业发展融合不深

尽管云计算已在许多行业得到广泛应用，但云服务对许多传统行业发展创新和提档升级的作用并没有显现出来。政务云计算中心超标、超规格建设情况大量存在，政务云服务对提升数字政府一体化数字决策、网络服务和智能治理的作用并没有充分显现出来。工业云平台承载的工业软件、工具箱、模型库、算法库、知识库等资源有待进一步丰富，服务体验有待进一步提升，对制造业转型发展的推动作用需要进一步激发，亟须向工业互联网平台演进升级。

（四）安全保障及监管水平有待提升

云服务企业运维及安全保障能力有待提升，服务器宕机、服务较长时间中断、灾备未按要求落实，导致数据丢失等问题时有发生，影响了社会数字化应用的正常运行。云服务企业对数据安全和个人信息保护管理能力有待提升，个别大型云服务企业无视法律法规要求，滥用和贩卖个人隐私的情况依旧存在。部分云计算数据中心打着支持新业态发展的旗号，支持不符合国家产业政策要求的炒币业务。部分云服务企业平台网络安全主体责任落实不到位、安全管理不严格，导致有部分没有互联网接入许可、互联网业务经营许可的互联网企业依托云平台开展非法业务。重点行业云服务平台安全测评需要进一步增强。

四、推进云计算产业发展建议

（一）加强云计算关键技术研究

加强大规模资源管理调度、运行监控与安全保障、海量数据存储与处理以及云原生、容器、微内核、超融合、虚拟化技术等云计算关键技术研究，提升技术性能水平及原始创新能力。推进"云、网、边"融合，加强"云、网、边"协同技术研究，提升"云、网、边"一体化协同计算的能力。加强云计算和物联网、大数据、人工智能等融合应用关键技术研究，协同推进算力、算数、算法发展，提升技术集成融合创新能力。支持芯片、基础软件、服务器、存储器、网络等领域的企业加强技术协作，在软件定义网络、新型架构计算设备、超融合设备、绿色数据中心、模块化数据中心等方面实现技术突破与产品产业化。积极推进云计算领域信创产品的发展，推进数据中心芯片、云服务器、云操作系统、云数据库、云办公软件等关键技术和产品研发。

（二）打造云计算产业生态

支持大型网络科技企业建设云计算服务平台，联合产业链上下游协同推进服务器芯片、云服务器、云存储器、云操作系统软件、SaaS 应用软件、大数据平台等兼容适配和发展。鼓励和支持云计算平台提供商与云服务商、系统集成商、行业专业信息服务商强化合作，拓展服务内容，带动各行业企业上云用云，打造协作共赢的云计算服务生态环境。推进云计算开源社区建设，弘扬契约精神和共赢理念，完善社区规章制度建设，深度参与全球云计算开源组织和标准制定。加快制定云计算资源监控、质量评价、服务计量、上云实施、跨云迁移、数据共享、安全防护等关键技术、服务和应用标准。大力发展面向云计算架构的信息系统规划咨询、方案设计、系统集成、测试评估、人才培训等服务。

（三）深化云计算行业应用

以重点行业领域应用和服务提升为切入点，在数字政府、电子商务、交通物流、能源水利、智能制造、城市管理、医疗健康、文化旅游、金融等领域加快推进政务云、工业云、交通云、健康云、金融云等行业云建设，发展行业云服务平台，推广行业云服务应用，培育基于云服务的新模式新业态。推进内部办公、企业管理、财务管理、营销管理、人力资源管理等通用 SaaS 服务在企业中的应用。积极发展基于云服务的休闲娱乐、网上教育、在线会议、数据存储等服务，培育信息消费新热点。

（四）加强云计算安全保障

按照《中华人民共和国网络安全法》《中华人民共和国数据安全法》《中华人民共和国个人信息保护法》《关键信息基础设施安全保护条例》《信息安全等级保护管理办法》等相关制度要求，指导和督促云服务企业落实，压实云服务企业网络与信息安全主体责任。建立健全安全防护体系，完善各类云计算平台安全态势感知、安全预警、应急处置机制，建立完善重点行业云计算服务安全管理制度，重点加强对党政机关、通信、金融、交通、能源、水利、国防等重要领域云服务的安全评估和监测。增强云计算平台安全保障技术支撑能力，完善云安全相关标准规范，增强云计算条件下入侵检测、安全审计、访问控制等保障能力。鼓励和支持云平台、云网络、云终端等云安全相关软硬件技术产品的研发生产、试点示范和推广应用。

（五）加强云计算产业发展监管

加快出台规范云服务市场经营行为的管理要求，建立公平公正的云服务市场竞争机制，促进云服务商之间互联互通，完善云服务迁移制度保障机制，引导企业自律，促进云服务市场健康有序发展。加强互联网数据中心等相关业务经营许可审批和事中事后监管工作，建立健全云服务平台入驻管理制度，加强对入驻网站、应用等互联网接入许可和业务准入许可等管理。完善云计算服务市场准入制度，加强对投资资金的穿透式监管。加强云计算平台关键基础设施保护、网络安全管理、数据安全管理、个人信息保护、跨境数据流动等方面的测评和监督检查。加强政务、通信、金融、能源、交通等重点行业云服务评测，确保重点行业云服务安全可靠。制定云服务和碳排放的核算方法，推进绿色数据中心建设，淘汰炒币应用、高能耗等不符合国家产业政策导向的云计算中心。

第二节　稳妥推进大数据产业发展

大数据资源是数字经济时代重要的战略资源，是经济社会发展重要的创新要素，对促进全面创新发展具有不可或缺的重要作用。大数据正在深刻影响和改变世界发展，对产业发展、社会治理、民生服务的影响才刚刚开始显现，应用前景非常宽广。牢牢把握数字科技革命历史机遇，率先抢占大数据发展先机，大力发展大数据产业，推进大数据在经济社会各领域深入应用，充分释放各领域数据资源红利，将为中国经济社会创新发展注入新的发展动力，推动中国经济社会发展迈上新台阶，以新速度、新方式、新结构、新动力塑造发展更为强劲的中国速度。

一、发展大数据产业重要意义

（一）推动数字经济蓬勃创新

建设现代化经济体系离不开大数据的发展和应用，大数据正在重塑传统经济形态，以数据为关键要素的数字经济将成为未来经济发展新模式。大力发展数字经济，构建蓬勃繁荣、创新活跃、富有竞争活力的新经济是建设数字中国重要的目标之一。党的十九大报告提出要推动互联网、大数据、人工智能和实体经济深度融合。大数据发展让实体经济发展步入数字化转型、融合化创新、体系化重塑发展新时代，数据应用成为实体经济提档发展的新抓手，数据资源成为实体经济创新发展的新要素，数字经济成为实体经济跨越发展的新方向，数据驱动型经济创新体系和发展模式正在加快形成。大数据在农业、工业、服务业领域的深度融合和创新应用，加速了产业数字化转型，推动了实体经济践行创新、协调、绿色、开放、共享的新发展理念，促进了现代化经济体系的构建，为数字中国建设增添了更多发展内涵。装备、家电、服装等制造领域的工业大数据应用，打通了机器、车间、工厂、仓储、产业链上下游之间信息自由流动渠道，弥补了供求信息不对称，优化了要素资源配置，实现了供需动态平衡，推动了制造业供给侧结构性改革。零售、交通、餐饮、旅游、金融、电商等服务业领域的大数据应用，提升了精准营销和服务能力，促进了供求精准匹配、服务业态创新和服务质量提档升级。农业大数据的应用，提高了农业抗旱抗灾能力，提升了农产品质量，成为农业增效、农村发展、农民增收的重要法宝。

（二）促进国家治理体系和治理能力现代化

数字化的国家治理模式有利于增强数字时代国家治理能力，促进国家治理手段和模式创新，提升国家驾驭数字社会和数字经济的能力，是数字中国建设不可或缺的重要内容。大数据的发展正对国家治理模式产生深远影响，推动了政府管理和社会治理模式创新，提高了政府宏观调控、社会管理和市场监管能力，促进了政府决策科学化、社会治理精准化、市场监管高效化。金融、电商、电信、物流、能源、交通、旅游、外贸等领域大数据的实时汇聚、挖掘和利用，让宏观调控更好地实现主动预调和微调，提高了风险因素的感知、预测、防范能力。市政管理、社会治安、气候环境、企业生产、抢险救灾等领域大数据的采集和利用，提高了城市管理、治安防控、环境保护、安全生产、应急救灾等领域的社会精准化和精细化管理水平。金融、电信、食药品、商品、房地产、旅游等市场监管领域大数据的汇聚和利用，有助于事前防范、事中监管、事后处理，全面提升了政府应对市场变化和驾驭市场风险的能力。

（三）促进发展成果更好地普惠共享

科技改变未来，数字化正在点亮大众智慧新生活。数字化民生服务是促进民生服务精细化、均等化和普惠化的重要方式，是数字中国建设造福大众最直接的渠道。大数据的发展正让民生服务如虎添翼，能够让政府更好、更快、更清晰地了解大众生活痛点和难点，全面提高保障和改善民生水平。"互联网＋教育""互联网＋医疗""互联网＋文化""互联网＋政务"的全面推进，实现了"让信息多跑路、让百姓少跑腿"，公共服务均等化、普惠化、便捷化水平不断提升。文化教育、医药卫生、社保就业、居民住房、旅游交通等领域大数据的普及应用，各类便民网络的应用普及推广，促进了民生服务模式创新，提升了民生服务供给能力，弥补了民生服务短板。生态环境、精准扶贫等领域的大数据应用，推动实现了生态环境变化预测预判、扶贫对象的精准化管理，为加快生态环境改善、守护蓝天碧水、实现乡村振兴、全面建成小康社会、大幅提高人民生活幸福感和获得感提供了有力支撑。

（四）打牢数字中国建设技术产业基础

网络科技产业是先导性产业，是推进国家信息化发展的引擎。没有强大的网络科技产业做坚强支撑，数字中国大厦建设就缺乏坚实的根基，网络科技产业是推进数字中国建设的必要支撑。大数据的发展正在倒逼我国网络科技产业跨越式发展，并促进了关键共性技术、前沿引领技术、现代工程技术、颠覆性技术的全面创新，推动了网络信息产业从 IT 时代跟跑向 DT（Data Technology，数据技术）时代并跑、领跑转变，是我国网络信息产业难得的历史发展机遇。大数据对网络传输、数据存储、数据开发利用、数据安全保障等环节提出了新的要求，海量数据处理需求推动数据传输、存储、开发、利用、安全保障等环节技术不断提档升级。我国社交网络、电子商务、网络搜索等领域海量用户、海量数据型的网络大平台的发展，对全球 IT 产业发展提出了新的技术挑战，我国网络科技企业面对技术发展瓶颈限制问题和困难，积极主动，迎难而上，以解决应用需求问题为导向，在网络操作系统、网络数据库、服务器芯片等领域加强关键技术攻关研究，突破和掌握了海量用户条件下的大数据处理关键技术，有效满足了用户规模达数亿级别的网络大平台的业务处理需要，引领了 DT 时代世界网络信息技术创新发展的浪潮。

（五）夯实数字中国建设安全基石

网络安全是国家安全的新挑战，没有网络安全就没有国家安全，没有信息化就没有现代化。互联网和经济社会各领域的深度融合，让网络安全问题变得空前严峻，网络安全不仅关系到网络服务正常运行，更关系到经济社会正常平稳运行，保障网络安全是推进数字中国健康发展的必要条件。大数据的发展不仅对网络安全构成了新的挑战，也为网络安全保障带来了新的发展机遇，促进了网络安全保障模式的创新。网络安全大数据的发展促进了网络安全信息的采集、汇聚和挖掘，为实现网络安全态势的全面感知、深度洞察和超前研判提供了海量信息支撑。网络舆情大数据的采集、挖掘和利用，提高了对网络社会关注焦点的超前发现能力，为解决社会问题提供了有效的决策数据支撑，赢得了宝贵时间窗口期。

二、我国大数据产业发展现状

党的十八大以来，我国大数据产业开辟了发展新篇章，发展大数据上升为国家战略，确定了数据强国的战略建设目标，中央和地方、部门和行业、政府和企业全面协力推进大数据发展，技术、平台、应用取得全面发展，大数据产业生态基本形成，大数据创新应用思维深入各行各业，各领域数据增值开发利用意识大幅增强，行业数据业态创新层出不穷，有力推动了治理提升、服务提档和产业升级，为加强社会治理、保障和改善民生、培育经济发展新动能提供了重要创新支撑。

（一）着力加强大数据发展顶层设计和统筹规划，完善了数据强国建设推进体制机制

面对网络经济发展的新形势和新趋势，党中央和国务院高度重视大数据发展推进工作，加强了大数据发展顶层设计，制定和实施了国家大数据发展战略，发布了《促进大数据发展行动纲要》，确定了数据强国建设战略目标。明确了数据强国建设推进体制机制，组建了促进大数据发展的部际联席会议，强化统筹协调和协作配合，数据共享、应用创新、产业发展和安全保障等方面能力全面提升。

（二）先行先试推进国家级大数据综合试验区建设，探索促进大数据发展的特色道路

为了贯彻和落实国家大数据发展战略，推动大数据制度创新，加快大数据创新应用，加速产业聚集，推动公共数据开放共享，促进大数据要素流通，加强数据中心整合利用，强化大数据国际交流合作，在 2015 年 9 月贵州省启动建设我国首个大数据综合试验区后，我国先后批复了京津冀、珠江三角洲两个跨区域类大数据综合试验区，在上海市、河南省、重庆市、沈阳市建设四个国家级区域示范类大数据综合试验区，在内蒙古自治区建设一个国家大数据基础设施统筹发展类综合试验区，鼓励地方先行先试和包容审慎监管，探索大数据发展模式、道路和可复制经验（如表 3-1 所示）。

表 3-1　国家级大数据综合试验区建设情况

时间	地区	类别
2015 年 9 月	贵州省	国家级大数据综合试验区
2016 年 10 月	京津冀	国家级跨区域类大数据综合试验区
2016 年 10 月	珠江三角洲	国家级跨区域类大数据综合试验区
2016 年 10 月	上海市	国家级区域示范类大数据综合试验区
2016 年 10 月	河南省	国家级区域示范类大数据综合试验区
2016 年 10 月	重庆市	国家级区域示范类大数据综合试验区

时间	地区	类别
2016 年 10 月	沈阳市	国家级区域示范类大数据综合试验区
2016 年 10 月	内蒙古自治区	国家大数据基础设施统筹发展类综合试验区

（三）大力推动大数据和经济发展领域深度融合，促进了经济发展新动能培育

在国家大数据战略推动下，工业、农业、服务业等经济发展，各个领域大数据应用创新快速推进，出现了良好发展局面，大数据红利加快释放，数据成为驱动经济转型发展的首要创新要素，为适应、把握和引领经济新常态提供了重要支撑。工业大数据创新应用加速了制造业和互联网融合步伐，培育个性化定制、在线监测、远程服务、增材制造等新业态，推动红领、海尔、三一重工等传统制造企业在互联网时代加快转型升级。网络社交、电商、广告、搜索等业务加快大数据应用，大幅度提升了网络服务的个性化和智能化水平。电信、金融、能源等行业积极利用已经积累的丰富数据资源，加快服务优化、业务创新和产业升级步伐。旅游、交通、餐饮、住宿等服务业领域大数据加快创新应用，完善"一站式"出行服务，促进了服务提档升级。农业领域大数据创新应用完善了农业灾情预测、农产品市场价格监测、质量安全追溯、农业保险等服务，促进了农民增产增收和脱贫脱困。

（四）强力推进大数据在社会治理领域创新应用，促进了国家治理体系和治理能力现代化

各级政府积极贯彻和落实国家大数据发展战略精神，加快大数据在社会管理、市场监管、宏观调控等领域创新应用，有效提升了社会治理水平。财政、税收、出口、消费、投资、统计等领域的大数据创新应用，大大增强了经济新常态下国家宏观调控能力，保障经济运行在增长合理区间，有效防范了经济运行重大波动的出现，为经济平稳回升提供了坚实支撑。各地食药品管理、市场价格、金融监管、住房保障等领域加快大数据应用创新，减少了食药品重大安全事件的发生，保持了市场价格平稳，有效整顿和维护了市场秩序，促进了市场健康发展，提升了国家的市场监管能力。城市管理、安全生产、应急救灾等社会管理领域加快大数据创新应用，实现了管理精准化、决策科学化。贵州等地方政务大数据创新应用，

把执法权力关进了"数据铁笼"，让失信市场行为无处遁形，权力运行处处留痕，为政府决策提供第一手科学依据，实现"人在干、云在算"。

（五）积极深化大数据在民生服务领域创新应用，提高了便民利民惠民水平

我国加快了大数据在交通、医疗、教育等民生服务领域的广泛应用，有效保障和改善了民生服务。许多地方政府和百度、高德等互联网企业协力推进交通大数据应用，充分利用交管基础设施数据，有效改善了城市交通信息的不对称，减轻了城市拥堵。互联网医院的发展，电子病历、居民健康档案的推广应用，沉睡的医疗大数据正被唤醒，深刻影响医疗服务模式，并让大众切实感受到大数据带来的医疗服务能力的提升。教育大数据正在为大众构建个性化的学习空间，网络空间人人通工程正在快速促进优质教育资源的共享。

（六）持续强化黑市数据交易全面整顿治理，保障了大数据产业安全健康发展

在中央网络安全和信息化领导小组（2018年3月更名为中央网络安全和信息化委员会）的统一领导下，先后出台了《中华人民共和国网络安全法》《中华人民共和国数据安全法》和《中华人民共和国个人信息保护法》等法律法规，同时各级公安、网信、工信等各司其职、密切配合、齐抓共管，重点整治侵犯公民个人信息的相关渠道，严格督促电子商务、即时通信、社交网络等平台信息服务商以及拥有承载公民个人信息的重要信息系统的各部门、各行业严格落实安全管理责任，加大对销售、传播公民个人信息的网店、网络账号、通信联络号码等的联合整治力度，保持对窃取、贩卖、非法利用公民个人信息犯罪活动严打高压态势，有效保护了个人隐私和商业秩序。

（七）大力推进大数据产业发展，夯实大数据产业创新应用基础

我国大数据产业快速发展，平台、技术、应用实现了全面发展，大数据采集、存储、开发和利用产业生态基本形成。各行各业大数据平台大量涌现，促进了行业数据的采集、汇集和开发，推动了行业发展模式创新和转型升级。大数据核心技术创新取得新突破，阿里巴巴、腾讯、百度等互联网企业在海量数据采集、存

储和处理等方面引领着世界级技术变革，促进我国实现了从 IT 时代技术落后向 DT 时代技术引领的成功转变。金融、电信、交通、旅游、电商等多个行业涌现了一大批专业性大数据增值开发企业，推出了大量专业性大数据开发利用解决方案，极大地促进了行业积累数据的开发利用，为行业发展创造了新的动能。

（八）大力加强大数据发展基础设施建设，基础支撑能力大幅提升

我国云计算服务逐渐成熟，阿里云、腾讯云、华为云、电信"天翼云"等大量云平台的建成，有效地推动了政府、企业和个人应用上云，促进了经济社会各领域与互联网的融合，为大数据发展提供了有力的基础设施支撑。4G、5G、NB-IoT 等网络设施的部署，畅通了网络数据传输通道，破除了各行各业数据采集通道束缚。公共视频、气候环境、移动支付等各类物联网公共服务平台的建成和应用，促进了行业大数据的采集、存储、开发和利用，行业大数据正在加快汇聚。

（九）大力推进大数据创新应用思维，国民数据素养全面提升

国家大数据战略发布以来，各地区、各部门、各行业对大数据价值的认识不断深入，各领域数据汇聚、数据创新应用、增值开发的需求不断提升，发展大数据、汇聚大数据、挖掘数据红利，成为个人创新创业、企业寻求发展新动能、政府解决社会治理难点问题的重要抓手。

三、我国大数据产业存在问题

（一）名不符实的大数据企业大量存在，产业发展存在虚假繁荣景象

随着国家大数据战略的实施，传统 ICT 企业纷纷涉足大数据产业，给企业贴上大数据企业的鲜亮标签，力图通过发展大数据、分享政策红利来抢占发展先机。软件开发企业、系统集成商、中小信息服务企业等许多传统 ICT 企业纷纷涌入，摇身一变成了大数据企业，原有软件开发、系统集成、BI（Business Intelligence，商业智能）解决方案瞬间美其名曰数据挖掘分析服务、大数据方案集成、大数据展示等，行业大数据分析、通用大数据挖掘解决方案、大数据展示等服务企业一时间大量涌现。大数据产业有其特定产业关键核心技术，传统 ICT 企业转型直接自封为大数据企业，实际上在关键技术和核心能力等方面与大数据企业标准仍有

很大差距，大数据市场风起云涌，但名不符实的大数据企业大量出现。

（二）多数大数据业态创新项目短期内自身变现能力十分有限

大部分传统信息化项目在项目建设初期就号称大数据项目，其实已经背离了大数据产业发展的规律。大数据需要信息系统运营过程中不断积累，等到数据积累到一定量的时候，信息系统积累的数据价值红利才能释放出来。例如，一些基于电商大数据的互联网金融业态创新是基于多年的电子商务交易数据的海量积累，离开了海量数据积累，也就没有业态创新和盈利。然而，许多规划建设初期就号称大数据项目，且力图通过大数据变现模式来实现可持续运营的项目，由于应用没有规模化，数据积累十分有限，难以通过数据变现实现可持续运营。

（三）大量信息化项目借大数据发展政策东风上马，投资浪费现象十分严重

国家实施大数据发展战略，各地方政府出台配套措施发展大数据，在利好政策的东风下，智慧城市、智能工业等领域有许多传统信息化项目为了更加容易从政府财政获得资金支持，也披上了大数据项目外衣，变成了大数据应用示范项目，这样不仅迎合了地方政府推进大数据应用、发展大数据产业的诉求和愿望，也让企业成为地方政府招商引资重点支持企业。在双方需求的推动下，传统简单的业务管理信息系统变成了大数据应用项目，普通服务器可以支撑的信息系统，变成了需要庞大机房和一堆服务器支撑的大数据应用系统，投资浪费现象十分严重。

（四）多个地方都成立了大数据交易所，数据交易出现了有市无货和严重过剩的现象

自 2015 年 4 月，贵阳成立全国首家大数据交易所以来，北京、上海、天津、广州、武汉、哈尔滨、浙江、重庆、盐城、承德等数十个地方已经成立了大数据交易所，许多地方希望成立大数据交易所来把控大数据产业核心环节。但大数据交易所的发展不容乐观，真正开张营业的交易所数量不到50%，部分交易所虽对外宣称成立，但迟迟不见开张营业，即便是已经开张营业的交易所，累积的数据交易额也十分有限，大部分交易所都处在无交易平台、无交易数据和无可行商

业模式等"三无"状态之下。从目前披露的数据交易情况来看，大数据交易所还难以依靠数据交易等相关收入盈利实现可持续运营。另外，由于数据产权制度尚未建立，数据交易无须经过产权主管部门产权转移登记，企业间可以点对点直接进行数据交易，也让大数据交易所的业务更显清冷，大数据交易所亟待商业模式创新。

（五）政务和公共信息资源共享及开放推进缓慢制约了数据交易和开发

许多大数据交易所规划成立初期都是基于有政府背景、未来可以率先开展本级政府政务和公共信息资源的交易设想成立的。然而，情况并非如交易所料想的这么简单，真正进大数据交易所进行政务数据交易的部门寥寥无几，即使在贵州，政府大力推进大数据交易、政府相关领导三令五申，也鲜有政府部门让政务和公共信息资源进入交易所交易。政务和公共信息资源共享及开放推进缓慢，使得许多打着政府旗号、以为有特殊资源的交易所成立后业务扑了个大空。

（六）数据交易面临数据来源、商业模式和法律制度等众多门槛

数据来源、商业模式和安全保障都是当前摆在交易所面前首先需要跨越的重要门槛。政务信息资源难以获取，互联网企业数据不进场交易，传统企业又很少有可交易的数字化数据，这使得大数据交易所面临着无数据交易的困境。另外，由于互联网高度发达，交易信息和价格足够对称，交易信息撮合可以通过互联网直接点对点进行，企业间可以绕过交易所直接点对点交易，作为信息中介的大数据交易难逃整个社会去中介化的浪潮。另外，安全保障也是遮盖在大数据交易环节迟迟散不去的乌云，原始数据直接交易存在泄露商业机密、侵犯个人隐私、危害国家安全等风险，但对数据加工脱敏后进行交易，数据精准营销的价值将大打折扣。

（七）大数据产业链发展不均衡，企业都集中在低端环节

目前，大数据产业发展出现了环节极不均衡的现象，准入门槛比较低的存储和展示等产业低端环节的企业大量涌现，海量数据分析和挖掘等产业关键环节则很少有企业深耕。目前，大数据产业领域宣传最为活跃、数量最多的无非以下几类企业。一是从传统系统集成方案商摇身而变的大数据方案集成商，搭建机房、

构建存储服务器群是这些企业的核心竞争力，通过卖设备挣钱是这些企业的专长和主要盈利方式。二是从传统 BI 解决方案商转变过来的大数据展示企业，做绚丽的数据大屏幕展示是这类企业的核心竞争力，通过绚丽的展示博得政府的支持，进而得到财政资金的扶持，是这类企业的市场生存方式。

（八）产业关键环节能力薄弱制约大数据产业高端化发展

目前我国从事大数据服务的企业大多处在数据存储和数据展示等低端环节，涉足大数据深度挖掘和分析服务的企业甚少。尽管大数据产业对数据存储和数据展示提出了新的要求，但是大数据产业的核心竞争力是大数据挖掘和分析服务能力，数据存储和数据展示离开数据挖掘和分析服务，就失去了其存在意义。大数据挖掘和分析服务能力是大数据产业发展最为关键的环节，决定着大数据应用创新水平，是大数据产业发展的驱动力，也是各行业各领域发展大数据的核心期望所在。

四、推进大数据产业发展建议

（一）深入推进大数据与经济社会各领域融合创新，促进业态创新

一是深入推进行业大数据服务发展，提高金融、电信、商贸、工业、能源、交通等重点行业大数据专业挖掘水平，提高专业性解决方案供给能力，促进重点行业数据服务业态创新，推动其组织和商业模式变革创新。二是推进大数据在社会治理领域的创新应用，加强大数据在市政管理、市场监管、宏观调控、治安防控、安全生产、应急救灾、网络安全等领域的深度应用，推进业务和技术深度融合创新，创新商业运营模式，提升项目可持续运营能力。三是推进大数据在民生服务领域创新应用，加强大数据在智慧社区、公共卫生、健康保障、精准扶贫等领域深度应用，优化民生服务资源配置，提高民生服务供给能力。

（二）大力推进政务和公共信息资源共享及开放，释放信息资源数据红利

一是加快落实《关于推进公共信息资源开放的若干意见》和《政务信息资源共享管理暂行办法》，完善政务和公共信息资源共享和开放相关制度，梳理制约政务和公共信息资源共享及开放的制度性障碍，破除政务和公共信息资源共享开

放的体制机制障碍。二是加快政务和公共信息资源梳理，建立政务和公共信息资源共享及开放目录体系，建立政务和公共信息资源共享及开放目录体系更新机制。三是加快政务和公共信息资源开放平台建设，做好政务和公共信息资源开放平台顶层设计，推进结构化、网络化和平台化开放，提高政务和公共信息资源开放的便捷性及可用性。

（三）完善大数据流通和交易制度保障，探索大数据交易所可行的数据交易模式

一是梳理制约大数据流通和交易的制度障碍，完善相关制度保障，研究和出台促进大数据流通和交易的激励政策，推进大数据流通和交易合法、合规、快速发展。二是创新大数据交易所商业模式，丰富数据交易模式，拓展数据清洗、数据存储资源交易、数据质押贷款担保、数据企业股权质押等业务。三是发挥政府先行先试作用，鼓励和支持政务信息资源率先进交易所交易，构建政务信息资源上市交易的制度保障。四是鼓励互联网企业牵头构建大数据交易平台，鼓励互联网企业在现有数据开放平台的基础上，加大数据开放力度，为外部开发者提供深度数据挖掘开发条件。五是加快制定数据采集存储、传输交换、流通交易、开发利用等各个环节的大数据安全规范和标准，以规范化和标准化来提高安全管理能力。

（四）鼓励加强大数据关键技术攻关研究，推进产业高端化发展

一是加强大数据分析和挖掘等关键技术研究，构建面向特定行业的大数据挖掘和分析模型，提升重点行业和重点领域大数据挖掘、分析服务能力，以及专用大数据综合集成解决方案供给能力。二是加强大数据流通交易等关键技术研究，完善数据确权、价值评估、市场定价等机制，增强数据清洗、数据比对、数据溯源、数据加密等保障能力。三是加快大数据产业共性、关键性和前瞻性技术的研发，着力突破核心芯片、高端存储设备、数据库等产业薄弱环节的技术瓶颈，推进关键技术产品产业化。

大数据是信息化发展的新阶段，推动了信息化发展模式的变革创新，开启了数字中国建设的新时代。抓住大数据发展和数字中国建设的双重历史机遇，发挥

我国制度优势和市场优势，面向国家重大需求，面向国民经济发展主战场，全面实施促进大数据发展行动，大力推进网络科技产业跨越创新，推动大数据和实体经济深度融合，加强大数据在社会治理、民生保障和国家安全等各领域深度应用，加快数据资源红利释放，才能推动技术产业、经济发展、人民生活水平、国家竞争力的全面赶超。

第三节　积极推进物联网产业发展

物联网是连接物联网空间和网络空间的信息桥梁，物联网发展正在加速万物互联时代的到来，深刻地影响着整个经济社会运行方式，推动各领域发展模式变革创新。加快推动物联网产业发展，有利于推动信息化和工业化深度融合创新，有利于推动信息产业全面提档升级，有利于构筑面向数字时代的竞争新优势。近年来，我国物联网产业实现了快速发展，物联网技术被广泛应用到了产业发展、大众生活和社会治理等领域，提高了各领域发展智能化水平，但产业发展还存在着关键核心技术受制于人、产业生态不健全、安全管控能力薄弱等问题，亟须整合产业资源，推动创新和跨越发展。

一、发展物联网产业重要意义

大力发展物联网是落实创新、协调、绿色、开放、共享五大发展理念的重要抓手。

（一）创新治理模式

物联网的广泛应用正在改变传统社会管理模式，在线监测、实时感知、远程监控成为管理新亮点，极大地创新了社会治理模式。无论是安全生产、社会治安防控，还是危险源监控和应急救灾等领域，物联网应用实现了在线实时管理，极大地提高了突发事件预判和应急处置能力。

（二）促进绿色低碳

物联网应用促进了各领域用料、用能、用水的精细化，减少了资源浪费，提高了资源利用率，降低了污染物排放量。工业物联网技术的广泛应用，让工厂生产线具备了自我感知能力，可根据材料配方需要，实时精准地用料、用水和用能，提高了生产资料的利用率，降低了废水、废气等污染物排放量。能源物联网的发展促进了物联网技术在能源生产、传输、存储和利用各环节的应用，实现了对用能的实时感知、精准调度、故障判断、预测性维护。

（三）促进开放合作

物联网应用不仅加强了人与人之间的连接，更加强了人与物、物与物之间的连接，打通了人与物、物与物之间的信息流通渠道，促进了物与物之间的协作。工业物联网应用将不同流水线、不同车间、不同工厂内的机器连接在一起，组成了一个标准化通信的开放网络，强化了机器之间信息流动，促进了机器之间、流水线之间、车间之间、工厂之间的协同协作。

（四）促进共建共享

物联网软硬件接口、传输协议等标准化，促成了物联网网络互联和信息互动，使得各类开放式的物联网公共服务平台得到快速发展。视频监控物联网公共服务平台促进了公安、交通、金融、环保、国土等部门视频监控网络的共建共享，统一的视频探头、统一的视频监控网络、统一的数据存储中心，不仅减少了各部门重复投资建设，而且大大提高了网络利用率和覆盖率。

二、我国物联网产业发展现状

（一）基础设施加快物联网化

近年来，随着物联网技术的不断发展，物联网被广泛应用到传统基础设施管理领域，大大提高了传统基础设施管理水平。铁路、公路等道路交通基础设施正加快物联网化，无处不在的物联网交通管控设备正在不间断地采集道路交通信息，根据道路交通流量实时作出智能化交通管控决策。机场、港口等港航码头基础设施正加快物联网化，无处不在的物联网港航流量管控设备实时采集着进出港航班和船舶信息，根据机场跑道和码头泊位的空余状况，安全地调配航班和船舶进出港。水闸、大坝等大型水利基础设施正加快物联网化，无处不在的物联网水利管控设备实时采集着水库水位和河流水流等信息，根据发电量或防洪抗旱的需要智能化作出泄洪决策。水、电、气、热等城市管网基础设施正加快物联网化，在线监控和实时感知管内物体流量的变化，让深埋地下的管网泄露实时可查，运行变得更加安全。市政园林绿化设施正加快物联网化，智能物联网感知设备能根据光照、空气温湿度、土壤肥沃度等状况智能地采取灌溉措施。安防、路灯等楼宇基础设施也正加快物联网化，根据人流量实时记录安防信息和调整过道灯光，让楼宇变得更加安全和节能。

（二）产业发展加快物联网化

近年来，随着信息化和工业化深度融合推进，物联网技术被广泛应用在产业发展的各个环节，推动产业发展智能化运行。物联网在工厂生产制造环节的广泛应用使得机器有了实时感知能力，以及按照程序预先设定安排的智能判断执行能力，流水线、车间、工厂和仓库变得更加智能，工业物联网打通了机器之间、车间之间、车间与仓库之间、工厂之间、工厂与市场之间的信息壁垒，让机器之间、车间之间、工厂之间、工厂和市场之间的业务变得协同程度更高，让机器生产和工厂仓储之间变得更加匹配，让产业链上下游变得协同程度更高，让需求和供给间变得更加匹配。农业物联网的广泛应用加强了对耕地土壤质量、肥料肥效、农田土壤墒情等内容的实时监测，加上农田管理地理信息系统、土壤墒情气象监控系统、智能灌溉系统、测土配方施肥系统、作物长势监控系统、病虫害监测预报防控系统等智能决策系统辅助决策，农业生产实现了对用药、用水、用肥的有效控制，以及对病虫害的预测、预报和预警。

（三）居民生活加快物联网化

近年来，随着大众数字生活的推进，移动智能终端、智慧家庭的普及，物联网技术被广泛应用到了个人生活的各个领域，让日常生活变得更加便捷化。物联网在家庭生活中的广泛应用，让家居变得更加智能，智能空调、智能冰箱、智能洗衣机、智能电视机、智能厨房等智慧家居应用让家庭生活变得更加便捷、舒适和惬意。比如，智能空调能根据主人到达的时间适时自启空调，并将室温调节至合适温度；智能冰箱肩负起了家庭保管员的责任，提醒主人适时购买或及时消费即将过期的食品。由于物联网技术在汽车中的广泛应用，汽车运行系统变得更加智能，智能汽车将带领人类进入一个全新的智慧出行阶段。各类物联网传感器应用让智能汽车行车控制系统能够实现主动避让道路障碍物，根据道路流量自动调节车速，根据目的地自动规划和选择合适的出行路线。可穿戴设备等身体健康物联网传感应用，让居家养老的老年人实现在线健康监控，让个人健康管理更加定量化和精细化，重大疾病做到提前预测预防。由于物联网技术的广泛应用，购物、就餐、旅游等各个环节变得更加便捷，扫一扫二维码即可实现浏览、购物、点餐、支付等，方便了大众信息获取和交易结算。

（四）社会管理加快物联网化

近年来，随着物联网技术和产品的大规模产业化，物联网技术被广泛应用到了安全生产、市场监管、治安防控、市政管理等领域。物联网在社会管理中的广泛应用，让社会管理变得更加在线化、实时化和精准化，应急处置能力大大提高。安全生产监管通过物联网技术手段实现了对矿山、石化、烟花爆竹生产等重点安全生产企业和重点危险源的在线实时监控，确保企业生产处在安全可控范围之内。食品药品监管利用 RFID（Radio Frequency Identification，射频识别）等物联网技术手段，实现了食品药品有效标识，满足了产品全生命周期追溯的需要。社会治安防控利用视频监控物联网实现了覆盖区域 7×24 小时不间断实时监控，对违法犯罪分子起到了强烈的震慑作用。市政管理综合应用视频探头等传感器，实现了对城市运行水电管网、道路交通、园林绿化等各个方面在线监控和实时感知，确保了城市稳定运行。

三、我国物联网产业存在问题

（一）物联网产业关键核心技术受制于人

射频识别、传感芯片等物联网基础感知技术受制于人，"卡脖子"现象十分严重，核心基础理论和关键技术攻关研究不深入，产学研严重割裂，技术和产品严重滞后于国外的发展步伐。通用型的物联网操作系统、统一的物联网程序运行平台和开发平台的缺乏，严重制约着物联网应用程序的规模化发展。物联网操作系统和传感器节电节能技术有待提升，低功耗操作系统和传感器技术需要进一步加强。缺乏成熟通用的物联网节点组网技术，组网协议稳定性和网络传输速率有待进一步提高。

（二）传统网络安全问题正向物联网世界各处延伸

物联网安全问题正处在大规模爆发的前夜。物联网的大规模应用，尤其是通用传输协议和通用操作系统的出现，为物联网病毒的广泛传播提供了有利的条件。网络安全问题从互联网领域延伸到了基础设施领域，智能交通、智能管网、智慧水利、智慧港口等物联网应用，让传统的网络安全问题从互联网延伸到了道路交通、水电气管网、水利、港口等重要基础设施领域，联网的交通信号灯有可能被黑客控制用于扰乱交通秩序，联网的智能管网控制设施有可能被黑客控制用于窃取水电气资源，联网的水坝闸门有可能被黑客用于制造洪灾。网络安全问题从互联网领域延伸到了产业发展领域，智能工业、智慧农业的发展让传统的网络安全从互联网领域延伸到了工业、农业等产业领域，能源、石化、冶金、制药等工业生产领域的智能控制系统存在遭遇网络黑客的风险，因为物联网，黑客可以远程控制让核电站铀分离机组停转，可以让炼油流水线温度控制系统失灵引发爆炸，可以让炼钢炉钢水温度不达标而生产出劣质钢材，可以让制药流水线药品配方系统失灵而生产出不合格药品。网络安全问题从互联网领域延伸到了居民生活领域，智能家居、智能汽车和智能医疗器械等的发展，让黑客可以通过网络远程控制智能家居、智能汽车和智能医疗器械等设备，让智能空调自动启动，让智能冰箱温度失衡，让智能汽车方向失控，让医疗器械信息采集数据误报。

（三）传统安全防护技术难以跟上物联网技术和产品发展的步伐

目前，市场上互联网安全领域的厂商很多，从应用安全、主机安全、存储安全到网络安全，大大小小的公司众多，但是涉足物联网安全的公司却不多。因为物联网安全和传统互联网环境下的安全有很大差别，大部分物联网公司都只擅长做物联网应用，物联网安全几乎都没有涉及。各行业物联网应用领域，无论是物联网数据集采安全，还是物联网接入安全管理、组网安全管理、网络入侵监测、网络安全态势感知、物联网应用病毒监测，目前做这方面产品和技术的储备研究的公司较少。

（四）缺乏物联网接入产品安全评测、风险评估和等级认证等制度

物联网产品被广泛应用到了国防军队、工业控制、智能交通、智慧城管、智能家居和智慧医疗等各个重要领域，这些领域的物联网产品的安全性关系到国家安全，关系到社会稳定，关系到个人隐私。然而，目前多数领域的物联网应用产品都是厂商生产后直接应用，未经过任何权威部门或是第三方的安全评测、风险评估或等级认证，产品的稳定性、安全性和可靠性存在重大隐患。国防军队如果应用了未经检测的物联网产品，武器信息有可能在特殊环境下被泄露，甚至会造

成武器失灵。城市管网、石化冶金、道路交通等重要行业如果应用了未经检测的物联网产品，产品有可能失灵或是被黑客远程控制，进而造成重大安全生产或道路交通事故。智能家居、智慧医疗等领域如果应用未经安全评测的物联网产品，产品有可能被黑客植入后门，进而泄露家庭和个人隐私。

（五）大数据技术应用于物联网治理的深度不够

目前，各类物联网产品应用采集了大量数据，由于受限于挖掘技术和商业模式，采集数据的商业价值和社会价值并没有被充分挖掘出来。另外，物联网自身采集的数据对整个物联网治理具有重大的意义，应用大数据技术可以精准地感知整个物联网网络安全态势，进行可以对物联网安全部署防范措施。

四、推进物联网产业发展建议

（一）打造安全可控的物联网产业生态圈

整合产业优势资源，加强产学研联合攻关，打造涵盖物联芯片、操作系统、网络协议、应用程序等在内的全链条安全可控的物联网产业链。加快物联网感知芯片核心技术的研发和攻关，加强数模转换技术研究，提高芯片采集精度和应用稳定性，研发能够满足市场实际应用需求的高性价比物联网感知芯片。加快研发具有自主知识产权的通用、节电、微型物联网操作系统，丰富操作系统网络和应用接口，提高操作系统稳定性。加快研发具有自主知识产权的物联网组网和通信传输协议，加强协议安全保障，提高物联网组网的稳定性和通信传输效率。创新基于通用操作系统的物联网应用发展模式，拓展物联网应用场景，整合物联网应用开发者，构建物联网产业生态圈。

（二）深化物联网和经济社会深度融合发展

加强物联网在智能交通、智能管网、智慧水利、智慧港口等领域应用，推动基础设施智能化转型，提升基础设施管控水平和利用率。加强物联网在工业、农业等领域应用，提高管控数字化、网络化和智能化水平，促进节水、节电和节能。加强物联网在居民生活领域应用，大力发展智能汽车、智能家居、智能可穿戴设备等智慧生活服务产品，提升生活服务品质。

（三）加强物联网安全评测和监管

完善物联网安全监管制度，建立起贯穿物联网产品研发、接入组网、数据采集传输、平台运营等全链条的安全管理制度，确保各环节安全风险可控。建立重点领域物联网接入产品的安全评测和等级认证制度，重点加强能源、电力、水利、轨道、石化、冶金等领域重要工业控制系统，以及国防、金融、电信、安防、医疗健康等领域物联网应用操作系统、组网协议、应用软件的安全性测试和评估，加强对物联网产品采用的通用协议、通用硬件和通用软件的安全性检查，保障连接、组网、配置、设备选择与升级、数据和应急管理等方面的安全可控，确保重要物联网产品在联网应用环境下的稳定性、安全性和保密性。顺应物联网安全发展态势，建立物联网安全态势在线监测应急管理平台，推进物联网治理的网络化、平台化和智能化。

（四）加强物联网应用大数据开发和应用

加强物联网在产业研发设计、生产制造、物流运输、售后服务等各领域的深度应用，促进数据采集和挖掘，推动产业组织和运行模式创新，培育新型信息服务业态。加强物联网在政府社会管理、公共服务、市场监管、宏观调控等领域的深度应用，推进实时感知和在线监测，推动数据决策，提高政府社会治理的预判和研判能力，促进国家治理体系和治理能力现代化。加强物联网在民生服务领域的深度应用，加强民生数据采集，优化配置民生服务资源，提升民生保障便民、利民和惠民水平。加强大数据技术在物联网网络安全态势感知中的应用，提高对物联网网络安全态势感知能力，确保物联网安全可管可控。

大力发展物联网是推进我国从消费互联网时代全面迈向产业互联网时代的重要抓手，是拓展数字经济新空间的重要举措，是抢占未来全球发展战略制高点的必然选择。谋划好国家物联网战略部署，加快物联网关键技术研发攻关，推进物联网在经济社会各领域的普及应用，加强物联网安全保障，不仅有利于促进数字中国建设，推动产业转型升级、培育经济新动能、提升国家治理能力，更有利于构筑面向未来发展的国家竞争新优势。

第四节　全面推进人工智能产业发展

作为新一轮科技革命和产业变革的核心驱动力，人工智能正在叠加释放历次科技革命和产业变革积蓄的巨大能量，快速催生新产品、新服务、新业态，培育经济发展新动能，重塑经济社会运行模式，改变人类生产和生活方式，促进经济社会发展的大幅整体跃升。人工智能技术发展将对全球经济发展、社会进步、国际政治经济格局等方面产生重大而深远的影响。加快发展新一代人工智能，是赢得全球科技竞争主动权的重要战略抓手，是推动我国科技跨越发展、产业优化升级、生产力整体跃升的重要战略资源。抓住新一代人工智能发展的重大机遇，加速推动人工智能和经济社会融合发展，有利于促进我国科技实现跨越式发展和后发赶超，有利于促进我国经济社会发展全面提档升级，有利于我国在新一轮国际竞争中赢得先发优势。

一、发展人工智能产业重要意义

（一）推动科技跨越式发展，提供后发赶超的战略机遇

人工智能技术具有溢出带动性很强的"头雁"效应，正对信息、生物、材料、能源等领域科技创新变革发挥牵引作用，是全球科技竞争的战略制高点。一是人工智能正引领着新一轮信息技术革命。人工智能技术快速突破创新为云计算、大数据、物联网等信息技术应用开辟了更广阔的市场，已经成为信息产业变革创新发展的新驱动力，带动了信息产业优化智能升级。二是人工智能将点燃其他科技领域的革命火花。生物、能源、环保、材料等领域人工智能技术的应用，将推动上述这些领域发生翻天覆地的变化，人类生命奥秘、能源持续供给、环境保护、特殊材料需求等制约人类发展的关键性问题，有望得到进一步突破，以推动人类社会可持续发展。三是人工智能将引领我国信息科技实现后发赶超。发挥我国海量数据和巨大市场应用规模优势，坚持需求导向、市场倒逼的科技发展路径，加快人工智能产业平台建设，推动技术、应用和服务全方位创新，有望使我国在人工智能领域实现基础理论和关键核心技术的率先突破，并带动互联网、云计算、

119

大数据等产业的提档升级和后发赶超。

（二）推动产业优化智能升级，培育经济发展新动能

与互联网、大数据一样，作为驱动产业创新的"三驾马车"之一，人工智能已经成为产业智能化转型升级的重要引擎，成为推动产业高质量发展的助推器，成为经济发展新动能的重要来源。一是推动了产业智能化升级。继互联网、大数据之后，人工智能技术又把产业发展推向了前所未有的变革机遇期，数字化、网络化和智能化已经成为新一轮产业变革升级的主要方向，网络连接、精准对接、智能服务已经成为产业发展的新模式，智能制造、无人工厂、智慧仓储等产业智能化新业态不断涌现，正在推动产业迈向高质量发展阶段。二是提升了产品智能化水平。云计算、大数据、物联网、自然语言识别、计算机视觉、机器智能等技术的快速发展和群体性突破，极大地提高了产品的感知、识别、判断能力，无人驾驶汽车、智能机器人、智能家居等智能化产品不断涌现，产品智商和附加值越来越高，正在推动产业迈向价值链高端。三是创新了智能化服务模式。人工智能正将人类从繁重、简单、重复的劳动中解脱出来，机器换人已成为大势所趋，越来越多的机器人走上了各式各样的服务岗位，无人超市、机器人写稿、机器人客服、智能会计等新的服务模式正在开启新一轮服务业变革。四是推动了智能经济新业态发展。人工智能技术的发展推动经济发展方式转变，经济发展质量、效益、动力正在加速变革，数据驱动、人机协同、跨界融合、共创分享为主要特征的智能经济形态正在加速形成，成为构建现代化经济体系的重要内容之一。

（三）推动管理服务智能提升，促进国家治理体系现代化

人工智能的发展让社会管理和服务迈入了智能化管理服务的新时代，促进了管理和服务方式转变，提升了智能管理服务能力。一是推动了智能基础设施建设。人工智能的发展加速了信息基础设施和传统基础设施的智能化转型，网络、金融、电信、交通、能源、水利等基础设施的自我感知、弹性伸缩、自适应、智能管理能力大大增强，服务能力和质量得到了大幅提高，为智能经济和智能社会的发展提供了重要保障支撑。二是推动了智能服务体系发展。人工智能正在点亮智慧生活，教育、医疗卫生、体育、住房、交通、助残养老、家政服务等领域人工智能的深度应用，创造了智能的工作方式和生活方式，提高了公共服务能力和普通百

姓获得感，满足了人民群众对美好生活的新期待。三是提升了社会智能治理能力。人工智能的发展正在助力实现国家治理体系和治理能力现代化，金融、电信、电商物流、城市管理、社会治安、气候环境、企业生产等领域人工智能的技术应用，提高了风险因素的感知、预测、防范能力，提升了社会精准化和精细化管理水平，增强了应对变化和驾驭风险的能力。四是促进了智能社会形态形成。人工智能在基础设施、产业发展、民生服务、社会治理等各领域的深度应用，让经济社会运行变得更加创新、协调、绿色、开放、共享、智能，智能社会时代加速到来。

在促进科技创新、产业升级、治理能力提升的同时，人工智能技术的进步也对社会发展提出了新要求，主要表现在以下两个方面。一是要适应人工智能发展趋势，适时推动社会人才结构变化，更好地适应生产力发展的需求。人工智能的发展和应用带来的智能化浪潮，不仅会加大新技术人才的需求，而且会加速简单重复、环境恶劣等方面劳动岗位消失的步伐，此类岗位将逐步被机器人所取代，进而引发产业人才需求的结构性变化，产业工人需要接受再培训，从事更加富有创新性的工作岗位。二是要加快完善配套保障制度，促进人工智能又好又快发展。每种技术的创新应用都会给社会治理带来新的挑战，技术是把"双刃剑"，人工智能技术也不例外。面对无人驾驶、无人超市、无人宾馆等人工智能发展的新业态，需要进一步加快相关法律法规、行业管理规章制度的完善，做好相关人工智能应用运行规则的顶层设计，更好地护航人工智能和经济社会深度融合发展。

互联网提升了连接能力，大数据提高了洞察能力，人工智能作为和互联网、大数据同等重要的通用目的技术，在经历潮起潮落、曲折上升的60年多年的发展后，由于相关技术群体性的突破，正在迎来新一轮飞跃式发展，释放出很强的经济社会溢出效应。迈入新时代，牢牢把握新一代人工智能发展的重大战略机遇，充分发挥好人工智能"头雁"效应，大力发展人工智能技术产业，深化人工智能和经济社会发展融合，不仅是促进科技创新、产业升级、治理提升的需要，更是推进数字中国建设和迈向智慧型国家的必然路径选择。

二、我国人工智能产业发展现状

近年来，党和国家高度重视和大力扶持新一代信息技术发展，移动互联网、云计算、大数据、物联网等技术加速交叉融合发展，有效地推动人工智能技术快速成熟、产业快速发展和在经济社会领域的广泛应用。

（一）确立了人工智能发展国家战略

近年来，面对新一轮科技革命和产业变革形势，党中央和国务院高瞻远瞩、审时度势，发布和实施了《新一代人工智能发展规划》，制定和实施人工智能发展国家战略，从国家层面对人工智能发展进行了统筹规划和顶层设计，提出建设世界主要人工智能创新中心发展目标，并在人工智能科技创新体系、智能经济、智能社会、军民融合、智能化基础设施、重大科技项目等方面作出了系统部署，为我国在新一轮科技革命和产业变革中把握未来科技发展主导权、培育经济发展新动能、塑造国际竞争新优势提供了坚实的政策保障。2019 年以来，工信部和科技部分别在全国开展了国家人工智能创新应用先导区和国家新一代人工智能创新发展试验区（如表 3-2 所示）建设，通过先导区或试验区来推动人工智能技术和产业的发展，促进人工智能创新创业，促使传统产业智能化升级，推进人工智能和实体经济的深度融合。

表 3-2　工信部、科技部布局建设人工智能先导区和试验区情况

类别	区域	开始筹建时间
国家人工智能创新应用先导区（工信部）	上海（浦东新区）	2019 年 5 月 15 日
	深圳市	2019 年 10 月 14 日
	济南—青岛	
	北京市	2021 年 2 月 19 日
	天津（滨海新区）	
	杭州市	
	广州市	
	成都市	
国家新一代人工智能创新发展试验区（科技部）	北京市	2019 年 2 月 20 日
	上海市	2019 年 5 月 22 日
	天津市	2019 年 10 月 17 日
	深圳市	
	杭州市	
	合肥市	
	浙江（德清县）	2019 年 11 月 2 日
	重庆市	2020 年 1 月 23 日
	成都市	
	西安市	
	济南市	

续表

类别	区域	开始筹建时间
国家新一代人工智能创新发展试验区（科技部）	广州市	2020 年 9 月 3 日
	武汉市	
	苏州市	2021 年 3 月 24 日
	长沙市	

（二）大力推动人工智能产业跨越发展

近年来，我国人工智能产业快速崛起，凭借着互联网产业快速发展积累的庞大规模数据量和数据挖掘利用技术的进步，数据、技术和政策效应相互叠加，催生了一大批新型人工智能企业。目前，我国人工智能企业数量占到全球人工智能企业数量的近 25%，人工智能专利申请数位列全球第二，特别是在计算机视觉与图像、智能机器人和自然语言处理等领域已经处在世界领先水平，与世界一流水平并跑甚至领跑。百度、腾讯、阿里巴巴、美团等互联网企业在搜索、驾驶、家居、人机交互、制造、交通等多个领域大力推进"人工智能 +"，大型互联网企业纷纷把发展人工智能业务作为驱动未来业务发展的新抓手，期望通过发展人工智能来把握新一轮科技革命主导权。科大讯飞、商汤科技等人工智能企业分别在智能语音技术、智能图像识别技术等领域取得重大突破，技术被广泛应用在互联网、电信、金融、电力等行业，相关智能技术多次斩获国际大奖。大疆无人机、京东无人车、新松智能机器人等新型智能设备的发展和广泛应用，正推动人工智能产业和传统产业加速深度融合。基于各领域产业智能化发展需求，2017 年以来，科技部开始依托百度、阿里云、腾讯等公司，在自动驾驶、城市大脑、医疗影像等领域推进新一代人工智能开放创新平台建设（如表 3-3 所示），为各领域智能化转型提供公共服务支撑。

表 3-3　科技部布局建设的 15 个新一代人工智能开放创新平台

时间	公司名称	类别
2017 年 11 月 15 日	百度	自动驾驶
	阿里云	城市大脑
	腾讯	医疗影像
	科大讯飞	智能语音
	商汤科技	智能视觉
2019 年 8 月 29 日	依图科技	视觉计算

时间	公司名称	类别
	明略科技	营销智能
	华为	基础软硬件
	平安集团	普惠金融
	海康威视	视频感知
2019年8月29日	京东	智能供应链
	旷视科技	图像感知
	360奇虎	安全大脑
	好未来	智慧教育
	小米	智能家居

（三）以人工智能推进智能经济快速发展

近年来，党和国家大力推进新一代信息技术发展，人工智能技术被广泛应用于工业、服务业、农业等经济发展各领域，推动经济快速朝着智能化方向发展，创新、协调、绿色、开放、共享的智能经济发展模式正在加速形成。阿里云ET工业大脑利用人工智能算法深度挖掘工业大数据，输出"供、研、产、销"全链路智能算法服务，促进企业生产经营管理等领域全面的网络化、数据化、智能化决策，全力助推中国智造发展。浙江、广东等地大力推进制造业机器换人，将大量智能机器人"招进"了工厂，促进了智能制造发展和智慧工厂建设。百度推出了人工智能开放平台，围绕智能汽车和智能家居，打造了Apollo（阿波罗）和DuerOS（对话式人工智能系统）两大行业开放生态，加速推动我国无人驾驶汽车和智能家居迈向世界先进水平。美团等公司将人工智能技术应用到司机调度、餐饮配送、出行路线等服务优化中，极大地提高了企业组织、运行、管理和服务智能化水平，促进了用户服务体验提升和绿色共享经济发展。海康威视等企业智能仓储物流解决方案的发展，促进了装卸搬运、分拣包装、加工配送等物流环节的智能化发展，无人仓库、无人物流正在快速发展。

（四）以人工智能推进智能社会快速发展

近年来，党和国家大力推进新一代信息技术发展，人工智能技术被广泛应用到教育、医疗、健康、养老、交通等领域，正在深刻改变社会各领域服务模式，促进服务模式创新，人工智能已经点亮了智慧社会生活。医疗领域，手术机器人、智能诊疗助手等正在加速普及，快速精准医疗时代已经开启。华大基因正利用人工智能技术加速基因测序，阿里 ET 健康大脑正成为患者虚拟助理、医学影像、药效挖掘、新药研发、健康管理等领域医生的得力助手。教育领域，人工智能的应用正推动智慧教育体系构建，"未来教师"机器人、高考机器人等智能化设备正重塑传统教育模式。养老领域，"机器人＋社区养老"智慧服务模式赋能健康养老服务业，帮助老年人在社区或者家里就能享受全天候的星级健康养老及关爱服务。交通领域，高德、百度、腾讯等企业利用人工智能实时优化导航服务，让道路交通信息更加通畅，实现了大众出行的大规模协同，促进了社会绿色出行高效运转。

（五）以人工智能推动社会治理能力跃升

　　近年来，人工智能发展正在促进政府社会治理从现象治理向深度治理迈进，深刻改变了政府的社会治理模式，开启了政府精准社会治理的时代。城市管理领域，城市数据大脑让城市有了自我感知、自我判断和自我调控能力，城市运行更加智慧化。杭州城市数据大脑结合手机地图、道路线圈记录的车辆行驶速度和数量，公交车、出租车等运行数据，实现了对整个城市进行全局实时分析和公共资源自动调配，极大地提升了城市交通治理能力。政务领域，智慧政务助力政务服务"让信息多跑路、让百姓少跑腿"，让政务服务更加便民、利民、惠民。腾讯 AI 政务基于腾讯微信、QQ 等平台的自身连接能力，提供智能核身、智能分析和智慧应用等服务，满足了互联网实名认证、精准连接人与服务、勾勒用户画像、实现精准推送等各类政务服务需求。贵阳市政务服务中心依托人工智能技术精心打造政务机器人，更好地为办事群众提供智能化咨询和引导服务。安防监控领域，海康威视、商汤科技等企业在人脸识别、车辆识别、图像识别、视频分析等领域实现了技术的快速发展，促进了人工智能技术在家庭、小区和社会治安防控各个领域的广泛应用，大大提高了治安防控能力。环保领域，人工智能等新一代信息技术全面助力智慧环保建设，构建起了在线化、网络化和智能化的智慧环保监管模式，解决了环保监管痛点。阿里 ET 环境大脑提供了全景生态分析、智能综合决策、智能环境监督等智慧环保服务，正在环保领域推广普及应用，为建设美丽中国提供强有力的支撑。社会信用领域，大数据结合人工智能技术，让社会信用迎来了春天。芝麻信用人工智能机器学习平台，通过数据分析、处理、挖掘和模型构建，大大提高了经济违约概率预判，助力政府有效防范金融风险。安全生产领域，人工智能技术助力生产全过程安全保障，全面提升了煤矿、非煤矿山、危险化学品生产储存、烟花爆竹生产储存、民用爆炸物品生产、金属冶炼等企业安全生产事故的预判能力。

三、我国人工智能产业发展趋势

人工智能是"十四五"规划明确优先发展的前沿科技领域之一。随着我国数字经济、数字社会、数字政府等的建设和推进，人工智能技术创新和深入应用将大有可为。人工智能发展是一项技术创新和应用创新相互螺旋上升式驱动、永无止境的过程，技术创新拓展了技术应用的范围，为持续深入创新提供了"试验田"。

从应用角度来讲，人工智能应用随着技术创新发展不断深入，依据技术成熟度和应用对技术可靠性的需求，技术应用的范围和深度将会不断拓展。

首先，随着语音和语义识别、图像识别、视频识别、计算视觉等人工智能基础通用型技术的发展和能力的提升，基础通用型人工智能技术的应用场景在不断拓展，生活生产中应用人工智能基础通用型技术的场景也在不断增多，比如图像和视频识别技术被广泛应用到了社区管理、治安防控、商贸物流等多个领域，用于流动场所实时在线识别逃犯、识别商业客户等级等。语音语义识别技术被广泛应用到各种智能客服场景中，从简单题库式回答模式向实时灵活判断决策转变，深度和广度都在持续拓展。

其次，人工智能产业核心竞争力将会进一步提升，专注特定行业人工智能应用的技术创新企业将会不断壮大，更加注重行业人工智能应用基础算法和模型创新。随着人工智能行业专业技术能力不断提升，无人驾驶汽车、医疗影像、文化教育等行业领域的人工智能技术应用场景也在持续拓展。比如，随着"人工智能＋边缘计算能力"的提升，无人驾驶汽车应用场景也会从机场、港口、物流园等封闭场所向高速公路、城市道路等开放式场景拓展。随着医疗领域人工智能技术的深入发展，智能机器对医疗影像的识别能力正在赶超行业专家。随着制造领域人工智能技术的发展，制造业领域人工智能的应用范围已经从简单搬运物件向智能制造系统全过程优化拓展。

最后，人工智能技术将会和5G、互联网、大数据、车联网、虚拟现实、芯片、先进计算等技术实现更深程度的融合发展，成为 ICT 产业提档发展的新动能。
5G、云计算、大数据、物联网等技术的发展，以及这些技术和人工智能的集成融合创新，促进了人工智能技术应用场景拓展。如 5G 技术的应用促进了移动场景下的人工智能技术应用，"5G+ 人工智能"技术被应用于流动场所在线识别逃犯。云计算技术为更多场景下人工智能技术的应用提供了必要的算力保障。依靠庞大算力支撑，依托人工智能技术，能够在合适的时间内作出令人满意的决策。"物联网 + 人工智能"技术的发展，促进了交互式人工智能系统的发展。

　　未来一段时间，人工智能技术创新将持续活跃。人工智能和实体经济发展将会进一步深度融合，人工智能技术在智能制造、城市大脑、电商物流、治安防控、车联网、网络安全、疫情防控、药品研发等领域，将会得到更加全面的深化应用。随着国家"互联网 +"、大数据、人工智能等战略继续实施推进，各领域加快数字化转型，网络普及应用，数据资源量将会大幅增加，为人工智能的深入应用提供了算数资源等基础条件。另外，随着各行业智能化需求日益激增，各行业对人工智能行业应用也会日趋深入，行业场景中人工智能算法模型等技术将会在需求的推动下实现快速发展。

四、我国人工智能产业存在问题

　　随着国家人工智能战略的实施，人工智能的普及应用在算法模型、芯片、数据安全等方面仍然遭遇瓶颈限制。

　　算法模型方面。人工智能的普及应用涉及大量行业，每个行业在推进人工智能技术应用的过程中，除了需要基础通用型人工智能技术，还需要面向行业应用的专业性人工智能技术，即行业专业人工智能算法模型。从目前来看，行业专业人工智能算法模型还处于起步阶段。深化人工智能技术应用，需要各行业加强本领域人工智能算法模型的深度研究，这也是各行业智能化转型的必要条件。

　　人工智能芯片方面。人工智能芯片是人工智能算法模型落地的重要载体之一，面向各行业的专业性人工智能芯片更是各行业深化人工智能应用的重要抓手。目前来看，市场上供给较多的是通用人工智能芯片，其市场供给尚处于发展起步阶段，专用人工智能芯片市场供给则处于探索起步阶段。

　　数据安全方面。目前，人工智能技术应用准则还在建立和完善过程中，关于人工智能技术应用过程中的数据安全保障问题，无论是制度建设还是技术支撑保障，都尚未健全，还处于探索中，难以跟上人工智能快速发展的形势需要。

五、推进人工智能产业发展建议

（一）加强人工智能基础理论研究

要坚定不移地加强人工智能芯片、机器学习应用、自然语言处理、计算机视觉与图像等领域的人工智能基础理论研究，不能仅靠国外开源的人工智能算法模式、框架或芯片来发展我国的人工智能产业，要实现人工智能领域的原始创新和赶超发展，必须要有自己的人工智能算法、框架和芯片，这一切都依赖于基础理论探索和创新。

（二）加强人工智能产业创新

发挥网络平台企业技术、平台、数据、人才等方面的资源优势，鼓励和支持其加强人工智能关键技术创新，打造人工智能产业竞争新优势。推进云计算、大数据、物联网等产业和人工智能协同融合发展，为人工智能发展和创新应用提供算力、算数，以及信息感知和反馈执行等支撑。加强人工智能产业创新开放平台打造，打造一批与行业产品智能化升级相关的行业人工智能开放平台，为中小企业产品和服务创新提供公共基础平台支撑。

（三）深化人工智能深度融合创新

结合场景对智能化的需求程度，面向制造、城市管理、医疗、教育等重点领域，逐步推进与智能应用需求相互匹配的人工智能应用。加快推动人工智能和实体经济发展深度融合，推动企业研发设计、经营管理、产品服务等智能化发展，培育经济发展新动能。深化人工智能在市政管理、交通管理、治安防控、安全生产、应急救灾等城市管理领域的应用，提高深度治理能力，促进治理能力和治理体系现代化。深化人工智能在医疗、教育、社区服务等领域的应用，提供服务精准化和智能化水平。创新政策扶持手段，充分利用智慧城市、智能制造、数字政府等建设推进机遇，加大财政、金融、税收等政策引导力度，为人工智能创新发展提供"试验田"。

（四）加强人工智能专业学科建设

按智能科学范畴，整合计算机、自动化、软件工程、信息通信等相关资源，统筹建设一级学科，保持弹性和包容性，灵活设置二级学科，适当增加人工智能相关专业招生名额，多渠道筹措培养经费，加强人工智能研究的基础设施建设。鼓励深度交叉学科研究与人才培养，在重点区域打造优良的学科生态系统，可以借鉴国外城市的相关经验，在北京、上海、西安、武汉等高校和学科丰富的地区，打造智能学科群。

（五）加强人工智能人才培养

任何技术领域方面的竞争说到底都是人才和知识储备的竞争。作为人工智能发展的关键要素，人工智能人才的培养集聚已成为人工智能产业发展最为重要的因素。当前，人工智能人才短缺，本质上是新产业变革带来的劳动能力需求转换所导致的人才结构性短缺，因此我们要适应智能经济和智能社会发展趋势，加快人工智能人才培养，既要培养机器学习（深度学习）、算法研究、芯片制造、图像识别、自然语言处理、语音识别、推荐系统、搜索引擎、机器人等领域的专业技术人才，也要培养智能医疗、智能安防、智能制造、无人驾驶等领域的技术应用人才。发挥领军企业的人才培养作用，鼓励企业创办研究机构与学校联合建设实验室培养人才，鼓励成立公私合作的国际化、实体性、规模化的非营利性人工智能产业创新中心等研究机构。鼓励研究人员在高校和企业之间流动，鼓励高校老师创新创业，促进人工智能成果转化和产业化。

（六）加强人工智能发展制度建设

加强人工智能应用规则研究，做好相关监管政策储备，防止人工智能技术滥用和误用。加强人工智能应用伦理道德准则研究和制度建设，要综合考虑社会需求、发展趋势、应用场景、潜在风险、民族风俗、文化习惯、宗教信仰、法律法规等相关要素，本着与时俱进、促进发展、造福人类的原则，加快制定人工智能应用领域伦理道德准则，明确相关技术应用伦理道德禁区。加快制定人工智能技术应用标准和规范，充分考虑人工智能技术应用场景及安全性要求，加快制定人工智能技术应用技术参数标准、使用环境条件标准、安全保障标准，完善相关规范，促进人工智能技术安全合理使用。结合人工智能技术的发展和应用推广进度，及时修订已有法律法规体系，建立健全新技术领域法律法规，及时弥补人工智能等领域技术发展引发的法律空白，明确相关领域技术发展的法律禁区，避免科技创新"踩雷"。

（七）提升人工智能发展监管能力

加快新技术应用监管能力建设，加快面向新技术发展的测试、监测、评估、认证等实验室和在线平台能力建设，为主管部门进行行业监管提供有效技术支撑保障。加强人工智能技术应用安全测试，创新测试模式，丰富测试环境种类，提高测试强度，强化对测试结果数据的深度分析和挖掘，提升对技术安全的深度洞察能力。构建人工智能技术应用安全评估机制，要加强技术成熟度、脆弱性、风险隐患等各方面的深入评估，确保技术应用安全有保障。

科技是国之利器，人工智能发展势不可当，新一轮产业变革和科技革命的窗口已经开启，人工智能正成为决定一个国家未来竞争力的关键性要素。发展智慧产业、培育智能经济、构建智慧社会都离不开人工智能技术的支撑，人工智能的发展对企业发展、产业变革、经济增长、国际竞争和社会演进将产生重大深远影响。牢牢把握新一代人工智能发展战略机遇，坚定不移地把发展人工智能放在提高社会生产力、提升国际竞争力、增强综合国力、保障国家安全的战略支撑的全局核心位置，率先抢占新一轮产业变革和科技革命战略制高点，是实现中华民族伟大复兴的中国梦不可或缺的重要内容。

第五节　加快推进基础软件产业发展

基础软件作为软件产业链中的关键性、基础性软件，发挥着把控性、全局性和战略性作用，是推动软件产业生态圈打造的纽带，是决定软件产业竞争力的核心关键，是关系数字化转型安全的"压舱石"。长期以来，我国基础软件发展存在技术原始创新能力薄弱、产业生态圈打造困难、新应用新场景开拓能力不强等问题，基础软件"卡脖子"的现象没有发生根本性改变，对整个数字化转型构成了严重的风险隐患。当前，我国正加快数字化转型，推进数字中国建设，亟须补齐基础软件产业短板。

一、发展基础软件产业重要意义

（一）打造软件产业生态圈的需要

基础软件在打造软件产业生态中发挥着至关重要的作用，尤其是操作系统基础软件作为核心系统软件，是应用软件培育和运行基础的平台，是打造软件产业生态圈的关键。例如，微软、谷歌、苹果三家公司分别依托 Windows、Android、iOS 等操作系统，打造了各自软件产业生态，吸引全球成千上万的软件开发者基于各自操作系统开发软件信息服务应用，培育了海量基于各自操作系统平台运行的软件应用，丰富了操作系统产业生态，增强了操作系统持续迭代升级发展的活力。

（二）提升软件产业竞争力的需要

基础软件具有全局性的带动和控制作用，基础软件发展水平关系到一国软件产业的竞争力，是把控软件产业竞争的关键环节。例如美国依托操作系统、数据库和 Office 办公软件等基础软件，分别锁定了应用程序、存储数据和办公文档等数字化核心要素，反过来随着应用程序、存储数据和办公文档的发展壮大，进一步筑牢了操作系统、数据库和 Office 办公软件等基础软件的生存发展地位，依托上述逻辑牢牢把握了全球软件产业生态技术架构、标准规范和竞争规则，成为数字化时代的大赢家。

（三）提升数字化转型支撑能力的需要

工具类基础软件是推进行业数字化转型的必然需求，尤其是工业软件作为汽车、飞机、船舶、工程机械、电子信息、冶金化工等领域众多制造企业研发设计不可或缺的必备工具软件，其基础性地位愈加凸显。例如，当前我国国内众多制造企业使用的工业软件大多来自 Ansys、西门子、达索、PTC、Autodesk 等国外知名企业，尤其是半导体领域，国内集成电路设计企业使用的 EDA（Electronic Design Automation，电子设计自动化）开发设计工具，几乎都由国外公司提供，且国内外产品存在较大代际差，补短板还需要时日。

（四）筑牢数字中国建设基石的需要

操作系统、数据库、办公软件、工业软件等基础软件在各领域数字化转型中都发挥着极其重要的基础性作用，是数字化转型的关键核心支撑软件，数字经济、数字社会、数字政府等建设，都离不开上述基础软件的支撑。基础软件在数字化转型中发挥着对系统、平台、数据、资源、技术等的把控作用，决定着数字化转型的方向和进程，软件能否安全可控关系到国家数字化转型安全性。当前，我国基础软件跟国外发展存在一定的差距，部分基础软件因功能、性能、产业生态等原因无法跟国外软件相媲美，导致市场占有率极低；部分基础软件缺少国产替代产品，"卡脖子"问题严重。

二、我国基础软件产业发展现状

（一）涌现出了一批基础软件供应商

近 20 年来，在国家大力推进信息化发展的政策方针引领下，国内涌现出了一批基础软件产品供应商及网络软件产品服务商，其软件和服务在部分领域得到了广泛应用。传统基础软件服务商面向云计算、大数据、物联网、人工智能等新兴业务发展需求，紧跟国外企业发展步伐，积极推进面向新技术、新场景的基础软件发展。大型互联网企业结合自身业务发展需求以及得天独厚的实践场景，面向智能终端、云计算、物联网等新兴业务发展，大力推进智能手机操作系统、云计算操作系统、服务器操作系统、物联网操作系统、云数据库等网络基础软件的发展，部分产品在生态打造、产品稳定性、产品性能等方面都取得了一定的突破。

（二）国产基础软件市场占有率较低

桌面 PC 操作系统领域，微软 Windows 系列操作系统和苹果 Mac OS X 市场占有率超过 97%，国产操作系统占有率不足 1%。移动智能终端操作系统领域，Android 和 iOS 操作系统合计市场份额超过 90%，国产鸿蒙等操作系统市场份额不足 10%。数据库方面，Oracle（甲骨文）占据了 56% 以上的市场份额，IBM DB2 占据了将近 15% 的市场份额，微软 SQL Server 占据了约 10% 的市场份额，SAP 占据了 9% 的市场份额，国产数据库合计占据市场份额不足 10%。办公软件方面，微软的 Office 办公软件占据了 90% 以上的市场份额，WPS 等国产办公软件市场份额不足 10%。EDA 研发设计工具方面，无论是芯片设计辅助、可编程芯片辅助设计，还是系统设计辅助软件，国产软件几乎空白，尤其是 IC（Integrated Circuit，集成电路）设计软件，牢牢被国外少数公司掌控。

（三）国产基础软件处于跟跑状态

尽管近些年来，我国软件业务收入一直保持着高速增长态势，如图 3-1 所示，但是基础软件处于跟跑的状况始终没有改变。一是对新技术采用始终处于跟跑状况，微软、谷歌等国外企业早在前几年就在基础软件中陆续加入了云计算、大数据、人工智能、区块链等功能，而我国基础软件企业普遍滞后于国外企业好几年。二是功能方面始终处于模仿状态，国外软件有什么样的功能，我国企业就跟着模仿，这不仅导致了国产基础软件的功能界面跟国外企业很相像，也导致了国产软件缺乏功能创新，除了出于安全可控方面的考虑，完全缺乏功能上和经济上替代的必要性。三是性能方面始终落后于国外好几代，国产操作系统、国产数据库跟国外的性能差距普遍在 5~10 年。

（四）基础软件范围在不断拓展

随着各行业设计自动化的发展，越来越多行业的发展都需要相应的行业设计仿真软件，基础软件范围已经从操作系统、数据库、办公软件等传统通用基础软件，向包括行业设计仿真软件等在内的软件拓展。以电子设计自动化领域为例，电路设计与仿真软件、PCB（Printed-Circuit Board，印制电路板）设计软件、IC 设计软件、PLD（Programmable Logic Device，可编程逻辑器件）设计工具等在电子信息行业发展中发挥了至关重要的作用，影响着 ICT 企业的日常研发工作，其基础性地位愈加凸显，已成为行业发展的重要支撑。

数据来源：国家统计局。

图 3-1　2010—2021 年我国软件业务收入的发展情况

三、我国基础软件产业存在问题

（一）缺乏基础软件技术原始创新能力

目前，我国基础软件技术发展普遍存在跟随和模仿等情况，缺乏技术原始创新能力，主要表现在以下几个方面。一是习惯拿国外的开源代码做功能修改，缺乏技术架构原始和颠覆式创新设计。无论是基于 Linux 的各类桌面操作系统、基于 Android 的移动智能终端操作系统还是基于容器云计算平台的应用，国内企业所做的工作大多是在国外开源系统架构上做定制化修改，未从根本上进行颠覆性设计创新。二是缺乏对云计算、大数据、人工智能等新技术的融入。面对云计算发展趋势，微软相继在 2008 年 10 月和 2011 年 6 月发布了云操作系统 Windows Azure 和云办公软件 Office 365。面对大数据发展趋势，Oracle 及时推出了面向大数据的非结构化数据库解决方案。面对人工智能发展趋势，谷歌于 2018 年 5 月在新发布的 Android P（安卓 9.0）操作系统中加入了大量人工智能功能。而国内的基础软件开发商大多是在国外产品推出几年后才模仿推出相似的产品，新技术融入滞后，导致难以抢占新兴市场先机。三是缺乏标准和专利体系构建。微软的 Windows 操作系统和 Office 办公软件、谷歌的 Android 操作系统、苹果的 iOS 操作系统背后都有十分庞大的专利体系做支撑。这三家公司通过申请、收购等模式积累了庞大的专利池，为系统在全球市场拓展保驾护航。而国内大多基础软件企业缺乏标准和专利储备积累意识，一旦市场做大或者出海发展，专利纠纷在所难免。

（二）缺乏新应用场景颠覆式创新能力

Linux 操作系统崛起是抓住了开源软件发展崛起机遇，Android 操作系统崛起是抓住了移动互联网发展崛起机遇，两者都没有跟 Windows 桌面操作系统产生正面的市场竞争冲突。另外，特斯拉在十年间迅速崛起，市值全面超越丰田、大众、通用等百年汽车巨头，它没有在汽油车领域跟传统汽车巨头发生正面冲突，而是抓住了新能源汽车崛起的发展机遇。面对云计算、物联网、大数据、人工智能时代的到来，国外许多企业都加快了新场景布局。例如，谷歌面向移动车联网、云计算、人工智能分别推出了 Android Automotive、Chrome OS 等操作系统。相比国外基础软件公司在新场景的快速布局，国内基础软件公司大多缺乏新应用场景超前布局能力，面对移动互联网、大数据、物联网、人工智能、元宇宙等时代的到来，多数都在跟随着国外公司的步伐，导致很难抢占新场景市场。

（三）行业设计软件缺乏专业技术积累

行业设计软件是行业基础工艺和技术的数据积累，随着各行各业数字化、网络化和智能化转型推进，行业设计软件作为行业基础软件发挥了至关重要的作用。以制造业为例，目前我国制造业对国外工业软件形成长期依赖，关键工艺流程和技术数据缺乏长期研发积累，制造业呈现出技术空心化趋势。我国飞机、船舶、冶金、化工、生物医药、电子信息制造等重点制造领域长期以来习惯于用国外工业软件，但却不知道设计背后的原理，而且缺乏基础工艺研发数据的长期积累，导致数据积累差距越来越大。以 EDA 设计软件为例，它是电子信息设计不可或缺的工具，按主要功能或应用场合可分为电路设计与仿真工具、PCB 设计软件、IC 设计软件、PLD 设计工具及其他 EDA 软件，这些领域我国国产软件寥寥无几。特别是 IC 设计软件，全球主要的 IC 设计软件都由 Cadence、Mentor Graphics 和 Synopsys 三家公司提供，且三家公司与主要的集成电路设计和制造企业形成了紧密合作关系，芯片设计最新技术成果都可以及时吸纳融入软件中，各国的集成电路企业业务发展都离不开这三家公司的 IC 设计软件。

（四）核心技术研发资源投资相对有限

核心技术研发资源投资相对有限，是我国基础软件研发企业始终模仿和跟跑的主要原因。例如，微软 Windows 系统的研发投入了 5 万名工程师的人力和 200 亿美元的资金，微软美国本土 Office 开发团队常规编制人员大概有 2000 人。而国内从事操作系统、办公软件、数据库开发的传统软件企业的研发人员和资金投入少，导致研发产品无论在功能、性能还是技术先进性上都与国外存在巨大差距，产品相对落后，又导致市场营收难以提升，反过来进一步影响了企业人员和资金的投入。技术研发人员和投入资金的巨大差别直接拉大了我国基础软件和国外基础软件的差距。

（五）产业生态打造难以找到有效途径

目前基础软件产业生态难以打造，主要表现为以下几点。一是缺乏公共性的基础软件集成适配测试平台，导致基础软件企业产品适配集成时每次都需要双方自己搭建测试平台，存在成本高、周期长、问题难以鉴定、相互推诿扯皮等问题。二是精力分散，不善于抓重点，忙于做大量适配工作。以操作系统为例，开发者把大量的精力都分散在了适配硬件平台所做的移植和适配工作上，而在强化和丰富内核上投入较少。但 Windows 最开始发展的时候只支持 Intel CPU，Linux 最开始的时候是基于 x86 开发的，Android 和 iOS 操作系统以支持 ARM 为主，这些主流的操作系统，从来不会主动去适应碎片化的硬件，而是聚焦一个硬件平台，把功能做强做大，发展到了一定的程度，各种各样的碎片化硬件会主动适配操作系统。三是忽视应用孵化。应用是推动产业生态完善的决定性驱动力，海量基于微软 Windows、谷歌 Android、苹果 iOS 操作系统的应用程序，以及大量在三个平台从事开发的技术人员是推动平台持续发展的核心推动力。打造基于操作系统的高效专用软件开发平台则是吸引软件开发人员、推动应用孵化的关键。例如，微软推出了基于 Windows 操作系统的 Visual Studio 软件编程开发平台，谷歌推出了基于 Android 操作系统的 Android Studio 软件编程开发平台，苹果推出了基于 iOS 操作系统的 Apple Developer 软件编程开发平台。提供基于操作系统专用软件开发平台，可以大幅提升应用程序开发和运行效率，是打造操作系统产业生态圈的关键。相比国外，国内操作系统对应用孵化重视程度不够，操作系统支持的软件开发平台和编程语言都十分有限，通常仅以支持通用的 Java 编程语言开发为主。

（六）市场推广应用缺乏吸引力的抓手

国内部分基础软件供应商发展过度依赖于政府试点项目，不善于、不积极从市场获取企业发展资金来源，政府试点项目成为维持企业生存的主要收入来源。由于缺乏市场竞争力，难以从市场获取资金收入，一旦政府试点项目结束，这些企业就会陷入难以为继的生存困境。市场推广应用缺乏突破性的抓手，不善于抓住新场景、新技术、新模式和发展机遇，推出创新性或者颠覆性产品来抢占市场份额。

四、推进基础软件产业发展建议

（一）推动基础软件核心技术原始创新

实践证明，简单地吸收和模仿国外企业技术产品是难以实现超越的，必须推动基础软件核心技术原始创新，为此需要采取以下几项措施：一是紧紧抓住软件技术网络化、云端化发展态势，推动云操作系统、云数据库、云办公软件等基础软件核心技术原始创新，加快软件服务模式升级迭代；二是加快软件架构、协同开发、大数据计算、智能分析、软件安全等核心技术原始创新，推动大数据、人工智能、区块链、零信任等技术和软件技术融合创新，打造新技术产品，塑造软件发展新亮点；三是充分利用我国互联网产业发展的规模优势，推动软件大规模并发连接、海量数据智能分析、大规模用户实时协同等技术原始创新，塑造产业发展竞争新优势；四是加快新技术标准制定和专利申请，提高对技术的把控和主导能力。

（二）紧抓新场景机遇推动颠覆式创新

从 Linux、Android 等操作系统崛起的历史可以发现，它们都不是跟 Windows 操作系统产生正面竞争，而是利用新应用需求，趁势崛起。我国基础软件要实现突围发展，也必须趁势而为，塑造产业创新发展新抓手，为此需要做以下工作。一是紧紧抓住智能终端、物联网、车联网、5G、工业互联网、超高清视频、虚拟现实等新技术应用场景带来的机遇，大力发展新技术应用场景下的操作系统、数据库等基础软件。二是面向大数据、智能化、无人化发展趋势，发展符合大数据、智能化、无人化等技术发展趋势下的操作系统、数据库等基础软件。三是面向国防、政务、通信、金融、能源、水利、交通等安全可靠场景，大力发展功能专业、性能高效、安全可控的基础软件。

（三）加快推动行业设计仿真软件创新发展

行业设计仿真软件是推动行业数字化转型、塑造行业竞争核心优势的关键，必须创新推进模式，为此需要做好以下几项工作：一是创新行业设计仿真软件开发模式，推动行业重点企业和大型软件企业合作投资、共同开发和推广应用行业设计仿真软件，打造利益共赢点；二是鼓励行业大型企业间加强合作，发挥各自专业优势，联合成立行业信息化服务机构，发展标准化、通用型、平台型行业设计仿真软件产品；三是加大对高等院校、科研院所、重点企业相关专业研究人员基础科研的扶持力度，鼓励其建立和开放行业技术工艺数据库、算法库，为行业设计仿真软件开发提供公共数据和算法支撑；四是加快行业数据标准化进程，推动建设公共性行业技术工艺标准数据库。

（四）多渠道扶持加大研发创新投入

研发投入是关系基础软件发展壮大的关键，要创新研发投入模式，不仅要让基础软件企业生存下去，更要让其发展壮大起来，为此需要采取以下几点措施：一是统筹利用好核高基等政府现有各类专项资源，增大资金投入规模，加大对重点企业重点项目的集中扶持，避免"撒胡椒粉"式支持；二是完善资金投入竞争、激励、考核等机制，促进优胜劣汰，防止不良企业利用政策套取国家资金；三是加大政府采购力度，鼓励和支持国防、通信、金融、能源、水利、交通等安全可靠场景积极采用国产安全可控软件，为国产基础软件创造市场空间；四是根据市场对企业采购规模，采取后补助等模式资助企业，培育企业市场竞争能力。

（五）创新模式推动产业生态圈打造

产业生态圈打造是壮大基础软件发展的关键，必须抓住关键要点推动基础软件产业生态圈的打造，为此需要做好以下工作。一是加快基础软件相关标准制定和推广，促进兼容、集成和互通。二是加快建立基础软硬件产业适配测试集成平台，为不同领域基础软件厂商适配提供标准化的测试平台，降低企业系统集成适配成本。三是鼓励重点基础软件企业集中力量抓重点产品适配，防止碎片化带来时间和精力消耗。四是对于操作系统等基础软件，强化应用孵化，培育开发者，促进产业生态完善。五是培育基础软件"发烧"用户，认真解决他们提出的应用需求。

第六节　加快推进传感器产业发展

　　传感器作为物理世界和数字世界的信息传递桥梁，在经济社会数字化转型中有着极为广泛的应用，是促进各类产品提档升级的重要部件，是推进信息化和工业化深度融合不可或缺的产业关键技术。传感器与高端芯片、工业软件一起被称为拓展和征战数字世界疆域的三大"利剑"，是衡量一国数字化竞争力的关键产品，是赢得数字时代战略竞争的"杀手锏"。当前我国正在加快数字化转型、推进数字中国建设，传感器产业已经成为支撑万物互联、万物智能的基础产业，各领域数字化转型进程和深度与传感器产业的技术创新水平、产品供给能力等因素息息相关，但我国较多领域的传感器技术产品对外依存度较高，部分领域的传感器技术产品供应商选择十分有限，存在严重安全发展隐患，应引起国家高度重视。

一、发展传感器产业重要意义

（一）应用极为广泛，杠杆作用巨大

　　传感器在国民经济和社会发展各领域中有着极为广泛的应用，智能手机、智能家居、智慧楼宇、智能汽车、智慧交通、智慧物流、智能制造、智慧医疗、应急救灾、疫情防控等各领域的应用无处不在。传感器安装应用是产品智能提档、社会治理提升、服务升级的重要保障。现代智能产品中，传感器是不可或缺的部件，嵌入传感器能显著提升产品智能化水平，提升产品附加值。传感器在治安防控、环境保护、安全生产、应急救灾、市场管理等社会治理领域应用，能够实现在线数据实时采集，显著提升态势感知水平和实时治理水平。传感器应用扩大了信息采集范围，提升了信息采集反馈交互效率，提高了信息采集能力，是促进信息流高效引领技术流、资金流、人才流、物资流的重要技术产品保障。

（二）核心技术部件，技术高度密集

　　传感器是现代智能产品中极为关键的核心部件，在移动智能终端、智能网联汽车、智能家居、医疗设备、智能装备、数控仪器仪表等高端电子信息物理系统中，

传感器都是关键核心部件，决定系统的能力、功效和品质，扮演着极为关键的角色。以智能手机为例，高端智能手机中的传感器多达十多款，包括图像（摄像头）、声音（麦克风）、信号（天线）、压力（触摸屏）、角速度（陀螺仪）、磁力、距离、光线、温度、气压、加速度、心率、指纹等各类传感器，每个传感器的功能和性能都关系到手机的功能和品质。传感器是技术高度密集型产品，对原材料、关键技术、制造工艺、工具软件等都有严格要求，同时对稳定性、可靠性、耐用性和一致性也有严格要求，各领域的高端传感器与工业软件一样，都是产业竞争"杀手锏"，把控着产业发展命脉和产业链价值分配。

（三）信息传递桥梁，数字化转型关键

传感器是虚拟现实、数字孪生、元宇宙等产业发展的基础性技术，是推进信息化和工业化深度融合的关键产业技术支撑，离开了形形色色的传感器，物理世界和数字世界就是隔离的，数字技术赋能经济社会发展的作用就会大幅削弱。以快递物流行业为例，近年来，我国快递物流行业作业效率快速提升，离不开快递行业各个环节的数字化改造，让各种安装有传感设备的自动化数字设备替代了人类作业，简化了信息处理过程，大大提升了快递物流在收揽、分拣、配送过程中的作业效率。当前，在推进两化融合的过程中，制约工业企业数字化改造最大的瓶颈之一便是工业传感器技术，传感器产品种类谱系不全、性价比不高、稳定性和可靠性差、产品不耐用等制约了工业企业数字化改造，影响了工业企业智能化水平提升。

（四）虽小不可或缺，关系安全发展

光线、声音、距离、图像、指纹、重力、温度、地磁、气压、加速度、红外、角速度、电磁波等各类传感器在现代智能产品中有广泛应用，根据产品功能和性能要求，对传感器的精度、可靠性、耐用性等都有不同要求。在我国，各领域传感器普遍存在种类谱系不全、低端过剩高端紧缺等问题，很多传感器从体积上看似微不足道，但从功能和作用上看则不可或缺，很多智能系统功能和性能受限于传感器水平，重点行业很多高端领域的传感器由于无法实现自给，对国外企业的供应依赖度较高，一旦发生制裁断供，则会影响安全发展。

二、我国传感器产业现状问题

（一）处于全球产业链价值链中低端，高端供给能力严重不足

　　成熟领域配套市场长期被国外垄断和挤压，国外传感器品牌垄断国内高端传感器市场，占据着国内市场份额和利润的主导地位，国内企业在生产规模、品种、质量、价格等方面都缺乏竞争优势。国内传感企业主要集中在封装、测试、模组、集成、应用等环节，具备芯片设计生产能力的厂家较少，较多领域的传感器核心部件高端感测芯片进口依赖度较高。MEMS（Microelectromechanical System，微机电系统）传感器等智能化、微型化高端传感器在国内数字化转型过程中的需求非常旺盛，但我国对国外企业依赖度相当高。在消费电子、汽车电子、医疗电子等市场需求旺盛、技术要求较高的新兴领域，传感器产品基本上被国外大厂所垄断。

（二）产品种类品类谱系不健全，难以满足差异化场景应用需求

　　国内传感器企业主要集中在力学量传感器领域，针对电、热、光、磁、声、气体、液体、融合等领域，国内传感器企业布局较少，随着数字化转型加快推进，电、光、磁、声等领域的感测需求变得跟力学领域一样广泛。针对新兴产品领域，我国企业布局较少，尤其是在消费电子、汽车电子、医疗电子等领域，对传感器体积、稳定性、可靠性、精度有非常高的要求，全球市场竞争又非常激烈，大多数国内企业在技术水平、市场份额、产品性价比等方面都处于劣势地位。部分领域传感器由于应用范围窄、市场需求量小，技术要求又非常高，国内企业供给积极性不高，基本上处于被国外企业垄断的状态，如海洋探测领域，我国海面浮标、潜标、海床基等使用的传感器基本依赖进口。我国企业在传感器较多领域存在产品种类谱系不全等问题。例如，气体传感器领域，我国传感器企业的产品主要集中在传统气体领域，应用绝大部分特种气体检测的传感器匮乏。环境检测领域，针对部分细颗粒物、有机物、重金属检测产品，存在传感器空白。此外，医疗、科研、微生物、化学分析等领域，我国传感器都存在短缺或空白，制约着相关领域工作的推进。产品种类谱系不全限制了产品在差异化场景中的应用。

（三）关键技术、工艺、材料、工具受制于人，产业发展风险隐患较大

　　与国外相比，我国传感器企业在产品品质、技术工艺、生产装备、企业规模、

市场占有率、综合竞争能力等方面都存在较大差距，尤其是在关键技术、工艺、材料、工具等较多领域，受制于人的现象较为严重。在技术工艺方面，MEMS 传感器制造、封测、集成、融合等多种技术对外依存度较高，传感器电源节能、自组织组网、信号处理等技术与国外企业相比，还存在一定差距。在材料方面，较多高端传感器使用的化学、有机、高分子、半导体等材料对进口依存度较高。在工具方面，传感器研发设计所需的 EDA、封测等装备工具对外依存度较高。技术装备落后，生产与检测自动化水平较低，技术改造和设备能力提升投资大，很多企业无力进行改造，直接影响了科研和生产工艺技术整体能力的提高，严重影响了产品创新和产业化进程。

（四）基础理论和技术研究能力不足，产学研用联动机制尚未建立

高校、科研机构较多专家学者关于传感器相关的技术工艺、新材料、信号处理、电源节能等相关研究还停留在论文阶段，大多缺乏工程建模实践，进行大规模商业化推广应用更是遥遥无期。部分专家学者甚至打着"定制化"旗号，研究攻关的却是已商用或者过时产品，但其攻关研究成果在市场上已经有相当成熟的产品，研究前瞻性已经严重落后于市场需求。部分专家学者手中掌握较为先进的理论和技术，但由于缺乏产品创新应用和产业孵化思维，这些理论和技术没有及时得到工程实践，造成极大浪费。另外，部分国家紧缺的高端及新兴传感器所需的材料、制造工艺、信号处理等技术缺乏理论研究和技术探索，导致我国传感器产业的发展技术在国际上始终处于跟随的位置。

（五）产品稳定性可靠性与国外存在较大差距，较多领域缺乏市场竞争能力

传感器的稳定性和可靠性至关重要，稳定性和可靠性出现问题不仅会引起感知量采集的错误，会导致系统作出错误决策，甚至还会引发重大安全事故。据相关报道，2018—2019 年，波音 787-MAX 飞机两次坠机事件，主要原因在于传感器感知数据错误，导致航电系统作出了错误的飞行决策。农工矿业、环境监测、安全生产、应急救灾等较多领域的传感器普遍部署在环境条件相对比较恶劣的环境下，传感器更易发生故障，对稳定性和可靠性提出了更高的要求。我国传感器企业普遍存在规模小、技术创新水平滞后、产品未体系化等问题，在传感器产品

规范化、性能归一化、功能集成化、结构标准化方面推进进程缓慢，对材料、技术、工艺等创新、管理和把控等能力薄弱，导致传感器品质品位偏低，影响了产品的稳定性、可靠性和耐用性。

三、推进传感器产业发展建议

（一）加强基础理论系统研究，构建产学研用联动机制

加强力、电、热、光、磁、声、气体、材料等基础领域产学研用联动创新通道，打通高校、科研机构、社会企业在理论研究、工程建模、产品创新、市场应用转换渠道，推动理论研究、技术攻关、产品研制和商业应用协同互动。鼓励企业和高等院校、科研院所研究人员加强合作，激励和推动研究人员将传感器领域的理论研究、技术攻关、工程建模等成果转化为产品创新实践，并在应用过程中加强产学研用互动，不断促进技术进步和产品迭代升级。构建坚持以需求为导向、以市场为目标的技术产品创新推进体系，加大传感器新技术新产品研发，抢占新兴市场。

（二）加强核心关键技术攻关，构建安全可控产业生态

重点突破硅基 MEMS 加工、MEMS 与 CMOS（Complementary Metal Oxide Semiconductor，互补金属氧化物半导体器件）工艺集成、非硅模块化集成，以及器件级、晶圆级封装和系统级测试等技术。突破多传感器集成与数据融合技术，研发多功能、多传感参数的复合传感器。持续推进智能传感器配套软件算法、高性能电池等技术攻关，持续提升智能传感器集成创新能力。加快半导体、陶瓷、金属、有机、高分子、光纤、超导、纳米等传感器领域特殊材料技术的攻关研发，持续提升材料品质品位，为传感器的稳定性、可靠性、耐用性等指标的提升打牢材料基础。积极承接国内外加工制造、封装测试产业转移，推动智能传感器封装测试生产线建设。加强传感器芯片研制、产品设计、模拟仿真、无线通信、信号处理、产品测试、EDA 等配套软硬件工具研制，培育传感器材料制备和专用设备企业，提升设计、芯片制造、封装测试、设备材料等技术产品供应链的安全可控水平，打牢产业发展基础共性技术基础。

（三）完善产品种类品类谱系，满足差异场景应用需求

加强智能传感器研发设计、加工制造、封装测试、材料设备等四大关键环节布局，为传感器产品创新夯实产业基础支撑。加大消费电子、汽车电子、医疗电子等新兴领域传感器的研制布局和政策扶持力度，提升国内企业供给能力，打造协同产业链，满足智能消费终端、智能汽车、智慧医疗等新消费需求。加强特殊场景、极端环境、高强度运行条件下声、光、电、磁、力、热、气体、液体等特种传感器产品的研制，提升国内企业对传感器特种应用条件的满足能力。丰富各类传感器谱系，满足安装条件、感知量大小、测量精度、持续运行时间等差异场景的测量需求。

（四）提高产品工艺质量品质，增强稳定性可靠性水平

加快推进传感器产品规范化、性能归一化、功能集成化、结构标准化进程，加快相关标准规范制定，以标准化来提升产品质量管控能力。加强传感器材料制备、专用设备方面的技术创新，打造传感器研发制造"金刚钻"，为传感器产品质量品质提升夯实工具支撑。加快传感器新材料、新技术、新工艺、新工具的研发攻关，加强体系化管理，以精细化管理提升产品质量管控能力。强化面向复杂环境条件下特种传感器的研制，增强其稳定性、可靠性和耐用性，提升恶劣条件、高强度运行条件下传感器保障水平。

（五）加大关键场景产品研发，提升高端需求供给能力

围绕材料、芯片、器件、算法、智能装备以及先进封装等展开技术攻关，重点聚焦智能终端、高端装备、交通物流、能源水利、商贸流通、农牧业、生态环境等重点领域应用传感器需求，培育智能传感器产业生态。加强智能传感器的研发设计与产业化，重点发展 MEMS 传感器高端产品制造，加快 MEMS 研发中试平台建设。推进智能传感器研发，增强传感器自检、自校、自诊断功能，以及信息存储和传输、自补偿和计算、复合敏感、集成化能力。

第四章

数字经济：
强化数字技术赋能，推动经济发展方式转变

数字经济是建立在新型数字基础设施之上，以数字科技创新为驱动，以融合创新应用为途径，以信息终端、网络平台和应用软件为生产工具，以数据为首要生产要素的一种新的经济形态，是继农业经济、工业经济之后一种新的经济范式，是数字化时代经济发展转变的必然方向。与农业经济、工业经济相比，发展健康的数字经济，有利于社会资源的高效优化配置，有利于包容普惠均等发展，有利于绿色可持续发展。推动数字科技产业创新发展，深化数字经济和实体经济深度融合，已经成为世界主要发达国家转变经济发展方式、培育经济发展新动能、构筑国际竞争新优势的主要抓手。面对全球数字经济发展新浪潮，加快推进制造强国和网络强国建设，深化互联网、大数据、人工智能和实体经济深度融合，已经成为高质量发展的必然要求。

第一节　数字科技助推新旧动能转换

近年来，全球新一轮信息革命全面深入爆发，以互联网、大数据、人工智能等为代表的数字科技的技术创新和融合应用，对经济转型、社会发展、大众生活和国际竞争都产生了重要影响。当前我国正处在转变发展方式、优化经济结构、转换增长动力的攻关期，充分利用好和发挥好数字科技发展强大的渗透、溢出、带动和引领等作用，加快推进互联网、大数据、人工智能等数字科技和实体经济的深度融合，大力发展数字经济，推动经济发展质量变革、效率变革、动力变革，已经成为推进新旧动能转换和经济高质量发展的重要路径选择。

一、数字科技推动新旧动能转换作用机理

（一）数字科技重构产业发展连接关系

数字科技构建起的"云、网、端"模式的新型数字基础设施，正在深刻地改变产业供给者和消费者之间的关系，建立起几乎实时的强连接关系，强连接的产消关系对产业供给模式产生了深刻影响，支撑起全天候服务、网络化协同、个性化定制等产业新业态，有力地助推了供给侧结构性改革和经济高质量发展。数字科技构建的网络化协同平台，正在改变产业供应链协作关系，基于网络平台的物资、产品、服务、技术、知识、数据等上下游协作，正在促进产业分工进一步细化和专业化，大大提升了产业上下游的协作能力，保证了产业链供给安全。

（二）数字科技重构产业发展组织和竞争模式

数字科技推动了零售、交通、金融、制造等越来越多行业发展组织模式的变革，以网络信息中介服务平台为信息枢纽的产业组织模式，对供求信息对接、产业资源配置优化、产业链上下游协同发挥着极为重要的影响，已成为数字经济时代产业组织演化极具竞争力的模式。数字科技同时推动了产业竞争模式的变革，依托数字科技构建的大型网络服务平台正在推动产业竞争从产业链竞争模式向产业生态圈竞争模式转变，依托电子商务等类型的产业信息服务平台，产业竞争模式已

经从同行竞争、企业竞争向跨界竞争、生态竞争转变。

（三）数字科技降低产业发展运行和试错成本

网络通信技术等数字科技应用降低了实体经济运行成本，让很多企业能够依托网络平台，以极低的流量、计算、存储等信息成本，开展许多之前在物理空间中由于成本问题无法开展的业务，大大提升了企业服务能力，促进了产业创新。软件技术等数字科技应用降低了实体经济运行试错成本，数字仿真工具、财务软件、人力资源管理系统、智慧物流系统等应用软件大规模普及应用，以信息试错替代物理空间技术、资金、人才、物资等错配试错，显著降低了实体经济运行成本，极大地促进了经济效率提升。

（四）数字科技优化产业发展资源配置

以信息流带动技术流、资金流、人才流、物资流，促进资源配置优化，促进全要素生产率提升，已成为数字经济时代经济社会运行的最根本特征，以网络信息平台为核心枢纽的信息流正对物理空间技术流、资金流、人才流、物资流进行社会更大层面、更广时空、更深层次的优化配置，促进经济发展效率提升。大数据、物联网、人工智能等数字科技应用正在改变产业发展资源配置模式，大数据挖掘技术应用从更深角度优化资源配置，物联感知技术应用极大便利了资源自动化配置，人工智能技术应用促进了资源配置智能化。

（五）数字科技打破产业发展时空限制

依托数字科技构建起来的网络空间，正在为产业创新发展提供新的施展舞台。网络空间打破了时空限制、打破了市场地域壁垒、打破了运行成本限制，大大拓展了产业发展空间，全天候服务、全球市场、零边际运行等新特征为产业发展提供了新动能，促进了经济发展动力变革。依托数字科技构建起来的网络空间，正在给广大中小企业赋能，中小企业依托网络空间，正享受着云服务模式带来的廉价信息化应用，享受着电子商务平台带来的销售无国界，享受着网络社交平台带来的产品推广低成本，已经和大企业站在平等的竞争舞台上，正释放出强大的发展动能和活力。

（六）数字科技推动产业发展模式创新

移动互联网、大数据、位置服务、网络平台等数字科技应用推动了产业服务模式创新，培育了移动服务、精准营销、就近提供、个性定制、线上线下融合等创新服务，推进了供给侧结构性改革，激发和创造了新的消费需求。电子商务、物联网、工业软件等数字科技应用推动了产业商业模式创新，按需定制、人人参与、体验制造、产销一体、自组织协作、自适应管理等面向未来的企业发展模式正在加速形成，促进了经济发展动力变革。

二、以数字科技创新推动新旧动能转换路径

（一）构建促进数字科技发展的体制机制

一是针对数字科技产业发展，制定更具普惠性的金融税收扶持政策，支持数字科技企业余留更多资金，加大数字科技研发攻关投入，支持企业开展前沿数字科技探索。二是加大财政资金对数字科技前沿性、基础性、战略性等领域的投资力度，支持民营企业参与国家重大数字科技创新项目，支持民营企业参与重大数字科技军民协同创新项目。三是完善产学研协同创新机制，推进企校数字科技协同创新中心建设，构建以产业化为导向的数字科技学术研究推进体系，构建以商业化应用为导向的数字科技技术攻关推进体系。四是推进财政支持的数字科技攻关项目，在经费使用、知识产权处置、收益分配等方面给予科研人员更多自主权和个人激励。

（二）加强数字科技关键技术布局和攻关

一是集中力量攻克核心电子元器件、高端芯片、操作系统、数据库、工业软件等我国在数字科技领域的短板，补齐数字科技全产业链，打造安全可信的数字科技产业生态。二是面向移动互联网、物联网、太空互联网、量子计算等发展趋势，加强基础性、前瞻性、战略性等技术攻关统筹部署，做好整体规划，加强统筹推进，完善推进机制，强化资金保障。

（三）推动数字科技和实体经济融合创新

一是大力支持数字新科技试点应用，积极利用智慧城市、智能工业、数字政

府等发展契机，推进数字新科技先行应用，为数字科技应用提供"试验田"，支持以试点应用带动产业化发展。二是加大对数字新科技应用的财政支持力度，在政府采购中加强对数字新科技的支持力度，鼓励财政支持的项目优先采购数字新科技应用。三是鼓励支持产业数字化发展，大力推动互联网、大数据、人工智能等数字技术和实体经济融合发展，以数字科技推动传统产业提档升级和提质增效，以传统产业数字化转型为数字科技持续创新提供试验平台。

（四）完善数字新科技应用风险防范机制

一是完善面向数字科技的相关法律法规和规章制度，及时采取对数字科技融合应用引发的业务风险、技术风险和安全风险等的防范措施。二是加强数字科技新应用评测评估，对数字科技应用技术稳定性和可靠性、经济社会的安全性等做好相关评测评估。三是推进数字科技行业自律，建立相关数字科技道德准则，引导企业树立正确的数字科技发展导向。

数字科技已经成为拉动经济发展和社会进步重要的马车，成为时代发展重要的生产力，成为决定未来竞争格局的重要变量。积极拥抱数字科技，构建有利于数字科技创新发展和融合应用的发展环境，促进数字科技持续创新和加速应用，大力发展数字经济，才能让数字科技源源不断地释放推动经济社会发展的新动能。

第二节　积极推进产业互联网发展

当前全球新一轮信息技术创新和产业变革方兴未艾，互联网、大数据、人工智能等技术正在加速与实体经济融合，开启了企业数字化转型发展新时代。以互联网思维、大数据能力、智能技术为主要发展特征的产业互联网，已经成为企业新一轮数字化转型的重要路径选择。与传统企业数字化转型不同，新一轮以产业互联网为模式的企业数字化转型，是以思维创新为引领、以模式创新为路径、以网络技术深度融合应用为依托的数字化转型，是企业运行方式和发展模式全方位的变革，对于推动产业转型升级、培育经济发展新动能、推动实体经济高质量发展具有十分重要的作用。

一、发展产业互联网重要意义

（一）发展产业互联网有利于推动实体经济质量变革

发展产业互联网，加强互联网在研发设计、生产制造、经营销售等全领域应用，畅通供给侧和需求侧信息流通渠道，促进供求信息快速流动，让消费需求信息更加及时指导生产供给，能够提升产品和服务精准、即时、有效供给能力，促进产品服务质量提升。同时，深化互联网技术在产品和服务中应用，能够提高产品和服务数字化、网络化和智能化水平，提升用户的获得感和体验感。

（二）发展产业互联网有利于推动实体经济效率变革

发展产业互联网，构建贯穿市场、研发、生产、仓储、营销全流程的网络服务，有利于加速实体经济各环节信息流通，显著降低流通成本，大幅提升信息流动效率。发挥产业互联网平台供求信息大量汇聚的优势，高效配置人才流、物资流、资金流、技术流，有利于提升实体经济资源配置效率，促进全要素生产率提升。依托电子商务、供应链、物流、众包众创服务等各类网络平台，加强企业间物资、技术、物流等方面合作，有利于强化产业链协作，提升实体经济产业协作效率。

（三）发展产业互联网有利于推动实体经济动力变革

依托产业互联网平台，重塑实体经济产销、客户、供应链、生产制造等各类连接关系，有利于促进生产关系变革和生产力解放，为经济发展培育新的动能。发挥产业互联网平台要素集聚优势，集聚创新要素和创新资源，推动众包众创等服务发展，有利于培育技术、产品、服务等创新交易市场，促进创新要素和资源流动，为实体经济发展注入新动能。

二、推进产业互联网发展建议

（一）持续推进网络信息基础设施升级改造

网络信息基础设施建设是推进产业互联网发展不可或缺的前提，先进的网络信息基础设施有利于培育产业新业态。一是加快推进产业园区和商用楼宇宽带基础设施升级改造，大幅提高网络速率和传输质量，为企业开展业务创新提供可用可靠的网络支撑保障。二是持续降低企业宽带专线资费，破除企业宽带接入的体制机制障碍，为中小企业提供可负担的宽带接入服务。三是加快 5G、物联网、IPv6 等下一代网络基础设施部署，推进云计算、大数据、人工智能等通用应用基础设施建设，为企业业务模式创新等提供新型基础设施支撑。

（二）大力推进云计算创新发展及普及应用

云计算服务是数字时代经济社会发展最基础的信息服务，丰富的云计算服务是推动实体经济加速数字化转型的新引擎。一是加快实施"云上中国"战略，推进区域云计算中心建设，优化区域局部，为用户提供就近云计算接入服务，满足产业园区数字化转型升级需求。二是大力推进企业上云，结合互联网、大数据、人工智能和业务融合发展需求，引导企业深化云计算应用，支撑企业数字化、网络化、智能化转型需求。三是增强 PaaS、SaaS 云服务能力，提高行业性 PaaS、SaaS 解决方案供给能力，为行业发展产业互联网提供坚实支撑。四是规范云服务市场，推进互联互通，提高云迁移能力，形成市场优胜劣汰机制，促进行业服务能力提升。

（三）加快推进企业生产经营管理数字化转型

互联网、大数据、人工智能开启了企业数字化转型新时代，需要用新理念、新方式、新路径加快推进企业数字化转型。一是结合"互联网+"、大数据、人工智能等国家战略的落地实施，加快普及企业数字化转型新理念、新思路、新方法，以理念创新引领新一轮企业数字化转型。二是以商业模式创新为依托，加快业务流程数字化改造，提高信息技术应用对商业模式创新的支撑能力。三是加快推动互联网、大数据、人工智能等技术在企业生产经营等各个环节深度应用，提高企业对外连接、深度洞察、智能运行等能力。

（四）积极发展面向企业的专业信息技术服务

专业信息技术服务是关系产业互联网深入发展的核心因素，丰富的行业专业信息技术服务供给能力是产业互联网发展的重要保障。一是发展行业数字化转型解决方案服务，培育行业性全链条信息服务企业，提供企业数字化转型方案设计、系统集成、测试评估、托管运维等全套服务。二是发展专业软件信息服务，培育行业软件信息服务企业，提供研发设计、系统控制、测试验证、数据挖掘等专业软件服务，提高数字经济时代技术工艺数字化封装能力。三是发展行业信息技术咨询服务，以新理念、新思维、新路径、新方案助推新时代数字化转型。

（五）加快突破产业互联网发展核心技术

核心技术突破是产业互联网发展竞争力的重要评价指标，发展产业互联网必须把核心技术牢牢把握在自己手中。一是加快补齐行业专业软件技术短板，创新行业专业软件发展推进模式，发挥行业企业和信息服务企业各自优势，推动联合攻关和大规模商用。二是发展产业大数据采集分析服务，培育行业领域专业大数据服务商，加强产业大数据采集工具、分析模型、挖掘软件等的研究和研发，提高行业数据深度洞察能力。三是发展行业人工智能技术，针对行业应用场景，推动人工智能技术和行业应用深入融合，发展特定场景下的人工智能应用技术。

（六）构建产业互联网发展生态圈

产业生态圈竞争是当前产业国际竞争的最高级形式，发展产业互联网必须把产业生态圈打造摆在首位。一是构建软件、硬件、数据、服务、安全、标准等协同配套的产业生态，促进软硬融合，深化数据应用，丰富产业服务，提高安全保障，促进互联互通和协同配套。二是打造产业互联网开放式创新创业平台，开放创新设施，集聚创新资源，培育产业互联网创新创业者。三是围绕产业生态圈构建，加快相关标准建设和专利申请，加强知识产权保护，提高对产业发展的把控能力。

（七）加强产业互联网网络安全防护能力建设

与消费互联网相比，产业互联网网络安全形势更为复杂、严峻，问题引发的社会危害将更为严重，加强产业互联网网络安全防护能力建设刻不容缓。一是完善各行业网络安全保障制度，加快重点领域、复杂网络、新技术应用、大数据汇聚、互联系统等各类型条件下网络安全保障制度的建设，切实提高系统访问、技术应用、复杂网络、运维人员、数据流通等方面的安全管理能力。二是建立重点领域物联网接入产品的安全评测和等级认证制度，加强产品通信协议、集成硬件和内置软件的安全性检查，保障连接、组网、配置、设备选择与升级、数据和应急管理等方面的安全可控。

（八）加强产业工人信息技能培训

拥抱数字经济，发展产业互联网，人才是关键。加快提升产业工人信息技能和信息素养，才能为产业互联网发展注入永恒动力。一是建立对产业工人的信息技能定期培训机制，加强对产业工人互联网、移动互联网、电子商务、智能制造、农业物联网等相关信息技能的培训。二是建立产业工人继续教育网络在线课程服务平台，分行业、分领域提供行业两化融合、"互联网＋"、电子商务、智能制造推进等方面在线学习课程。三是依托高等院校和科研院所，探索建立多方合作育人新机制，整合各类教育培训资源，开展联合办学，建立联合实训基地，为企业输送更多实用型人才。

发展产业互联网是实体经济转变发展方式的重要战略机遇，是推动实体经济高质量发展的重要路径。紧紧抓住产业互联网发展的历史机遇，加快实施产业互联网国家战略，推动互联网、大数据、人工智能和实体经济深度融合，大力发展农业物联网、工业互联网、电子商务等服务，深化大数据创新应用，推动"智能＋"发展，以模式创新、深度洞察、智能运行来推动产业发展方式转变，助推实体经济高质量发展。

第三节　推进工业软件突围创新发展

工业软件是支撑数字化制造的基石，是智能工业发展的第一生产工具，是推进互联网、大数据、人工智能和制造业深度融合创新的重要载体。发展工业软件是推进制造强国建设的必然要求，是把握工业发展主导权的必备条件，是提升国家工业竞争力的重要抓手。长期以来，我国工业软件发展严重滞后，培育意识淡薄，国内工业软件市场几乎被国外巨头所垄断，重点行业和重要领域企业使用的工业软件严重依赖国外企业，安全隐患和潜在风险极大。加快推进制造强国建设，必须从战略层面高度重视工业软件发展，从战术层面协力推进工业软件发展突围，"咬定青山不放松"，持续推进工业软件补短板，夯实数字时代工业发展安全根基，筑牢制造强国和网络强国安全基石。

一、推进工业软件发展重要意义

（一）发展工业软件是推进数字化制造的必然选择

现代制造是建立在工业软件数字化制造基础之上的，通过二维、三维设计软件，可以简化设计，大大降低人工作图工作量，采用计算机软件仿真，不用再做磨具和样品，可大大提高仿真验证能力。例如，飞机、船舶、汽车、工程机械等较多复杂信息物理系统研发制造生产，涵盖概念、框架、系统、详细等设计，以及数字物理样机、仿真验证等众多环节，涉及结构、机械、磁声、光、电、热、力、流体、振动等众多领域，规模极其宏大，多学科深度交叉，技术高度融合，离开了工业软件数字化形式的设计和仿真验证，依托研制一个个实体样机试错研发推进模式，研发过程就会变得极其复杂，研发周期就会大大拉长，试错成本就变得极大。

（二）发展工业软件是推进制造业高质量发展的内在要求

工业软件是支撑制造业高质量发展的必要条件。发展 CAD、CAE、EDA 等研发设计类工业软件，推动数字化研发设计和仿真模拟验证，有利于提高复杂系统研发设计能力、提高研发设计效率、降低研发设计试错成本。当今世界，飞机、船舶、汽车、工程机械、智能终端等复杂系统的研发设计，无一不是采用设计仿真软件设计，离开了工业软件，如果采用手工绘图方式，一架飞机光设计图纸就有数十万张，信息管理就会变得极其复杂，试错成本就会变得极高。发展CAM、MES、DCS（Distributed Control System，分布式控制系统）、CAPP（Computer Aided Process Planning，计算机辅助工艺计划）、PLM等工业软件，推进数字化制造，有利于提升生产排程管控能力，有利于提高资源利用率、生产效率和良品率，有利于提高柔性化制造能力、更好地满足市场弹性需求。纵观全球，无人工厂、黑灯工厂、灯塔工厂等建设，都是建立在智能硬件和生产控制类工业软件基础之上，工业软件则是无人工厂的"运行指挥官"。

（三）发展工业软件是建设制造强国的必然要求

工业软件能力和丰富程度是数字时代一国工业强弱的重要指标。工业软件绝非一般的普通软件，是工业技术工艺的数字化封装，是数字时代一国工业运行发展不可或缺的重要基础工具和基础设施。一国工业的强大，从规模来看，取决于工业门类体系的健全性；从安全性来看，离不开基础材料、基础工艺、基础工业软件和基础零部件的全方位保障能力。工业软件作为复杂系统研发设计、仿真验证和数字制造的必要工具，已经成为衡量一国工业竞争力的核心指标和参与国际竞争的重要"杀手锏"。例如，美国工业强大，不仅仅因其有通用电气、波音、卡特彼勒、霍尼韦尔、艾默生、雷神、洛克希德·马丁等一批世界级工业巨头企业，更重要的在于其有Ansys、PTC、Autodesk、Synopsys、Cadence等世界一流的工业软件公司，其研发的各类工业软件已经成为全球绝大多数国家制造企业研发设计无可替代的必需工具，也正因为上述因素，美国实际在部分高端制造领域牢牢把握着他国命运的咽喉。

二、制约我国工业软件发展的因素

（一）国产工业软件市场占有率极低，关键领域和环节技术产品严重受制于人

当前，我国汽车、船舶、飞机、工程机械、电子信息等重点制造行业使用的

工业软件大多来自 Ansys、西门子、达索系统、PTC、Autodesk 等国外知名企业，对于 CAD、CAE、CAM 等核心工业软件，国内企业的市场占有率极低。例如，国内制造企业使用的开发设计工具，绝大多数都由国外公司提供，且国内外产品存在较大代际差，补齐短板尚需时日。

（二）与国外主流工业软件差距大，国内工业软件企业普遍缺乏市场竞争力

国外主流工业软件企业普遍都有 30 年以上技术工艺积累沉淀，部分头部企业甚至超过了 50 年。例如，著名的工业软件公司 UGS、Ansys、Dassault Systemes、Camstar、Synopsys、Cadence 分别成立于 1969 年、1970 年、1981 年、1984 年、1986 年和 1988 年，普遍具有 30 年以上的技术工艺积累。国内绝大多数工业软件企业成立时间都不足 20 年，多数都是在近 10 年内成立的，有相当一部分是近期因为国家政策重视和资本市场驱动而成立的。无论在工业软件功能丰富性、仿真模型积累、研发人员数量、研发投入还是用户数量等方面，国内工业软件与国外工业软件都存在巨大差距。

（三）企业工业软件培育意识不强，长期使用国外软件导致疏于自我培育

21 世纪以来，面对制造业加速数字化转型的时代大趋势，西门子、达索系统、施耐德等工业巨头，加快推进工业技术工艺软件化步伐，通过大量收购工业软件公司，进一步强化其数字化制造软件支撑能力。多年来，国内电子信息、装备制造、冶金、化工、建材、生物医药、建筑等领域重点龙头企业普遍不具备技术工艺软件化思维，缺乏将自己先进技术工艺软件化封装意识，长期抱着"自己开发不如买、国外软件功能强大好用、国内工业软件不好用"等意识。由于国外企业不可能将最先进的工业软件卖给我国，长期使用国外工业软件，使得国内制造企业技术工艺创新普遍建立在国外工业软件基础之上，技术工艺赶超国外企业存在"天花板"。

（四）龙头制造企业牵引作用未发挥，工业软件企业发展缺乏工业土壤

纵观国外工业软件发展史，传统工业巨头在工业软件发展过程中发挥着至关重要的作用，不仅知名的工业软件巨头背后都有传统工业巨头支持的身影，且不少传统工业巨头自身也通过成立或收购工业软件公司，进一步强化工业软件和制

造的深度融合。例如，西门子不仅成立了自己的工业软件公司，而且先后收购了 UGS、Camstar、Mentor Graphics、Inotec、Vistagy 等数十家知名工业软件公司，以加速壮大其工业软件支撑能力。另外，加快推进技术工艺软件化封装已成为国外工业巨头的共同选择。例如，单从软件代码行数看，美国航空航天制造商洛克希德·马丁公司已经超过微软，成为全球最大的软件公司。相比国外工业巨头，国内制造业龙头企业缺乏布局研发工业软件意识，绝大多数领域龙头制造企业使用的仿真设计类工业软件都来自 Ansys、西门子、Dassault Systemes、PTC 等公司。

（五）基础研究资源未得到有效整合，产学研用高效联动推进机制难以构建

工业软件离不开工艺技术、仿真算法模型的基础性研究，这些都是制造企业和纯软件企业不能独自完成的。目前，我国技术产业发展和基础研究存在极为严重的脱节情况，造成了极大的研究资源浪费。例如，产业端对部分技术工艺、算法模型等基础研究攻关的需求十分紧迫，但高校等科研机构个别研究人员已有很好的研究积淀，因产研信息不对称，找不到产业化途径，研究成果被束之高阁；企业端部分技术工艺、算法模型等基础研究攻关已经有很大突破，但高校等研究机构还有大量研究人员在重复研究，甚至研究出的成果跟企业已经应用的技术还存在较大的代际差。另外，"高校教授愿意参加企业实践、企业研发人员能回高校讲台"，国外这种研究机构和企业之间人才自由流动机制，使得产业研究和基础研究能够深度协同。尤其是工业软件的开发，不是简单的技术攻关就能完成，需要基础研究、工程实践、应用体验三方面的经验积累。

（六）靠市场自主推进培育机制失灵，缺乏有效的"组合拳"政策实现培育突围

在市场占有率、用户认可度、企业研发投入、软件自身易用性以及企业发展时间方面，国内各领域工业软件还无法跟国外企业相比，尤其是设计仿真类的工业软件，国外企业已经牢牢把握市场控制权，再加上技术工艺积淀、工程实践迭代完善、产学研高效协同在工业软件研发中发挥的作用远远超过商业模式，寄希望于单独通过商业模式创新、市场自由竞争等机制，实现我国工业软件突破发展，难度可谓极大。从市场的角度来讲，如果缺乏国家产业、财政、金融、税收等领

域的政策组合发力，单纯寄希望于社会资金来支持国内工业软件发展，市场信心和动力都显得严重不足。

三、推进我国工业软件发展建议

（一）发挥制度优势，创新推进方式

打好产业、财政、金融、税收等政策"组合拳"，引导社会资金积极投资工业软件领域，大力扶持本土工业软件企业发展，推进中小型工业软件企业重组兼并，推进大型工业软件企业强强联合。按照《中华人民共和国科学技术进步法》的要求，发挥好政府采购牵引作用，鼓励国有企业和财政支持项目优先采购境内企业开发培育的工业软件。强化央企和行业龙头企业的竞争危机意识、国家责任意识、战略布局意识、系统创新意识，引导其结合本行业实践，联合行业技术优势企业、协会联盟和投资机构，合资成立行业工业软件公司，大力发展和培育本行业工业软件，助力解决行业"卡脖子"关键问题。

（二）强化研用联动，推进工程迭代

工业软件的发展不是简单攻克某项或某几项技术就可以了，其发展是一个功能持续丰富和工程应用修正迭代的动态持续过程，研用联动和工程实践应用至关重要。结合工业互联网等应用推广，大力推进国产工业软件培育和应用，优先推进在国防、航空航天、重大装备制造等涉及国家安全的重点行业试点应用，并建立应用反馈机制，持续推进迭代升级。完善国产工业软件培训教材，推进国产工业软件在学校专业人才培养中的应用，增加工业软件用户黏性。

（三）强化基础研究，加强人才培养

工业软件体现了数字时代基础科学研究和工程实践应用的有效结合，发展工业软件离不开基础科学研究和工程实践人才培养。要全面加强固体力学、流体力学、热学、电磁学相关基础学科研究，深化声场、磁场、场碰撞、模态、静力、疲劳等工程应用研究，强化结构、振动、热、流体、电磁场、电路、系统、芯片等多域多物理场机器耦合仿真研究。要全面加强数学、物理、化学基础科学人才培养，打通基础科学培养和企业工程实践通道，推进高校和科研机构研究人员及企业高级技术人才轮岗，强化基础科学研究人才的数字化、软件化、系统化、工程化思维。

（四）推进开放创新，打造产业生态

工业软件本质上是工业技术工艺软件化封装，其研发绝非普通软件公司所能完成，需要打造利益共同体，集聚各方资源，协同推进攻关突破。建立行业工业软件创新联合体，鼓励行业内重点制造企业以战略投资模式，联合投资成立独立的工业软件公司，协同推进本行业工业软件培育、试点应用和工程迭代。积极吸纳高校和科研机构研究人员的研究成果，及时吸纳相关模型和算法等最新研究成果，推进试点应用，并逐步完善提升。成立工业软件推进联盟，集聚投融资、基础研究、软件研发、软件应用等产业各方，构建利益共赢机制，协同推进工业软件发展。

（五）加大扶持力度，推进优先发展

要从战略高度审视工业软件发展的重要性和紧迫性，加快制定工业软件发展国家战略，从基础研究、人才培养、产学研合作、企业培育、金融支持、税收优惠等方面系统性布局工业软件发展。加大工业软件发展资金扶持力度，强化部门政策协同扶持，优先支持企业上市融资，加大信贷供给力度，支持工业软件企业持续获得发展资金。通过提高研究开发费用税前加计扣除比例、降低工业软件企业增值税和企业所得税上缴比例等方式，大力扶持工业软件企业发展。

工业软件关系到国家制造业的安全发展，更是国家制造业核心竞争力的重要体现，培育工业软件是一国制造业迈向全球制造产业链高端的必然要求。当前，我国正在推动从制造大国向制造强国迈进，培育壮大工业软件是制造强国建设道路上必须逾越的路坎。

第四节　加快推进制造业数字化转型

制造业是国民经济的主体，是立国之本、兴国之器、强国之基，加快数字化转型有利于转变制造业生产方式、优化产业资源配置、推进绿色发展，是推进制造业高质量发展的必然要求。当前，我国制造业数字化转型过程中存在传统工业设备数字化改造难度大、工业软硬件装备供给能力不足、工业系统平台接口不统一、工业大数据开发创新能力不足等问题，深度影响着制造业数字化转型进程。推进制造强国建设，亟须国家对制造业数字化转型开展全局性谋划和系统性部署，确保制造业数字化转型基础牢固、包容普惠、创新活跃、成效显著。

一、制造业数字化转型重要意义

（一）转变生产方式的需要

加快推进制造业数字化转型是面向时代发展新需求、转变生产方式的需要，有利于创新生产供给模式，推进柔性化生产制造，提高大规模个性化定制供给能力；有利于创新产业链合作模式，推进产业链网络化协同化生产，提高产业资源共享、协同和整合能力；有利于创新企业生产管理方式，推进数字化、网络化、智能化生产，提升企业内部人员、物资、资金、技术、安全等方面的管控能力。

（二）优化资源配置的需要

加快推进制造业数字化转型是提高信息流配置资源能力、优化资源配置效率的需要，有利于优化产业资源配置，提高信息流引领产业技术流、资金流、人才流、物资流等能力；有利于推动产业链现代化，促进产业新生态打造，更好地提升产业整合、共享、协同发展能力；有利于更好地发挥数据在促进供求对接、重导价值流向、降低试错成本等方面的作用，提供精准供给能力。

（三）推进绿色发展的需要

加快推进制造业数字化转型是推进绿色发展的需要；有利于制造企业开展精

细化管理、精益化生产，降低生产过程中不必要的物资、能源等损耗，减少碳排放；有利于产业开放、协同、共享发展，促进产业基础设施、物资、原料、生产能力等共享利用，减少重复建设、投资浪费等现象；有利于推进数字化、网络化、智能化生产，实现绿色节能生产。

从供给侧和需求侧联合发力，加快推进制造业数字化转型，打造高端、精细、柔性、绿色制造生产模式，是推进制造业高质量发展的必经之路，是助力实现产业基础高级化和产业链现代化目标的重要举措，更是推进制造强国和网络强国建设的共同需求。

二、制约制造业数字化转型的因素

（一）系统平台接口标准极不统一，互联互通难度大

互联网在发展初期就是为了跨地域大规模信息共享而设计的，在设备互联互通方面，有了较为完善的顶层设计，全球不同厂商生产的网络和计算设备只要遵守 TCP/IP，都能够方便快速地接入互联网。与互联网发展截然不同，工业网络发展起步晚，发展初期没有跨地域大规模信息共享需求，只有企业内部车间小范围内信息共享需求，不同企业为满足此类需求，开发了不同的工业现场总线。据不完全统计，市场上主流的工业现场总线数量就多达数十种。工业现场总线的多样性，增加了采用不同协议设备连接的难度。另外，与普通计算机不同，工业数字装备外部通信硬件接口形式多样、标准不统一，这也增加了硬件设备互联互通的难度。

（二）工业技术工艺软件化水平低，推广复用成本高

工业软件是工业技术工艺数字化和软件化封装，是制造业数字化转型极为核心的基础应用软件。目前，我国制造业较多领域国产工业软件都处于空白状态，各行业所使用的研发设计、仿真模拟、生产控制等高端软件基本上都是由国外企业提供，且较多领域专业工业软件供给厂商较为集中，可替代的选择性较小，当前国际形势日趋复杂，企业高端工业软件供应链安全风险隐患极大。国内企业自主技术工艺软件化水平低，缺乏技术工艺系统化组织管理，行业龙头企业缺乏将自主技术工艺软件化封装应用和推广的意识，自主技术工艺推广应用成本较高。

（三）传统设备数字化改造难度大，难以一体化接入

制造企业数字化转型过程中，对传统高端装备进行适度的数字化改造再利用，是当前推进制造企业数字化转型的必经路径。传统设备数字化改造难度大，主要表现为以下几点。一是来自不同知名企业的不同设备，配备不同的外联通信接口或工业现场总线协议，导致异构网络综合集成互联难度较大，影响了产品的一体化接入和互联互通。二是部分数字装备系统严格封闭，缺乏外部通信连接和数据共享标准接口设计，或者设计接口非标准化，系统开放改造和数据共享难度较大。三是大量传统机械化和自动化装备在设计之初没有考虑数据采集、数字化控制、网络控制等需求，进行数字二次改造升级难度极大，影响了装备网络接入和互联互通。

（四）企业重数据采集轻数据挖掘，数据红利难释放

深化数据开发利用、促进业态创新是制造业数字化转型的重要路径和目的。但目前来看，制造业在数据开发利用方面存在以下问题，影响了数字化转型成效，主要表现为以下几点。一是部分工业互联网平台重视工业数据采集，但缺乏对采集的工业数据深度开发利用的能力，不仅数据红利没有释放，还因一味过度采集存储，造成了沉重存储负担。二是部分企业未能理解工业大数据和消费大数据的区别，过度高估工业大数据潜在价值，缺乏对工业大数据关联有限性、价值密度稀疏性等的认识，尚未找到工业大数据应用盈利突破点。

（五）企业商业模式未能根本创新，转型效益难发挥

促进企业业态创新、提升商业模式核心竞争力是制造业数字化转型的根本目的。但目前来看，部分企业注重企业内部管理信息化建设，但缺乏对利用信息技术推动业务商业模式变革创新的认识，信息技术应用促进企业业态创新的作用没有发挥出来。例如，部分企业把工业互联网平台设计成了企业内部机器的在线管理和远程运维系统，而并没有利用机器的在线管理能力促进商业模式创新设计，使得工业互联网应用在促使资源整合、促进产业链协作、推动商业变革方面的作用没有发挥出来。

（六）多数企业重视数字化转型战术，缺乏战略层谋划

数字化转型是战略转型，不是简单的企业信息化项目建设，需要从战略层面进行统筹谋划和顶层设计。但目前来看，部分企业重视网络、系统、平台等建设，

忽视从战略全局层面推进业务数字化转型，缺乏对企业组织结构、运行机制、管理制度等相关配套领域应有的调整，数字化转型仅停留在信息技术创新应用上。部分企业重视数据采集和汇聚，忽视以数据深度挖掘来促进业务战略变革创新，缺乏从战略层面用大数据促进业务形态、服务模式、管理模式等变革创新。

三、制造业数字化转型坚持原则

（一）强化供给能力建设

供给能力建设是制造业数字化转型的关键，丰富多样的数字化产品是保障企业数字化建设顺利开展的前提。要发展数字工业装备，需要提供接口标准、开放互联、平台控制、软件定义、数据共享的智能化工业装备产品。发展工业网络设备，要提供标准统一的工业现场总线、工业数据网关、工业数据采集器、5G 专网等产品，支持异构网络集成互联。要积极培育工业软件，满足不同行业领域开展数字化研发设计、模拟仿真、生产控制、产品管理等的需求。要大力发展工业传感器，丰富产品谱系，满足不同精度、可靠性和环境条件要求下的工业现场信息感知需求。

（二）重视推广普及成本

投入成本是影响制造业数字化转型进程的重要因素，低成本数字化解决方案有利于更好更快地推广应用。要大力推进工业数字设备标准化建设，防止和减少企业利用企业标准制造技术产品互联互通壁垒，进而提高产品供给价格等的行为。大力推广工业软件，支持和鼓励发展云化工业软件应用，以先进工业技术工艺通过软件化封装和复用为行业赋能，降低先进工业技术工艺推广普及成本。鼓励数字装备上云上平台，推进数字设备云端共享，降低单独承建运维等费用。

（三）兼顾大中小企业应用

制造业数字化转型需要关注大中小企业的不同需求和不同的可负担能力，推进包容普惠发展。要积极创新数字装备产品和服务，完善产品种类谱系，提供适应不同规模企业的两化融合产品。鼓励工业软件企业创新产品服务，为中小企业提供 SaaS 型工业软件服务，满足广大中小企业对高端工业软件的应用需求。鼓励提供即插即用数字装备产品和服务，降低因需要企业二次改造带来的使用门槛。

（四）持续优化用户体验

数字化转型要坚持以人为本的导向思维，杜绝束缚人、"绑架"人类型的数字化转型应用，要切实让企业各方在数字化转型中获得减负并激发动能，进而得到更多幸福感、获得感和体验感。要加快推进机器换人、程序换人，把人类从简单重复、枯燥乏味、环境恶劣、充满安全危险的工作环境中解脱出来。要充分研究工程心理学，优化系统、平台、应用、设备等人机接口，使机器设备、系统平台、软件程序等设计更符合人体工效学的要求，实现人、机、环境三者之间的高度有机融合，促进人类高效、安全、健康而舒适地工作和生活。

四、推进制造业数字化转型建议

（一）加大工业数字装备供给创新

一是大力发展数字机床，打造开放统一的数字机床物联网操作系统平台，培育和丰富机床作业操作应用软件，提升机床数字化、网络化、智能化、精准化作业操控能力。二是大力发展面向各类工业测量感知应用场景的数字仪器仪表，完善设备外部互联接口，增强测量数据输出能力。三是大力发展数字控制器，推广标准统一的数字控制协议，提升设备综合集成控制能力。四是发展工业网络设备，提供标准统一的工业现场总线、工业数据网关、工业数据采集器、5G 专网等产品，支持异构网络集成互联，提升工业现场网络接入能力。

（二）大力发展和推广工业软件

一是发展各行业工业软件，重点推进辅助设计、仿真模拟、生产控制等领域国产工业软件突破发展，逐步填补各领域各环节国产工业软件空白。二是创新工业软件培育模式，支持制造业各领域龙头企业联合投资成立行业工业软件开发股份公司，依托各自技术工艺优势，联合推进行业工业软件技术研发、试点应用、工程化迭代升级等。三是推进产学研联合攻关，鼓励和支持行业工业软件开发公司以打造利益共同体模式，积极吸纳高等院校、科研院所行业专家，整合力量，贡献技术工艺、算法模型、专业数据，助力行业工业软件技术持续进步。四是大力发展 PaaS 型工业互联网平台，通过屏蔽底层硬件差异化，为各领域工业软件开发提供统一的底层技术支撑平台，降低工业软件开发难度，支撑 SaaS 型工业软件开发和服务。五是加大政策扶持力度，开展工业软件企业认定，对认定的工业软件企业实施特殊的财政、金融和税收政策，以支持企业发展。

（三）加快供给端标准推广力度

一是加快推进工业网络协议、数字工业装备外联接口、工业控制器协议、工业仪器仪表数据、工业软件数据开放共享等国家统一标准制定，助力互联互通和信息共享。二是涉及设备互联互通的相关标准，逐步强制企业标准退出市场，推广国家强制统一标准。三是借鉴和吸收计算机互联网领域技术标准制定经验，同时兼顾技术发展趋势和应用需求，制定满足未来发展需求的标准。四是主动对接国际主流标准，积极兼容已有优势标准，最大限度整合已有装备产品。

（四）加快传统工业设备数字化改造

一是加快推进工业网络建设，深化 5G、工业 Wi-Fi 等技术在工业现场应用，优化工业网络布局，增强工业网络网关能力，最大限度实现不同协议设备的网络接入。二是加快推进机床改造力度，面向数据采集和反馈控制等需求，深化工业传感器、伺服电机、数字控制器、数字仪器仪表等在传统机床升级改造上的应用，提升机床数字化、网络化、智能化管控能力。三是在传统设备改造升级过程中，对新增设备，积极推广应用标准统一、开放互联、平台支撑、智能应用的工业数字装备。

（五）推进企业数据汇聚和共享流通

一是建立企业数据发展统筹规划和顶层设计机制，加快企业大数据中心建设，推进企业基础信息库、业务信息库、主题信息库等建设。二是建立企业数据汇聚机制，推进信息系统整合互联和数据共享交换，推进研发设计、生产制造、仓储物流、市场营销等环节数据实时汇聚。三是做大做强企业数据中心，推进数据和业务、数据和系统分离，增强数据共享交换、流通交易、开放开发等业务统一技术服务支撑能力，促进数据开发利用。

（六）积极推进智能工业业态创新

一是大力推进智能工厂、无人工厂、灯塔工厂等建设，推进机器、软件、传感器等换人，深化研发设计、生产制造、物流仓储、市场营销等环节系统平台应用，推进设备、系统、平台、软件互联互通，推进数字化、网络化和智能化生产经营。二是推进工业互联网平台建设，鼓励和支持行业龙头企业牵头行业工业互联网平台建设，创新产品服务业态和产业链合作业态，推动产业链、创新链、供应链、价值链融合发展，带动中小企业融通发展。三是推进"5G＋工业互联网"应用，支持重点行业 5G 专网建设，探索"5G＋工业互联网"推进路径和模式。四是深化工业大数据挖掘利用，推动大数据和制造业融合创新，推进产品服务、产业合作、内部管控等模式创新。

（七）强化工业网络信息安全保障

一是加强工业网络安全保障，增强技术保障能力，健全网络接入、访问控制、入侵检测、安全审计等安全管理机制。二是加强工业数据安全保障，建立企业数据治理机制，推进数据分级分类，强化数据开发利用合规，增强技术安全保障能力，加强信息系统技术运维、服务外包、升级改造等环节安全管理。三是加强工业数字装备安全管控，加强设备安全测评，完善设备物理安全、网络安全和数据安全保障机制。

从供给侧和需求侧联合发力，加快推进制造业数字化转型，打造高端、精细、柔性、绿色制造生产模式，是推进制造业高质量发展的必经之路，是助力实现产业基础高级化和产业链现代化目标的重要举措，更是推进制造强国和网络强国建设的共同需求。

第五节　战略谋划企业数字化转型路径

加快推进企业数字化转型是"十四五"期间推进产业转型升级和提质增效的重要任务，是整个经济社会数字化发展的关键和基础支撑，关系到产业供给能力的提档升级，关系到经济发展新动能的培育，关系到国家竞争新优势的培育。数字化转型是用信息技术全面重塑企业经营管理模式，是企业发展模式的变革创新，是企业从工业经济时代迈向数字经济时代的必然选择，是一项系统性变革创新工程，需要加强前瞻性思考、全局性谋划、战略性布局、整体性推进，需要培育发展新思维，锚定发展新路径。

一、企业数字化转型秉承思维

数字化转型要求企业具备和培育战略全局、锐意改革、融合创新、开放共享、勇于探索、资源整合、系统推进、数据要素、以人为本、与时俱进等系列思维，以发展新思维驱动和引领转型。

（一）战略全局思维

数字化转型是企业发展的战略转型，需要从战略高度看待企业数字化转型，从全局角度部署推进企业数字化转型。要把数字化转型放到百年未有之大变局中剖析，深刻把握全球新一轮科技革命和产业变革发展大趋势、大方向，深刻洞察经济社会运行方式、大众消费需求方式给企业组织模式、技术产品形态等带来的变革挑战，主动应对国内国际双循环对企业发展方式转变的要求，提前谋划，超前部署，加快转型。要从全局角度入手推进数字化转型，采用新一代信息技术全面重塑企业传统研发设计、生产制造、经营管理、市场营销等模式，不仅仅是信息技术创新应用，更涉及组织变革、机制创新、队伍建设、制度建设等方面。数字化转型是企业发展方式的一次重大变革，是一项具有系统性、长期性、创新性、挑战性的工程。

（二）锐意改革思维

要深化企业数字化改革，加快破除不适应数字化发展的企业体制机制，解放

167

和发展数字生产力，提升企业适应、驾驭和引领数字化时代发展的能力。要改革企业组织管理经营模式，推进企业网络化组织、扁平化管理、数据化决策、智能化运行，破除管理冗余，提升企业信息流引领技术流、资金流、人才流、物资流等能力。要改革人员考核、评价、激励等相关制度，平衡短期绩效和长期预期，平衡直接贡献和间接贡献，降低职务、职称、论文等要求对人员考核评价的影响，充分激发个性创造动能。改革企业资产投资模式，加大信息资产投资力度，强化新型数字基础设施、专业软件、系统平台、大数据中心等投资力度，创新投资建设运营模式，推进持续迭代升级，满足业务发展变革支撑需求。

（三）融合创新思维

企业数字化转型要加快产业、技术、要素等融合创新能力，释放融合创新红利。要推动产业跨界融合创新，打通制造业和服务业发展边界鸿沟，推动制造业向服务业延伸，推动服务业向制造业渗透，拓展制造业服务价值链，提升服务业对制造业发展需求的牵引作用。要推进技术融合创新应用，推动云计算、物联网、大数据、人工智能等技术集成融合创新能力，提高企业数字化转型算数、算力、算法协同支撑和互为驱动发展能力。要推动要素融合创新，发挥技术、资本、人才、数据等要素作用，优化要素资源配置，释放要素叠加效应，驱动发展方式转变和高质量发展。

（四）开放共享思维

数字化时代大大拓展了企业组织边界和业务拓展，企业组织"围墙"和全业务亲力亲为的思维是数字化时代企业发展的最大束缚和障碍。要秉承开放发展思维，拆解企业组织"围墙"，构建开放式、无边界的企业组织架构，打造开放式创新创业平台，提升内外部资源联动配置优化能力，实现对内外部技术资金、智力资源、生产能力等的整合优化和高效利用。要秉承共享发展理念，通过网络技术平台，以创新资源要素、先进生产工艺、高效管理经验、富余生产能力向产业链上下游赋能，带动产业链上下游协同发展，促进数字产业生态圈打造。

（五）勇于探索思维

企业数字化转型没有可抄、可借鉴的模板，每个企业因其行业属性、企业规模、资金保障、人才结构、业务特点等不同，其数字化转型的方式和路径也不尽相同，每个企业在数字化转型过程中，都需要积极探索适合其自身发展的转型模式和路径。要积极探索面向未来社会、新生代消费者、新场景应用的新产品、新服务，挖掘新消费点，抢先布局发展新风口，拓展产品服务新业态，提升对消费需求升级应对能力。要积极探索经济社会全面数字化、疫情防控常态化、国内国际双循环条件下的企业组织模式、经营管理模式、产业链协作模式，加快企业运行方式数字化重塑，降低人员、物资、交通等常态化管控对企业日常运行和发展影响，要积极探索新技术、新基建、新要素等的发展对企业组织、产品形态、服务方式等变革的影响，抢先部署新型数字基础设施、积极拥抱新一代信息技术、充分挖掘数据新要素，释放新技术、新基建、新要素对企业全面创新发展的助推作用。

（六）资源整合思维

企业数字化转型要积极吸收和借鉴互联网企业的借力发力、整合发展等思维，加强对内外部创新资源、服务资源、数据资源等要素资源的整合，提升资源整合和优化配置能力。要依托网络平台，推动产业合作模式创新，加强技术、资金、人才、物资、生产能力等产业资源整合和优化配置，设计和谋划产业竞争合作共赢点，推进产业链上下游协同，打造产业生态圈。强化数据资源整合，推进企业大数据中心建设，加强企业研发设计、生产制造、经营销售等各环节数据的汇聚，加强与外部电子商务、社交网络、交通物流、旅游文化、工业互联网等平台型企业数据的对接，提升数据支撑业务创新、产业协同、经营决策、综合管控等能力。

（七）系统推进思维

企业数字化转型是一项系统性工程，要系统性推进、系统性重塑、系统性深化改革。要从战略规划、顶层设计、体制机制、规章制度、项目建设、业务创新、人才保障等全方位入手，全局统筹，全方位推进，系统性推进企业数字化转型。系统性重塑数字化条件下企业组织架构、业务模式、服务模式、合作方式、竞争方式等，更好地促进数据流动、资源整合、生态建设等能力提升，支撑业务变革创新。强化系统性改革，重点深化绩效考核、人才评价和激励、项目建设、数据开发等领域制度性改革，降低制度性成本，更好地适应数字化条件下企业创新发展的需要。

（八）数据要素思维

数据要素是数字经济时代极为重要的生产要素，决定着其他生产要素效益发挥和价值流向，企业数字化转型要积极紧抓数据要素创新引擎作用。要发挥数据流引领技术流、资金流、人才流和物资流等作用，促进企业资金、人才、物资、技术等各类资源优化配置，促进全要素生产率提升。要培育数据融合创新思维，加大数据挖掘和开发利用力度，推动数据融合业态创新，创新基于大数据的信息服务新业态。要培育数据资源化思维，加强企业生产经营各环节数据沉淀和汇聚集中，加强数据资源分级分类管理，增强开发利用和安全保障能力。要培育数据资产化思维，充分发挥数据资源在投融资、企业并购、资产评估和重组等方面的价值作用，提升企业数字资产保值增值能力。

（九）以人为本思维

企业数字化转型要坚持以人为本的推进思维导向，紧紧围绕提升员工幸福感、获得感和体验感，杜绝束缚人、"绑架"人、"怀疑"人类型的数字应用，给员工全面解绑和多维赋能，激发企业各方人才拼搏奋斗的内在动能。要加快推进生产换线、机器"换人"、设备换芯，全面深化人工智能技术应用，把员工从简单重复、枯燥乏味、环境恶劣、低技能要求等工作环境中解放出来。要充分研究工程心理学，优化软硬设备等人机接口，使机器设备、系统平台、软件程序等设计更适合于人类直观、便捷操作，促进人、机、系统、环境之间高度有机融合。

（十）与时俱进思维

企业数字化转型只有进行时，没有完成时，要保持与时俱进的永恒心态，在各个阶段持续加快变革创新。要适应立足新发展阶段、贯彻新发展理念、构建新发展格局这个时代大背景，深刻认识经济发展阶段、发展方式、发展格局、发展路径等转变条件下企业数字化转型的重要性和紧迫性，以适应经济新常态、推进供给侧结构性改革、融入国内国际双循环为抓手，加快企业数字化转型和业务发展创新。要适应新一代信息技术对社会运行组织方式、企业生产运行方式、大众生活消费方式等的变革作用，持续拥抱新技术，不断加快企业经营管理、产业合作、产品服务等变革创新，更好地适应和引领时代发展需求。

二、企业数字化转型推进路径

企业数字化转型不是简单的新技术的创新应用，而是发展理念、组织方式、业务模式、经营手段等全方位的转变，既是战略转型，又是系统工程，需要体系化推进。

（一）战略规划是企业数字化转型的思想引领

数字化转型是企业发展理念、组织方式、业务模式、经营手段等全方位的变革，需要统筹规划、顶层设计、系统推进，做好企业战略规划则是保障数字化转型成功的关键。一是要做好企业业务发展规划，适应数字社会和网络时代发展趋势，充分分析市场和用户的需求变化，以及内外部资源条件禀赋，谋划好数字化条件下企业业务新的发展模式和推进路径。二是要做好人才保障规划，根据业务数字化发展需求对人员素质要求的变化，及时做好各个环节人员知识结构的调配，让信息素养成为各业务环节业务人员知识要求的标配，让人员保障成为各环节数字化转型的发动机。三是要做好薪酬激励规划，建立与信息技术人才社会价值相适应的薪酬激励体系，激发信息技术人才干事创新的活力。

（二）路径选择是企业数字化转型的成败关键

路径选择关系到企业数字化转型的成败，不同行业、不同规模的企业因其资金保障、技术支持、业务模式等不同，其数字化转型的路径也有所不同，合适的转型路径选择有利于企业更好地充分利用各类资源加快推进数字化转型。一是针对中小企业，数字化转型技术支撑服务更多的是依托外部资源，借助外在力量，可以依托供应链上下游的协同来倒逼企业数字化转型，采购云计算、电子商务、智慧物流、网络安全保障等大型行业性的信息技术服务商的服务，来完善企业各环节数字化保障。二是针对行业大型企业，企业数字化转型不仅要考虑企业自身需求，还需要统筹产业链上下游，除了采购社会通用的信息技术服务之外，还需要依托自身体量优势，积极发展面向行业的专业性公共信息服务，依托专业性公共信息服务完成企业行业角色的转变。

（三）企业上云是企业数字化转型的首要任务

企业上云是转变企业数字化发展模式的重要途径，是推进企业数字化转型的关键步伐，企业信息系统上云上平台，有利于业务信息系统升级改造和互联互通，有利于业务数据的自由流动，有利于数字化建设成效更好地发挥。一是按照先易后难、先外部后内部、促进业务创新等原则，做好企业上云规划，谋划好云端业务信息系统部署需求和部署方式。二是积极推进已建信息系统通过升级改造向云平台迁移，更好地提高其业务弹性负载、运维安全保障和系统互联互通等能力。三是基于云平台开展企业新建业务系统规划，鼓励采购成熟的 SaaS 云业务系统服务和大型 PaaS 云平台开展企业业务系统建设。

（四）数据打通是企业数字化转型的技术路线

数据流是企业生存的血脉，是企业构建数字经济时代核心竞争力的关键。打通企业各个环节留存数据，促进业务数据在企业各个环节的快速流动，有利于降低数据使用成本，有利于企业信息流引进物资流、资金流、人才流和技术流，有利于更好地促进企业业务创新和发展方式转变。一是构建企业大数据中心，统筹规划企业数据资源，建立企业基础信息库、业务信息库等，推进各类业务信息系统数据和系统分离，实现企业数据资源统一规划、统一存储和统一管理。二是根据业务数据流动需求，加快企业信息系统升级改造，推进企业信息系统互联互通，确保数据能够根据业务应用需求实现无缝流动。三是构建企业数据开发利用统一支撑平台，完善数据开发利用规则，健全数据治理机制，以数据应用创新推动业务创新变革。

（五）适应变革是企业数字化转型的创新导向

企业数字化转型不是简单地上一堆信息系统就一劳永逸的事情，而是一个与时俱进、变革创新、持续推进的动态过程。企业数字化转型需要适应信息技术的变革创新、社会消费需求的变化、社会运行模式的转变，才能让企业创新成为引领社会发展的风向标。一是适应信息技术的变革创新要求，不断加强互联网、大数据、人工智能、区块链等新技术的应用创新，提高对业务创新技术的支撑能力，最大限度释放新技术促进业务变革创新的红利。二是适应社会消费需求的变化，积极利用信息技术，丰富服务渠道，创新服务模式，优化服务手段，提供与消费者新需求相适应的服务。三是适应社会运行模式的转变，大力拓展网络空间新服务，提供数字化、网络化和智能化服务。

（六）供给改革是企业数字化转型的关键保障

简单易用、标准通用、性价比高的信息产品和服务供给能力不足，是当前制约企业数字化转型速度的至关重要因素。大力推进面向企业的信息产品和服务供给改革，提供满足企业信息化和工业化深度融合的易装、易联、易通、易用的信息产品和服务，才能彻底消除企业数字化转型的核心障碍，加速企业两化深度融合步伐。一是发展满足行业业务需要的专业性云服务，打造开放竞争的专业性云服务市场，强化云服务商之间的互联互通，破除限制云服务迁移的障碍。二是推进企业数字化装备的标准化，加快数字化装备专业操作系统、设备硬件接口、网络连接协议等标准化，促进设备互联互通和数字应用迁移。三是大力发展面向制造业等行业的信息系统集成服务，提高行业信息系统集成服务能力。

（七）人才保障是企业数字化转型的核心动能

企业竞争归根到底是人才比拼。企业数字化转型，需要打造一支能够适应数字时代业务发展的战略军，只有拥有了一批具备先进数字理念、数字技能、数字业务能力的人才，数字化转型才会有源源不断的动能。一是加强企业数字化战略人才保障，成立企业数字化转型战略研究团队，持续推进企业数字化转型研究和讨论。二是加强企业数字科技创新人才保障，提高信息技术研发、集成应用和运维保障等领域人员的比例，增强信息服务部门的保障能力，以技术创新和先行应用引领企业数字化转型。三是提高企业全体员工信息素养，加强员工信息技能培训，弘扬信息文化，营造人人拥抱信息技术的企业发展氛围。

（八）体制机制建设是企业数字化转型的持续保障

企业数字化转型是构建数字化条件下经营管理模式的一次大变革，需要从体制机制层面加快改革创新，构建适应数字化发展的企业运行体制机制。一是构建适应企业数字化运行的组织机制，适应信息技术发展特点，创新企业组织管理机制，加快企业管理层级的扁平化和放权，畅通企业信息流通渠道，消除管理冗余，缩短管理时延，提高应对市场变化的响应能力。二是构建适应企业数字化发展的激励机制，加强对信息技术研发人才、新技术创新应用人才、数字化转型管理放权人员等的激励，调动各方面推进数字化转型的积极性。三是构建引领企业数字化发展的投入机制，持续加大信息设备升级改造、新技术试验应用等方面的投入，以新技术试验应用投入引领企业业务数字化转型。

三、企业数字竞争力培育重点

企业数字化转型需要加快构建数字化条件下企业组织管理运行新模式，以数字技术驱动企业经营管理模式全方面变革创新，壮大企业发展新能力，培育数字综合竞争力，打造数字竞争新优势。当前，企业数字化转型重点需要用新一代信息技术深度重构企业研发创新、资源配置、综合管控、市场营销、市场响应、资源整合、风险管控、趋势洞察等方面的能力，以更好地满足信息技术发展态势、经济社会运行方式、产业发展组织模式和大众生活消费方式等新变革对企业发展的需求。

（一）提高研发攻关创新能力

数字化研发设计是企业数字化转型的关键，是企业打通全业务流程数字化的原始起点，是数字时代企业的核心竞争力。加快企业数字化转型，推进数字化研发设计，有利于提高企业研发攻关创新能力。要借助功能丰富的数字化设计仿真软件，积极在数字空间中开展产品虚拟设计和模拟仿真实验，以数字样品试验试错代替实体样机试验试错，降低研发环境保障要求和试错成本，提高数字化研发设计迭代效率和成效。要充分依托网络协同研发平台，积极在网络空间中整合跨区域、跨机构研发智力资源，组织社会研发人员开展大规模网络协同研发，提高社会智力资源整合能力，降低大规模协同研发组织管理难度和成本。要大力发展云计算、物联网、大数据、人工智能、区块链等产业研发创新数字技术平台，为中小微企业技术产品服务创新提供资源支撑、技术验证、产品测试等，助力中小微企业产品服务数字化转型和新技术产业生态打造。

（二）提高资源优化配置能力

信息技术的发展和应用极大地提高了各领域资源优化配置能力，减小了企业因信息不对称、资源错配造成的影响和损失。加快推进企业数字化转型，积极提高企业对信息流的驾驭能力，以信息流引领企业物资流、资金流、技术流、人才流，有利于促进资源优化配置，提高全要素生产效率。加快企业各业务环节数字化建设，加强业务系统云化升级、架构改造、整合对接，打通企业全业务环节信息流通渠道，促进信息无缝流动和实时流转，提高信息流通速度，降低信息流通成本，提高企业信息流驾驭能力。积极引导信息流，充分挖掘信息流在促进供求对接、重导价值流向、降低试错成本、提高全要素生产效率方面作用，促进管理、服务和商业模式等创新，打造企业数字竞争新优势。树立数字时代企业正确的发展观和价值导向，完善企业信息流动规则和内控机制建设，确保控制信息利用合法合规。

（三）提高企业综合管控能力

新一代信息技术发展和应用让企业综合管控如虎添翼，无论管控广度、深度还是管控能力都有可能得到全面提升。数字时代已经到来，企业要积极适应社会运行方式变革，加快构建数字化条件下企业组织管控新模式，充分发挥网络、系统、平台和数据等在规则约束、信息对接、预警预测等方面的作用，持续优化管理结构，创新管理模式，提升扁平化管理、精细化管理、在线化管理、全周期管理等能力。积极发挥信息技术在管理创新中的作用，推动企业管理从金字塔形的层级管理模式向扁平化管理模式转变，减少企业管理层级，下放企业管理权限，激发基层创新活力，畅通管理阻塞，提高管理效率，降低企业管理成本。要以信息技术应用提升企业对人员、物资、资金、安全等全方位的精细化管控、在线管控、即时管控等能力，提升事前预测、事中预警处置和事后溯源能力。

（四）提高市场宣传营销能力

数字时代，消费者接受市场信息的渠道和模式都发生了重大变革，企业市场宣传营销方式也需要与时俱进。企业数字化转型要积极适应社会运行模式和消费需求变革，创新市场宣传营销模式，增强数字化营销能力，提高营销广度和深度。要积极利用各类社会化网络大平台，深化电子商务应用和模式创新，开展在线化、网络化、移动化营销，拓展市场营销区域范围，畅通供求对接信息渠道，提高产品服务营销广度。要充分发挥客户大数据价值，深挖客户需求，开展精准化、差异化、个性化营销，提高营销转化效率，提高产品服务营销深度。要积极利用自媒体平台，开展自我营销和人人营销，打破传统媒体营销渠道垄断，降低企业营销门槛，拓展个体营销能力。

（五）提高市场快速应对能力

市场快速应对能力是企业适应市场发展的第一能力，数字时代的到来需要进一步重构和强化此项能力。企业数字化转型要畅通企业内外信息流通渠道，增强内外信息交互能力，提高市场需求快速感知和响应能力。要充分发挥产业互联网平台信息桥梁和纽带作用，彻底打通消费、研发设计、生产制造、物流营销各环节数据，助力各环节数据无缝对接和快速流动，降低各环节信息处理成本，减少处理时间，提高业务信息处理能力，增强业务响应能力。要大力发展智能制造，推进生产换线、设备换芯、机器换人，推进软件定义生产，增强柔性化制造供给能力，更好地满足不同客户对产品差异化和个性化需求。要利用销售、网络、机器等各类大数据，快速挖掘客户最新精准需求，指导研发生产，降低供需错配。

（六）提高资源整合发展能力

资源整合能力是企业实现借势跃升发展和生态化发展的关键，数字技术发展为企业增强资源整合能力提供了条件保障。企业数字化转型要依托各类网络中介平台，加强跨界资源整合和融合创新，促进线上线下资源协同。要充分利用电子商务平台网络市场作用，开展跨地区供求信息对接服务，提高在更大地域范围内的产消协同能力。要积极利用网络协同研发平台，开展大规模协同研发，促进技术研发、应用研发、集成研发等协同，降低大规模协同研发组织管理的难度和成本。要积极推进工业互联网平台等建设，促进生产资料和生产能力共享，推动产业链上下游大规模协同运行，实现企业对行业资源最优化配置整合。

（七）提高风险预警管控能力

风险预警管控能力是企业安全平稳发展的必要保障，物联网、大数据、人工智能等数字技术发展为企业提高风险预警管控能力提供了有效技术支撑。企业数字化转型要积极创新新一代信息技术应用，创新风险预警管控模式，建立健全企业风险管控模型，拓展风险管控手段，提高风险的预测、预警和管控能力，最大限度减小突发风险对企业发展带来的影响。要利用物联网、大数据等技术，加强企业生产现场数据的实时采集和分析，提高潜在安全隐患发现能力，及时做好安全隐患应对和处置。要利用大数据、人工智能等技术加强对企业资金、人员等安全风险深度挖掘分析，从资金流动、人员管理等过程中及时洞察出可能会影响企业正常运转的风险因素。

（八）提高趋势深度洞察能力

趋势深度洞察能力是企业超前部署前沿业务、实现抢先发展、打造面向未来竞争力的关键。企业数字化转型要充分发挥信息技术应用优势，提高从技术变革中洞察未来趋势、从数据汇聚中预测发展态势、从信息中挖掘未来运行价值的能力。要深刻认识和把握 5G、云计算、物联网、大数据、人工智能、区块链、虚拟现实等新一代信息技术的出现和应用对企业发展及产业变革的作用，提前做好新技术应用和新业务发展布局，抢占技术应用先发优势。要善于从企业运行、市场动态、宏观经济等大数据中挖掘和把握潜在的企业运行痛点、市场需求、行业发展态势。

数字化转型是数字化时代企业发展的一次大变革和大考验，既是一次可能实现赶超发展的新机遇，又是一次考验企业发展模式创新的大挑战，是从工业经济时代向数字经济时代迈进过程中企业发展的一个重要分水岭，关系到企业的兴衰成败和生死存亡。企业数字化转型是发展理念、组织方式、业务模式、经营手段等全方位的体系性变革，既是企业战略转型，又是发展性系统工程，需要体系化和持续化推进，更需要与时俱进、变革创新。

第六节　加快推进国有企业数字化转型

数字化转型是时代变革和大势所趋，国有企业作为国民经济发展的中坚力量，必须发挥带头作用，成为数字化改革创新的主力军和先行者。加快推进国有企业数字化转型，有利于全面增强国有企业竞争力、创新力、控制力、影响力、抗风险能力，是深化国有企业改革的重要内容，是做强做优做大国有企业、更好地发挥国有企业在国民经济中主导作用的必然举措。国有企业数字化转型需要做好"五个发挥""五个坚持""五个强化"。

一、数字化转型需要做好"五个发挥"

（一）发挥好党委会和董事会战略规划及顶层设计统筹作用

数字化转型不是短期任务，而是一项长期的系统性工程，需要有全局战略思维，做好战略规划，长期持续推进。公司党委会和董事会要从公司战略全局角度，把握战略推进方向，勾画战略蓝图，做好公司数字化转型长期战略规划，协同推进公司总体发展战略和数字化转型战略，并将各个阶段的数字化转型战略任务分解到各个时期的经营团队，确保公司数字化转型"一张蓝图"绘到底，确保公司数字化转型战略和总体发展战略深度融合推进。

（二）发挥好公司经营团队与时俱进和勇于创新引领作用

数字化转型是一项长期持续性工程，需要公司经营团队在各个时期按照战略规划总体要求持续接力和发力。经营团队作为公司数字化转型推进的主力军，要富有与时俱进、勇于创新、持续探索等精神，要坚决贯彻落实党中央和国务院关于国有企业改革精神要求，深度洞察全球战略态势、经济社会形势、技术发展趋势等因素，深刻研判信息技术发展对企业管理、产业合作、客户服务和产品形态等的影响，加快用信息技术重塑和调整业务形态，构建数字化条件下企业管理和业务新形态。

（三）发挥好信息中心项目组织管理和迭代升级推动作用

信息中心作为国有企业信息化项目的管理部门，要根据信息技术发展形势，持续提升项目管理能力。要提升项目整合能力，推进大系统、大平台、大数据建设，加强系统整合和互联，打造企业大数据中心建设。要提升安全运维能力，增强网络、平台、系统、数据等领域技术运维能力，强化外包人员管理，建立全链条和全生命周期管理机制。要提升项目迭代升级能力，持续推动网络、平台、系统升级改造和能力提升。

（四）发挥好对产业链上下游企业的传导和带动作用

国有企业作为国民经济的中坚力量，其数字化转型理应通过产业链供应链等向上下游传导，带动产业链供应链上下游企业共同完成数字化转型。要积极利用产业链数字化协作平台，深化创新资源、制造能力、物资材料等方面共享，共同推动研发设计、生产制造等环节数字化水平提升。要积极利用供应链数字化平台，深化仓储、物流、营销等环节数字化平台建设和对接，推进供应链数字化协同。

（五）发挥好国资委绩效考核指挥棒的引导和导向作用

要强化国资委对国有企业数字化转型的考核，将数字化转型要求纳入企业年度总体考核中，兼顾企业短期经营绩效和长期数字化转型贡献，鼓励国有企业在数字化转型道路上做长期探索、长远布局和投资，为国有企业深化改革和推进高质量发展提供环境保障。

二、数字化转型需要做好"五个坚持"

（一）坚持勇于探索

企业数字化转型没有约定俗成的模式和路径，企业内外因素不同，其数字化转型没有照抄的模板，都是一次业务探索创新之旅。国有企业数字化转型要适应社会运行方式转变、信息技术发展、消费需求升级、国有企业改革等时代发展变革需求，积极探索新发展条件下企业管理、企业组织、产业链合作、客户服务、信息化项目建设等新方式和新模式，更好地满足新形势下客户需求以及产业合作、项目管理和国企改革推进等方面的要求。

（二）坚持与时俱进

企业数字化转型是适应数字时代发展趋势的一次业务变革创新，需要与时俱进、与时代共舞、与趋势相向而行。国有企业数字化转型推进要坚持与时代发展趋势相向而行，要紧跟国际国内形势、新技术发展态势、经济社会演变趋势。要坚持与国家战略部署相向而行，立足、做大、做优、做强主业，更好地发挥国有企业在国民经济中的主导和压舱石作用，更好地服务于国家战略需求。要坚持与人民大众的新期望相向而行，做到不忘初心、牢记使命，不断创新产品和服务，提高为人民谋幸福的能力。

（三）坚持改革创新

企业数字化转型是企业适应数字时代的一次大变革，需要大刀阔斧推进改革，坚决破除不适应数字化发展的体制机制。要加快推进企业在技术、资金、人才、物资、安全等管控方面的改革创新，破除冗余管理机制，提高信息流引领技术流、资金流、人才流、物资流等能力，提高全要素生产率。要深化人才岗位配置、职位晋升、职称评价、薪酬激励等方面改革，建立以业务短期绩效和数字化转型战略贡献为核心的人才配置和考核评价机制。要深化信息化项目投资、建设、运营和运维机制等方面改革，强化规划、投资、建设、运营、运维等统筹推进和机制创新。

（四）坚持以人为本

企业数字化转型要坚持以人为本，让客户、合作伙伴、企业员工都能从数字化转型中得到相应幸福感和获得感。要积极推进数字技术产品服务创新，让客户获得更加智能的产品和便捷服务。要推进产业数字开放平台建设，打造数字产业生态圈，积极赋能产业合作伙伴。要创新管理模式，优化管理流程，推进机器和程序换人，优化人机接口，让员工减负和释能。

（五）坚持持续推进

企业数字化转型是适应数字条件下的业务持续变革，不是一次性的信息化项目建设，需要持续推进、久久为功。要推进信息化项目持续升级迭代，加强系统平台改造和新技术应用，更好地满足技术发展、业务变革、能力提升等需求。要持续推进业务和技术融合创新，积极拥抱新技术，前瞻性洞察和评价新技术对企业、行业、产业等变革影响，持续探索推进新技术创新应用。

三、数字化转型需要做好"五个强化"

（一）强化战略规划和顶层设计

企业数字化转型是一项系统性工程，涉及制度变革、组织调整、资源整合、业务创新和技术应用等，需要以超前意识、高瞻眼光、系统思维做好战略规划和顶层设计。加强企业发展定位和业务发展规划，找准数字化时代企业在产业链、创新链、供应链、价值链中的发展定位，谋划好数字技术推动业务创新的模式和路径。加强企业制度创新设计，构建适应数字时代发展模式的业务、管理、人才等方面规章制度，以制度创新重塑管理模式、激发人员动能、支撑业务转型。

（二）强化统建共享和资源整合

企业数字化转型是一次适应数字化运行方式的要素资源整合和优化配置行动，需要推进统建共享、加强资源整合、打破信息孤岛、促进业务协同。要加强网络、系统、平台、数据和安全等方面统筹规划，推进大系统、大平台、大数据建设，确保统建共用、数据共享和业务协同。要以数字技术、数字化平台、数字服务、数字资源等推动产业链、创新链、供应链、价值链等资源整合，打造协同发展产业生态，提供供需对接、资源共享、业务融合、价值配置等能力。

（三）强化数据打通和汇聚利用

数据要素是数字化时代重要的生产要素，对其他生产要素的优化配置发挥着引领作用。国有企业数字化转型要加快企业数据流通速度，降低数据流通成本，提升数据驾驭能力，充分激活数据要素促进创新的动能。要规划和重整企业信息流，推进网络、系统、平台互联互通，推进数据共享交换和汇聚，以信息流引领业务流发展，以信息流强化技术、资金、人才、物资、安全等方面全方位管控。要深化数据资源挖掘利用，以数据推动业务、服务、管理等方面模式和业态创新，推进数据要素和传统生产要素融合发展，释放倍增的动能。

（四）强化业务重塑和业态创新

企业数字化转型的核心是利用信息技术全方位推进业务重塑和业态创新，更好地适应经济社会数字化运行的发展需求。要按照数字化运行要求，全方位审视业务管理、业务流程、业务模式等，加快推进企业扁平化管理，压缩和取消不必要的业务流转和审批，提升业务数字化、网络化和智能化服务能力。要积极推进业务业态创新，推动5G、互联网、大数据、人工智能和业务深度融合创新，创新企业管理、客户服务、产业合作、产消对接等模式，提升客户连接、网络服务、深度洞察、智能运行等能力。

（五）强化包容试错和创新激励

制度创新是企业数字化转型的关键，要加快构建包容试错和激励创新的制度机制，激励大家肯干事、敢干事和能干事。构建包容试错机制，坚持法无禁止即可为，坚持集体决策不追究个体责任，坚持不扩大化追究责任，鼓励大家在数字化转型道路上大胆勇于探索和摸索，免除不必要的担心和顾虑。要加大创新激励力度，构建以创新为引领的薪酬激励机制，加大对技术创新、应用创新、管理创新等方面的常态化激励。

第七节　强化网络平台经济发展赋能

互联网的普及为人类社会发展创造了一个全新的数字空间，拓展了人类生产生活发展新场所，推动经济社会运行模式和发展方式转变，为解决制约人类可持续发展的问题提供了探索道路。然而，互联网应用对实体经济发展正在产生重大而深远的影响，对实体经济传统的组织、运作、服务和商业模式带来了不小的冲击，让实体经济步入加快转型发展的阵痛期。正确看待在实体经济领域互联网应用带来的颠覆性影响，积极发挥互联网创新要素的作用，大力推进网络平台经济发展，深化互联网和实体经济融合创新，将为实体经济注入新的发展动能，开启我国实体经济发展新方位。

一、互联网变革实体经济发展机理

（一）变革实体经济传统组织模式

互联网正在深刻地影响实体经济传统组织模式。平台化组织、网络化协作、众包众创等新型组织模式正在成为企业新的组织模式，企业组织、管理和资源整合能力得到大大增强。另外，平台化的组织、网络化管理带来的零边际成本效应，正在颠覆企业金字塔形的管理模式，让企业管理走向网状化和扁平化，使得企业的决策和市场响应能力大幅提高，一线员工创造潜力得到极大挖掘。阿里巴巴、猪八戒网、菜鸟物流、美团等互联网公司利用网络平台，分别在零售、工业设计、物流运输、O2O（Online to Office，离线商务模式）服务等领域创新传统企业组织模式，实现社会资源的有效整合，推动传统行业互联网条件下的变革升级。传统制造企业正在加速利用互联网改变其组织模式，如海尔采用企业平台化、员工创客化、用户个性化的转型模式探索，正在颠覆传统制造企业管控模式，建立适应信息生产力发展的生产关系，激发企业各环节员工的创造性。

（二）变革实体经济传统运作模式

互联网正在深刻影响实体经济传统运作模式，凭借互联网信息获取的便捷性，低成本快速试错、多款少量、以销定产，从大规模批量化的大众服务转为多批次小批量的小众服务，提供个性化定制服务，已成为许多企业适应新常态、把握新常态、引领新常态的重要途径。依托网络平台，紧盯市场、随机应变、低成本快速学习，已成为许多企业快速响应市场需求、提高市场变化应对能力、加速技术和产品创新的重要法宝。依托社交网络，利用碎片时间，深度影响用户，实现低成本高频互动，推进企业用户向企业粉丝转变，已成为许多企业提高用户黏性、培育企业粉丝的主要模式。西服、衬衫等服装企业个性化定制服务模式创新，推动了供给侧结构性改革，激发了消费者个性需求，成为行业发展"领头羊"，引领着行业发展方向。部分女性服装企业凭借"款式多、更新快、性价比高"的产品，获得了消费者的喜爱和信赖。

（三） 变革实体经济传统服务模式

互联网正在深刻影响实体经济传统服务模式，移动服务、就近服务、O2O 体验服务、在线监测、远程运维等新型服务模式应运而生，服务业态创新深刻地改变了生产者和消费者之间的关系，客户连接更加紧密，供求关系更加高效对接。出行、餐饮、旅游等互联网公司移动服务、就近服务深刻改变了行业服务模式，解决了大众生活出行的痛点，促进了供求信息的高效匹配和精准对接。基于互联网的 O2O 服务模式让线上线下服务融合更加紧密，客户体验更加优化。重大工程装备企业的装备产品在线监测、远程运维等服务模式深刻改变了装备制造业的服务模式，不仅提高了重大装备故障预判率，还优化了售后运维供应链服务体系，推进了工程装备企业服务化转型，拓展了装备产品价值链。

（四） 变革实体经济传统商业模式

互联网改变了企业的客户关系，个性化定制、用户全程参与、服务化转型等服务业态创新已成为企业应对经济新常态、延伸用户服务价值的主要手段。红领西服个性化定制、小米手机用户参与设计、海尔空调用户全程参与制造等各类业态创新，已经让此类企业成为同行业的"领头羊"。互联网强化了企业的连接关系，催生的平台型竞争、产业链竞争、生态圈竞争让企业间的竞争变得更加激烈、合作变得更加紧密。苹果、谷歌各自依托互联网，在智能手机领域整合产业链上下游资源，构建了两大移动服务帝国；阿里巴巴和京东以电子商务起家，正向集合电商、物流、云计算、大数据、人工智能等于一体的网络帝国企业迈进。互联网正改变实体经济的变现模式，"羊毛出在猪身上，狗来买单"、平台交叉模式等商业模式正从虚拟经济向实体经济渗透，从消费互联网向产业互联网领域渗透。

二、互联网促进实体经济创新发展

（一）打破束缚实体经济发展的信息流动壁垒

互联网打破了束缚实体经济发展的信息流动壁垒，实现了信息在消费者、研发设计、生产制造、仓储物流、经营销售之间的无障碍流动，促进了机器之间、车间之间、工厂之间、企业之间、人与物之间的信息流动，培育了个性化定制、网络协同制造、智能物流、电子商务等发展模式，提高了供求对接能力。互联网让商贸、物资、技术、人才等信息流动更加匹配，以信息流带动技术流、资金流、人才流、物资流，促进资源配置优化，促进全要素生产率提升，对推动创新发展、转变经济发展方式、调整经济结构发挥了积极作用。

（二）减小资源环境等外在条件对实体经济发展的约束

网络通信技术设施部署，使得企业可以开展以前由于受成本/收益限制而无法开展的业务，在网络空间中，通过在线服务模式，以极为低廉的计算和流量成本开展服务，让企业众多服务在网络空间逼近零边际成本运行，突破了时空、资源和成本等的束缚，不仅降低了业务运行成本，更是拓展了业务，延伸了产业价值链。未来，社会物理空间和网络空间将并驾齐驱，物理空间受到各种时间空间、环境资源等外在条件的约束，企业发展空间有限，网络空间则不受时空、资源、环境等外在条件的约束，将成为企业把握未来生存主导权的又一重要战略要地。

（三）为实体经济发展营造更加公平透明的发展环境

互联网让企业置于信息更加透明、竞争更加充分、资源更加充裕的发展环境中，要求企业通过技术服务创新、开放合作和资源整合来寻求更好的发展。互联网弥补了信息的不对称，政策信息、供求信息、价格信息、物流信息、物资信息等变得更加透明，传统企业靠垄断信息获取发展竞争优势的时代已经一去不复返。互联网让所有企业都处在同一个平台上竞争，全行业竞争、全球化竞争、开放式竞争、产业链竞争、生态圈竞争，既有激励竞争又充满合作。

（四）增强实体经济发展的资源整合和要素配置能力

互联网正在颠覆实体经济的要素配置模式，众包众创、生态圈竞争、全球化合作等模式极大地整合了资源，优化了要素资源配置。阿里巴巴、亚马逊、苹果、谷歌等互联网企业围绕主营业务打造产业生态圈，促进了创新链、产业链、供应链全球化合作，优化了全球资源要素配置。猪八戒网、美团、微商等模式在工业设计、餐饮住宿、商贸物流等领域的出现，开启了众包众创时代，社会资源得到了优化配置。

随着互联网在经济社会大规模的部署应用，互联网已经从技术应用向通用基础设施和创新要素转变，全面驱动着实体经济组织模式、运作模式、服务模式和商业模式的变革和创新，快速催生以互联网为主要特色的网络新经济的发展。互联网和实体经济深度融合创新，将推动实体经济加速转型升级，更好地适应新常态、把握新常态和引领新常态，开启实体经济发展新模式、新征程和新方位。

第八节　激发数据资源要素发展潜能

党的十九届四中全会首次将数据纳入生产要素，提出了要健全数据等生产要素由市场评价贡献、按贡献决定报酬的机制。2021 年 3 月，中共中央、国务院发布的《关于构建更加完善的要素市场化配置体制机制的意见》提出要加快培育数据要素市场等任务。数据应用已经渗透到了经济社会各个领域，数据资源作为数字经济时代的核心生产要素，相比能源、材料等传统生产要素，以独特的属性对经济社会的发展产生更为重大的深刻影响。发挥好数据生产要素的创新引擎作用，加快构建以数据为关键要素的数字经济，有助于推动经济发展质量变革、效率变革、动力变革，实现经济高质量发展。加快破除制约数据应用的体制机制障碍，完善法律、政策、标准、技术等相关保障，对全面推进"互联网＋"、打造数字经济新优势有重要意义。

一、数据要素具有三大促进作用

（一）促进资源配置优化的作用

数据应用大大提升了经济社会各领域资源配置能力，降低了经济社会运行损耗。以信息流带动技术流、资金流、人才流和物资流，技术、资金、人才、物资等领域依托网络信息系统，以网络空间数据试错验证取代物理空间实物试错，可以大大降低实体经济试错成本，促进资源优化配置，提高全生产要素效率。

（二）促进社会精细治理的作用

数据应用正在引发政府社会治理模式巨大变革，推动形成"数据说话、数据决策"的数字政府。财政、金融、税收、投资、消费、出口等经济调节领域数据汇聚、开发和挖掘，让政府经济调节更加深入、精准和高效，促进了经济结构调整和优化升级，为有效应对各类重大经济风险隐患提供了重要保障。商贸流通、市场价格、生产制造、安全生产等市场监管领域的数据汇聚、开发和利用，提升了政府对市场运转的实时感知能力，让市场监管实现事前、事中和事后有效结合全链条监管。流动人口、市政管理、交通运输、应急救灾等社会管理领域以及教育、医疗、养老、社区等民生服务领域数据的汇聚、开发和利用，促使政府社会管理和服务更加精准、高效和深入。

（三）促进产业业态创新的作用

数据已经成为推进产业发展的重要创新要素，基于数据的新业态发展促进了产业转型升级和经济新动能培育。基于大数据的精准营销、就近服务、网络征信、服务质量评价等服务，大大促进了供求信息对接、市场优胜劣汰、服务质量提升。基于客户需求反馈的大数据研发设计模式，让企业研发设计更加具有针对性和导向性，大大提升了企业响应市场需求能力。生产制造大数据解决了生产数据车间流动问题，让企业生产更加柔性化，有效支撑了个性化定制、体验式制造、网络制造等新型制造业业态。

二、制约数据要素作用发挥的因素

（一）数据权属难以界定

部分企业在采集和使用相关数据时，侵犯个人权益等情况时有发生。目前我国还没有法律法规对个人数据、网络平台与用户交互数据、设备终端与用户交互数据等的范围、归属、使用权责作出十分明确的界定。数据权属难以界定，引发了大量的数据使用纠纷，特别是在企业数据流通过程中，有些企业为了自身利益，阻碍数据共享利用，损害了用户权益，给用户带来了极大的不便。

（二）数据价值尚未金融化

数据价值金融化进程缓慢，使得拥有大量数据资源的数字科技企业的资产价值，未能得到有效衡量和体制认可，影响了其与体制内相关的资产评估、资产交易、投融资、重组兼并等行为。此外，数据定价机制不健全，数据价值不能用货币有效衡量，也影响了数据的流通和交易，阻碍了数据价值的释放。

（三）数据流通交易不畅通

经济发展、社会治理、民生服务等领域对政府数据开放开发的需求十分迫切，但是缺乏必要的制度设计和可靠的技术保障，大量政府数据资源沉淀在部门内部，没有及时开放出来供社会开发利用。大企业围绕打造产业生态圈向合作伙伴开放数据的方式，暴露出诸多影响市场公平竞争的问题。由于缺乏合规可控的社会化数据交易平台，大量拥有数据但没有能力开放数据的政府部门、公共机构和企事业单位，不敢将数据拿出来交易流通，阻碍了数据价值的全面释放。

（四）数据治理体系尚需完善

尽管国家层面已经出台了《中华人民共和国网络安全法》《中华人民共和国数据安全法》《中华人民共和国个人信息保护》等法律法规，但这些法律法规过于宏观，具体落实到执法层面，尚缺乏系列司法解释、管理办法、标准指南等。此外，受政府运作模式以及治理手段的限制，目前国家层面缺乏有效的手段来对经济社会发展各领域数据的开发利用和流通交易等活动实现全面监管，个人数据滥采滥用和违法交易等活动仍旧十分猖獗。

三、推动数据要素作用发挥建议

（一）加快推进数据确权

要在《中华人民共和国数据安全法》《中华人民共和国个人信息保护法》框架原则下，加快出台相关司法解释和标准规范，进一步明确数据所有权、使用权、处理权、控制权、收益权等各种权利的种类和属性，明确各种数据权拥有者的相关权责，尤其要加快明确涉及个人隐私、商业秘密和国家安全等的数据在大数据营销、企业数据共享、跨境数据流动、政府社会治理、公共服务、公共安全应用等特定使用场景下的权利使用约束。

（二）加快推进数据资产化

建立数据定价标准，确保数据交易具有法定的定价依据。建立数据资产评估机制、数据资产会计入账等制度，确保企业数据在企业资产中得到其应有的价值体现。建立数据资产抵押担保机制，发展数据贷等金融信贷服务，为数字企业创新发展提供更加有针对性的金融服务保障。建立数据资产交易制度，积极鼓励数据资产流通交易，完善相关制度保障，促进数据资产的优化配置。

（三）破除数据要素体制机制

加快破除限制数据流动的各种体制机制障碍，解除制约数据流动的枷锁。一是加快破除政务信息孤岛，推进政务数据资源梳理清洗、分级分类、共享交换等，促进政务数据资源共享和利用。二是加快破除公共部门将数据资源视为部门资产的机制障碍，加快推动公共数据资源开放开发，切实发挥公共数据资源公共服务属性。三是加快破除部门打着涉密旗号阻碍行业数据资源的开发利用等行为。

（四）扩大数据要素配置范围

为数据流动提供平台和机制等保障，推动数据资源在更大范围内实现有效配置，促进数据红利释放。一是加快政务数据资源共享交换平台和机制建设，提高对"一网通办"、协同监管治理、政府综合决策等的支撑能力。二是加快推动公共资源开放开发，提高对智慧城市建设、数字公共服务发展、数字经济发展、创新创业等的支撑能力。三是促进企业间数据流通交易，支持社会化数据流通交流平台建设和发展，支撑企业数字化转型和平台治理，促进产业链上下游协同，降低企业运行成本。

（五）健全数据要素市场体系

要加快建立数据要素市场交易、监管等规则体系，形成健康有序的数据要素市场交易体系。一是健全数据要素价格形成体系，根据数据要素特性，建立数据的定价和计价机制，奠定数据流通交易基础。二是健全数据要素市场交易规则体系，对数据来源、交易主体、使用目的、使用范围、使用时间、交易过程、平台安全保障等加以规范，保障数据有序流动。三是健全数据清洗、数据挖掘、产权界定、价格评估、流转交易、担保、保险等配套服务体系，形成完善的数据要素流通产业服务。四是完善反垄断、反不正当竞争、信用体系、行业管理、安全管理等市场监管体系，促进行业健康发展。

（六）推进数据流通市场制度建设

一是完善数据安全、个人信息保护、跨境数据流动、数据流通交易等领域法律法规、管理办法、标准规范等制度体系建设，为数据要素市场健康发展提供法制保障。二是加快推进政务数据、公共数据、企业数据、个人数据等各类数据在采集、存储、流通、开发、利用等各环节的业务程序、标准规范、操作指南等建设，提高数据要素流通开发的可操作性和规范性。

（七）构建数据监管治理体系

完善数据监管治理法律法规等制度保障，全面考虑政务数据、个人数据和企业数据，兼顾线上数据和线下数据，统筹考虑数据开发利用、流通交易、安全保障、资产化等因素，推进数据要素发展立法。完善数据监管治理标准程序规范，明确数据所有者、处理者、数据控制者等各相关方的权责，以及相关数据行为准则。构建数据监管治理平台技术支撑体系，建立数据流动态势感知、安全预警、应急处置等平台，提高数字化、网络化、智能化监管水平。

（八）深化大数据开发利用

推动大数据和经济发展深度融合，深化大数据在生产制造、物流运输、经营销售等领域的应用，促进产业业态创新。推动大数据和社会治理深度融合，深化大数据在城市管理、市场监管、安全生产、治安防控、应急救灾等领域的深度应用，推动管理模式创新，提高精细管理能力。推动大数据和民生服务深度融合，深化大数据在医疗、教育、养老、旅游、交通、文化等民生服务领域的应用，促进民生服务资源优化配置。

数据资源是数字化时代的基础性和战略性资源，是数字化发展的重要创新要素。迎接数字时代，发挥好数据生产要素的第一创新引擎作用，全面激活数据要素潜能，加快构建以数据为关键要素的数字经济发展体系，有利于更好地优化技术、资金、人才、物资等要素资源配置，有助于推动经济发展质量变革、效率变革、动力变革，有助于推动产业链、创新链、价值链融通发展，实现经济高质量发展。

第九节 做强做优做大我国数字经济

大力发展数字经济,深化信息技术在经济运行发展领域普及应用,推动互联网、大数据、人工智能和实体经济深度融合,加快建设实体经济、科技创新、现代金融、人力资源协同发展的数字经济产业体系,有利于支持传统产业优化升级,催生新模式、新业态和新产业,促进传统动能改造升级和新动能培育壮大;有利于推动经济发展质量变革、效率变革、动力变革,提高全要素生产率;有利于加快国家创新体系建设,不断增强国家经济创新力和国际竞争力。

一、发展壮大数字经济重要意义

发展数字经济是推动经济发展质量变革、实现高质量发展的需要。发展数字经济,深化新技术应用,释放信息技术红利,推动经济创新、协调、绿色、开放、共享发展,有利于推动供给侧结构性改革,加大有效供给和中高端供给,优化供给体系质量;有利于加速产品服务智能化升级、拓展产品服务价值链,推动迈向价值链高端;有利于从理念、目标、制度等方面全方位保障质量提升,促进新发展理念的落实和推动可持续发展。

发展数字经济是推动经济发展效率变革、构建现代市场体系的需要。发展数字经济,构建平台化、众包化、协作化的经济发展运行模式,有利于加速各种体制机制障碍的破除,推动市场公正公平竞争,激发企业主体活力;有利于推进供给侧结构性改革、改善供需关系、化解过剩产能、破除无效供给;有利于深化要素市场化配置改革,降低实体经济运行成本。

发展数字经济是推动经济发展动力变革、构建创新型国家的需要。发展数字经济,推动互联网、大数据、人工智能和实体经济的深度融合,构建网络化、平台化、智能化经济发展运行模式,有利于更好地集聚创新要素、拓展创新渠道、支撑大众创新创业;有利于更好地激发市场竞争活力、促进产品服务迭代升级,加速市场主体优胜劣汰;有利于更好地维护市场统一,拓展国际国内市场,挖掘市场深度需求。

二、推进数字经济创新发展路径

发展数字经济意义十分重大，推动数字经济发展刻不容缓，为促进数字经济健康发展，建议构建以下八个体系。

（一）数字经济基础设施体系

构建网络宽带泛在、平台开放共享、能力持续升级的数字经济基础设施体系。持续推进宽带普及提速，加快光网改造和5G移动通信网建设，扩大宽带网络覆盖范围，拓展网络出口带宽，全面构建全光网城市，提供高速、泛在、先进、绿色、安全的网络接入服务能力。加快开放网络平台建设，大力发展云计算、大数据、物联网、人工智能、区块链、元宇宙等领域基础性业务开放平台，提供基础架构、资源、技术等方面支撑，满足业务创新发展需要。加快网络和平台优化升级，超前部署超大容量光传输系统、高性能路由设备和大数据云平台等基础设施，提供支撑业务创新发展的网络设施环境。

（二）数字经济监管治理体系

构建原则包容审慎、风险可管可控、措施手段先进的数字经济监管治理体系。坚持"放水养鱼"、包容审慎监管原则，坚定不移地支持各类平台信息服务发展，鼓励企业利用互联网、大数据、人工智能等技术和思维推动行业组织模式、服务模式以及商业模式转型提档升级。密切跟踪新业态发展趋势，完善新业态统计监测体系，加强各类平台信息服务潜在风险的研究和预判，及时调整和完善融合创新领域行业管理规范和监管措施，确保新旧业态公平公正、平稳运行发展。充分利用互联网、大数据、人工智能等技术手段，构建数字化、网络化、智能化数字经济监管治理平台，提高数据汇聚、事中监管、趋势研判、协同联动等能力。

（三）数字经济创新发展体系

构建技术创新引领、业态创新活跃、大众创新主导的数字经济创新发展体系。发挥技术创新的基础性、引领性和先导性作用，重点加强基础技术、通用技术、非对称技术、"杀手锏"技术、前沿技术、颠覆性技术等创新，以技术创新来拓展业务应用场景，支撑新服务、新模式、新业态发展。加强技术创新应用，推动互联网、大数据、人工智能等各类技术和经济社会深度融合发展，在中高端消费、创新引领、绿色低碳、共享经济、现代供应链等领域培育新业态，塑造新经济增长点，形成新动能。整合利用大众创新资源，增强创新要素集聚效应，构建跨行业、跨区域、跨部门的创新网络，建立线上线下结合的开放式创新服务载体，形成微创新、迭代创新、关键创新、重大创新相互补充的大众创新主导的数字经济创新体系。

（四）数字经济金融服务体系

构建融资渠道多样、融资手续便捷、政府社会相结合的数字经济金融服务体系。支持科技型企业在主板、中小板、创业板、科创版上市，完善鼓励天使、风投、股权投资、并购、私募等基金发展政策，鼓励金融机构开展知识产权和数据资产等无形资产抵押贷款，加快培育形成各具特色、充满活力的数字经济发展投资机构体系。畅通融资渠道，简化融资手续，提高融资审批决策数据信息服务能力。借鉴天使、风投等社会资本对项目的筛选经验，建立政府财政资金跟投政策，给予财政投资适度容错率，切实提高财政资金创新投资效益。

（五）数字经济运行监测体系

构建技术手段先进、范围覆盖广泛、数据深度挖掘的数字经济运行监测体系。创新统计方式，以新技术提升统计能力和科学性，推动统计数据采集模式数字化、网络化和智能化，促进统计数据交叉比对，提高统计数据全面性、准确性和实效性。根据数字经济发展形势，加强对网络应用、信息服务、融合创新、新兴业态等方面指标的采集和统计，强化各类社会网络平台业务数据的采集和应用，确保统计体系符合创新、协调、绿色、开放、共享五大发展理念要求。全面更新现有统计测算体系，优化测算方法，加强统计数据深度挖掘，重点强化新业态领域统计数据分析研判，深入分析新业态对产业转型升级、行业监管和新动能培育等的影响，为行业治理提供科学决策支撑。

（六）数字经济产业发展体系

构建平台开放共享、前端海量参与、产业生态富裕的数字经济产业发展体系。创新行业信息服务模式，推进行业基础性信息服务网络化、平台化和智能化发展，支持行业性网络信息服务大平台建设，强化互联网、大数据、人工智能等技术的应用，推动行业资源集聚、产业协同、服务创新。引导大众围绕网络大平台开展创新创业活动，充分发挥网络平台技术、资金、人才、客户、渠道等资源优势，构建双创支撑体系，形成大众创新、万众创业的产业创新格局。完善网络平台产业服务，推动研发设计、生产制造、物流运输、经营销售、人力资源、金融服务等业务信息服务向网络平台集聚，提高资源发现、供需对接、协同创新等支撑能力，促进产业生态圈打造。

（七）数字经济人才发展体系

构建人才支撑充足、评价激励实用、流动流转顺畅的数字经济人才发展体系。培养视野开阔、科学素养深厚、全局谋划能力强的战略科学家；培养态度严谨、精益求精、技术精湛的专业技术研究人才；培养懂市场、懂客户和懂技术的产业化和商业化人才，形成专业型、市场型、领军型相互融合发展的人才队伍。建立适应数字经济特点的人才评价机制和科研成果、知识产权归属、利益分配等机制，以实际能力为衡量标准，不唯学历，不唯论文，不唯资历，突出专业性、创新性、实用性，在人才入股、技术入股以及税收方面加大激励创新。打破人才流动体制界限，促进人才在政府、企业、高校、智库间实现有序顺畅流动。

（八）数字经济安全保障体系

构建规范制度健全、技术手段先进、多方协同联动的数字经济安全保障体系。完善网络安全保障制度，重点加快数据中心、大数据、云平台、云网融合、新技术应用等条件下的网络安全保障制度建设，切实提高平台、应用、数据、网络、人员等方面的安全管理能力。加快构建网络安全保障大平台，加强大数据、人工智能等技术在网络安全保障领域深度应用，加速网络安全监管数据的快速、实时、无缝流动，推动跨部门、跨层级、跨区域业务协同，推动线上线下融合，实现网络安全事件快速响应和应急处置。

数字经济是经济发展的新阶段，代表着未来经济发展趋势。贯彻和落实五大发展理念，做大做强数字经济，培育经济发展新动能，拓展经济发展新空间，构建现代化经济体系，对我国引领经济新常态、转变经济发展方式、建设创新型国家、开启全面建设社会主义现代化国家新征程具有十分重要的意义。

第五章

数字社会：
深化融合创新应用，构建社会智慧运行模式

数字科技深入蓬勃发展对整个社会运行方式产生了重要的影响，推动了社会数字化、网络化、智能化运行，构建了与物理世界并行的网络空间，打破了物理社会的时空限制，为打造美好生活、创新公共服务供给、提升社会治理能力提供了可能。加快适应数字技术全面融入社会交往和日常生活新趋势，加快推进数字社会建设，统筹智慧城市和数字乡村建设，打造智慧便捷的公共服务，构筑美好数字生活新图景，全面点亮全民畅享的数字生活，有利于经济社会绿色高效运行，有利于提高大众幸福感、获得感和体验感。

第一节　推进新型智慧城市创新发展

　　建设让人民满意的新型智慧城市是以习近平同志为核心的党中央根据信息技术变革趋势和经济社会发展态势，尊重和顺应城市发展规律，作出的战略性部署。新型智慧城市建设不是简单地将信息技术应用在城市发展建设中，而是要适应数字时代新要求，用新一代信息技术全面重塑城市运行、社会治理、公共服务、产业发展等模式，促进产城融合、人与环境和谐绿色发展，全面提升城市运行、发展和治理水平。当前，智慧城市规划、投资、建设、运营、运维等过程中存在着组织推进体制机制不顺、统筹规划和顶层设计困难、社会资源力量调动不足、产业发展和城市建设尚未深度融合等问题，影响了智慧城市长期可持续发展。面向未来，新型智慧城市建设需要进一步创新城市发展思路，找准发展推进路径。

一、新型智慧城市建设推进思路

（一）树立新的发展理念，建设人民满意城市

　　发展理念是一个城市发展的思想灵魂，深刻地指引和影响着城市长期发展方向。在智慧城市建设过程中，要树立正确的发展理念，确保城市发展长远谋划、迭代升级、和谐共生、持续发展。要坚持以人民为中心、以人为本的发展思想，牢固树立"人民城市人民建设，建好城市为人民"发展理念，把提升大众的获得感、幸福感、安全感作为推进智慧城市建设的出发点和落脚点。要坚定不移贯彻新发展理念，把"创新、协调、绿色、开放、共享"理念贯彻到城市管理、公共服务、产业发展等各领域，提升城市发展能级，促进城市高质量发展。要坚持产城融合和产用互动，以智慧城市建设为契机，不断拓展新技术应用"试验田"建设，带动城市新科技产业发展，促使数字经济培育壮大，并以新科技产业试验壮大提升城市智慧化建设水平。

（二）理顺传统体制机制，形成建设推进合力

　　体制机制建设是城市持续发展的重要保障，健全的体制机制有利于高效激发

城市发展活力和生命力。推进新型智慧城市建设要着眼长远，率先加强体制机制建设，确保持续发展。理顺政府和市场在推进新型智慧城市建设中各自的定位和角色分工，切实发挥好政府统筹规划作用和市场高效调节作用，构建起政府引导、市场主导、社会共建、创新活跃、包容发展的智慧城市推进格局。理顺网络、平台、系统、数据、安全等领域统筹规划和顶层设计机制，推进基础设施、基础资源、基础平台、共性应用等共建共享，促进互联互通和集约建设，确保网络、平台、系统、数据等领域安全全链条无缝管理。理顺不同类型项目工程投资、建设、运营、运维机制，切实发挥各类主体在统筹协调、资金投入、专业技术、运营经验等方面各自的优势，促进项目最优化推进。

（三）强化基础支撑保障，提高共性支撑能力

基础支撑是城市发展的共同需求，强化基础支撑保障有利于统筹规划和统建共享，有利于整合资源和集约建设，有利于业务快速开发和部署。推进新型智慧城市建设要加强基础支撑保障建设，增强基础网络、共性平台、公共数据等基础支撑保障能力。加快推进数据中心、5G、物联网、车联网、电子政务网络等城市发展的基础设施建设，推进统建共享、适度超前部署和持续迭代升级。增强共性平台支撑能力，加快推进数据共享交换和流通交易、行业物联网统一接入、新技术创新试验应用、人工智能算法模式、空间地理信息显示等共性平台建设，支撑新技术新业态发展。增强公共数据支撑能力，加快推进人口、法人、空间地理、电子证照、城市部件等城市基础信息库的统建共享，完善公共数据开发利用机制建设，推进公共数据授权运营。

（四）深化技术融合创新，释放技术融合红利

推进技术融合创新应用是开展新型智慧城市建设的关键，要充分发挥信息技术赋能作用，推进产业、服务、治理等全面创新。推动技术驱动服务创新，深化新一代信息技术在政务服务、公共服务、社区服务等领域的应用，拓展服务渠道，优化服务手段，提供高效、精准、智能服务能力。推动技术驱动社会治理创新，深化新一代信息技术在城市管理、治安防控、安全生产、应急救灾、生态保护、疫情防控等领域的应用，创新治理手段，提升态势感知、事前预警、协同联动、精准处置等能力。推动技术驱动产业创新，深化新一代信息技术在研发设计、生

产制造、物流仓储、市场营销等领域的应用，推动产品、服务、业态等创新，提升产业链、供应链、价值链、创新链融合发展水平。

（五）推动数据高效流动，优化城市资源配置

数据是城市运行和发展的"红细胞"，是优化城市资源配置的指挥棒。构建高效的城市数据流通机制，有助于促进城市创新、协调、绿色、开放、共享发展，提升城市和谐共生、创新发展和社会共治等能力。推进政务数据按需共享，加强政务数据梳理、目录建设、质量管理和动态更新等机制，建立健全政务数据共享交换统筹协调机制，增强共享交换平台和技术保障能力建设。推进政企数据高效对接，建立健全政府常态化采集获取企业数据的制度和手段，推进电子证照等公共信息资源向企业授权，提升政府治理辅助决策能力和保障数字经济健康发展的支撑能力。培育数据交易市场，加快推进数据确权，探索建立数据定价机制，加强数据交易市场规则体系建设，完善数据清洗、评估、定价等市场配套服务，建立健全数据交易市场监管制度。

（六）创新建设运营模式，发挥各方专业优势

创新智慧城市投资、建设、运营模式，发挥好财政资金引导和撬动作用，充分吸引和利用社会资本来推进智慧城市建设，形成社会资本支持新型智慧城市建设的良性互动机制。针对纯公益类且无法商业化运作的项目，由财政统一投资，委托专业公司开展智慧化建设和运维，每年安排财政预算支持运维和升级改造。针对公益类且可以适度开展商业化运作的项目，采取"资源换服务、授权运营、事后补助、贴息贷款"等模式，遴选合适的专业公司开展智慧化建设和运维。针对纯市场化的项目，采取市场化运作模式，按照市场竞争规则，择优选取信誉好、专业能力强、本地化保障有力的市场主体推进建设和运营。

（七）持续推进迭代升级，促进与时俱进发展

新型智慧城市建设是一个动态发展过程，需要适应新需求、新技术、新消费等新发展形势，持续推进各方面迭代升级。持续推进基础网络、基础平台、基础系统、数据中心等网络信息基础设施迭代升级，满足业务发展对网络提速、存储扩容、性能提升等的需求。持续推进共性功能组件的迭代升级，推进安全认证、

数据处理、算法模型、显示展示等共性功能组件的统建共用和能力提升，提升业务应用建设支撑水平。持续推进各类业务应用迭代升级，按照新应用、新模式、新技术、新安全等需求，不断推进业务应用迭代升级，持续提升满足业务需求、提升用户服务体验、深化新技术应用、增强安全保障等能力。持续推进规章制度迭代升级，适应技术发展和业务需求变化，建立健全融合创新制度建设，加快完善新技术、新模式、新业态规章制度，推进已有制度的完善和修订升级，更好地促进技术应用、业务创新和管理提升。

（八）构建创新激励机制，激发创新发展能级

创新是城市持续发展的灵魂，是城市发展活力的内在体现，要打造集聚资源推动创新的城市发展机制，形成人人创新、处处创新的城市发展推进环境。构建城市合伙人制度，打造智慧城市建设利益共同体、事业共同体、梦想共同体，推进城市平台化、市民创客化、合伙一体化，形成开放共享的发展模式，为城市发展群策群力。构建智慧城市创新"试验田"机制，支持新技术、新产品、新服务在智慧城市场景中率先应用，促进技术产业创新。

二、新型智慧城市建设推进路径

（一）超前部署新基建，抢占发展新赛道

每个历史时期都有其对应的新基建，不同历史时期对应着不同类型的新基建。新基建是推动经济社会提档升级的先导力量，是产业变革和应用创新的先决条件。持续推动网络通信基础设施迭代升级，适度超前推进 5G、物联网、高速光纤宽带、下一代互联网等网络基础设施建设，推进开放互联和智能管理，提升连接支撑能力。加快算力基础设施部署，推进政务、行业、园区等领域大数据云计算中心建设，提升先进算力保障能力，支撑政务基础设施统建共享、行业和园区数字化转型需求。加快技术创新基础设施部署，推进 5G、大数据、人工智能、物联网、区块链、元宇宙等技术创新平台建设，完善平台开放互联和能力迭代升级机制，支撑技术创新应用和产业转型升级。加快交通、物流、能源、水利领域传统基础设施智能化改造，提升态势实时感知、资源高效调度、管理智能控制等能力。

（二）积极开发新要素，打造发展新利器

数据要素是数字经济和智慧社会时代至关重要的生产要素，对促进供求对接、重导价值流向、降低试错成本具有重要意义，要完善数据资源开发利用体制机制保障，加快数据流通和开发利用，全面释放数据要素推动创新发展潜能。加快推进城市数据底座建设，推动城市运行数据向城市大数据云计算中心汇聚，提升城市数据资源汇聚共享、统筹调度、综合开发等能力。加快推进人口、法人、空间地理和自然资源、城市部件、电子证照等基础信息库和经济运行、城市管理、公共服务、市场监管、生态保护、应急管理等主题信息库建设，支持基础数据统建共享和跨部门业务数据实时流通。创新推进体制机制，加快推动政务数据共享交换和公共信息资源社会化授权运营，规范企业数据流通交易，提升对社会治理创新和产业创新发展的数据支撑能力。持续深化数据在经济调节、社会治理、市场监管、公共服务、生态保护、产业发展等领域的应用，促进监管治理、信息服务和产业发展等业态创新。

（三）创新发展新服务，提升发展新体验

适应社会消费需求变革，拓展和创新政务、公共、商业、便民等领域服务渠道和模式，推进在线化和智能化服务，促进服务便民、均等、包容、普惠。持续完善一体化政务服务平台建设，优化政务流程，推进跨区域、跨层级、跨部门业务协同，推进"一网通办""全程网办""不见面审批""即时结办"等服务方式，提升政务智能服务能力。持续推动教育、医疗、文化、养老、社保等公共服务领域智能化发展，推进"互联网＋服务"，拓展线上线下智能化服务渠道和网点，完善数字无障碍服务，促进服务均等、普惠、包容发展。鼓励和支持商贸、便民等领域服务的数字化、网络化、智能化发展，创新服务业态，完善线下配套，推进线上线下协同。

（四）加速推进新治理，构建发展新秩序

适应经济社会运行模式变革，创新城市治理模式，提升在线治理、精准治理、数据治理和超前治理能力。加快城市一体化综合指挥平台建设，整合城管、交通、环保、应急、治安、维稳等部门线上资源，促进线下资源共享、线上流程协同联动，提升跨层级、跨部门协同治理能力。持续推进"互联网＋监管"，推进监管

数据无缝实时流动，完善跨部门业务监管衔接机制，提升在线应急、事中监管、协同监管等能力。提升政府大数据支撑治理能力，加快推进政务大数据汇聚共享和政企大数据融合对接，充分融合政务、社会、企业等数据深化政府履职应用创新，提升超前研判、精准治理和深度治理能力。推进经济运行监测服务平台建设，推动产业、园区、企业发展数据汇聚，提升产业发展洞察、园区运行监测、招商引资服务、重大项目管理、涉企服务等能力。

（五）大力发展新经济，培育发展新动能

围绕智慧城市建设"善政、便民、兴业"等需求，以互联网、大数据、人工智能等技术在政府治理、公共服务、产业发展中的应用为契机，培育本地生产生活性数字服务业。充分利用智慧城市建设机遇，构建新技术创新应用"试验田"机制，加大新技术创新试验应用，完善财政、金融、税收等政策扶持保障机制，推动新技术产业发展壮大，培育本地数字经济产业集群。以智慧城市项目建设为契机，培育和吸引数字服务龙头企业落地发展，带动中小型企业入驻，培育数字经济产业生态，做大做强数字产业。围绕未来城市发展问题，鼓励和支持企业加快颠覆性技术研究，抢先布局新技术新产业。

（六）培育壮大新消费，打造发展新引擎

打造新消费是提升智慧城市建设获得感和体验感的重要内容，要充分利用新一代信息技术，促进城市消费提档升级。加强新技术在零售、教育、医疗、文化、社区、养老等领域的应用，促进各类消费内容提质、消费模式丰富化、消费渠道多样化。推进人工智能、VR（Virtual Reality，虚拟现实）、元宇宙等技术与城市大众物质消费和精神消费的融合，大力发展"人工智能+""VR+""元宇宙+"等各种虚拟消费、无接触消费，提升消费品质和体验，促进城市绿色发展。

（七）协力构建新生态，形成发展新格局

加快构建智慧城市产业、投资和创新创业生态，推动产业、投资、创新高效协同联动，是推进智慧城市持续发展的关键。构建智慧城市建设技术产业生态，培育基础设施、基础资源、共性平台、行业应用、数据开发利用、安全保障等方面的解决方案供应商和服务运营商，打造贯穿网络、平台、应用、服务、数据、

标准、安全等全链条的信息服务产业。构建智慧城市建设投融资生态，探索为企业创新活动提供股权和债权相结合的融资服务方式，创造风险投资与商业信贷、股票与债券、知识产权质押融资等相互补充、相互支持的投融资政策环境。构建智慧城市建设创新创业生态，以智慧城市项目建设为"试验田"，积极支持本地创新创业项目应用，构建"创业苗圃＋孵化器＋加速器＋产业园"的梯次孵化体系。

（八）加快完善新保障，筑牢发展新护盾

完善政策保障机制，创新政企合作、授权运营、政府购买服务、财政投资、政府基金等相关领域机制保障，强化机制创新，构建更加适应市场需求的智慧城市建设和运营政策保障机制。完善网络安全保障，重点加强关键信息基础设施、数据中心、多网融合、大型网络平台、互联系统、新技术应用等领域网络安全保障建设，完善制度体系建设，增强技术防范能力。完善数据安全保障，加强大数据中心、重点信息系统、重要网络平台等领域数据安全保障，规范政务数据共享交换、授权运营、开发利用以及企业数据流通交易等行为，促进数据合规利用。

三、新型智慧城市建设机制保障

智慧城市建设是一项系统性工程，需要统筹考虑发展理念、业务需求、技术发展、项目建设、机制保障等各类因素，其中机制保障在智慧城市建设中发挥着至关重要的作用。长期以来，智慧城市建设出现了项目建设难以统筹规划、部门间难以信息共享和业务联动、支撑创新创业作用难以发挥、可持续发展能力不足等诸多核心问题，其深层次原因在于机制问题。新型智慧城市建设要实现可持续推进，必须加快推进重要机制建设，以机制建设保障新型智慧城市高质量发展。在新型智慧城市建设中，要重点从统筹协调、共享开放、协同联动、创新试验、包容试错、迭代更新、市场竞争、安全保障等八个方面构建机制。

（一）统筹协调机制

统筹协调机制建设有利于避免政务多门、各自为政、重复建设、投资浪费等一系列问题。新型智慧城市推进要重点加强规划、政策、项目、资金等多方面统筹协调机制建设，确保形成发展合力，实现统筹布局和协同推进。一是加强规划统筹协调，做好总体规划、部门规划、工程规划等之间的相互衔接，确保统筹部署、

顶层设计和层层落实。二是加强政策措施统筹协调，强化发改、工信、网信、住建、科技等部门推进政策协调，以及财政、金融、税收等部门财税政策协调，形成政策合力，防止政出多门和各自为政。三是加强项目建设统筹协调，做好项目建设基础共建、互联互通、信息共享等方面的统筹规划，促进集约建设、系统互联和信息共享。四是加强资金安排统筹协调，确保财政资金严格依据规划投资，禁止利用部门资金建设信息孤岛项目，避免重复建设和投资浪费等现象。

（二）共享开放机制

　　共享开放机制建设有利于提高城市创新要素的资源利用效率，最大化释放新要素支撑创新发展的红利。新型智慧城市建设要重点加强先进基础设施、数据资源和创新平台等开放共享，提供更多的城市创新要素支撑社会创新创业。一是推进重点网络信息基础设施共享开放，尤其是要加快移动互联网、云计算、大数据、物联网、人工智能等应用基础设施平台开放，释放先进基础设施社会溢出效应。二是推进数据资源共享开放，完善政务数据资源共享交换，扩大公共信息资源开放范围，做好企业间数据流通促进机制建设，释放数据红利。三是推进创新平台共享开放，大力推进财政支持的研发中心、创新实验室、工程中心等创新平台向社会开放，更好地支撑社会创新创业。

（三）协同联动机制

　　协同联动机制建设有利于更好地促进整体政府建设、避免部门本位主义。推进新型智慧城市建设，要重点加强政府社会治理、民生服务、项目规划建设等方面的协同联动，切实提高政府整体协同运作能力。一是加快构建社会治理协同联动机制，加快跨部门、跨层级、跨区域业务流程优化和前后对接，推动政务数据资源无缝即时流动，杜绝因业务衔接不顺而出现监管漏洞现象，实现一体化政府监管治理。二是加快构建民生服务协同联动机制，推进一体化政务办事服务，加快推进政务服务"一网通办"和企业群众办事"只进一扇门"，提供"一站式"服务能力，提升政府部门协同服务能力。三是加快构建规划、投资、建设、运营全过程协同联动机制，确保项目推进持续迭代升级，满足技术升级、业务变化、机构调整和制度变革等需求。

（四）创新试验机制

创新试验机制建设有利于降低社会创新成本、更好地激发社会利用智慧城市建设机遇开展创新创业。推进新型智慧城市建设要重点加强创新"试验田"、数据开发利用、制度创新试验等方面机制建设，最大限度地激发城市发展带动创新创业的活力。一是加强新技术创新应用"试验田"建设，通过政府采购、项目试点、业务许可等模式，提供新技术创新应用试验场景，满足新技术创新创业试验试错需求。二是构建数据开发利用创新试验机制，在公共信息资源开放、社会数据流通交易、个人信息的开发利用等领域，开展试点试验，探索成熟的推进机制，以释放数据红利。三是加快制度创新试验，适应智慧城市人才发展、项目建设、业务运营等需求，加快财税、投融资、人才评价和激励、部门考核等相关制度的创新，解开阻碍智慧城市发展的制度枷锁，降低制度交易成本。

（五）包容试错机制

包容试错机制建设有利于激励更多创新创业人才敢想敢干。推进新型智慧城市建设要重点加强行业监管、财政投资、创业环境等方面包容试错机制的建设，支持和包容创新创业活动在试错中不断茁壮成长。一是建立针对新兴业态审慎包容监管制度，本着"放水养鱼"的精神，支持新兴业态创新发展，同时做好风险防范研究，完善相关监管制度。二是建立财政资金投资容错试错机制，支持财政项目跟随天使、风险等社会投资资本投资，提升财政资金支持社会创新的能力。三是营造创新创业包容试错机制，积极营造"鼓励创新、宽容失败"的宽松创新创业环境，鼓励有梦想的年轻人、企业家结合智慧城市发展需求创新创业，成为城市发展合伙人。

（六）迭代更新机制

迭代更新是事务发展的规律。推进新型智慧城市建设要加强顶层设计、发展规划、标准规范、规章制度、网络平台应用等各方面迭代更新机制建设，确保能够满足不断发展变化的需求。一是完善智慧城市顶层设计和发展规划迭代更新机制，确保顶层设计和发展规划能够适应技术发展、需求升级、机构变革、政策变化等需求。二是完善智慧城市标准规范和规章制度迭代更新机制，确保标准规范和规章制度能够适应新技术、新服务、新业态发展变化需求。三是完善智慧城市网络系统平台应用迭代更新机制，确保网络系统平台应用能够适应技术发展、业务变化、能力升级等需求。

（七）市场竞争机制

市场竞争机制建设是优化资源配置的重要保障，构建优胜劣汰的市场竞争机制有利于促进智慧城市服务商服务质量的不断提升。一是构建项目建设运营竞争机制，择优选择信誉好、技术强、服务优的服务商承接智慧城市项目建设和运营，从代码交付、标准遵循、互联开放、服务质量等方面完善规章制度，确保项目不被服务提供商"绑架"，促进服务商优胜劣汰。二是构建政务数据开发利用竞争机制，创新政务数据开发利用机制，发挥社会专业企业特长，鼓励采取竞标授权运营等模式，推进政务数据资源社会化开发利用。

（八）安全保障机制

安全保障机制建设是智慧城市建设不可或缺的重要内容，高效的安全保障机制能够让城市运行更显智慧和安全。推进新型智慧城市建设要重点加强网络、平台、应用、数据、供应链等全方位安全保障机制建设，确保不出现安全短板。一是完善网络平台应用安全保障机制，构建物理、网络、平台、应用、人员等全方位、全链条、全生命周期的安全管理制度，确保技术安全、设施安全和管理安全。二是完善数据安全保障机制，加强个人信息保护、公共信息资源开放、企业数据流通、跨境数据流动等方面制度机制建设，构建数据采集、存储、传输、交易、开发、利用等全生命周期安全保障机制，规范各方权责，加强监管技术支撑平台建设，让数据在制度和监管的双轨道上有序流动。三是建立供应链安全保障机制，加强对服务商能力的评估，建立可靠服务商目录清单，确保智慧城市大系统、大平台不会因为供应商变化而导致运维和升级受阻。

新型智慧城市建设不仅要注重新技术、新设施、新服务、新业态的建设、应用和发展，更加要注重新思路、路径、机制创新，让智慧城市发展动能从项目驱动向思路创新、路径引领、机制保障转变，更好地促进智慧城市健康持续发展，提高智慧城市发展质量，让城市生活更加美好！

第二节　数字乡村建设提速乡村振兴

实施乡村振兴战略是决胜全面建成小康社会、全面建设社会主义现代化国家的重大历史任务，是新时代做好"三农"工作的总抓手，是实现发展成果全民共享的必要途径。2018 年 7 月，习近平总书记在对实施乡村振兴战略的重要指示中强调，要坚持乡村全面振兴，抓重点、补短板、强弱项，实现乡村产业振兴、人才振兴、文化振兴、生态振兴、组织振兴，推动农业全面升级、农村全面进步、农民全面发展。最近几年来，随着国家"宽带中国"战略的实施，农村网络信息基础设施日益完善，互联网已经走进农村千家万户。发挥互联网通用基础设施的强大溢出效应，充分利用新生代农民工信息技能普遍提升机遇，积极推动互联网和乡村经济社会发展融合，加快推进数字乡村建设，有助于更好、更快、更深入地推动乡村振兴，让亿万农民有更多实实在在的获得感、幸福感、安全感。

一、数字乡村建设推进秉承思维

（一）务实实用思维

数字乡村建设不能搞形象工程，不能求全求高端，要以满足农业农村生产生活的实际需要为导向，让数字化建设对农民生活、农业发展、农村居住环境改善有实际帮助，让农民在数字乡村建设中得到切切实实的体验感、获得感和幸福感。要切实考虑农业农村网络接入条件、农业生产工具、家庭智能应用等数字化基础，以及农民知识和数字技术操作技能水平，不能不切实际地将数字城市建设方案直接搬到农村。在资金投入上，要切实考虑国家规模投入的可行性、商业投入的可回报性、农民投入的可负担性、公共服务投入的普惠性，以及资金投入的延续性等。

（二）极简易用思维

考虑农民知识文化水平和现实数字技术操作技能，数字乡村建设应用服务需要提供大量便捷化服务，不要让农民因为复杂的数字业务流程直呼"太难、不会"。要优化水、电、气缴费，以及急救、消防、报修、网络接入等各类农村生活智能化应用操作流程以及安装部署，优化农村电商服务站、农家书屋、农村信息服务站、农业合作社等领域信息设备及服务，提供"一键完成""一呼即应""即插即用"等服务。考虑农村留守儿童和老年人偏多等实际情况，完善各类智能应用无障碍服务。优化健康宝、行程码等智能服务，提供刷身份证、人脸扫码等多种便捷验证服务，切实满足农村无智能手机群体疫情防控出行需要，堵塞防疫漏洞。

（三）市场参与思维

对于数字乡村建设，政府不能大包大揽，全靠政府财政资金投入建设的发展路径不可持续，需要充分利用市场机制，调动市场积极性，引导和支持社会资本参与数字乡村建设，充分利用社会企业商业化运作能力，盘活数字乡村建设市场，激发农村数字化应用活力。要充分利用电子商务进农村、"互联网＋"农产品出村进城工程、农村光网改造等契机，加快完善农村电商服务站、物流站、冷链物流等设施建设，支持电商企业在农村开展业务，鼓励农民网购网销，带动农业农村数字化应用深入。

（四）迭代升级思维

数字乡村建设不是一次性的项目投入建设，相关数字化设施随着新业务和新技术的发展，需要持续加大投入、不断升级改造、加速迭代升级。加快农村通信、电视、电力、水利、交通、物流等传统基础设施的数字化升级，不断提升对新业务支撑能力。加快农村电子商务服务站点、农家书屋、党员远程教育、农村信息服务站、农村公路驿站等站点数字化设施持续升级，不断增强设备智能化水平，提升用户体验。

（五）服务优化思维

数字乡村建设要始终紧紧围绕提升"三农"服务水平这个原则和宗旨。加快政务服务向乡镇（街道）、村（社区）延伸，提供政务在线代办服务，提升基层政务服务能力。加快公共缴费以及医疗、教育、养老、文化等服务设施数字化改造，助推乡村公共服务均等化。持续推进农村电子商务发展，加快农村电子商务站点和物流站点等建设，推进"互联网＋"农产品出村进城工程，提升农业信息服务水平。

二、以互联网应用推动乡村振兴

（一）以互联网促进乡村产业振兴，全面促进农村第一二三产业融合发展

产业振兴是推动乡村振兴的核心关键，是提高农民收入的根本途径。鼓励农民积极利用互联网创新生产方式，有助于推动农村产业发展变革、提升产业发展质量、拓展产业发展新空间，更好地促进农民增收。一是以"互联网＋"农业推动传统农业发展模式变革，鼓励农民利用大型电子商务平台开展特色农产品销售，拓展农产品销售渠道，或者利用电子商务平台与大型超市、农贸市场、便利店、农产品加工企业等加强合作，开展农超对接，发展订单农业服务，推动农业供给侧结构性改革和高质量发展。二是鼓励农民企业家利用互联网推动乡镇企业、私营企业、个体户等发展模式变革，积极利用电子商务平台开展市场资讯分析、原材料采购、产品销售、众包设计等服务，提升企业应对政策方针、市场需求、科技创新等变化能力。三是鼓励新生代农民工积极利用互联网开展创新创业，发展"互联网＋"农家乐、"互联网＋"乡村游、农村特色手工艺品网上定制等服务，推动农村服务业发展，提升农民收入水平。

（二）以互联网促进乡村人才振兴，全面提高农民数字能力及职业素养

人才振兴是乡村振兴的根本保障，是解决"三农"问题的根本出路。适应数字社会发展趋势，加强农民数字技能培养，提高农民信息素养，充分激发乡村人才活力，让农民跟上数字社会发展步伐，共享信息红利。一是利用农村党员远程教育站点、农村书屋、农村信息服务站等站点设施，培育农民上网习惯和技能，激发农民上网兴趣和动能。二是加快推动农民移动智能终端普及，利用移动互联网培养农民移动阅读、电子商务、电子支付、社交网络等使用习惯和基本技能，提升农民适应数字社会、驾驭数字经济的能力。三是利用电子商务进农村契机，联合大型电子商务企业，依托农村电子商务代理点和新生代农民群体，培育懂互联网、懂农业、懂市场的"三懂"职业农民，更好地支撑农村产业转型升级。

（三）以互联网促进乡村文化振兴，全面促进乡村社会文明提档升级

文化振兴是乡村振兴的重要动力，是让农村焕发生机和活力的重要抓手。发挥好互联网文化传播效应，加快优质文化网络下乡，推动乡村特色文化网上"走出去"，才能让乡村文化驶入网络化发展的快轨。一是深入实施文化惠民工程，

加快对农家书屋、农村图书馆的数字化改造升级，积极利用互联网、移动互联网让优质文化下乡，丰富群众性文化活动，进一步提高公共文化服务能力，促进基本公共文化服务标准化、均等化，满足新时代农民对高质量文化的新需求。二是通过网络直播、短视频等平台繁荣乡村传统文化，结合乡村旅游、乡村特色文化节、非物质文化遗产保护等途径，加大对饮食文化、民俗文化、建筑文化等乡村特色文化的挖掘、保护和网络化宣传，让乡村特色文化"走出去"，做大做强乡村特色文化产业，让文化产业催生乡村经济发展动力。

（四）以互联网促进乡村生态振兴，全面护航生态宜居的美丽乡村建设

生态振兴是乡村振兴的重大任务，是推动美丽乡村建设的核心内容。积极利用网络信息技术，加强农村生态环境整治，提高农村环境治理广度和深度，才能更好地保障生态宜居的美丽乡村建设。一是加强农村环境监管能力建设，加快利用网络技术对农村环境开展大规模在线监测，提升农村土壤、水源、畜牧等环境数字化、网络化、智能化监测感知能力，实现农村环境深度治理。二是利用互联网构建农村废弃物回收体系，畅通废弃物回收信息服务渠道，打造农村废弃物回收网络市场，提高农村废弃物回收能力和效率。三是加大乡村环保网络宣传，充分利用新生代农民智能手机普及率高的基础，积极利用抖音、微信等新手段加快农村环境保护知识和典型案例的推送宣传，畅通生态环境污染网络举报渠道，不断提高农民环保意识。

（五）以互联网促进乡村组织振兴，全面促进农村社会治理能力现代化

组织振兴是乡村振兴的重要保障，是构建和谐农村的关键。积极利用微信等网络化组织模式，加强乡村组织的管理，密切组织成员联系，才能提高乡村组织活力。一是以互联网助推农村党建模式创新，通过农村党员远程教育、党员微信群等方式，构建现代化网络党建平台，提升农村党建教育、组织、宣传、动员和交流能力，实现"党员在哪里、组织就建到哪里、工作就覆盖到哪里"的目标，巩固党的基层组织能力。二是以互联网提升村务组织能力，推动村务服务模式创新，依托微博、微信、自助智能终端等渠道，实现种粮、良种、农机具购置、农资直补等补贴以及村务收支和债务等在线实时查询，推动和谐农村建设。三是以互联网提升乡村社团组织能力，积极发挥好互联网的组织能力，加强农村团组织、

妇女组织、民兵连、老年社团，以及新经济组织、新社会组织管理，构建组织有力、充满活力、和谐有序的农村社团发展新局面。

三、完善数字乡村建设保障机制

（一）组织保障

加强数字乡村建设的组织领导，建立健全推进统筹协调机制，加强统筹规划和顶层设计，强化农业农村、发改、工信、商务、文旅、教育、医疗等部门在农村发展政策扶持上的协同，形成政策扶持合力。加强网络基础设施、基层智能服务终端、部门乡村服务队伍等统筹规划、共建共享，提升协同服务能力。

（二）政策保障

继续实施电信普遍服务政策，支持农村网络基础设施覆盖面扩大和服务能力提升。继续开展电子商务示范县、示范镇、示范村建设，推进农村电商应用，加强农村电商人才培养，以电子商务撬动农村数字化应用发展和农村数字技能人才培养。以实用和绩效为导向，创新推进模式，持续推进党员远程教育、农家书屋、农村信息服务站等项目建设。

（三）资金保障

加强现有各部门涉农资金的统筹，形成扶持合力，重点支持数字项目重点项目建设。充分利用通信、电力、公路、水利等方面投资资金，同步加快乡村基础设施数字化改造升级。加强政策性金融服务对乡村网络基础设施、数字农业、农村电商等领域和农业合作社、新型农业经营主体的信贷融资支持。

（四）网络保障

加快农村地区光纤入户和 4G 基站补盲建设，持续推进网络迭代升级和农村"三网融合"，推进 5G 和千兆光纤网络在有条件、有需求的农村应用。推进通信运营商农村地区铁塔、基站、机房、管线等共建共享，降低农村地区网络进入成本。积极利用部委和省市各类"三农"服务工程，推进农村医疗、教育、文旅等公共场所网络设施建设。

第三节　数字化点亮大众智慧新生活

以互联网为代表的数字技术已经深刻改变了人类的发展进程，形形色色的网络数字应用已经渗透到了生产生活的方方面面，对产业发展、居民生活和政府治理都产生了重大深刻的影响。近年来，我国大力推进移动通信网络迭代升级和宽带普及提速降费，加快光纤网络、4G、5G 等部署应用，互联网走进千家万户，移动互联网应用更是普遍触及大众指尖，各种数字化应用成为大众日常生活中不可或缺的重要组成部分，为大众生活提档升级提供技术赋能。数字化点亮智慧生活，数字信息服务和商业模式创新，让大众的衣食住行等生活各个方面变得便捷化、体验化和智慧化。

一、信息技术应用促进生活智慧化

（一）网络接入环境

互联网提供了普惠化的网络信息接入设施，各类智能终端成为大众通向世界的窗口，实现了让个人随时随地通达世界。21 世纪以来，国家积极推进宽带中国建设，大力推进宽带普及提速和移动通信网络升级换代，全社会互联网接入条件发生了翻天覆地的变化，城镇居民光纤到户、农村居民光纤到行政村已经成为互联网接入的一种新常态，居民家庭互联网宽带网速每年都成倍增长，100 Mbit/s、200 Mbit/s 已经成为家庭上网速率常态，部分家庭的上网速率已经向 1000 Mbit/s迈进。不仅居民家庭上网速率发生了很大变化，大众手机上网速率也得到了显著提升。随着 4G、5G 网络的大范围覆盖，我国手机网民数量大幅增加，大众普遍利用智能手机、平板计算机上网成为当下我国互联网发展伟大成就的真实写照。根据第 49 次《中国互联网络发展状况统计报告》数据，截至 2021 年底，我国手机网民规模达 10.29 亿人，网民中使用手机上网人群占比达到 99.7%（如图 5-1 所示）。根据工业和信息化部的统计数据，2021 年我国移动互联网用户月均流量达到了 13.36 GB（如图 5-2 所示）。

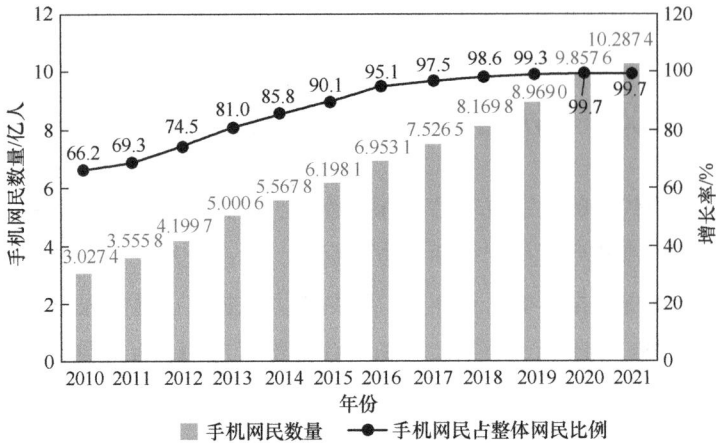

数据来源：根据历年《中国互联网络发展状况统计报告》整理。

图 5-1　2010—2021 年我国手机网民发展情况

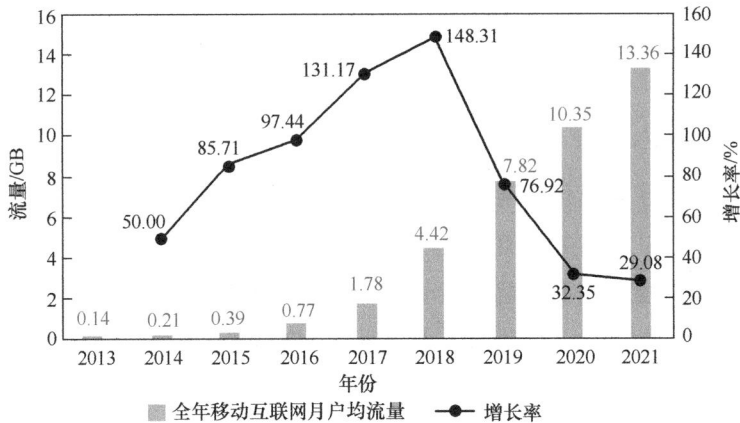

数据来源：根据工业和信息化部历年通信业统计公报整理。

图 5-2　2013—2021 年我国移动互联网用户月均流量发展情况

（二）交通出行环境

互联网构建起了便捷高效的交通出行环境，网约车、智能导航、智慧信号灯等智慧交通服务更好地优化配置了交通运输资源，实现了绿色智能出行。移动互联网已经深刻改变了出租车行业发展模式，根据第 49 次《中国互联网络发展状况统计报告》数据，截至 2021 年 12 月底，我国网约车用户数量已经达到了

4.526 1亿人（如图5-3所示）。网约车出行服务让乘客和司机之间信息变得更加对称，司机降低了空载率，乘客缩短了等待时间，因为有了乘车后服务评价机制，海量用户评价就决定了出租车司机未来社会的认可度，出租车司机服务变得更为规范和热情。智能网联汽车、智能导航、无人驾驶汽车等应用发展将会让大众出行变得更加便捷和舒心，出行不迷路，道路状况实时掌控，道路拥堵提前绕行已经逐渐成为道路交通出行常态。

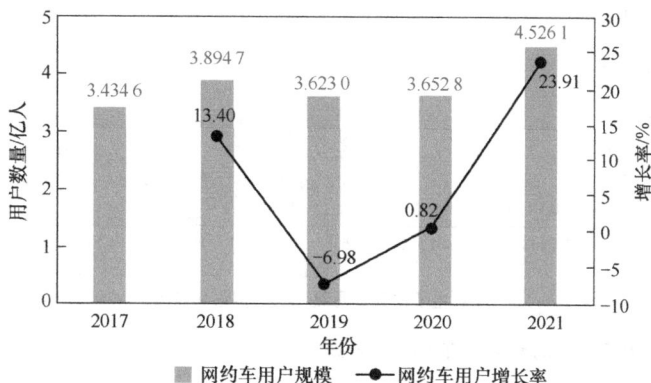

数据来源：根据历年《中国互联网络发展状况统计报告》整理。

图5-3　2017—2021年我国网约车用户发展情况

（三）网络购物环境

互联网为大众创造了全天候的网络购物环境，网上购物、直播带货已经成为大众生活的新常态，随时随地指尖购物成为现实。互联网彻底改变了中国零售行业的发展模式，电子商务成为当今我国零售行业发展的最大特色，移动电商、直播带货、农村电商、跨境电商等各种形式的电子商务蓬勃发展，零售、餐饮、住宿、交通、文旅等各领域电子商务深入应用，培育出了阿里巴巴、京东等一批世界顶级电子商务企业。根据国家统计局数据，2021年全国电子商务交易额达42.30万亿元，同比增长13.7%，网络零售额达13.09万亿元，同比增长9.1%（如图5-4所示），其中实物商品网上零售额10.8万亿元，同比增长12.0%，占社会消费品零售总额的比重为24.5%，对社会消费品零售总额增长的贡献率为23.6%。同时，电子商务发展带动了移动支付普及应用，在线支付、扫一扫支付、NFC支付等支付方式已经渗透到了居民生活的各个领域。根据第49次《中国互联网络发展状况统计报告》数据，截至 2021 年底，我国网络购物用户规模、网络支付用户规模分别达 8.42 亿和 9.04 亿，如图 5-5、图 5-6 所示。电子商务、移动支付彻底改变了大众生活方式，手机购物、在线预订、送货到家、O2O 等服务深刻改变了我国大众的日常生活，随时随地购物不再成为梦想，网络外卖成为常态（如图 5-7 所示），消费需求得到极大挖掘和释放。

数据来源：根据国家统计局和商务部发布的数据整理。

图 5-4　2010—2021 年我国电子商务发展情况

数据来源：根据历年《中国互联网络发展状况统计报告》整理。

图 5-5　2010—2021 年我国网络购物用户发展情况

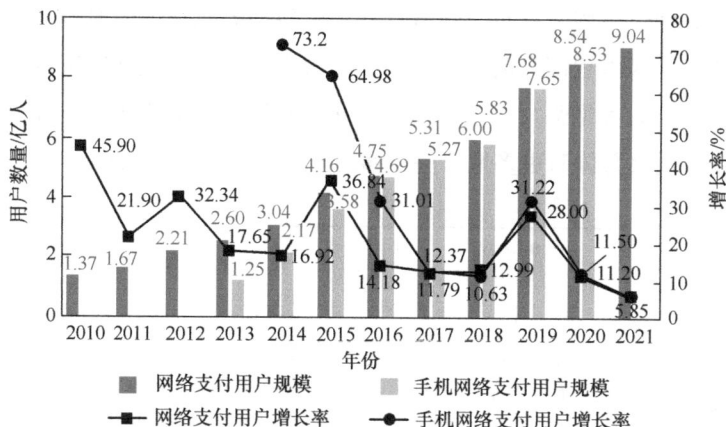

数据来源：根据历年《中国互联网络发展状况统计报告》整理。

图 5-6　2010—2021 年我国网络支付发展情况

数据来源：根据历年《中国互联网络发展状况统计报告》整理。

图 5-7　2015—2021 年我国网络外卖用户发展情况

（四）智慧旅游服务

互联网促进了智慧旅游服务发展，"一站式"旅游信息服务极大地提高了旅客在途体验，开启了"说走就走"的智慧旅游新时代。网上自助游成为青年人旅游的新方式，根据第 49 次《中国互联网络发展状况统计报告》数据，2021 年底，我国在线旅游用户数量达到了 3.97 亿人（如图 5-8 所示）。根据数字地图提前规划好旅游路线，依托旅游 App 提前网上预订宾馆住宿、景点门票、车票机票等，基于移动互联网位置服务就近寻找餐饮住宿，根据导航地图即时规划和调整旅游线路，在陌生地区由智能导航全程领路，丰富多彩的移动互联网服务让大众自助游的在途体验感大大增强。十余年前，大众旅游体验还取决于旅行社和导游服务水平，如今大众旅游体验更多地取决于移动互联网服务发展水平。

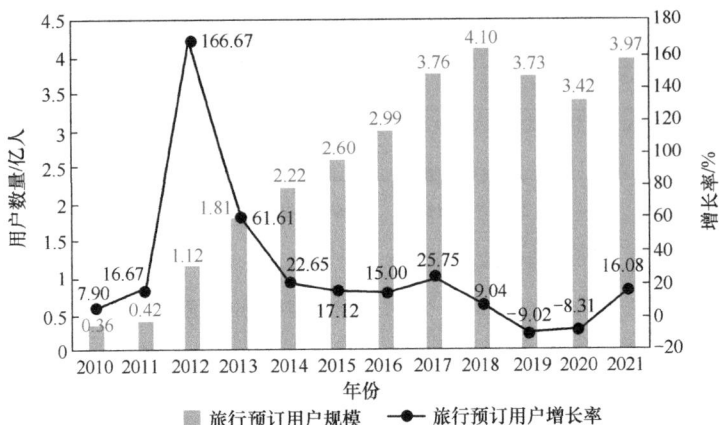

数据来源：根据历年《中国互联网络发展状况统计报告》整理。

图 5-8　2010—2021 年我国在线旅行预订用户规模发展情况

（五）数字化学习环境

互联网构建起了人人受益的数字化学习环境，在线教育成为个人继续教育的新途径，促进人人终身学习。教育资源数字化、网络化服务极大地促进了优质教育资源均等化服务，种类丰富的在线教育课程、永不停息的在线教育课堂让个人学习更加具有自主选择性，降低了个人学习受城乡区域差别、家庭经济能力、个人空闲程度等因素的影响。移动智能终端让大众充分利用碎片化时间加强学习，走进课堂学习将不再是大众唯一的学习方式，利用业余时间和碎片化时间通过互联网在线学习已成为当前我国大众摄取知识的重要途径之一。相比以往走进课堂、拿起书本的学习方式，利用移动互联网通过在线教育 App、新闻客户端、学习强国等途径学习，不仅学习时间更有弹性，而且学习的内容更加丰富和新颖。虚拟现实、增强现实等技术在课堂教育中的融合应用，让课堂教育变得更加生动活泼。

（六）智慧医疗服务

互联网、大数据、人工智能等技术和医疗卫生服务的深度融合，促进了医疗卫生服务发生了历史性变革。在线挂号、远程医疗、互联网医院等服务促进了优质医疗资源均等化，为普惠医疗、分级医疗、医养结合等发展提供了技术手段保障。互联网医院发展为大众提供了"7×24"不打烊医疗咨询服务。CT、核磁共振、心电图等数字化、网络化、智能化的诊断、检测、治疗等医用设备应用，让医生能够更加深入精准地把握病人病情进展。各类可穿戴设备的发展，让病人各类体征指标实现了在线监测和远程预警，健康守护能力大为增强。

（七）智慧养老环境

互联网构建起了老有所依的智慧养老环境，在线监护、远程医疗、电子健康档案成为老年人健康生活的守护神，让老年人活得更加长寿不再是梦。借助各种可穿戴设备等智慧医疗服务，医院、社区医疗和养老机构可以让医生在线守护老年人的健康，对老年人的健康管理由事后紧急干预转变为实时监测和事前预测。基层卫生室远程医疗服务让老年人在家旁边就能享受大医院的医生咨询和诊疗服务，解决了老年人就医不便等问题。电子健康档案让老年人的健康管理变得更加精细化，对老年人的病情能够做到防微杜渐。

（八）网络社交娱乐

互联网构建起了全时空的网络社交娱乐环境，距离、时间不再成为社交障碍。网络社交娱乐是互联网发展最早、最活跃的应用，拢聚了网络人气，也是衍生其他网络应用的基础。互联网让相隔数千千米的人能够随时随地畅聊，未曾谋面亦能成为网友，让全球范围内有共同兴趣爱好和诉求的人群可以在一个 BBS 中各抒己见，让数以千万的人可以集聚在一个网络电影院中观看同一部电影并且相互交流切磋，让个人的精彩生活可以实时向粉丝直播。互联网切切实实地拓展了个人社交娱乐半径，改变了我们的社交娱乐方式，网络社交空间、网络视频空间、网络直播空间、网络棋牌室等网络空间成为更为主流的大众消费场所。根据第 49 次《中国互联网络发展状况统计报告》数据，截至 2021 年底，我国网络视频用户数量达到 9.75 亿人（如图 5-9 所示），网络直播用户数量达到 7.03 亿人（如图

5-10 所示)。

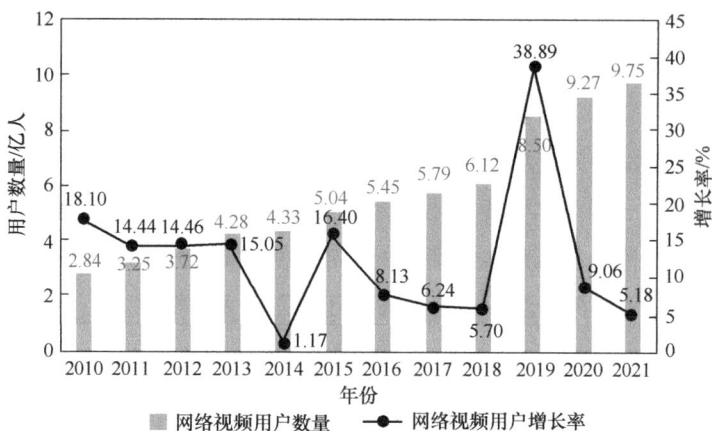

图 5-9　2010—2021 年我国网络视频用户发展情况

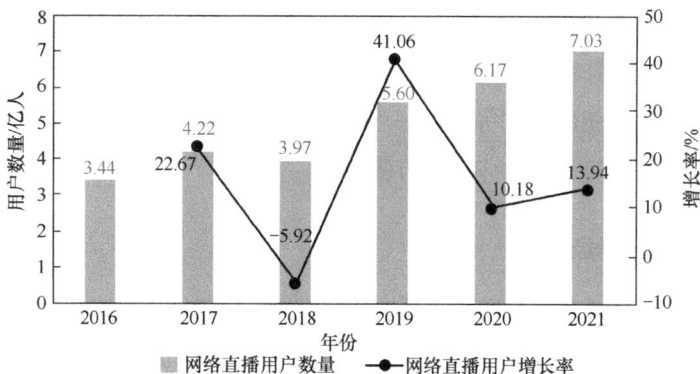

图 5-10　2016—2021 年我国网络直播用户发展情况

（九）智慧家庭方面

互联网让家庭生活更加智慧化，智能家居、智能楼宇等让家庭生活更为省心和贴心。随着智能空调、智能冰箱、智能电视、智慧安防等各类智能家居的发展，大众生活变得更加智慧化。智能电视让家庭成为点播影院，看电视告别电视台放什么就看什么的时代，进入想看什么就点播什么的互联网电视时代，加上 VR、

AR、3D、4K、8K 等智能化技术的辅助，人们在家里就能有身临其境的感觉，互动感和体验感大为增强。带有远程控制和温度自适应感知的智慧空调让家庭永远保持春天的气息，消除了夏天下班回家开空调预冷的燥热等待。智能冰箱做起了家庭温馨保姆，每天提醒户主营养素材的补充和更新。智能楼宇让楼宇安全管理变得更加省心，出入有人脸实时验证、安防视频实时监控，可疑情形自动报警等技术保障大幅提高了楼宇安全管理水平。

二、打造大众智慧生活方式的建议

（一）推进网络信息基础设施迭代升级

持续推进网络信息基础设施迭代升级，不断满足新应用新服务新业态对网络信息基础设施支撑的新需求。推进宽带网络建设，加快以千兆光网和 5G 为代表的"双千兆"网络部署，构建全光网城市，提升光纤入户、4G/5G 用户普及率，提升用户宽带网络接入能力。加快推动移动物联网、车联网、工业互联网等新型网络基础设施部署，打造云计算、大数据、人工智能、区块链、元宇宙等技术创新平台，支撑信息消费服务业态创新。推动数据中心、超算中心、智算中心、云计算、边缘计算等部署和协同发展，提升超大规模计算、云边一体化计算等能力。

（二）增强信息消费产品和服务供给能力

以信息消费产品和服务供给侧创新来激发、提升消费侧需求。深化物联网、人工智能、虚拟现实、增强现实等新一代信息技术在厨房、浴室、客厅、卧室等各场所电器融合创新应用，推进产品和服务创新，提升数字化管控、网络化连接、智能化运行等能力。深化电子商务在网络零售、餐饮住宿、文化旅游等领域应用，创新服务模式，提升精准化、个性化、精细化服务能力。深化虚拟现实、增强现实、元宇宙等技术在休闲娱乐领域的应用，打造逼真、形象、让人身临其境的网络休闲娱乐环境，提升用户消费体验。构建智慧出行服务新体验，发展智能网联汽车、智慧导航、无人车、电子乘车码等服务，提升行程规划、交通诱导、换乘衔接等能力。围绕提升公共服务均等化、普惠化、智能化服务能力，深化政务、医疗、教育、养老、社区等领域智能技术应用，推进数字化、网络化、智能化服务，提升便捷服务水平。

（三）完善服务网络和数据安全保障机制

建立健全面向大众的信息产品、信息服务网络和数据安全保障机制，加强个人信息保护，提升信息消费体验感和获得感。加强个人信息产品和服务数据采集监管，建立健全移动 App、浏览器以及各类智能终端数据采集、存储、开发利用、销毁等行为监管机制，防止个人信息滥采滥用、非法转移和贩卖行为。加强个人信息产品和服务算法模型监管，建立健全网络零售、新闻资讯、网络游戏、社交娱乐等领域网络平台服务算法监管机制，防止算法歧视、大数据"杀熟"、诱导沉迷等不合理算法应用给个人权益、市场秩序和社会稳定造成破坏性影响。加强个人信息产品和服务网络安全保障监管，建立健全产品和服务入侵检测、安全审计、访问控制、电子认证、安全测评等机制，提供安全可控、可信可靠的产品和服务。

（四）加强信息消费新业态的推广和宣传

加强新技术、新产品、新服务推广和宣传，不断激发和挖掘大众信息消费潜能。鼓励和支持举办互联网、机器人、人工智能、智能网联汽车、虚拟现实、智能家居、两化融合等各类信息技术展会、博览会等，为新技术新产品的扩大应用和大众接触新科技提供体验、对接平台。鼓励和支持通信运营、智能终端产品供给、电子商务等领域企业联合各级地方政府，联合建立综合性信息消费体验大厅，提供新技术、新产品、新服务推广体验服务，激发、挖掘和增强大众信息消费欲望。鼓励和支持旅游景点、宾馆饭店、商贸超市、车站、健身场所等人流密集场所，率先加强新技术、新产品应用，提高大众新技术消费体验感。

数字技术点亮大众智慧生活，未来美好生活因数字技术创新而改变。数字技术对大众生活的影响才刚开始，未来随着各类数字技术发展以及在居民生活中的深入应用，将有更多智慧化应用会改变大众生活方式，让生活变得更加舒适、便捷、绿色和公平。

第四节　数字化促进社会发展均等化

当前我国社会主要矛盾已经转变成为人民日益增长的美好生活需要和不平衡不充分的发展之间的矛盾，数字化发展为解决传统发展不平衡不充分提供了探索道路。加快推进数字化转型，推进网络信息基础设施普遍服务，实施电子商务进农村工程，大力发展在线政务服务，推广普及网络社交娱乐等互联网信息服务，有利于促进城乡发展、区域发展、群体发展、企业发展均等化，促进平衡、包容、普惠发展，创造更多共同发展机遇，共享数字发展红利。

一、数字化促进发展均等化的机理

（一）促进城乡发展均等化

随着数字化的加速推进，网络信息基础设施、电子商务、在线政务等加速向农村延伸，整体改变了农村发展环境，让农村在社会整体前进中分享更多发展机会，促进了城乡发展均等化。随着宽带中国战略的实施和推进，各类网络基础设施加快向农村延伸，光纤网络部署从进行政村逐渐发展到光纤入户，4G 网络逐步实现连续无缝覆盖，5G 网络加快部署，农村固定家庭宽带普及率大幅提升，农村家庭宽带速率达 100 Mbit/s 成为常态。互联网作为通用基础设施逐渐被普遍安装到农村社会中，为农村社会加快数字化转型提供了基础网络保障。电子商务进农村工程的大力推进，促进了乡村网络零售、电子支付、快递物流等服务的快速发展，拓展了农村购物渠道，增强了农村商品供给能力，让农村居民购物像生活在城市一样方便快捷。"互联网 + 医疗服务"的兴起，助力分级医疗的推广普及，村（社区）卫生室通过远程会诊中心，就能为农村居民提供城市医院高级别专家远程会诊服务，提高了乡村卫生室医疗诊断服务能力，为农民健康提供了更加有效的保障。一体化政务服务平台的建设推进，促进了政务服务向基层乡镇（街道）、村（社区）和指尖延伸，政务服务逐步实现"一网通办""全程网办""最多跑一次""秒批秒办"，逐渐结束了政务服务农村居民县城来回多次跑的历史，让农村居民办事像城市居民一样方便。

（二）促进区域发展均等化

随着数字化的加速推进，各地加快推进网络基础设施、电子商务、快递物流、社交网络等普及应用，加快推进互联网、大数据、人工智能和经济社会发展深度融合，为各区域平等分享发展机会提供了重要条件保障。宽带网络、移动通信网络等网络基础设施普及，逐渐减小了地理位置、资源要素、政策条件等传统因素对区域发展的影响，为各地提供了均等分享网络空间和数字化发展成果的条件，助推了各地产业数字化转型和数字社会建设，缩小了地区数字鸿沟，增强了各地发展能力。电子商务和物流业的发展和普遍应用，畅通了买卖供求对接和流通渠道，结束了商品销售交易地域限制，无论东中西部、沿海和内陆，还是边疆地区、偏远山区，依托大型电子商务平台，消除了供求信息不对称，任何区域企业和个体商户均有能力实现产品"全球买""全球卖"，让市场竞争回归产品质量竞争本源。社交网络的普及应用，缩小了各地与世界的距离，拉近了人际、商务、科研、学术等交流时空距离，为各地平等分享发展机会和参与发展竞争提供了重要平台支撑。

（三）促进群体发展均等化

网络教育、社交网络、电子商务、电子支付、网络娱乐等网络信息服务的发展和普及应用，为不同区域不同类型的人群发展提供了统一舞台，增强了个体发展和拓展能力。网络教育发展为不同群体的自我发展提升提供了更多选择机会，降低了个体学习教育对时空、年龄、经济等因素的限制，丰富了学习渠道和学习内容，促进了不同群体的共同学习成长。微信、微博、抖音等社交网络的发展，提升了不同区域不同类型人群交流互动、资讯摄取、自我展示、宣传推广、社会动员等能力，拓展了个体自我发展空间。电子商务的发展和应用，减少了不同群体购物时空依赖限制，整体提升了不同层次人群的商品选购能力，极大地满足了各类人群不同层次消费需求，激发了潜在消费潜力。微信、支付宝、银联等电子支付工具广泛普及应用，提高了各类场景支付的便捷性，减少了支付交易纠纷发生，提升了不同类型人群的支付速度和体验。网络娱乐信息服务的发展，打破了人群区域、性别、年龄、民族、种族、信仰等属性的差异，人们集聚在自发组成的网络影院、网络游戏厅、网络棋牌室，一起共娱共乐。

（四）促进企业发展均等化

随着产业数字化的加速推进，电子商务、工业互联网等新型生产方式的发展，给予了中小企业更多发展机会，激发了中小企业发展活力，促进企业发展均等化。电子商务在广大中小企业中的普及应用，让大中小企业站在了更加公平竞争的平台上，它们的竞争方式从以前大型企业依靠掌控销售渠道、区域代理和销售门店等获得市场竞争优势，演变成为企业为摆脱运行成本的拖累，依靠电子商务大数据开展大规模个性化定制、网络化营销和销售。中小企业以"小而快、小而精、小而美"的个性化服务模式赢得越来越多客户的认可和支持，市场竞争力大幅提升。工业互联网兴起，行业龙头企业依托工业互联网平台，带动了产业链上下游企业数字化协同发展，推动产业链上下游企业在原材料、中间品、研发生产能力等方面共享，促进了大中小企业融通发展。

二、以数字化推进发展均等化建议

（一）扩大网络基础设施覆盖范围

大力推进数字乡村建设，实施光纤进村入户工程，加大农村社区光网改造力度，持续推进宽带普及提速降费，提高家庭固定宽带普及率，逐步让宽带网络成为农村家庭的标配设施。推进 4G 在农村地区、偏远山区、边疆地区、矿区等地区补盲补弱，加快推进 5G 网络建设部署，鼓励运营商共建共享，提供无缝覆盖或连续覆盖服务，提升泛在接入能力。降低企业宽带资费，严厉打击产业园区、商业楼宇、公共场所等区域宽带接入违法垄断行为，为中小企业提供方便接入、选择自由、可负担的宽带接入条件。

（二）大力发展平台型信息服务业

大力发展零售、社交、娱乐、教育、医疗、文旅等消费型平台信息服务业，推进消费型互联网信息服务进村入户，为农村居民"衣、食、住、行、学、医、养"提供更多选择机会，促进基本公共服务均等化，促进包容普惠发展，让更多人共享数字化发展成果红利。大力发展研发设计、生产制造、供应链管理、经营销售等环节生产型平台信息服务业，创新工业互联网应用场景和商业模式，创新数字化条件下协同研发、生产能力共享、供应链协同、个性化定制等服务模式，促进产业链上下游协同，促进大中小企业融通发展。

（三）构建包容普惠发展推进机制

持续实施电信普遍服务，做大电信普遍服务基金规模，平衡运营商企业逐利性与电信服务公益性的矛盾，让更多地区及时享受最先进的网络信息基础设施服务，为平台参与数字化发展提供及时有效的保障。加大国家中小企业发展基金对中小企业数字化发展扶持力度，鼓励平台经济企业创新面向中小企业的信息服务模式和种类，大力发展研发设计、电子商务、协同制造、供应链协同等平台服务，带动中小企业全面加快数字化转型。推进信息无障碍服务，围绕老年人出行、就医、消费、文娱、办事等高频事项和服务场景，加快生活类 App 应用适老化改造，让老年人享受更加便捷的智能化服务。

（四）积极提升全民信息素养水平

充分利用电子商务进农村机遇，加强新生代农民工信息技能培训，提升农民工对智能终端、电商网站、社交网络、移动 App 等的操作技能，满足农民工创业就业需求。加强产业工人信息技能培训，提高产业工人数字仪器仪表、数控机床、工业软件、企业管理软件、电子商务等操作和应用技能，助力数字化工厂建设。加强中小学生信息技术教育教学，增强中小学生对通信网络、计算机、智能终端、集成电路、虚拟现实、卫星互联网、车联网等的认识，激发他们对信息技术的学习爱好。充分利用老年活动室等场所，加强中老年人信息技能培训，提升中老年人应用移动智能终端、电子商务、电子支付、健康码、行程码等操作技能，满足中老年人日常基本生活需要。

第六章

数字政府：

创新推进体制机制，提升社会服务管理效能

　　数字政府建设是电子政务发展的新阶段，是数字中国建设的重要内容之一。加快推进数字政府建设，是构建高效型、服务型政府的必然选择，是提升政府决策和治理能力的必然要求，是促进治理能力和治理体系现代化的必由之路。以推进"放管服"改革为驱动力，加快推进数字政府建设，统筹规划建设政务基础设施，推进政务信息共享和业务协同，发展一体化政务服务，推进"互联网＋监管"，提升政府数字化决策能力，构建数字化、网络化、智能化的政务服务、社会治理和政府决策方式，已经成为政府适应数字经济和数字社会发展要求、加强自身能力建设的必然要求。

第一节　创新推进数字政府建设发展

数字政府建设是"十四五"期间国家加快数字化转型、加快数字中国建设的重要内容之一，是构建与数字经济、智慧社会发展水平相适应的政府运行体系的需要，是促进社会治理方式根本性转变的重要抓手。加快推进数字政府建设，有利于提升政府全方位深度决策水平，有利于提升一体化政务服务和社会治理能力，有利于促进国家治理体系和治理能力现代化。

一、当前数字政府发展存在问题

（一）统筹规划顶层设计方面

近年来，中央部委和地方政府加大数字政府发展统筹规划和顶层设计，出台了一系列文件来推进政务信息化建设（如表 6-1 所示），政务信息化长期存在的重复建设、投资浪费、成效不明显等问题有了极大改善，但依然存在着一些影响持续发展的根本性问题，主要表现在以下几方面。跨层级、跨部门、跨区域政务数据共享和业务协同缺乏国家层面统筹规划和顶层设计，影响了政务服务跨区域办理、社会治理多层级协同联动、基层政务服务和社会治理一体化。部分地区在数字政府规划、投资、建设、运营和运维等方面缺乏高效和长效顶层机制建设，存在服务垄断、技术绑架、管理安全等风险，影响持续推进和业务变革升级。较多地区在数字政府网络、平台、系统、应用等建设以及数据开发利用方面缺乏长远设计，在开放性、升级改造、业务扩容、数据开发利用等方面都存在一定的发展限制。

表 6-1　我国近年发布的与电子政务发展相关的文件（部分）

文件时间	文件名称	文号	发文部门
2002 年 8 月 5 日	国家信息化领导小组关于我国电子政务建设指导意见	中办发〔2002〕17	中共中央办公厅、国务院办公厅
2006 年 3 月 19 日	国家电子政务总体框架	国信〔2006〕2 号	国家信息化领导小组办公室
2006 年	国家信息化领导小组关于推进国家电子政务网络建设的意见	中办发〔2006〕18 号	中共中央办公厅、国务院办公厅

续表

文件时间	文件名称	文号	发文部门
2009 年 4 月 14 日	加快推进国家电子政务外网建设工作的通知	发改高技〔2009〕988 号	国家发展改革委、财政部
2011 年 9 月 13 日	国务院办公厅转发全国政务公开领导小组关于开展依托电子政务平台加强县级政府政务公开和政务服务试点工作意见的通知	国办函〔2011〕99 号	国务院办公厅
2012 年 7 月 6 日	关于进一步加强国家电子政务网络建设和应用工作的通知	发改高技〔2012〕1986 号	国家发展改革委、公安部、财政部等
2014 年 11 月 26 日	国务院办公厅关于促进电子政务协调发展的指导意见	国办发〔2014〕66 号	国务院办公厅
2016 年 4 月 14 日	国务院办公厅关于转发国家发展改革委等部门推进"互联网＋政务服务"开展信息惠民试点实施方案的通知	国办发〔2016〕23 号	国务院办公厅
2016 年 9 月 25 日	国务院关于加快推进"互联网＋政务服务"工作的指导意见	国发〔2016〕55 号	国务院
2016 年 12 月 22 日	国务院关于加强政务诚信建设的指导意见	国发〔2016〕76 号	国务院
2016 年 12 月 20 日	国务院办公厅关于印发"互联网＋政务服务"技术体系建设指南的通知	国办函〔2016〕108 号	国务院办公厅
2017 年 5 月 9 日	国务院办公厅关于印发开展基层政务公开标准化规范化试点工作方案的通知	国办发〔2017〕42 号	国务院办公厅
2018 年 6 月 10 日	国务院办公厅关于印发进一步深化"互联网＋政务服务"推进政务服务"一网、一门、一次"改革实施方案的通知	国办发〔2018〕45 号	国务院办公厅
2018 年 7 月 25 日	国务院关于加快推进全国一体化在线政务服务平台建设的指导意见	国发〔2018〕27 号	国务院
2018 年 12 月 7 日	国务院办公厅关于推进政务新媒体健康有序发展的意见	国办发〔2018〕123 号	国务院办公厅
2019 年 4 月 26 日	国务院关于在线政务服务的若干规定	国令第 716 号	国务院
2019 年 12 月 3 日	国务院办公厅关于建立政务服务"好差评"制度提高政务服务水平的意见	国办发〔2019〕51 号	国务院办公厅

文件时间	文件名称	文号	发文部门
2020 年 9 月 24 日	国务院办公厅关于加快推进政务服务"跨省通办"的指导意见	国办发〔2020〕35 号	国务院办公厅
2020 年 12 月 28 日	国务院办公厅关于进一步优化地方政务服务便民热线的指导意见	国办发〔2020〕53 号	国务院办公厅
2021 年 9 月 29 日	国务院办公厅关于印发全国一体化政务服务平台移动端建设指南的通知	国办函〔2021〕105 号	国务院办公厅
2022 年 1 月 20 日	国务院办公厅关于加快推进电子证照扩大应用领域和全国互通互认的意见	国办发〔2022〕3 号	国务院办公厅
2022 年 2 月 7 日	国务院关于加快推进政务服务标准化规范化便利化的指导意见	国发〔2022〕5 号	国务院

（二）政务基础设施建设方面

近年来，中央部委和地方政府加大推进电子政务网络、政务云、共性设施等政务基础设施，加大统筹规划和共建共享力度，有效地促进了数字政府建设，但依然存在着一些问题，主要表现在以下几个方面。电子政务专网林立，向电子政务外网迁移进展缓慢，专网和外网互联互通存在技术和机制障碍，影响基层一体化政务服务。部分地区电子政务网络基层覆盖范围有待拓展，部分地区乡镇（街道）、村（社区）以及有接入需求的企事业单位难以接入电子政务网络，网络提速跟不上业务发展需求。较多地市、区县地区和行业主管部门政务基础设施尚未实现统筹规划和共建共享，各自为政、投资浪费等现象较为严重。部分地区省、市、县三级政府政务云平台统筹规划和共建共享机制尚未建立。部分政务云平台难以快速满足业务扩容发展需求，平台专业运维和应急响应能力有待进一步提升。统一登录、电子证照、电子签章、电子发票、电子合同、电子支付、电子文件、角色管理、访问控制、安全审计、数据调用等政务共性组件统筹建设力度不足，不同层级、部门间投资浪费、重复建设等现象严重。

（三）政务数据共享交换方面

近年来，在国务院"放管服"改革的积极推动下，我国政务数据资源共享交换取得了快速发展，多地政府已建成同级政务部门数据共享交换平台，有效地支撑了基层一体化政务服务和跨部门协同联动治理，但当前的政务数据共享能力还远未能满足社会需求，主要表现在以下几个方面：跨层级数据共享推进缓慢，上级政府向下级政府共享和回流数据能力不足，影响了基层公共服务和社会治理能力提升；跨区域数据共享缺乏顶层设计和机制保障，难以满足人口大规模流动形势下大量公共服务跨区域办理需求；跨部门数据共享缺乏法律法规保障，仅靠管理办法缺乏强制性约束和主动性激励，难以提高部门共享数据主动性和积极性，"一事一议"协商机制推进难度较大，影响了政务服务"一网通办"和社会治理"一网统管"；存在共享交换平台技术支撑能力不足、共享数据质量偏低、数据更新不及时、数据安全管理不到位等问题。

（四）在线政务服务体系方面

近年来，在党中央和国务院的积极推动下，我国在线政务服务实现了快速发展，一体化政务服务平台快速推进，各级政府政务服务"一网通办""全程网办""秒批秒办"能力大幅提升，但目前政务服务一体化服务能力还未能满足社会需求，主要表现在以下几个方面：跨部门政务服务在线协同联动尚未成为常态，较多跨部门业务还需要办理者线下跑腿流转，一体化政务服务覆盖事项比例有待提升；省、市两级跨区域政务服务办理缺少国家层面统筹规划和顶层设计，靠区域之间两两"一事一议"方式推进政务服务跨区域办理方式，难以在全国范围内形成政务服务一体化跨区域通办能力；在线政务服务向基层延伸能力不足，多数乡镇（街道）和村（社区）政务服务代办能力支撑不足；电子证照库建设进展和共享交换推进缓慢，影响了政务服务办理材料和时间压缩；政务服务体验需要进一步提升，部分在线政务服务应用缺乏人性化设计，存在信息提交多、操作过程烦琐、系统错误频发等问题，亟须强化优化设计；部分地区没有深入应用政务服务好差评制度，对政务服务机构和人员改进作风、优化服务、提升办事效率作用有限。

（五）社会数字化治理方面

新一代信息技术的发展为政府深入推进社会治理提供了重要技术支撑手段。近年来，各级政府大力推进社会数字化治理，多部门协同联动治理、在线治理、智能治理等能力大幅提升，但目前仍然存在着一些制约治理能力提升的关键性问题，主要表现在以下几个方面：跨部门跨层级跨区域协同联动治理缺乏国家层面统筹规划和顶层设计，地方政府跨部门横向整合治理职能、提升一体化治理能力难度较大；较多地区在推进社会数字化治理过程中，过度片面重视智慧城市综合指挥大厅、领导驾驶舱等设施建设，存在盲目比拼、注重外观建设、设施利用率不高、投资浪费等问题；数字化、网络化、智能化的社会治理模式尚未构建起来，大数据、物联网、人工智能等新技术应用于社会数字化治理深度不够，线下治理人员智能执法装备配备率低，现场数据自动化采集水平低，大数据辅助社会治理研判能力不足。

（六）政府内部在线办公方面

近年来，各级政府大力推进内部 OA 办公系统升级改造，有力地推动了政府机关内部办公在线化和移动化，有效地支撑了政府数字化转型，提升了政府内部办公效率。但政府内部办公系统建设仍然存在着一些问题，主要表现在以下几个方面：在线移动办公体验有待提升，复杂冗余的业务流程有待精简和优化，OA系统应用人机友好性有待提升，需要从应用者视角强化业务流程和软件操作优化；大数据、物联网、人工智能等新技术应用深度不够，数据物联采集、可视化展示、业务智能优化等能力不足，技术促进办公便捷化的效应不够明显；电子文件、电子合同、电子发票、电子签章等新技术尚未全面支持，影响了全流程办公电子化的实现；政务办公系统、视频会议、政务服务等系统对接不紧密，相关业务难以一体化衔接。

（七）政务数据开发利用方面

近年来，各级政府积极探索政务数据开发利用，有效地提升了政府决策、社会治理和公共服务等能力，促进了数字经济发展。但政务数据资源开发利用水平与政府治理能力和治理体系现代化还存在一定差距，主要表现在以下几个方面：政务数据质量管理能力有待提升，多数政务部门数据存储缺乏统筹管理，管理安全风险隐患较大；政务数据目录建设、数据清洗、数据比对等机制不健全，影响了政务部门数据共享积极性；政务数据分级分类管理制度尚未建立，数据的个人隐私、商业秘密、国家安全等属性不清晰，制约了数据共享交换、授权运营和开放开发等推进；政务数据授权运营缺乏国家层面制度设计，资源定价、数据交付、数据销毁、收益分配等机制不完善，部分领域政务数据资源独家授权运营存在资源垄断风险；公共数据资源开放成效不明显，数据开放网站存在开放数据质量低、种类少、数据量小、更新不及时、自动化访问程度低等问题；政务大数据辅助决策技术保障能力不足，数据挖掘缺乏研究、技术、管理等支撑。

二、创新数字政府建设推进思路

加快数字政府建设，是各级政府部门适应数字社会发展趋势、提高政府履职能力的必然选择，是优化营商环境、激发市场活力的必要保障，是贯彻以人民为中心的发展思想、提高政府为民服务水平的必然途径。数字政府建设是一项全新的系统性工程，需要转变传统电子政务发展思路和模式，以全面深化改革为前提，以理顺体系机制为抓手，创新思维，统筹规划，顶层设计，系统推进。当前推进数字政府建设过程中，需要秉承和坚持以下思维。

（一）系统思维

数字政府建设是系统性工程，需要系统地做好数字政府推进体制机制改革，系统地做好数字政府建设规划，系统地完善数字政府推进保障措施，让数字政府建设组织推进有力、规划布局有序、配套措施完善。一是系统地推进数字政府工程规划、投资、建设、运营、运维等领域全方位改革，理顺推进机制，形成推进合力，确保数字政府建设统筹规划、集约建设、保障有力、迭代升级，实现可持续推进。二是系统地做好数字政府网络、系统、平台、数据、业务等全方位的统筹规划和顶层设计，确保网络互通、系统互联、平台集成、数据共享、业务协同，实现一体化运行。三是系统地做好数字政府标准规范、管理制度、法律法规等配套措施，推进数字政府建设和运行的标准化、制度化、法治化。

（二）整体思维

数字政府建设过程中要避免政府传统治理不协同联动、服务不一体化的问题，要有整体政府思维，提升政府各部门协同联动治理和"一站式"服务能力。一是推进一体化政府监管治理，按照整体政府、职能分工和协同监管的要求，加快跨部门业务流程优化和前后对接，推动政务数据资源跨部门、跨层级、跨区域无缝即时流动，提升各级政府协同联动治理能力，杜绝因业务不衔接而出现监管漏洞的现象。二是推进"一站式"政务办事服务，按照政务服务"一网、一门、一次"改革要求，加快推进政务服务"一网通办""全程网办""秒批秒办"和企业群众办事"只进一扇门",提供"一站式"全程服务能力,提升政府部门协同服务能力。

(三)用户思维

数字政府建设要始终贯彻以人民为中心的发展思想,以提供用户满意的公共服务为目标,以提高用户体验为路径,优化政务服务流程、模式、渠道和内容,不断满足人民对政务服务的新期待。一是适应"互联网＋政务服务"发展的新特点,按照"让信息多跑路、让百姓少跑腿"的要求,持续推进政务业务服务流程优化和再造,提高政府部门"一站式"服务能力,不断满足网络信息条件下大众对政务服务变革的新需求。二是以用户体验为导向,加快推进全国一体化在线政务服务平台建设,让政务服务变得像网购一样方便,以群众"来不来用、爱不爱用、好不好用"的结果检验政务服务成效,让百姓有更多体验感和获得感。

(四)创新思维

创新是数字政府的核心要义,要推进数字政府理念创新、建设创新、服务创新、应用创新、运营创新,以创新破解传统政务信息化建设各种痛点。一是推动数字政府发展理念创新,将创新、协调、绿色、开放、共享、集约、安全等发展理念全面贯穿在推进数字政府建设的始终,确保数字政府建设由先进理念引领。二是推动数字政府投资、建设、运营、运维、采购以及政务服务等一系列制度创新,促进统筹规划、资源整合、业务协同、多方参与、持续发展。三是推动政府运转模式创新,要依托政府和企业网络平台,转变政府传统运作模式,推进远程监管、在线服务、协同治理、多方共治,提升政府社会治理能力和效率。四是推动技术应用创新,推动互联网、大数据、人工智能等技术和政府业务深度融合,构建网络化、平台化和智能化社会管理服务技术支撑平台,更好地支撑网络化运行、海量化参与、社会化协同为特征的数字经济社会治理需求。

(五)数据思维

大数据是信息化发展的新时代,是推动政府管理和服务创新、精准、有深度的重要历史机遇,要充分利用大数据资源、技术和平台,转变政府运作模式,构建"数据说话、数据决策"的新型政府,打造大数据时代"心中有数"的智慧政府。一是要加快推进政务数据资源跨地区、跨层级、跨部门共享和交换,提升政府部门社会治理协同联动能力和民生"一站式"服务能力。二是要充分利用外部社会数据资源强化政府决策支撑，加强政企合作、多方参与，推进政府监管决策平台与互联网、金融、电信、银行、能源、医疗、教育等领域服务企业的数据平台对接，形成数据来源广泛、多方数据比对、数据时效性强的政府决策数据支撑体系。三是要加强政务、行业、社会等多方面数据交叉比对、关联挖掘和趋势预判，提高对经济运行、社会发展、民生服务、社会管理等领域的深度分析和预测能力，做"有眼力见儿"的新型政府。

（六）整合思维

数字政府建设需要改变传统电子政务建设各自为政、分散建设推进的情况，加快推进基础性资源和设施的整合，实现统建共享和共建共用，提高集约建设能力，避免重复建设，减少投资浪费。一是推进基础设施整合，充分利用已有政务信息基础设施，加快统一的政务云平台建设，为各级政府部门推进数字政府建设提供统一的云服务支撑，防止政务基础设施投资浪费、重复建设，提高政务基础设施弹性扩展能力。二是以业务主题为抓手，加快推进系统平台整合，构建跨部门、跨层级、跨区域大系统和大平台，推动共建共享和集约建设，促进信息共享和业务协同，提升经济调节、社会管理、公共服务、市场监管、生态保护等领域协同治理和服务能力。三是推进数据资源整合，推进人口、法人、空间地理、资质、证照、建筑物、城市部件等相关政务基础信息整合，推进政务数据资源和社会数据资源融合，为各政务部门业务信息化提供基础数据支撑。

（七）法治思维

数字政府建设过程中要始终贯彻全面依法治国的理念，坚持依法行政，让权力真正在阳光下运行，建设阳光透明的法治政府。一是依据法律法规全面梳理政府行政审批事项，调整、优化和完善网上审批服务流程，做到法无授权不可为、法定职责必须为。二是推进电子监察，依托政务全流程数字化，规范行政审批流程，推进行政权力公开透明，实现全程留痕和有据可查，规范和约束权力运行，强化执纪问责。三是加强数字政府规划、投资、建设、运营和运维过程中的执法监督，形成合法的政府建设机制和有效的市场参与机制。

数字政府建设不是简单的政府信息化工程，是政府运行和信息化的深度融合，是一项全方位、系统性、面向未来的政府改革工程，要紧紧抓住当前党和国家机构改革的历史性机遇，加快理顺数字政府建设体制机制，以新思维统筹规划数字政府推进路线，加快数字政府推进步伐，更好地促进人民满意的法治政府、创新政府、廉洁政府和服务型政府建设。

三、加快数字政府建设推进路径

数字政府建设是推进数字中国建设的重要内容。加快数字政府建设是完善宏观调控的需要，能够促进国家对金融交易、商贸活动、企业运行等的精准掌控，提高定向调控、相机调控、精准调控等的能力；是加强社会管理的需要，能够提高对人口、交通、市政、安全、网络等重点社会管理领域的精准管理能力；是改善公共服务的需要，能够增强政府公共服务数字化、网络化、智能化能力；是强化综合监管的需要，有助于构建部门协同联动、线上线下一体的综合监管模式，提高事前预防、事中监管和事后处置能力。

数字政府建设是一项系统性工程，需要革新理念、统筹规划、强化创新、稳步推进。当前数字政府建设需要从以下几个方面加快推进。

（一）信息网络支撑体系

构建网络互联互通、安全可管可控、能力持续升级的信息网络支撑体系。加强各级政府电子政务网络建设，提高电子政务外网基层部门覆盖率，加快各类专网向电子政务外网迁移，促进政府部门网络互联互通。按照国家电子政务网络安全防护的相关要求，加强信息安全等级保护和分级保护防护措施建设，完善密码和密钥管理、网络信任和安全管理等体系，确保网络可信、可管和可控。优化电子政务网络结构，持续推进电子政务网络提速和升级改造，提高电子政务外网和互联网联通访问能力，满足"互联网＋政务服务"和数字政府发展对网络支撑的需求。

（二）信息资源共享体系

构建体系目录全面、资源分级分类、内容按需共享的信息资源共享体系。按照国家政务信息资源目录体系和交换体系标准的要求，加快各级政务部门政务信息资源的梳理，明确政务信息资源的分类、责任方、格式、属性、更新时限、共享类型、共享方式、使用要求等相关内容。加快推进政务信息资源分级分类，加快构建基础性、主题性和业务性信息资源目录，明确无条件共享、有条件共享、不予共享的范围。加快各级政务信息资源共享交换平台建设，推进共享交换平台上下互联互通，提升共享交换平台部门和重点业务系统接入率，强化系统直连实时交换。

（三）业务协同联动体系

构建流程持续优化、数据无缝流动、线上线下融合的业务协同联动体系。适应社会网络化运行特点，持续优化政务业务服务流程，推进"一网通办""全程网办""秒批秒办"，不断满足网络信息条件下大众对社会、对政务服务变革的新需求。按照数字政府一体化监管要求，推进一体化综合监管指挥平台建设，强化跨部门业务流程优化和前后对接，推动数据跨部门实时无缝流动，提高业务实时协同联动能力，杜绝因业务不衔接而出现的监管漏洞。按照网络化服务和监管的要求，不断完善和优化线下服务网点、服务人员和服务设施等配套布局，提高线下服务智能化水平，推进线上线下业务融合服务。

（四）信息应用推进体系

构建整体统筹规划、业务信息融合、运维有效保障的信息应用推进体系。加强电子政务建设统筹规划，推进跨部门、跨层级、跨区域的大应用、大系统、大平台建设，提倡共建共享和集约建设，防止分散建设、重复投资、严重浪费等现象，提高电子政务建设成效。深化政务业务和网络信息深度融合，优化业务流程，创新服务模式，拓宽移动服务渠道，持续提升用户体验。提升电子政务运维能力建设，加强运维经费保障和外包运维管理，建设专业化业务和技术运维队伍，提高业务运维和技术运维支撑能力，满足系统和平台升级改造需求。

（五）决策数据服务体系

构建数据来源广泛、内容深度挖掘、手段方便快捷的政府决策数据服务体系。充分利用外部数据强化政府决策支撑，加强政企合作、多方参与，加快宏观调控、社会管理、公共服务、市场监管领域社会数据的集中和共享，推进与互联网、金融、通信、银行、能源、医疗、教育等领域服务企业积累的数据进行平台对接，形成数据来源广泛、多方数据比对融合、数据时效性强的政府决策数据支撑体系。加强政务、行业、社会等多方面数据的交叉比对、关联挖掘和趋势预判，提高对经济运行、社会发展、民生服务、社会管理等领域的深度分析能力。完善政府数据决策系统平台支撑体系，不断提高数据分析利用的便利程度。

（六）政府管理服务体系

构建手段平台支撑、业务协同联动、业态创新活跃的政府管理服务体系。适应网络社会发展趋势，创新政府治理方式，加快构建数字化、网络化、智能化的政府经济社会治理网络大平台，提高数据汇聚、在线监测、事中监管、协同联动等方面的能力。依托网络大平台，优化和再造政府监管和服务流程，促进政府数据实时无缝流动，推动跨部门、跨层级、跨区域业务协同联动。充分利用移动互联网、云计算、大数据、物联网、人工智能等技术手段，以及众包、众创、众筹、众扶、共享经济、分享经济等新模式推动政府管理和服务模式创新，促进管理和服务效率的提升及模式变革。

（七）网络安全保障体系

构建制度健全规范、技术支撑有力、预警响应快捷的网络安全保障体系。完善政务信息系统网络安全保障制度，重点加快政务云、移动政务、数据共享交换、数据开发利用、运维外包等环节网络安全保障制度的建设，切实提高云应用、移动服务、数据共享、外包建设等方面的安全管理能力。强化数字政府运维队伍建设，加强运维外包队伍管理，加快网络安全保障大平台构建，加强大数据、人工智能等技术在网络安全保障方面的深度应用，推动网络安全运维实现自动化和专业化，提升网络安全事件应急响应能力。

数字政府建设不是简单地将网络信息技术在政府履职领域进行深度应用，而是一项全方位的系统性工程，需要秉持以人民为中心的发展理念，根据经济社会数字化、网络化和智能化发展趋势，以改革创新精神，推动政府社会治理理念、管理服务流程、监管手段模式、行业法律法规等全方位的变革创新，以更好地适应网络新经济、社会大协同、应用大融合的新时代发展需求。

第二节　创新数字政府建设运营模式

"十三五"以来，各地政府加快推进数字政府建设，部分省市在推进数字政府建设过程中，对于数字政府建设运营主体和模式选择进行了大胆探索和创新实践，使得项目投资浪费严重、数据共享困难、信息孤岛林立、运维难以保障、业务需求响应缓慢等制约传统电子政务发展的问题在一定程度上得到缓解，为电子政务的健康发展探索了经验和道路。在推进数字政府建设的过程中，首先要深入分析、研究数字政府建设运营主体和模式。

一、数字政府建设运营模式发展现状

当前我国各地在推进数字政府建设过程中，有如下四类建设运营模式。

（一）信息中心统筹模式

该模式由电子政务主管部门下属的信息中心作为电子政务建设运营管理主体，统筹电子政务项目建设和后期运维管理，具体建设和运维采用项目外包、人员外包等模式。目前，绝大部分实现电子政务统筹建设的省市都采用该模式。该模式的优点是能够有效保障规划、资金、项目等方面的统筹，避免重复建设、投资浪费，提高资金使用成效。该模式的缺点是受限于信息中心自身体制机制约束，特别是人员编制规模、技术支撑能力、资金使用制度等因素的影响，政务信息化建设难以满足部门业务快速变化需求。另外，信息中心自身业务和技术运维能力有限，都需要采用外包服务，而外包队伍人员管理复杂，存在一定的运维安全风险。

（二）国资企业统筹模式

该模式由政府成立的国有控股企业来统筹电子政务建设和运营，全面负责电子政务项目建设、技术运维和业务运维等。政府和企业之间是项目委托建设或服务购买关系，电子政务主管部门和企业间是业务指导关系。目前，该模式主要是以数字广东建设为代表。该模式优点是能够保障规划、项目、数据、运维等全方位的统筹，促进基础设施和资源的统建共享，快速响应政务部门信息化建设新需求，提供安全、高效、专业化的运维服务，推进标准的落地。该模式的缺点是缺乏有效的市场竞争机制，难以通过竞争机制有效降低后期项目建设和运维成本。

（三）政府集采统筹模式

该模式是电子政务主管部门制定电子政务项目建设标准，通过竞争机制选取一批符合标准的服务和解决方案供应商，规定项目报价的范围，政务部门需要开展信息化建设时，在政府选定目录范围内选择供应商。该模式的优点是能够推进项目建设标准化，保障供应商的服务质量，提高项目采购议价能力。该模式的缺点是难以保障项目、数据和运维的统筹，系统、平台、数据难以实现有效整合，分散运维存在一定安全风险。

（四）部门分散建设模式

该模式是部门政务信息化建设都由部门自己决定，部门提出需求，各自委托专业的供应商完成建设和提供运维技术支撑。目前，国内没有实现电子政务统筹的地方采用的是这种模式。该模式的优点是部门分散建设能够快速响应部门政务信息化的变化需求。该模式的缺点是电子政务主管部门难以实现对地区政务信息化建设项目、数据和运维的有效统筹，项目存在重复建设、投资浪费等现象，标准难以有效落实，数据共享交换难度较大，分散运维存在严重的安全隐患，特别是政务数据存储在不同服务商的不同系统中，数据安全风险极大。

二、数字政府建设运营主体选取考虑因素

（一）规划统筹落地问题

规划不能统筹、落地实施困难是传统电子政务规划实施过程中常常出现的重要问题，数字政府建设运营主体的选择必须有利于统筹规划和落地实施。一是数字政府顶层设计和总体规划不能随主要领导的变动调整而做较大变化，要坚持一张蓝图绘到底，一任接着一任干，不采取随主要领导变化项目推倒重来的做法。二是要促进规划和项目有效衔接，保障电子政务主管部门规划、投资管理部门项目、应用部门需求有效衔接，坚决杜绝规划和项目脱节的情况。三是要根据形势变化和规划落地过程中出现的问题，及时对规划进行滚动调整。

（二）资金统筹安排问题

资金投入大、投资浪费严重、建成成效低是传统电子政务资金使用过程中常常出现的重要问题。数字政府建设运营主体的选择必须有利于资金统筹管理，提高资金使用成效。一是能够加强项目建设资金管理，做好统筹分配，促进基础设施和基础资源统建共享和共建共用，避免项目重复建设和投资浪费。二是能够通过建设和运营机制设计，充分引入有效市场竞争，提高项目采购议价能力，让政务信息化项目建设和运维成本通过市场竞争回归合理。三是能够发挥资金引导作用，优化电子政务项目建设，促进系统整合、信息共享和业务协同，提升"一站式"服务和跨部门协同联动能力。

（三）项目统筹共建问题

项目分散建设、重复建设严重、信息孤岛林立是传统电子政务项目建设过程中常常出现的重要问题。数字政府建设运营主体的选择必须有利于项目统筹共建，提高集约建设能力。一是能够推动项目建设标准化，确保网络、应用、平台、数据、安全等各类标准的贯彻落实，促进网络互联、系统互通、数据共享、安全可靠。二是能够推动项目基础设施统建共享，确保网络、平台、系统、机房等统筹规划和基础数据资源统建共享。三是能够推动大系统、大平台、大数据建设，促进系统整合、平台共建和数据大集中。

（四）数据统筹管理问题

数据难以共享、安全难以保障、开发利用无序是传统电子政务项目数据管理过程中常常出现的重要问题。数字政府建设运营主体的选择必须有利于数据统筹管理、共享开放和开发利用。一是能够提高数据资源集中汇聚能力和统筹管理能力，防止不同政务部门的数据沉淀在不同服务商的不同系统中，进而引发数据泄露等风险。二是能够提高数据资源共享交换能力，促进不同部门系统平台互联互通，实现数据按需共享。三是能够提高数据资源整体开发能力，促进跨部门数据汇聚，支撑创新型应用对政府数据的整体性需求。

（五）运维统筹保障问题

技术支撑不足、应急响应缓慢、资金难以保障是传统电子政务项目运维过程中常常出现的重要问题。数字政府建设运营主体的选择必须有利于提高运维保障能力。一是能够提高技术业务运维专业化保障能力，通过组建规模合适、人员稳定、技术雄厚、业务专业的运维队伍，确保技术支撑到位，提高应急响应能力。二是能够促进运维质量提高，建立完善运维服务制度，规范业务服务流程及员工服务行为，建立客户反馈和考核评估等评价机制。三是能够提高运维安全保障能力，强化物理、网络、平台、系统、数据和人员全链条管理，确保管理安全、人员安全、技术安全、网络安全和数据安全。

三、数字政府建设运营主体选取建议

（一）构建数字政府建设推进统筹规划机制

一是完善数字政府规划机制，将数字政府建设纳入相关法律法规或政策规章，确保数字政府建设的实施推进成为各级政府日常工作和持续性考核指标，确保各级政务部门主要负责人一任接着一任干。二是加强项目规划和数字政府总体规划衔接，按照数字政府总体规划要求，制定数字政府工程项目规划，防止出现项目规划和总体规划"两张皮"、总体规划得不到落实、项目规划"烟囱林立"等情况。三是加强部门规划和数字政府总体规划衔接，按照数字政府总体规划要求，制定数字政府部门规划，确保网络、系统、平台、数据等标准规范统一，确保基础平台、基础资源统建共享和集约建设，确保政务数据资源共享和业务协同。

（二）构建数字政府项目建设统筹管理机制

一是统筹数字政府项目可行性研究和项目设计管理，根据总体规划和部门业务需求，充分做好项目可行性研究论证和项目设计管理，确保项目需求充分和建设可行，能够按照规划、标准和相关制度要求来设计，杜绝项目重复建设，防范超需求设计、绑架设计、无序设计等不合理设计。二是统筹数字政府项目招投标管理，充分利用招投标手段，加强供应商遴选，防止围标、串标、陪标等不合法投标行为，确保让遵纪守法、诚实守信、建设能力强、报价合理、售后服务完善的企业主体来参与竞标和中标。三是统筹数字政府项目建设实施管理，做好项目建设进度、建设要求等各方面管理，确保按照设计要求和合同约定开展项目建设。四是统筹数字政府项目验收管理，确保项目成果符合项目合同和设计方案要求，符合总体规划和相关制度要求。

（三）构建数字政府项目运维统筹管理机制

一是统筹数字政府运维制度管理，从网络、系统、平台、应用、数据、安全等各个方面考虑，建立统一的数字政府运维管理制度与标准化服务程序，推进运维标准化和流程化建设，确保运维规范标准、安全可靠。二是统筹数字政府运维人员管理，加强运维队伍建设，做好技术运维和业务运维人员的合理配置，强化运维外包人员管理，确保运维支撑能力充足、人员管理安全。三是统筹数字政府运维平台管理，采用移动互联、大数据、人工智能、平台化等手段，推动运维服务向数字化、自动化、精细化发展。

（四）构建数字政府项目数据统筹管理机制

一是统筹数字政府数据共享交换，统一建设跨部门、跨层级、跨区域政务数据资源共享交换平台建设，明确数据共享范围和更新周期，助推政务信息资源共享和业务协同，提升政务部门协同服务和协同治理能力。二是统筹数字政府数据开放，统一建设政务数据资源开放平台，完善数据开放制度，明确数据开放范围，提高数据质量，促进数据开发利用。三是统筹政务数据全生命周期管理，完善政务数据采集、存储、共享、交换、开放、流通等各个环节的规章制度，增强技术保障能力，实现数据从采集到消亡的全生命周期管理。四是统筹政务数据使用管理，推进政务数据分级分类，按照授权管理共享交换数据，按照负面清单制度管理开放数据。

第三节　推进政务云数据中心健康发展

政务云数据中心是支撑数字政府建设的全局性基础设施。推进政务云数据中心统筹建设，有利于促进政务基础设施统建共享和政务数据资源集聚汇聚，有利于促进一体化政务服务和部门协同联动治理，有利于促进治理能力和治理体系现代化。近年来，随着数字政府建设推进，各地加快了政务云数据中心规划建设，为支撑数字政府建设提供了有力保障。但与此同时，一哄而上、重复建设、超规模建设、投资浪费、产能过剩等情况也十分严重，亟须加以规范。

一、各地纷纷推进政务云数据中心建设

近年来，各地方政府在政务云数据中心建设方面投入极大热情，主要在于将其作为地方推动政务应用和促进产业发展的重要基础和重要抓手。一方面，地方政府希望通过建设政务云数据中心，为政务服务、政务大数据等应用提供信息基础设施，支撑基础数据库、主题数据库和业务数据库等政务信息资源体系建设，推动政务信息系统统筹集中建设，推进政务信息资源共享交换和公共信息资源开放，进而释放政务数据红利，全面提升地方经济社会发展水平。另一方面，地方政府希望基于政务云数据中心拓展社会服务能力，发展交通、物流、旅游、工业、商务等各类行业应用，推动行业服务提档和传统产业升级，激发大数据领域创新创业热情，打造本地云计算、大数据产业生态圈。因此，近年来，各省市出台的"互联网+"、大数据、"互联网+政务服务"等工作方案中大多都提出要建设地区政务云数据中心（含政务云平台、电子政务云）等重大基础设施类建设工程，提出要开展此工作的地市和区县更是数不胜数。

二、我国政务云数据中心建设存在问题

（一）应用需求未明，盲目确定建设规模

政务云数据中心服务器规模数量已成为各地政府追逐和比拼的重要指标。当前，部分地区政务云数据中心建设前缺乏实际、深入和翔实的调研工作，项目决

策时间短，应用需求、投资规模、建设思路、推进模式并非源于科学估算，且地方"一把手"决策对数据中心的建设规模有决定性影响，容易导致政务云数据中心的建设规模与实际应用需求不相匹配，从而引发多方面的不良后果。例如，有些地方的政务云数据中心购置了大量服务器，建成了宏大的展示中心，展示效果很好，由于缺乏实际应用，服务器大量空转，投资浪费现象相当严重。又如，有些地方建成的政务云数据中心建筑，由于缺乏应用，服务器数量少，导致机房场地空置，最终演变为房地产投资项目。

（二）重建设轻运维，建设成效难以发挥

许多地方政府对大数据及云计算应用的特点、发展规律了解不够深，在建设中仍保持传统思路，仅考虑初期的软硬件投资，对建成后的服务购买和应用支持缺乏考虑，导致投入大量资金建成的政务云数据中心"吃不饱"，运行成效远低于预期。重点表现在地方政府注重投资建设资金保障，却缺乏系统运维和升级改造资金保障，导致建成后的系统运维和升级改造难以跟上，大数据中心被迫处于半废弃状态。有些地方政府的政务云数据中心建设是由地方信息中心牵头负责，分别向网络、硬件和软件等服务提供商采购了网络接入、软硬件配套等服务，但工程建成后，一旦系统出现问题，网络、硬件、软件等相关服务提供商相互推诿，问题迟迟得不到解决，加上信息中心自身技术运维难以支撑政务云数据中心的运作，导致系统运行故障频发，极大地影响了业务部门上云的积极性。部分部门系统上了云之后，政务云故障频发导致服务严重受影响，出于无奈，被迫重新迁移出来。部分地方政府采用购买服务的模式，以每年支付一定的服务费方式来建设、运营政务云数据中心，但由于缺乏对服务提供者的绩效评价和考核监督等保障竞争的机制设计，平台上提供的服务质量不高。

（三）企业介入过多，规划设计不尽科学

当前，部分地区花费大量财政资金建设庞大的政务云数据中心，重要目的之一是满足项目招商引资需要，建设并提供数据中心是招商引资过程中企业提出来的落户先决条件之一。甚至有些地方为争夺知名互联网企业区域数据中心落户，主动向企业提出要建设庞大数据中心。不少地方在研究政务云数据中心建设方案时，提前将招商引资目标企业引入，让其提前介入甚至主导政务云数据中心的规

划设计。由于企业有着自身利益诉求，在规划设计时往往会"加塞私货"，不仅容易造成政务云数据中心技术方案被提前锁定，形成不公平不公正竞争，也容易导致企业为推销自身软硬件产品进行超越需求规模的规划设计。

三、推进政务云数据中心健康发展建议

（一）加强政务云建设项目立项审批管理

一是编制政务云投资建设指南。为各地建设政务云提供建设规模测算、造价评估、体系架构、安全保障等方面的参考和经验借鉴。二是建立政务云项目立项审查工作机制。由政府办公厅、发改、工信、网信等部门联合加强项目管理，严格审查项目建设需求和规模，杜绝同类业务需求的项目重复投资建设，确保基础设施类和基础资源类项目统建共享。三是加强对项目可行性研究论证。按照"随机、公开"原则，随机抽取论证专家评估政务云项目投资模式、建设模式、运营模式、运维模式等，并将论证结果上网公开，长期接受社会监督和意见反馈。四是加强对项目的初步设计管理。邀请业内知名专家以匿名方式参与项目初设评估论证，重点评估项目设计的连续性、开放性、兼容性、松耦合性，严格审查其中存在的技术绑架、资源绑架、平台绑架、价格挤兑等隐患风险，确保项目未来可开放升级。

（二）完善政务云建设项目监管治理机制

一是建立政务云建设项目全生命周期评估机制，加强项目建设需求、可行性研究、投资规模、实施方案、服务能力、运维质量、经济效益和社会效益等方面全方位评估。二是建立政务云建设项目责任机制，明确项目建设、承建、运营和运维等各方责任，强化项目责任人首要责任和终身责任机制。三是建立政务云建设项目绩效考核机制，加强项目信息共享、建成成效、服务提供、业务运营、运维管理、安全保障等方面全面绩效考核，将考核结果作为项目财政持续投资的首要依据，以及政府"一把手"年度绩效考核的重要指标。四是建立政务云建设项目审计、倒查和问责机制，开展对项目建设、运维和购买服务等领域资金使用情况的专项督查审计，在注重财务合规性审计的同时，重点提高建设成效审计比重，推进政务云项目审计纳入"一把手"离任专项重点审计内容，加大对重复建设、投资浪费等现象的问责力度，提高对形象工程的震慑力度。

（三）推动政务云项目建设运营模式创新

一是推动政务云项目投资模式创新。充分调用社会资源加快政务云建设，鼓励地方政府成立信息化城投公司，采取信息化城投公司和社会合作模式，开展政务云等政务信息化基础设施建设，鼓励政府各部门业务应用建设直接向城投公司采购服务。二是推动政务云项目建设模式创新。鼓励系统集成商牵头，联合基础硬件平台建设商、网络服务接入提供商、软件信息服务运营商等产业链关键环节中的企业共同参与建设，构建利益共享和风险分担机制，明确各方面的任务分工和责任，构建共同运维服务保障机制，避免面对技术问题出现相互推诿情况。三是推动政务云项目运营模式创新。鼓励各地成立专业化大数据云平台运营公司，主导参与政务云的日常运营，提高社会专业运营水平，并鼓励通过商业模式创新推进平台生态孵化，发展本地化社会应用，支撑本地产业转型升级。四是推动政务云项目运维模式创新。鼓励各地联合系统集成商成立本地化技术运维服务公司，确保运维服务质量，提高运维应急响应和专业化水平；对信息中心主导运维的政务数据中心建设模式，及时将平台运维和升级改造经费纳入本级财政各年度预算。

（四）加强大数据云计算产业发展监管

一是统筹规划政务云建设，加强国内政务云顶层设计，综合考虑政务需求、政务层级、产业支撑、能源禀赋等各类要素，优化全国政务云建设布局，防止政务云建设出现各省、市、县一哄而上和遍地开花等现象，鼓励市县共建共享政务云。二是定期开展政务云绩效评估和监督检查，摸清投资建设和运营状况，联合网信、工信、发改、财政等部门，定期开展政务云清理整顿专项行动，及时关闭、腾退和转手空置浪费严重、运营效益低下、存在重大安全隐患的政务云。三是建立政务云项目建设服务提供商行业黑名单制度，及时将在全国大量建设投资、与实际需求严重不匹配、装配服务器空置严重、日常运营效益低下、安全隐患重重的政务云服务提供商纳入黑名单，实行多部门联合惩戒和网络公开通报制度，并降低其服务资质等级。

第四节　健全政务数据共享交换机制

健全政务数据共享交换机制是推进数字政府建设的首要条件，是实现政务服务"一网通办"和社会治理"一网统管"的必然要求。自从 2007 年国家信息化领导小组办公室牵头构建政务数据资源目录体系和共享交换体系以来，各级政务部门积极探索推进政务数据共享交换，涌现出了一批围绕主题政务服务和社会治理的政务数据共享交换典型案例。随着数字经济发展和智慧社会建设的推进，政务部门间政务数据共享交换变得日益紧迫和频繁，"一网通办""全程网办""最多跑一次""一网统管"等政务服务和社会治理方式对政务数据共享交换提出了新的发展要求。

一、政务数据共享交换存在问题

（一）统筹协调机制建设方面

目前中央、省、市、县等各级政务部门跨部门数据共享基本依赖于"一事一议"的跨部门统筹协调机制，此类协调机制存在问题解决推进困难、工作效率低下、数据共享缺乏统筹规划和顶层设计等情况，不利于满足数据按需共享需要。随着人口大规模流动，政务服务跨区域办理的需求越来越强烈，但目前跨区域数据共享基本依赖于区域间两两协调，存在协调难度大、难以全面推广等问题，由于缺乏国家层面的统筹规划和顶层设计，不利于形成全方位的跨区域数据共享格局。跨层级数据共享机制不完善，随着较多行业管理部门的系统数据向上大集中，上级部门向下级部门回流数据难度日益增长，难以满足基层政务部门一体化治理和服务需求。

（二）共享数据质量控制方面

较多部门对本部门政务数据资源底数不清晰，尚未建立起体系完善、标准规范、动态更新的本部门政务数据资源目录体系，缺乏对本部门政务数据资源的及时清洗、梳理和标准化规范管理，影响了部门间共享数据质量控制。另外，存在数据共享部门对共享数据更新不及时、共享不全面、共享不规范等问题，共享数据存在较长的滞后时效，不仅影响业务办理进度，而且有可能导致业务办理漏洞，引发业务办理风险。

（三）共享数据安全管理方面

政务数据分级分类机制尚未建立起来，数据的个人隐私、商业秘密、国家安全等安全属性，以及个人所有、部门所有、公共所有等权属属性数据不清晰，共享数据安全管理难以按照标准实现安全审计和访问控制。在政务数据授权运营过程中，数据安全交付、数据产品管理、数据销毁和溯源等方面缺乏技术保障支撑，数据复制留存、数据窃取、数据滥用等风险隐患较大。数据缺乏全生命周期管理，存在信息系统日常运维、升级改造、系统废弃过程中因管理不善，数据被人为窃取等风险。

（四）数据共享部门激励问题

目前，较多部门对共享本部门数据普遍缺乏积极性，主要原因如下。一是共享数据权责不对等，数据共享部门可能会因共享数据质量引发业务问题而受到追责，却鲜有因共享数据获得权利或激励。二是尽管政务数据为国家公共所有，但谁掌握政务数据谁就有更加精确的决策权，重要部门常因掌握重要的政务数据资源而获得更多决策资源，共享数据会削弱这种权利。

二、推进政务数据共享交换建议

（一）系统地做好政务数据资源共享统筹规划

系统地做好信息共享规划，以统筹规划和顶层设计稳步推进政务数据共享交换。系统性规划好中央、省、市、县四级政务数据资源体系建设分工和共享交换机制，充分考虑数据大集中情况下基层政务服务数据的共享需求，支撑跨层级、跨区域数据共享交换需求。系统地做好政务基础和主题信息资源建设机制规划，推进人口、法人、空间地理和自然资源、宏观经济、电子证照、城市部件等基础信息资源统建共享和共建共享，推进城市管理、应急救灾、生态保护、疫情防控、公共服务等主题信息资源联动协作建设机制。系统地做好电子政务外网规划，扩大统一电子政务外网在基层的覆盖范围，推进部门业务系统向电子政务外网迁移，降低网络割据对政务数据共享交换的制约。系统地做好新建和改造业务系统数据共享，明确地将新建或改建业务系统数据共享要求作为项目建设审批、验收、运维资金拨付等的重要依据。

（二）以业务实际需求控制政务数据共享尺度

以能满足业务办理需求为依据，合理控制政务数据共享内容、共享范围、共享周期和使用目的等。以数据源更新频率、业务对数据实时性要求为依据，合理控制共享数据更新周期，确保数据的更新时间不影响业务正常办理或不引发业务漏洞风险出现。以保障共享数据安全为重点，严格控制政务数据共享环节，确保数据按照角色授权共享，确保共享数据按照约定范围、周期和目的使用。

（三）正确处理信息共享交换与安全保密关系

政府信息系统中不可避免会涉及不能公开的工作秘密、企业商业秘密、个人隐私以及国家秘密等数据，对于不同类型数据的共享交换，需要分级分类来处理。对属于国家秘密的数据，需要严格按照《中华人民共和国保守国家秘密法》等相关规定，依托专用的保密处理设备和网络进行数据共享交换。对涉及工作秘密、企业商业秘密、个人隐私等的数据，则需要依托数据共享交换平台，经用户同意授权后使用，按照角色授权进行共享交换，按照约定目的用途使用。

（四）完善政务数据共享交换标准规章等制度

推进法律法规建设，在现有《政务信息资源共享管理暂行办法》政策规章的基础之上，从国家层面加快制定和出台政务信息资源共享管理条例，将推进政务信息资源共享纳入各级政务部门法定职责和法定义务要求，提高政务信息资源共享法律保障。修订和完善政务信息资源共享管理办法，完善跨区域共享、数据分级集中、基层数据回流、政务数据授权运营、政企数据对接等机制。完善政务数据分级分类、质量控制、数据脱敏、元数据、目录体系、交换体系、安全保障等相关管理、技术标准规范建设，以标准一致化助力数据共享。

第五节　优化在线政务服务发展体系

发展在线政务服务是适应数字中国和智慧社会建设的必然需求，对提高政务服务效率、改善公众服务体验、优化营商环境、促进数字经济发展等具有重要意义。近年来，国家大力推进"放管服"改革，加快一体化政务服务平台建设，各地区、各部门在线政务服务水平有了显著提高，涌现出了"一网通办""全程网办""最多跑一次"等便民政务服务做法。与此同时，在一体化政务服务推进过程中，存在电子证照库、电子签章等服务体系不完善的问题，影响在线政务全局性发展，亟须加快解决。

一、发展在线政务服务重要意义

（一）提高政务服务效率的需要

政务服务办理流程不规范不清晰、办理时间缺乏时效约束、办理过程缺乏监督、提交材料过多且复杂等是影响政务办事效率的关键因素。发展在线政务服务，规范政务服务办理流程，推进政务服务部门数据共享和业务协同，提供"一网通办"，强化办事服务时间约束，实施全流程电子监察，有利于减少、压缩办事提交的材料数量和部门办理时间，有利于提高办事服务部门流转办理效率，有利于减少部门办事服务不规范等行为，全面提高政务服务效率。

（二）支撑数字经济创新发展的需要

企业政务办事难是影响企业发展的重要因素，面对数字经济时代各种创新机遇转瞬即逝的发展形势，政务办事流程复杂、行政审批周期过长、办事部门迂回等因素在一定程度上影响了企业发展速度。发展在线政务服务，让企业办事服务实现"一网通办""即刻办"，让企业办事部门间不再来回"踢皮球"，全面对接数字经济时代企业办事全流程电子化即刻办理需求，有利于提升行政审批效率，有利于降低政务服务办事成本，有利于提升数字经济时代创新创业支撑能力。

（三）提升大众数字获得感的需要

政务服务"门难进、脸难看、事难办""办事来回跑断百姓腿"长期以来备受诟病，是影响群众办事体验感、获得感和幸福感提升的重要因素，降低了大众对发展成果的认同感。发展在线政务服务，让政务服务实现"无纸办""网上办""指尖办""随时随地办""全程网办"，全面规范政务服务流程，提高网上办事效率，彻底消除"证明你妈是你妈"等荒唐办事证明要求，让大众深刻体验政务服务像网购一样方便，是维护公民合法权益、着力践行以人民为中心的发展思想、让大众共享发展成果的内在需求。

（四）优化地区营商环境的需要

政务服务水平是地区营商环境的重要体现，是影响地区招商引资的重要因素。长期以来，政务服务中存在的行政审批过程烦琐、部门来回"踢皮球"、办事人员"乱伸手"等现象极大影响了地区营商环境，损害了投资者的积极性，破坏了城市发展形象。发展在线政务服务，按照"放管服"改革要求，全面简化和规范政务服务办事流程，压缩办理时间要求，推进统一窗口受理和全过程电子监察，降低企业跑部门办事的概率，根治部门办事人员"乱伸手"现象，有利于让企业家聚精会神办企业、提振信心谋发展，让企业全身心投入立足新发展阶段、贯彻新发展理念、构建新发展格局中去。

二、健全在线政务服务体系举措

（一）加快国家电子证照库建设和共享

电子证照库是支撑政务在线服务的基础性信息资源库，是解决传统政务服务办理材料不全、证件信息难以核验、多次跑、来回跑等重要问题以及提高政务服务体验感的关键基础支撑。一是加快统一的国家电子证照库平台建设，推进新发各类证照同步签发电子证照，并录入国家电子证照库。二是加快已发证照电子化步伐，加速推进各层级、各地区、各部门、各时期发的各类证照电子化入库，确保各类证照电子化的使用有效衔接和全面覆盖，避免出现电子证照空档期或空缺区。三是加快电子证照跨区域、跨层级、跨部门共享和互认，为无纸化、"一站式"、区域通办等各类形式的政务服务提供有效支撑。

（二）加快全国电子印章服务体系建设

电子印章是数字世界中的身份证，是数字世界中各类交互行为识别的重要依据，加快推进和规范电子印章的使用，有利于从根本上解决手签印章引发的政务服务线上线下"两张皮"问题，加速政务服务向线上迁移，简化政务服务办理手续。一是加快建立健全电子印章国家标准，推进功能、应用、技术、数据、安全等各类标准统一，确保互联、互通、互访、互认。二是加快成立统一的国家电子印章在线服务机构，提供统一在线电子印章服务，确保各类签发电子公章使用的权威性、合法性、公正性。三是加强电子印章安全保障，构建安全防护机制，加强新技术应用，确保不可篡改、伪造和窃取。

（三）着力提升公众政务服务的体验感

公众体验感是政务服务效率和质量最为直接的衡量标准，提升公众体验感也是政务服务践行以人民为中心的发展思想的具体抓手。与互联网服务相比，在线政务服务的公众体验感有很大差距。要比肩互联网服务要求，以提高政务服务体验为目标，加快相关执行制度建设，促进政务服务便捷化。一是加快建立在线政务服务办事事项负面清单，凡是未纳入负面清单的办事事项，一律必须提供在线办理服务。二是加快建立在线政务服务办事要求标准，建立针对具体政务事项的全程网办、一网通办、异地办理、即时结办、无纸办理等各方面的优先要求，最大限度提升用户体验感。

（四）鼓励在线政务服务新技术应用

新技术应用是优化和提升政务服务体验的重要支撑。一是加强提高政务信息采集便捷性的新技术应用，充分利用物联网、人工智能、移动互联、电子支付等技术，强化自动识别和采集，提高在线政务服务信息数据采集便利性。二是加强促进政务精准服务的新技术应用，充分利用大数据、物联网、人工智能等技术，提升政务数据自动比对、深度挖掘、智能应用能力，实现在线政务服务质量不断优化。三是加强安全防护类新技术应用，充分利用大数据、人工智能、区块链等技术，加强在线政务服务网络安全、应用安全、数据安全等全方位保障，让大众放心安全地使用政务服务。

（五）开展在线政务服务评估和考核

加强在线政务服务评估和考核是确保在线政务健康发展的必要保障，是促进调动各部门各地区发展电子政务积极性不可或缺的手段，也是不断优化政务信息化发展的有效抓手。一是定期开展在线政务服务发展水平评估，对各地区各部门政务信息化统筹规划和顶层设计、基础设施建设、信息共享和业务协同、应用创新、政务数据开发利用、落实标准化建设、安全保障等方面进行全面的评估，做好部门、区域之间的发展比较分析。二是开展在线政务服务绩效考核，对政务在线服务事项、政务服务便捷性、政务服务满意度等方面进行严格考核，并将考核指标纳入地方和部门年度考核。

第六节　提升政府数字化监管治理能力

近年来，全球新一代信息技术快速迭代发展，加速与经济社会深度融合创新，各类新业态层出不穷，促进了经济社会运行模式的深度变革创新，同时也引发了市场公平竞争、个人权益保护、网络犯罪、网络数据安全保障等方面的新问题，给政府传统社会治理规则和手段带来了前所未有的新挑战。加快数字化转型，推进数字中国建设，促进国家治理体系和治理能力现代化，亟须提升数字化监管治理能力，为数字经济、数字社会、数字政府、数字生态发展保驾护航。

一、推进数字化监管治理重要意义

（一）提升数字经济治理水平的需要

近年来，数字经济的快速发展，新技术、新服务、新业态的快速涌现，平台组织、网络服务、软件定义、智能运行的经济发展新模式，对事前准入、属地治理、现场检查、定期检验等政府传统监管治理手段提出了新挑战，引发了监管治理部门脱节、时效滞后、区域难以联动、技术保障支撑能力不足等一系列问题。传统监管治理手段已经难以满足以跨时空、网络空间、新技术、大众化参与等为主要特征的经济新业态发展治理需求，针对数字经济新业态发展引发的社会新问题，亟须创新监管治理手段，重点加强网络平台服务算法、网络安全、数据安全、个人信息保护、跨境数据流动等方面监管，提升平台经济新业态事前事中事后全生命周期治理、在线实时治理、跨区域跨层级联动治理、大数据深度治理、智能化治理等能力，提升平台经济反垄断、反不正当竞争能力。

（二）提升数字社会治理水平的需要

以互联网为代表的新一代信息技术在社会各领域广泛应用，促进了网络社交、电子商务、网上娱乐、网络资讯、网络直播、网络教育、网络文化等业态发展，深刻改变了大众生产生活方式，促进了全社会运行模式深度变革，网络化连接、软件定义规则、全时空运行、线上线下联动、大众化参与已成为当前数字社会运行的主要特征。数字社会的发展给政府社会治理带来了前所未有的新挑战，网络市场成为超越线下市场交易规模的最繁忙市场；网络社交娱乐空间成为社会大众社交娱乐主空间，集聚着来自不同区域、不同民族、不同年龄的人群互娱互乐；网络犯罪成为我国第一大犯罪类型，与传统犯罪类型融合交织，已广泛渗透到各行各业。数字社会的发展超越了时空、区域、部门和人群，亟待发展治理手段创新，亟须提升跨区域多部门协同联动治理、线上线下协同治理、一体化综合治理等能力，提升事前防范、事中控制、事后治理等能力以及大数据深度治理能力。

（三）提升数字政府治理水平的需要

数字政府建设推进，让政府运行在全数字基础设施之上，改变了政府自身运行管理模式，数字化交互、网络化管理、智能化决策成为常态，对政府自身管理和治理也提升了新要求。现阶段亟须加强数字政府自身治理，提升政府对政务数字设施、数据资源、数字化平台、数字应用、数字流程等监管治理能力，确保设施、资源、平台、应用等安全、可控、规范。亟须加强政府对数字化监管治理手段治理，让政府监管处处留痕，实现对政府监管的全过程监管，确保政府执法实现公平公正、法无授权不可为等。

（四）提升数字生态治理水平的需要

数字技术创新发展和广泛应用引发了新的经济社会问题，通信网络、数据中心、云服务、大型网络平台等关键信息基础设施成为支撑社会正常运行的关键枢纽，其运行安全性时刻关系到社会稳定运行。随着移动互联网、物联网的广泛应用，网络安全问题变得更加普遍和频繁，时刻威胁各种数字化应用。数据安全和个人信息保护日益成为社会的焦点问题，个人信息滥采滥用、数据窃取及违法交易等行为频发，对个人信息、商业秘密以及国家安全都构成了新威胁，成为阻碍数字化转型的首要因素。加快数字化转型，推进数字经济、数字社会、数字政府建设，亟须加强数字生态治理，强化关键信息基础设施和个人信息保护，提升网络安全和数据安全管理能力，强化网络平台经济监管，构建安全、有序、健康的数字生态发展环境。

二、增强数字化监管治理能力建议

（一）加快推进数字政府建设步伐

推进政务基础设施统筹规划，强化政务云、政务网络、政务基础和专题数据库、政务应用共性组件、政务服务终端等统建共享，推动政务信息系统上云上平台，构建政务数据资源质量管理、共建共用、汇聚集中、共享交换等机制，提升数字政府"云、网、端、数"一体化运行保障支撑能力。适应信息技术发展对社会治理模式创新变革要求，梳理和优化政务服务、社会治理等流程，构建跨部门、跨层级、跨区域业务协同联动、线上线下协同联动、事前事中事后无缝衔接等机制。完善政府内部办公数字化建设，推动电子签章、电子合同、电子发票、电子票据、电子文件等应用，提升移动服务能力，推进内部办公系统和政务服务、社会监管治理等系统对接，构建一体化运行的数字办公环境。

（二）增强数字化监管治理技术保障能力

持续加强新技术应用，提升监管治理技术保障能力。深化各种视频监控、智能执法仪、环境传感器等物联网感知设备的应用，提升监管治理信息大规模实时感知采集能力。深化 5G、移动互联网、物联网、高速光纤宽带网络等应用，提升监管治理泛在接入、数据高速传输能力。深化云计算、大数据等技术应用，提升政务数据大规模汇聚、比对分析、深度挖掘等能力。深化区块链、电子认证、入侵检测、安全审计、访问控制等安全技术应用，确保政务基础设施、网络、平台、数据、应用全链条安全。

（三）创新数字时代监管治理模式

强化政府社会监管治理手段创新，深化 5G、大数据、人工智能、区块链等新技术在监管治理领域的应用，全面推进政府社会监管治理的数字化、网络化、智能化和一体化，理顺和重构一体化治理与职能部门分工、属地管理等之间的关系，提升社会监管治理效能。推进社会共治，全面压实网络平台企业平台治理主体责任，建立健全网络平台用户实名制注册、网络安全管理、数据安全管理、个人信息保护、产品服务及内容审核、技术安全性评估、算法推荐管理、动态实时巡查、应急处置、用户监督举报等管理机制，提升平台自律、自控、自治等能力。

（四）提升地方政府一体化综合治理能力

构建城市运行一体化综合指挥平台及机制，整合市政管理、交通管理、治安防控、生态保护、应急救灾、综合治理等部门网格，统筹接入规划、住建、城管、交通、环境、安全、治安等领域相关平台资源，推进线上线下联动、线下队伍部门共建，构建"多网合一""协同联动""队伍融合""一网统管"的动态化城市管理新模式。强化全贯通，依托一体化综合指挥平台，充分融合各相关部门系统数据，实现态势感知、监测预警、指挥救援、决策支持等全过程协同化、智能化运行，全面提升政府一体化综合治理能力。

第七节　深化政务数据资源开发利用

政务数据资源蕴含着庞大的经济社会价值，是推动经济社会高质量发展的战略性基础资源。加快推进政务大数据开发利用，有利于提升政府决策支撑水平，有利于提升政府社会深度治理能力，有利于更好地支撑数字经济、智慧社会和网络强国建设。当前我国政务数据资源开发利用存在着众多体制机制问题，影响着政务数据资源红利释放，亟须构建相关体制机制，推动政务数据资源社会化开发利用，更好地满足政府社会治理和社会应用需求。

一、政务大数据开发利用存在问题

（一）政务数据质量管理机制尚未建立

较多地区尚未建立政务数据资源统筹管理机制，基础信息库尚未能在同级政务部门间实现统建共享，面向重点业务的主题信息库协同建设机制尚未建立，存在地区政务数据资源底数不清晰、管理各自为政、未进行全生命周期管理、安全风险隐患较大等现象和问题。较多政务部门未全面进行政务数据资源梳理，存在目录尚未建立、目录体系不健全、目录更新不及时、目录质量差等问题，影响了政务数据资源全方位、全链条和全生命周期管理。政务数据资源部门间比对和校验机制尚未建立，存在数据源头多样、数据不一致等问题。

（二）政务数据分级分类机制尚未建立

对政务数据分级分类缺乏跨学科、跨领域的系统性研究，行业管理部门和地方政府在全局层面、行业层面、公共利益层面等政务数据分级分类方面的经验、探索有限，国家层面尚未建立政务数据资源分级分类管理办法、操作指南等相关规章制度。各类政务数据资源个人隐私、商业秘密、国家安全等属性，涉密、非涉密属性，个人、部门和社会属性等，缺乏清晰的判定依据和操作指南，影响和制约了政务数据资源的社会化开发利用。

（三）政务数据社会化开发机制未全面建立

国家层面政策支持力度不足，缺乏系统性的法律法规、部门规章、扶持政策进行引导和支持，导致较多政务部门在推进政务数据资源社会化开发利用时有较多顾虑和担忧。基于政府开放门户网站的公共信息资源开发利用流于形式，存在需求旺盛类数据稀少、数据质量差、自动化访问水平和能力低、数据更新不及时等问题。政务数据资源授权运营开发机制尚未建立，少数部门和地方开展实践性探索，但在数据分级分类、数据交付模式、数据产品管理、数据溯源和销毁等方面政策指引和经验总结，尚未形成可推广和复制经验。

（四）政务数据安全管控能力有待增强

较多行业部门和地方政府对部门、区域政务数据资源缺乏全方位的安全统筹管理，数据存储、开发利用、运维管理、系统废弃等多个环节存在安全风险，数据被泄露和窃取的隐患较大。专业技术保障支撑能力不足，数据库加密、数据交付、数据溯源、数据销毁、访问控制等方面技术的研究应用不深，难以面对漏洞频发、高强度网络攻击、开发利用环境日趋复杂化等形势发展要求。安全管理制度落实不到位，较多政务部门在政务数据安全管控技术保障、访问控制、日常管理等方面与《中华人民共和国网络安全法》《中华人民共和国数据安全法》《中华人民共和国个人信息保护法》等法律法规规定的要求存在一定差距。

（五）政务数据开发利用激励机制尚未建立

较多政务部门在对待政务数据资源社会化开发利用方面积极性和主动性不高，主要原因有以下几点。一是国家缺乏政务数据社会开发利用制度和机制顶层设计，政务部门和地方政府进行先行先试存在一定的法律和政策风险，不少政务部门的主管人员存在怕出现问题被问责等担忧。二是政务数据资源社会化开发利用收益分配机制不明确，收益依据、资源定价、服务收费、收益分配等方面制度不明晰，存在较大的法律和政策风险。三是尚未将政务数据资源社会化开发利用纳入部门年度考核。

（六）大数据和政务融合创新应用能力不足

较多政务部门对大数据应用的认知停留在概念层面，对大数据推动本部门政务融合创新缺乏系统性研究和梳理，导致在部门大数据应用层面缺乏顶层设计、系统性规划和全方位实践。大数据和政务融合创新专业技术支撑能力不足，缺乏理论研究、算法和模型构建等方面的人员，政务部门对大数据应用缺乏深度认识，企业供给应用方案存在大数据与政务融合应用不深等问题。大数据挖掘深度不够，较多应用停留在数据统计、可视化展示层面，深度挖掘、超前预警、关联分析、深度透视等能力不足，对促进治理体系和治理能力现代化的作用没有充分发挥出来。

二、推进政务大数据授权运营开发

（一）建立政务数据社会化开发机构选择程序

在现有法律法规和部门规章的框架下，根据国务院"放管服"改革精神和数据资源性质、种类和数量，探索政务信息资源开发利用机构选择方式、合作模式和推进路径，设立政务信息资源开发利用机构需要具备的条件要求，包括但不限于企业性质、资本构成、人员规模、组织架构、管理机制、资质要求、技术支撑、运营流程、安全保障等要素，形成合法合规、可推广、可复制的政务信息资源开发利用机构的选择程序办法或操作规范。

（二）加强政务数据资源内部规范化管理

加强政务信息资源的梳理，按照《政务信息资源目录编制指南（试行）》建立本地区本部门政务信息资源目录。加强政务信息资源质量管理，确保数据完整性、一致性和可用性。探索建立政务信息资源分级分类制度，确保不同类别不同等级的政务信息资源在不同安全规则机制保障下的开发利用。

（三）强化政务数据资源产品长链条管理

制定政务信息资源开发利用数据资源和数据产品管控机制。建立政务信息资源开发利用数据使用机制，明确数据资源权属划分、使用原则、使用主体、使用范围、用途目的、销毁机制等，确保数据按照约定条款使用。建立安全可控的数据资源交付模式，减少原始数据直接交付，防止原始数据扩散不可控。建立数据流向控制和溯源机制，确保数据在可管可控的范围内开发利用。建立敏感数据脱敏、使用和销毁等规则制度，确保敏感数据能够安全地交付开发利用。建立数据开发模型、产品和服务审核机制，确保政务信息资源开发利用符合正确的发展导向。完善数据资源质量保障机制，建立数据质量管控体系，确保数据准确性和时效性。

（四）建立促进数据开发利用的激励机制

根据国家法律法规和部门规章等相关规定，积极推动政务信息资源的开发利用。建立政务信息资源开发利用部门考核和激励等相关措施制度，最大限度激发部门内生动力。建立推进政务信息资源开发利用组织的架构机制，激发管理部门、数据部门、应用部门和社会机构的积极性。通过数据创新应用大赛、试点应用等多种方式，支持社会力量利用政务信息资源开展创新创业。本着促进发展的原则，建立政务信息资源开发利用容错和纠错机制。积极探索利用 5G、云计算、大数据、人工智能、区块链等新技术在政务信息资源开发利用方面的机制，建立技术应用规则，更好地促进技术安全使用。

（五）完善政务数据社会化开发安全保障

按照法律法规和制度标准要求，建立安全管理制度和数据保护措施，切实加强政务信息资源开发利用安全保障工作。同步规划和制定政务信息资源运营安全保障技术措施，探索建立基础网络、业务平台、应用程序、服务接口、数据使用、运行维护等各个环节的安全保障技术能力要求和防护措施。建立健全政务信息资源开发利用安全测评、风险评估、安全审计、保密审查、日常监测等制度，确保国家要求的各项安全要求落实到位。建立健全政务信息资源开发利用突发事件预警应急工作机制，建立安全监测手段、应急响应预案、事件处置联动机制和应急处置团队，定期组织演练。建立数据安全使用管理责任制度，明确相关责任人和相应责任。建立政务信息资源开发利用身份登记、认证和鉴别制度。

（六）加强政务数据社会化开发监督体系建设

按照"事前规范制度、事中加强监管、事后强化问责"的原则，建立政务信息资源开发利用监督机制。建立数据安全保障措施、技术能力、管理制度、应急预案等建设情况安全检查机制，确保各项要求落到实处。建立数据安全使用监督体系，明确数据应用、数据流向、脱敏脱密、数据销毁等相关监督措施，确保政务信息资源安全可控、开发利用符合约定的目的和范围。建立数据安全监督考核机制，定期对政务信息资源开发利用工作进行数据安全监督考核评估，对相关落实情况进行监督管理。

（七）健全政务数据社会化开发定价收益机制

建立政务信息资源开发定价、收益分配等机制。探索建立政务信息资源数据使用、产品服务定价机制，明确定价依据、流程、规范和程序等，确保政府数据资产保值增值、开发产品服务价格合理。建立政务信息资源开发利用收益分配机制，针对不同类型、用途的政务信息资源，制定不同的收益分配补偿依据、标准和方式，激发和调动社会机构参与政务信息资源开发利用的积极性。

（八）建立完善政务数据社会化开发制度规范

加强对政务信息资源开发利用相关基础理论研究，探索政务信息资源所有权、使用权、收益权、管理权等的界定，明确所有权、使用权、收益权、管理权等权限的管理方式。建立政务信息资源开发利用程序规范、标准体系、管理办法和地方性法规等制度，构建政务信息资源开发长效机制。

第七章

数字生态：
构建数字规则秩序，打造健康发展数字空间

　　近年来，全球新一轮科技革命和产业变革愈演愈烈，互联网、大数据、人工智能等新一代信息技术加速与经济社会深度融合创新，催生了众多产业新业态，驱动了生活方式、生产方式和治理方式变革，助推了高质量发展。与此同时，信息技术滥用误用问题频繁发生，利用技术实施网络犯罪、不正当竞争、垄断竞争、侵犯消费者权益、危害国家安全等问题日益严峻，严重影响了国家数字化转型进程。加快数字化转型，推进数字中国建设，亟须全面推进数字生态治理，加快建立信息科技发展预警监测体系，规范新技术应用，加强融合新业态行业管理，强化数据安全管理和个人信息保护，构建数字化、网络化、智能化的监管治理体系，提升行业管理和个人权益保护能力，促进数字时代国家治理体系和治理能力现代化。

第一节 构建数字时代新型治理体系

以互联网、大数据、人工智能等技术创新发展和跨界融合应用为特征的新一轮信息革命，开启了全球数字化转型发展的新阶段，极大地驱动了整个经济社会组织、运行和管理全方位的变革，对大众生活、产业发展、社会治理、国际竞争都产生了前所未有的深远影响。全球新一轮数字化转型浪潮，在给经济社会创新发展赋能的同时，也给政府经济社会治理带来了严峻挑战，政府传统的治理规则、治理机制、治理模式、治理手段等远远跟不上形势发展的新需求。发展数字经济，构建智慧社会，建设数字中国和网络强国，加快推进经济社会数字化转型，迫切需要构建适应数字时代的治理新机制做保障，才能更好地满足数字时代国家治理新需求。

一、数字技术带来的社会变化和治理挑战

（一）网络空间打破物理时空限制

互联网、云计算、物联网等新技术在经济社会各个领域的普及应用，促进了网络空间的形成和发展，形成了与物理空间并驾齐驱的网络空间。网络空间的形成创造了统一的信息物理空间，促进了信息流动，降低了经济社会运行时空成本。网络空间不受资源环境制约，突破了时空约束，打破了行政区域边界限制，给政府传统治理模式带来了新挑战。以区域、行业、部门分工负责的传统治理模式，难以适应网络空间全天候运行、跨区域协同、网上网下联动的发展态势，迫切需要深化改革和创新手段，构建更加适应信息技术发展应用监管的治理体系。

（二）网络设施重构社会连接关系

互联网作为基础设施被普遍安装到经济社会各领域，对整个经济社会发展产生了深远影响。互联网构建起了数字化、网络化、在线化的经济社会发展环境，改变了经济社会连接关系，网络强连接关系对生产关系、客户关系、供应链关系、竞争关系等都带来了深刻的变革影响，为各领域服务创新和商业模式创新创造了

可能。然而连接关系改变带来的实时交互、信息无滞后、大规模协同互动给传统治理带来了严重挑战，当前的政府事中监管、即时治理能力远不能满足网络社会现代化治理需求。

（三）网络平台重构社会组织模式

网络平台的形成加速了信息交互、汇聚和传递，大大提高了对经济社会的组织动员能力，深刻改变了经济社会的组织模式，促进了网络虚拟组织的形成和产业组织形态的变革。以网络平台为信息交换枢纽的网络虚拟组织，已成为游离于现实社会组织管理之外的新型组织，其社会宣传、组织和动员能力比传统线下机构组织更为强大，在保障网络平台服务经济社会发展的同时，规范其网络虚拟组织社会行为，已成为当务之急。以网络平台为中介的产业生态，大大提高了平台运营者的用户锁定、市场把控、用户转移成本等能力，给宏观调控、行业管理、产业创新、市场竞争、劳动者权益保护带来了前所未有的新挑战。

（四）网络数据重导社会价值流向

数字经济时代，网络数据发挥着举足轻重的重要作用，数据流通速度、数据使用成本和数据驾驭能力等已经成为衡量企业数字竞争力的重要指标。以网络数据为核心的信息流带动和引领着技术流、资金流、人才流、物资流，发挥着主导供求对接、配置社会资源、重导社会价值流向的作用。信息流的流动不仅关系到数据自身安全，也关系到技术、资金、人才、物资等各方面资源的安全流动、公平分配和高效利用。如何提高对信息流的安全把控和规则把控能力，保障数字经济时代最大的生产要素，已经成为数字经济时代提升经济社会治理能力必须要破解的问题。

（五）网络安全颠覆传统安全观念

移动互联网、物联网以及各类智能终端在经济社会各领域的普及应用，让网络安全问题渗透到了经济社会各个领域，在网络空间和物理空间交织融合的数字世界里，网络安全问题已经如同物理世界里的火灾隐患一样普遍，安全隐患和风险无处不在。面对网络安全无处不在的数字时代，亟待构建安全、高效、协同的国家网络安全防护体系，提高对网络安全态势的监测、预警和处置能力。

二、数字时代政府监管治理亟须推进转变

加快数字化转型是我国推动经济社会转型提档升级的重要战略举措，对培育经济发展新动能、推动高质量发展发挥了重大促进作用。然而，数字时代，市场新业态发展呈现出网络化运行、社会化参与、时空观变化、业务融合化等诸多新特点，对政府传统属地管辖、部门分工、事前准入、线下检查的市场监管治理模式带来了前所未有的挑战，不仅严重削弱了政府市场监管治理能力，也给打着新业态招牌而实施招摇撞骗、不正当竞争、垄断竞争等行为者留下了可乘之机。面对数字时代新业态发展，亟须推动政府监管和治理模式创新，加快推动六大转变，提升监管治理在线化、协同化、数据化、精准化能力，促进国家治理体系和治理能力现代化。

（一）从政府单一社会治理向多方共同治理转变

面对数字时代社会共享共治的发展新形势，亟须转变政府治理模式，推动网络社会从政府单一治理向多方共同治理转变，构建起企业履责、行业自律、网民监督、政府监管的网络社会综合治理机制，形成社会共治的新型治理机制。一是压实企业网络平台治理首要责任，推进治理关口前移，建立健全网络平台业务、技术、数据、安全等治理机制，促进平台规范、有序、平稳、安全运行。二是发挥好广大网民的一线监督作用，完善群众举报等社会监督网络平台功能，推进网络平台监督功能和监管部门系统互联互通，提升举报信息快速处置能力，让网民监督成为帮助政府实现高效治理的重要力量来源。三是发挥好协会联盟在推进行业自律中的牵引作用，加强对企业价值观、社会责任、自律意识等的引导，鼓励更多企业加入行业自律公约，完善自律公约执行主体，提高不自律行为的惩戒成本。

（二）从按照区域和职能分工治理向多方协同治理转变

面对数字时代网络社会行为跨越时空、跨界融合的发展新形势，亟须加快政府机构全方位改革，推动从按照区域和职能分工治理向多方协同治理转变，构建起服务高度整合、信息加速汇聚、业务协同联动的治理机制。一是按照整体政府、职能分工、协同监管等要求，加快跨部门跨层级业务流程深度优化和前后对接，推动政务数据资源跨部门、跨层级、跨区域无缝流动，形成分工明确、沟通顺畅、

齐抓共管的联动执法机制。二是推动传统属地治理和职能分工的监管模式向多方协同治理转变，促进治理区域协同、部门联动、全天候应对，提高跨时空、跨区域、跨层级、跨部门协同治理能力。三是以业务主题为抓手，加快推进监管系统平台整合，构建监管大系统、大平台、大数据，推动共建共享和集约建设，促进信息共享和业务协同，提升协同治理和服务能力。

（三）从事前准入治理向事中事后监管治理转变

面向数字时代大众创新、万众创业等的发展新形势，亟须推进政府"放管服"改革，加快推动政府治理从事前准入治理向事中事后监管转变，构建起事前事中事后全链条监管体系，促进政府监管治理的角色从把入门关向全程护航转变。一是加快推进"先照后证"，严格行政审批事项管理，健全对行政审批的监督制约机制，放宽市场准入限制，降低创新创业准入门槛，让更多小微个体能够参与创新创业，培育经济发展新动能。二是加强事中事后监管治理能力建设，加快推进企业信用信息公示，建立平台化执法和监管信息共享机制，推进跨部门综合执法模式，建立健全联合惩戒机制。三是加强监管风险监测研判，充分利用大数据、物联网、人工智能、区块链等技术，加强对监管信息的广泛采集和深度挖掘分析，提高发现问题和防范化解区域性、行业性及系统性风险的能力。

（四）从政府直接参与治理向依托平台间接治理转变

面对数字时代网络平台支撑海量大众创新创业的发展新形势，亟须推动从政府直接参与治理向依托平台间接治理转变，构建起政府管平台、平台管入驻商户的新型治理模式，实现对包括自由个体在内的所有市场参与主体更加精准化的监管。一是加快企业资质证照库建设，促使企业注册、资质证照、信用信息等公共信息资源开放，提供网络在线验证等服务，为网络平台企业提升平台治理能力提供基础数据支撑。二是完善平台自身治理机制，建立健全身份认证、信用分级、信息审核、公共信息实时巡查、应急处置、个人信息保护等相关信息安全管理制度以及业务流程控制等业务管理制度，促进平台规范、有序、安全运行。三是加快推进政府监管平台和企业业务系统平台对接，依法推进政企平台信息共享，强化政府对平台运行的实时监督，提高政府监管的数字化、在线化、平台化水平。

（五）从线下治理向线上线下协同治理转变

面对数字时代信息流引领技术流、资金流、人才流和物资流等的发展新形势，亟须推动政府社会监管治理模式革新，从单一的线下社会治理，向线上网络社会和线下物理社会协同治理转变，提升线上线下协同治理能力。一是加强线上信息流的深度治理，提高对虚假、不实、诈骗、造谣、内幕等影响经济社会平稳运行、公平竞争的网络信息的及时发现和处置能力，通过规范线上信息流来引导线下技术流、资金流、人才流和物资流的规范运行，促进社会资源的有序流动和优化配置。二是加强物理社会深度治理，积极利用线上信息流大数据，挖掘分析物理社会发展问题，实现对物理社会更为精准的治理。

（六）从问题现象治理向依托数据深度治理转变

面对数字时代数据引领精准治理的发展新形势，亟待加强政府治理新技术应用创新和管理创新，推进从问题现象治理向依托数据深度治理转变。一是推进互联网、大数据、人工智能和政府社会治理深度融合，推行数字化、网络化和智能化监管模式，构建国家网络社会监管执法平台，提高执法监管网络化、平台化、在线化、协作化水平。二是充分利用外部社会数据资源强化政府监管支撑，加强政企合作、多方参与，推进政府监管决策平台同互联网、金融、电信、银行、能源、医疗、教育等领域服务企业的数据平台对接。三是加强政府、企业、行业、市场等多方面数据的交叉比对、关联挖掘和趋势预判，提高对市场主体行为等各类社会行为的深度洞察能力，实现精准监管和深度治理。

三、构建适应数字时代的社会治理新体系

新技术在经济社会的广泛普及应用，促使经济社会发展模式和运行方式发生新转变，对已有的政策措施和治理手段带来了新挑战。面对互联网、大数据、人工智能和经济社会快速融合带来的新机遇和新挑战，不仅需要创新政策措施来积极推动发展，还需要加快政府监管创新来强化治理护航。

（一）健全治理规则

一是围绕个人信息保护、数据流通市场秩序维护、国家数据安全保障等需求，加快完善数据采集存储、共享交换、流通交易、开发利用等方面相关的法律法规

以及管理办理、负面清单、标准规范、操作指南等规章制度，确保数据安全、平稳、有序流通。二是面对复杂网络、新技术应用、跨界融合等领域网络安全新形势和新趋势，建立健全安全测评、风险评估、安全审计、日常监测、应急处置等各类安全管理责任制度，确保制度够适应新场景、新业务等安全保障需求。三是面对互联网、大数据、人工智能和实体经济融合发展大趋势，完善融合业态业务准入制度，加强平台算法、业务模型等审查监管，构建新旧业态公平竞争和科技安全发展的制度保障。四是完善数字时代财政、金融、税收等政策，构建以数据价值衡量为重要参考标准的金融政策体系，加快推进数据资产化，确保数据价值得到认可。

（二）完善治理机制

一是构建数据决策治理机制，要充分利用大数据资源推进政府运作模式转变，加快构建"数据说话、数据决策"的新型政府，做数字时代"心中有数"的智慧政府。二是构建政企协同治理机制，加强政企数据对接融合，压实网络平台治理企业主体责任，促进政企系统互联、数据共享、业务协同，提高政府数据决策、企业网络平台治理、政企协同联动能力。三是构建跨地区、跨层级、跨部门协同联动治理机制，加快推进政务数据资源跨地区、跨层级、跨部门共享和交换，提升政府部门社会治理协同联动能力和民生"一站式"服务能力。

（三）创新治理模式

一是构建网络化治理模式，强化治理主体、治理对象间的网络连接，加强监管系统和重点业务系统互联，提高信息交换能力。二是面对以大众化参与、社会化协同、全天候运行等为特征的平台经济新业态，构建政府和平台企业协同治理的新型监管机制，推进政府管平台、平台管驻户的平台化治理模式，提高对网络平台及驻户的精准监管治理能力。三是构建在线化治理模式，健全在线监测、态势感知、风险预警、应急处置等机制，增强技术支撑保障，提高即时协同处理能力。

（四）增强治理手段

一是面对居民、企业等社会主体的网络空间服务需求，加快电子证照库建设，推进"互联网＋政务服务"，提升政府网络空间协同服务能力，实现"让信息多跑路、让百姓少跑腿"。二是面对网络交易市场、社交网络、网络新闻、互联网金融、网约车等网络空间业务监管需求,建设专业化的网络监管平台,推进数字化、网络化和智能化监管,提升"互联网+"行业监管能力。三是加快发展网络信息采集工具,建立网络空间大数据采集平台,增强对网络空间各领域数据采集能力,提供对网络空间运行的宏观整体把控能力。

(五)培育治理人才

一是面对互联网和各行业跨界融合发展的业务监管需求,加快培育既懂部门业务,又懂互联网技术、工具、思维应用的复合型"互联网+"行业监管人才。二是面对网络空间复杂的安全保障形势,加快网络空间安全知识宣传,培养懂技术、懂管理、懂业务的网络空间安全保障人才。三是面对数字政府建设需求,加快培育懂政务业务、懂政务改革、懂信息技术的数字政府建设架构人才。

数字时代是一个全新的时代,也是一个巨变的时代,大众生活、产业发展、国际竞争等经济社会的方方面面都因数字技术应用发生深刻的变化,网络化运行、海量群体参与、社会化协同、软件算法定义已经成为数字时代各行各业发展的共同特征,给政府社会监管治理带来了前所未有的挑战。适应数字时代发展的新形势和新趋势,加快构建适应数字时代的治理规则,转变政府治理的机制和模式,提升治理工具、技术和人才支撑能力,构建适应数字时代的新型治理体系,才能更好地满足国家治理体系和治理能力现代化的需求。

第二节 规范个人信息开发利用行为

数字经济时代，个人信息开发利用无处不在，网络零售、网约车、网络资讯、网络教育等众多互联网应用精准服务能力的提升，都依赖于对个人信息的开发利用，离开了个人信息的开发利用，个人从网络生活中得来的获得感、幸福感都会受到影响。但个人信息的滥采滥用，也会给个人生活带来极大的困扰，甚至有可能埋下重大安全隐患，造成不可估量的损失。个人信息是数字经济时代个人最为宝贵的数字资产，加强个人信息保护，事关个人权益的维护，如何平衡好个人信息保护和开发利用，是发展数字经济时必须要考虑的问题。

一、个人信息开发利用和保护面临的形势

（一）个人信息开发需求非常旺盛

随着互联网的普及应用，以及数字经济的发展和智慧社会建设的推进，开发利用个人信息的场景在大幅度增加，各行各业对个人信息开发利用的需求也变得更加迫切，电子商务、网络社交娱乐、网络新闻资讯等众多领域个人信息的开发利用已经成为业务创新发展不可或缺的重要组成部分，对个人信息的采集和开发利用已经成为众多行业加强管理、提升服务、促进业态创新等不可或缺的要素，严格限制个人信息开发利用已经变得不太现实，会滞缓数字化转型进程，如何安全可控地促进和规范个人信息开发利用已经成为一个不可回避的时代话题。

（二）个人信息保护形势非常紧迫

当前，移动 App 应用过度采集个人信息、个人信息数据黑市违法交易、大数据"杀熟"、大数据追踪个人行为等个人信息滥采滥用行为频繁爆出，降低了大众对数字化发展的获得感和信任度，严重侵犯了法律赋予个人的各项权利，影响和扰乱了经济社会发展秩序，给数字经济发展蒙上了一层乌云。个人信息滥采或过度采集、盗窃和贩卖、非法流通交易、违规开发利用等行为，已经成为数字时代经济社会发展的重大安全隐患，影响着数字经济和数字社会的健康发展，关系

到数字生态构建，加强个人信息保护已经刻不容缓。

二、我国个人信息开发利用和保护存在问题

（一）滥采滥用现象十分严重

一是个人信息滥采现象十分严重，目前大部分 App 在安装过程中或多或少存在获取与软件应用功能无关的个人信息的行为，获取的信息主要包括个人通信录、地理位置、个人相册等。以手机电筒 App 软件为例，除了要求获取电池和摄像头访问权限之外，还要求访问用户通信录和地理位置等与软件功能无关的个人信息。二是企业通过软件信息服务获取用户个人信息后，究竟如何保存和使用这些个人信息，是否存在信息倒卖、过度挖掘、超范围和超时间使用等行为，用户完全不知，也无法掌控。三是用户许可协议流于形式，尽管许多软件在安装过程中都有用户许可协议步骤，但许可协议存在条款冗长难以阅读、霸王条款强迫用户等行为，甚至存在替用户默认勾选等现象。

（二）企业间数据纠纷日益频繁

从微博诉脉脉抓取使用微博用户信息、腾讯指控荣耀 Magic 手机侵害了微信用户数据、顺丰和菜鸟数据"断交门"等大量类似事件中看到，双方企业围绕用户数据的使用唇枪舌剑、上诉公堂，但是作为数据所有者的用户却没有任何发言权。企业间的个人信息之争，普遍暴露了当前个人信息保护存在以下几个问题：一是个人信息被企业收集之后，后续个人数据开发利用、流通交易等情况个人是不掌握和难以掌握的；二是企业收集的个人信息，究竟谁能用、谁不能用，作为数据所有者的个人并没有太多发言权；三是个人信息被企业采集后开发利用，尽管企业都打着保护个人信息安全的旗号，但是实际上却把自身利益放在首位，把个人用户关切和体验放在次要位置。

（三）法律法规等制度不完善

一是尽管《中华人民共和国网络安全法》《中华人民共和国数据安全法》《中华人民共和国个人信息保护法》等法律法规中对个人信息保护做了大量规定，但大多属于方向性约束条款，缺乏可量化、可操作的执行细则和标准，导致企业在

条款落实上仍然存在很大的打擦边球的空间。二是部分领域的行业管理办法中，对个人信息保护不够重视甚至尚未提及，导致行业主管部门在行业管理时，紧盯企业业务行业合规性，轻视个人信息保护。三是违法成本太低，处罚力度太小，几万元甚至几十万元的罚款等处罚措施，对大型互联网平台企业而言，其威慑力度严重不足。

（四）相关标准规范不健全

一是个人信息范围、权属和使用权限等标准不完善，尤其是针对网络平台和大数据挖掘情况下个人信息的界定和使用，尚缺少统一的国家或行业标准，致使较多个人信息的开发利用处在灰色地段。二是个人信息采集、存储、清洗、使用等环节的操作流程、业务规范、防护要求等没有统一标准，导致企业在个人信息开发、利用、保护等环节缺乏一系列合规合法对标尺度，数据采集和开发利用行为缺乏认识约束。三是个人信息开发利用缺乏负面清单制度，导致许多企业在个人信息采集、开发、利用和保护过程中，都是摸着石头过河，试探政府和社会反应，以此为依据，来推进个人信息的开发利用创新，企业业务创新风险极大。四是缺乏统一、规范、标准的个人信息采集和使用用户许可协议书，导致许多企业制定用户承诺书时，都是以考虑企业利益最大化为目标，无限制地强化企业自身权利，对个体保护自身信息造成极大的不公平。

（五）安全防护管理措施薄弱

一是部分政府部门和企业在个人信息的采集、存储和使用中，安全防护基础措施保障不到位，难以应对复杂网络、新技术应用、技术服务外包等各种条件下的个人信息保护需求。二是个人信息保护技术攻关研究和推广应用步伐滞后，尤其是移动互联网、云计算、大数据、物联网、人工智能等条件下，个人信息保护技术支撑能力不足，技术产品存在不成熟、未成体系化等一系列问题。三是政府和企业的信息系统与网络平台个人信息保护制度不完善，网络、技术、人员、外包等多个环节制度不健全、不系统、不精细，个人信息泄露和滥用风险极大。四是个人信息保护透明度不高，政府部门和企业对个人信息开发、利用及保护等工作主动披露意识不强。

（六）政府监督检查手段滞后

一是政府监督检查手段滞后，技术支撑保障能力不足，传统线下检查手段难以适应对数字化、网络化和在线化服务中个人信息的采集和使用监管需要。二是针对含有大量个人信息的信息系统和网络平台，缺乏专业性、系统性、针对性的个人信息保护测评和个人信息等级保护制度。三是尚未依据个人信息内容和规模实行分级分类使用许可制度，导致不具备安全防护和风险管控能力，以及没有规范采集和使用流程的机构和部门，仍然在大规模采集和使用个人信息，风险隐患极大。

（七）行业自律尚未发挥作用

一是致力于推动企业技术研发、应用推广等发展方面的联盟很多，但缺乏约束企业行为的个人信息保护行业自律联盟，尽管有政府部门牵头少量企业成立相关联盟，但重点企业积极性、主动性明显不足，企业更多的是体现配合。二是缺乏个人信息保护行业自律公约，重点企业和重点行业在个人信息保护方面的引导和示范作用尚未发挥。三是缺乏个人信息保护行业自律发展水平评估，行业个人信息保护状态缺乏摸底评估，大量企业个人信息保护透明度不高。

三、推进个人信息开发利用需要把握的原则

（一）个人同意原则

个人同意原则是推进个人信息开发利用的首要前提，也是维护个人数据所有权的必要手段。个人信息的采集、流通、开发、利用都需要征得个人许可，当数据目的用途、使用范围、控制主体、使用期限等要素发生变化时，需要再次征求个人许可，不能以一次性一揽子协议方式完成个人数据使用的所有授权。当个人不同意的时候，个人信息开发利用必须终止。

（二）权利保护原则

权利保护原则是判断个人信息开发利用价值取向的重要依据，保护法律赋予个人的各项权利是推进个人信息开发利用必须遵守的准则。当对个人信息的开发利用会对行使法律赋予个人的各项权利产生影响的时候，必须告知用户，并征得

个人同意；当对个人的各项权利行使会产生危害时，个人信息开发利用必须及时终止。

（三）有限范围原则

个人信息开发利用必须在有限范围内执行，电子数据形式的个人信息只有在有限范围内开发利用，才能实现可管可控。数据使用者使用个人信息时，必须按合同限定的有限目的、范围、方式和期限来使用，当数据使用者使用个人信息的目标、范围、方式和期限等要素发生变化的时候，需要重新征求个人同意。个人数据按照合同约定使用完毕后，数据使用者应当将合同所涉及的个人数据做不可恢复销毁处理。

（四）主体责任原则

主体责任原则是推进个人信息开发利用的重要保障，只有数据控制主体或使用主体切实履行了相关主体责任，肩负起了应尽的数据合理合规利用和安全保障责任，才能在可管可控范围内实现个人信息开发利用。数据控制主体或使用主体在推进个人信息的开发利用时，需要建立相应的组织机制和内控机制，加强安全防护设施建设，健全产品审核、安全测评、风险评估、安全审计、保密审查、日常监测、应急处置、投诉响应等机制，防范未经授权的访问、修改、泄露、窃取、违规利用等风险行为。

（五）合法合规原则

合法合规原则是推进个人信息开发利用的前提条件，也是兜底原则。数据控制主体或使用主体在推进个人信息开发利用时，必须自觉遵守涉及个人信息保护的相关法律法规、部门规章和标准规范，按照规定的要求加强技术、设施、制度等建设，自觉维护数据主体的合法权益，不得侵犯法律法规赋予公民的各项权利。

四、推进个人信息开发利用和保护的建议

（一）完善个人信息保护相关法律法规

一是加快出台《中华人民共和国个人信息保护法》司法解释和实施细则，明

晰个人信息保护法律操作要求，提供操作层面示范借鉴案例集，明确个人信息采集、传输、存储、流通、交易、开发、利用等全流程环节权利、责任和操作细则等法律要求。二是将《中华人民共和国个人信息保护法》相关要求纳入各领域互联网信息服务行业的管理办法中，明确各行业领域应用场景个人信息保护详细要求，将个人信息保护要求作为行业管理的重要内容之一。三是加大对个人信息保护相关违法行为的查处和处罚力度，提高违法成本和法律震慑效应，建议将处罚力度与泄露信息规模、安全防范措施健全情况、应急处置的及时性、企业经营收入等要素挂钩，对泄露或违规利用重大个人信息的企业实施停业整顿措施或取缔其营业资质。

（二）规范个人信息采集开发行为

一是明确个人信息范围、种类和权属，特别要明确互联网服务平台、大数据挖掘分析、人工智能应用、大数据交易流通、政务信息资源共享、公共信息资源开放等情况下个人信息内容和权属，出台相关界定办法和标准。二是出台个人信息保护相关操作指南，明确个人信息采集、存储、传输、清洗、利用等环节资质要求、操作流程、业务规范、管理要求、防护措施等。三是出台个人信息采集和使用负面清单，明确个人信息采集、流通、挖掘和使用禁区，最大限度促进个人信息开发利用创新，保护个人信息。四是规范互联网服务用户同意承诺书，制定统一的企业个人信息收集和使用用户同意承诺书通用模板，统一明确企业在个人信息保护方面必要的权责，最大限度规范和约束企业个人信息开发利用行为。

（三）建立个人信息开发利用标准指南

一是按照业务相关、最小够用、用户同意等原则，建立个人信息采集标准和指南，防止过度或超范围采集个人信息。二是按照个人同意、权利保护、有限范围、主体责任等原则，建立个人信息开发利用标准和指南，防止个人信息被滥用或误用。三是按照主体责任、合法合规等原则，建立个人信息存储标准和指南，防止个人信息泄露和被非法窃取等。四是按照有限范围、主体责任的原则，建立个人信息销毁标准和指南，防止数据使用到期后留置产生安全风险。五是按照个人同意、权利保护、有限范围、合法合规等原则，完善个人信息流通标准，防止个人信息非法买卖和非法交易。

（四）完善个人信息保护安全保障措施

一是完善政府、企业个人信息保护安全基础设施，加大入侵监测、电子认证、访问控制、安全审计等配套保障设施建设，提高安全基础设施保障能力。二是加快个人信息保护技术攻关研究和推广应用步伐，加大个人信息标记、脱敏、溯源等技术研究，增强移动互联网、云计算、大数据、物联网、人工智能等融合条件下的个人信息保护能力。三是建立健全政府、企业个人信息保护制度，加强对网络、技术、人员、外包等各个环节个人信息保护和管理力度，完善全链条个人信息保护，防止个人信息保护出现环节短板效应。

（五）加强个人信息开发利用监管

一是加强对从事个人信息开发利用企业的管理，建立企业备案、开发产品备案管理制度。二是压实从事个人信息开发利用企业的主体责任，建立健全企业内控机制，完善个人信息存储环境、开发环境、算法模型、数据产品等审核机制，落实安全测评、风险评估、安全审计、日常监测、应急处置等各类安全管理责任制度。三是加大个人信息违法交易和利用打击整治力度，加强监督检查，定期开展专项行动、提高处罚力度，强化法律震慑作用。四是建立个人信息开发利用网络监测平台，加大对各类网络应用程序个人信息开发利用行为的日常监测。

（六）加强个人信息保护政府检查监督

一是建立政府个人信息保护治理网络平台，采用网络监测、大数据挖掘、人工智能分析等各类手段，加强网络个人信息采集、传输、开发和利用的全方位在线监测。二是加强对重点领域、重点企业、重点网络平台的个人信息开发、利用、保护的定期检查，周期性对存储大规模个人信息的信息系统和网络平台开展第三方安全测评，责成测评不达标的信息系统和网络平台及时采取整改或清理措施。三是实施个人信息应用等级保护制度，依据个人信息存储规模、系统平台重要性等指标，采取不同安全等级的防护措施要求。四是实施个人信息使用分级分类认证制度，依据个人信息的内容性质和信息规模，采取分级分类使用许可制度，对不同级别的个人信息和不同分类的用户群体，提出相应的个人信息采集和应用防护措施要求。

（七）强化个人信息保护行业自律

一是推动电信、金融、互联网、大数据、人工智能等重点领域成立个人信息保护行业自律联盟，从技术、标准、管理、法律等角度加强个人信息保护行业研究和法律法规宣传。二是发布个人信息保护行业自律公约，推动龙头企业更加重视个人信息保护，形成社会引导和示范效应，带动行业个人信息保护水平的整体提升。三是依托行业自律联盟，开展行业自律动态监测，实施个人信息保护水平评估，定期发布个人信息保护行业自律报告。四是定期开展行业自律交流，组织研讨会、经验交流会、论坛等形式，深入交流企业个人信息开发、利用、保护等的经验，共同探讨行业发展存在的问题和应对措施。五是提高个人信息保护透明度，定期发布企业个人信息保护白皮书，告知社会企业在个人信息采集、开发、利用、保护等方面采取的措施和取得的效果，提高大众对企业个人信息保护的信任度。

技术是把"双刃剑"，大数据技术也不例外，大数据发展给产业发展、民生保障、国家治理带来新机遇的同时，也给个人隐私保护带来了前所未有的挑战。在没有个人隐私的大数据时代，要让个人隐私得到切实有效的保护，需要技术、产业、政策三者协同发力。对于在个人隐私保护和促进产业发展之间寻求平衡点，欧盟和美国走了两条不同的道路，欧盟实施了严格的隐私保护政策，美国实施了一般性隐私保护政策。欧美之间隐私保护政策有显著的差异，但都是依据各自互联网产业发展水平来制定的。我国在制定个人隐私保护政策时，也要充分借鉴欧盟和美国的个人隐私保护政策，做到既能兼顾个人隐私保护，又能促进互联网产业发展。

第三节　加强大数据"杀熟"深度治理

在大数据盛行的今天，除了个人隐私被泄露以外，有一种大数据"作恶"方式让人毛骨悚然，那就是商家基于大数据的千人千面，对已经养成消费习惯的老顾客，暗中提高销售价格，坑害消费者利益，此类行为被称为大数据"杀熟"行为。大数据"杀熟"行为具有很强隐蔽性，没有人能完全明白无良企业在数据黑箱里究竟装了哪些运算法则，也没有人能够在智能计算定义运行的经济社会中"独善其身"。利用好大数据的同时，加强大数据发展治理，谨防大数据对我们的生活造成新困扰，已经刻不容缓。

一、大数据"杀熟"造成不良影响

（一）大数据"杀熟"行为侵害消费者权益

某网友爆料自己是某网站预订旅店的常客，偶然发现购价 380 元的房间，其他用户只需 300 元就能拿下，并用朋友账号测试后再度证实。该消息一经发酵，瞬间引发大批网友共鸣。电商"杀熟"现象不仅出现在酒店预订上，在打车、通信套餐、电影订票、网络购物等线上消费中皆有此类现象。基于大数据的千人千面，通过出让部分个人隐私，帮助企业做最优决策，本是有利于双方互利共赢的事情，但有些无良企业却利用了大数据这个利器实施作恶，它们会给消费者的每次行为打上数据标签，会为消费者打上上千甚至上万个标签，比消费者自己都了解自己的消费行为，然后利用这些数据标签和消费者的消费习惯牟取不正当利益。

（二）大数据"杀熟"行为打击消费者信心

给予新用户低价是有效的"拉新"手段，在流量红利见顶、电商获客成本走高的当下，用低价把新用户留存成老用户，在用户消费习惯形成后提高价格，已经成为商家获取更高利润的重要手段。部分线上平台对熟客的高定价行为，将打乱线上消费节奏。如果大数据为用户带来的不是收益而是损失，将会引发大部分用户采取保守策略。当年网约车大战时，就出现了许多用户采用新手机号获取补贴后弃而不用网约车工具的事件。在新零售火爆的当下，线上消费作为主流，其积累的亿万消费大数据的优势，是其能够引领消费的有力保障。出现大数据"杀熟"丑闻，将会影响新零售用户对大数据这个工具的态度，造成更为严重的不良影响，打击消费者信心。

二、引发大数据"杀熟"原因剖析

（一）法律法规不够健全

根据《中华人民共和国价格法》的规定，经营者提供相同商品或者服务，不得对具有同等交易条件的其他经营者实行价格歧视。由于该法律未针对"同等交易条件"条款进行详细解释，网络平台根据地理位置、手机型号、浏览记录、消费记录做的差别定价并不能和价格歧视画上等号。传统消费领域普遍采取统一阶梯定价，存在的会员折扣、两杯半价、消费者自行砍价等差别定价类似，线上消费基于"大数据"技术，采用新型的差别定价规则，虽然具有很强的隐秘性和不可预测性，但本质上都在《中华人民共和国价格法》允许范畴里。《国务院反垄断委员会关于平台经济领域的反垄断指南》认为"平台在交易中获取的交易相对人的隐私信息、交易历史、个体偏好、消费习惯等方面存在的差异不影响认定交易相对人条件相同"，但也列举了平台经济领域经营者实施差别待遇行为的几点正当理由，这仍给大数据"杀熟"行为留下了一定的可操作空间。此外，《中华人民共和国网络安全法》《中华人民共和国数据安全法》《中华人民共和国个人信息保护法》等相关网络信息类法律法规，也未明确将平台为获取新客户对老客户实施高价的行为定义为不正当或非法行为，未理清价格差异化和价格歧视的具体界限，未理清不合理的差别待遇的具体界定标准。相关法律法规的不完善，进一步导致企业在利用大数据"杀熟"行为方面，除了可能会被消费者偶然察觉、要饱受舆论谴责之外，免去了触犯法律法规的担忧。

（二）监管治理手段滞后

与传统差别定价相比，基于大数据的"杀熟"行为具有更强隐蔽性，具有千人千面特点，个体用户难以直接发现，即使察觉，比例也相当低。面对具有网络化超控、动态变化、千人千面、隐蔽性强等特征的大数据"杀熟"行为，传统线下检查、事后处置监管治理模式变得几乎束手无策，存在发现率低、取证难度大、查处成本高等问题。正是因为大数据"杀熟"行为具有上述特点，部分企业在大数据"杀熟"方面跃跃欲试，有的企业甚至抱着侥幸心理，打着大数据分析利用的幌子，肆无忌惮地坑害消费者。提升"杀熟"等大数据作恶行为治理能力，亟须推进政府监管治理体系的信息化。

（三）社会监督服务缺乏

社会面向企业大数据分析应用的监测、评估、评价服务缺失，使得企业在利用大数据作恶方面变得更加有恃无恐。针对企业大数据分析利用的网络监测工具缺乏，比如像跨平台的网络比价软件等，使得普通消费几乎成了无良商家的鱼肉，很难发现企业大数据"杀熟"行为，即使发现也纯粹偶然。企业在利用大数据专业性技术"欺压"普通消费者时具有强烈技术优越感，大大助长了无良商家的气焰。社会层面面向企业大数据分析利用的社会评估和评价服务的机制缺乏，使得消费者对全社会大数据分析利用中的作恶类型缺乏整体性的认识，降低了消费者对大数据作恶的警觉程度。同时，也使得大数据开发利用行业中鱼龙混杂，部分无良企业冠冕堂皇地打着大数据分析利用的幌子，肆无忌惮地干着坑害消费者利益的勾当。

（四）行业自律机制尚未建立

目前社会上关于推进大数据开发利用、创新应用的联盟、协会等组织很多，但专门关注大数据开发利用合规、合理性方面的社会组织相对较少，由于与企业存在很多利益关系，此类组织对企业约束作用十分有限。大数据"杀熟"等很多大数据作恶行为的出现和发展，重要原因在于行业自我监督缺失，同行业对此类行为相互吹捧学习、趋之若鹜，而非嗤之以鼻。行业组织通过行业自律公约、发展报告、评估评价等模式推进行业自律机制，具有比政府监管更强的引导和示范作用，更能起到专业性的同行监督作用，但目前这种机制尚未建立起来。

三、加强大数据"杀熟"治理建议

（一）树立积极向善的大数据发展观

一是客观理性地看待大数据作用。大数据对提升人类洞察能力具有很大促进作用,但是技术不是万能的,技术也是把"双刃剑",技术应用能力和效果与人的认知能力、价值观、社会治理机制有很大关系。二是本着与时俱进、促进发展、造福人类的原则,积极推进大数据和经济社会深度融合,完善数据治理体系,更好地护航数字化转型和数字中国建设。三是坚持发展和安全双轮驱动原则,既要鼓励和支持大数据应用,又要同步做好安全风险的防范,积极稳妥推进大数据应用。

(二)完善大数据发展相关法律法规

一是制定大数据开发利用行业管理规范,明确大数据开发利用的宗旨和原则,出台大数据开发利用负面清单,引导企业在开发利用大数据时,综合考虑企业收益、消费者感受、文化风俗、社会反响等因素,提高大众的大数据应用获得感,促进大数据更好造福百姓生活。二是完善《中华人民共和国网络安全法》《中华人民共和国数据安全法》《中华人民共和国个人信息保护法》等相关网络信息服务类法律法规,明确大数据"杀熟"行为的详细界定,及时将大数据开发利用作恶行为纳入法律法规治理领域,提高法律法规震慑效应。三是适应大数据开发利用发展形势,尽快完善《中华人民共和国价格法》,理清大数据分析应用可能引起的差别定价方式和种类,明确差别定价和价格歧视的具体区别,并将大数据"杀熟"等行为纳入价格歧视范围。

(三)加强大数据应用监管治理能力建设

一是建立社会大数据分析应用政府监管治理网络平台,针对网络市场信息服务平台,开展在线化、网络化、全天候的动态市场执法监管,提高对违法、违规、不良等各种隐蔽型大数据作恶行为的及时发现和查处能力。二是应用大数据技术对社会大数据开发应用进行深度治理,从政务应用、企业大数据应用平台、消费者评价等多种渠道获取数据,加强数据的深度利用和关联分析,研判可能存在或发生的大数据作恶行为。三是畅通大数据应用作恶行为网络举报查处通道,简化举报流程,提高对微小型、海量化、多样式等特点的大数据应用作恶行为的及时发现和查处能力。四是对采用大数据作恶的企业开展部门联合惩戒,限制企业大数据分析利用从业领域,以及相关产品的应用范围和分析数据采集范围,并对其产品应用开展严格安全检测。

（四）发展大数据应用监测和评价服务

一是鼓励发展面向大数据分析应用的网络监测工具和服务，比如网络比价搜索、网络销售热度、用户评价汇聚等软件和信息服务，支撑大众对企业大数据应用行为的监督和发现，利用消费者力量，开展社会协同化治理。二是开展大数据分析应用社会评估服务，从大数据开发利用合规性、合理性、用户体验等多方面评估企业大数据分析应用情况，引导企业大数据开发利用向合规、合理、提高用户体验等方向发展。三是探索建立企业大数据开发利用信用评价机制，对大数据产品和服务开发、提供和应用等产业链企业开展大数据分析应用信用等级认定，建立黑名单公示制度。四是开展大数据产品和服务安全测评和认证，对重点行业和重点领域大数据产品和服务进行严格安全测评和安全等级认定。

（五）推进大数据分析企业强化行业自律

一是成立大数据开发利用行业自律联盟，发布行业自律公约，倡导大数据分析利用行业自律，遵守用户个人信息授权使用，强化数据应用自我约束，尊重用户的知情权和控制权，保障用户的个人信息安全和产品服务的安全可信，接受社会广泛监督。二是引导企业制定大数据分析应用用户告知协议，告知数据采集范围、分析手段、实现目标以及可能对用户产生的潜在影响等，让用户享受服务的时候安心和放心。三是鼓励企业定期发布企业大数据开发利用发展报告，推进分析算法、数据来源、应用进展、取得成效等相关信息公开，接受社会广泛监督。四是制定行业大数据开发利用技术规范，提出大数据开发利用负面清单，规范企业大数据技术开发利用行为。

（六）提高全社会大数据应用行为认识

一是建立企业大数据分析作恶行为网络曝光台，加大对大数据作恶企业的网络曝光力度，提高其违法违规社会成本，利用市场机制促进行业优胜劣汰。二是加大宣传力度，采用网络科普文章等宣传模式，提升全社会对大数据作恶行为的普及认识水平，提升公众的认识和防范意识，全面筑起防范大数据作恶的堡垒，打起防范大数据作恶行为的全民攻坚战。三是举办大数据开发利用成果展和科普展，采用简单易懂的模式对大数据作恶行为开展科普宣传，提高社会各界对大数据开发利用的认知水平。

第四节　加快推进数据流通交易治理

数据资源是国家战略性资源，数据要素是数字经济发展的核心生产要素，数据开发利用是数字化时代最为频繁的经济活动。加快构建国家数据治理体系，有利于保障个人信息安全、推动数据红利释放、促进数字经济健康发展，有利于构建健康合理的数据开发利用秩序、促进市场公平竞争、提高数字经济驾驭能力。近年来，随着社会对大数据价值认识的提升，数据滥采滥用、违法交易等行为日益猖獗，严重地侵犯了个人隐私和权益，影响了数字经济的健康发展，亟待加快推进数据流通治理。

一、我国非法数据流通交易现状

（一）非法数据流通交易现象日益猖獗

近年来，随着我国大数据产业的发展，社会对重要数据资源的需求变得越来越旺盛，非法数据交易现象也日益猖獗，爆发了大量的盗窃公民个人信息的重大案件。从破获的案件看，主要呈现出三个特点。一是非法数据交易和使用事件发生频率呈上升趋势，并从之前的小规模向大规模转变，从线下交易的上万条记录级别向网上交易的上亿条记录级别转变。二是非法交易数据逐渐从低价值向高价值转变，从之前联系电话、邮箱等通信方式信息逐步向个人网上购物、购房购车、教育医疗、卫生保健、金融资产等个人重要信息拓展，此类信息一旦落入诈骗分子或国外情报分子手中，不仅会对个人安全构成威胁，也会对整个社会发展构成巨大危害。三是非法数据交易呈现出产业链作案特点，展现分工明确、网络协作、隐蔽性较强等特点，形成了一条从数据窃取、数据贩卖到数据挖掘使用的黑色产业链，作案呈现团伙化趋势。

（二）互联网成为非法数据交易重要渠道

非法数据交易渠道主要有线上和线下两个渠道，从目前破获的案件来看，线上交易是主流。线上数据非法交易对接渠道主要有论坛、QQ 群、微信群、微信公众号、微博、博客、电子商务平台、暗网、网盘、邮箱等。其中，论坛、QQ群和微信群是非法数据交易的重灾区。从查获的案件来看，非法数据交易基本都是通过 QQ、微信、邮箱、暗网等直接传送，或是通过收费网盘支付费用后下载。非法数据交易信息在网上泛滥，不仅为非法数据交易行为拓展了市场空间，也加大了打击防控难度。

二、非法数据流通交易猖獗原因

（一）缺乏正常的数据流通交易渠道

目前，掌握数据资源的部门向社会开放数据的步伐推进缓慢，各政务部门和通信、金融、物流、航空、铁路、旅游、能源等重点行业的数据资源都封闭在部门和单位内部，形成了一个个封闭的信息孤岛，社会企业缺乏正常的获取渠道。同时，电子商务、网络社交、搜索引擎、地理信息、网约车等领域的互联网企业，大都是通过建设数据开放平台、以收费信息服务等模式推进部分数据的开放，但这种开放模式的开发利用深度非常有限。正常获取重要数据资源的渠道不通畅，不少机构千方百计地通过黑市渠道获取所需要的数据资源。

（二）数据资源缺乏全生命周期管理

目前各部门、各行业都在大力推进数字化建设，建设信息系统和平台是其中不可或缺的环节，而不少非 IT 部门由于自身没有信息系统开发和运维能力，大都采用外包开发和运维模式，外包服务模式给部门加强数据全生命周期管理带来了巨大挑战。在运维过程中，许多系统外包服务商有意无意都备份留存了服务对象数据，对这些备份留存数据的事后管理不善，也成为数据泄露的重要原因之一。以物流、房产、住宿、旅游等行业为例，近年来，这些行业发生的数据泄露事件中，由外包服务端引发的占了绝大多数。

（三）重要漏洞未能及时发现和修复

网络防御技术支撑能力不足是引发数据泄露的重要原因。目前我国各领域信息化建设采用的数据库系统绝大部分都是国外商业数据库或开源数据库，是否存在漏洞甚至后门，我国企业还无法全面掌握。这些数据库的重大漏洞一旦爆发，我国企业只能处于事后的被动修复状态，而且不同类型企业事后修复时间存在较大差异，大型 IT 企业都会及时修复，大部分传统企业则是在漏洞曝光后搁置较长时间才知晓并修复，有些没有技术能力支撑的企业甚至长年累月不知晓修复漏洞，黑客入侵窃取数据的大门始终敞开着，数据泄露风险隐患极大。

（四）网络化监管治理模式尚未建立

目前大部分非法数据交易都是基于互联网展开，与线下案件不同，基于互联网的案件具有高技术、跨地区、跨时空、数量大等特性，要求执法部门具有强大的技术平台保障案件侦查。近年来，利用个人信息泄露开展精准电信诈骗的案件时有发生，但由于大部分案件涉案金额较少，跨地区执法成本较大，主管部门都处于无暇应对状态，只能针对一些社会影响大的大案要案进行查处。另外，传统线下进场执法手段除了成本高外，还存在着技术能力不足和无暇应对的情况，这就对监管部门网络化、平台化和在线化监管手段提出了更紧迫要求。

（五）法律对非法行为震慑作用不够

在《中华人民共和国网络安全法》《中华人民共和国数据安全法》《中华人民共和国个人信息保护法》等相关法律法规和部门规章中，对包括个人信息在内的各种数据保护有较多规定，但相关规定过于宏观，且相关条款的司法解释、实施细则、标准规范不完善或者缺失，导致企业执行过程中缺乏具体、详细和标准化的参考依据，企业在数据控制和处理方面还有一定的灰色地带可迂回。另外，法律法规对非法数据交易的震慑作用不够，大部分案件都难以做到违法必究，即使有些案件被查处，对互联网企业采取约谈、数十万元的罚款等措施显得过轻，难以起到有效震慑作用。

三、加强数据流通交易治理建议

（一）鼓励发展大数据交易服务

面向社会重点应用需求，加快推进政务信息资源和公共信息资源的开放与共享，完善网络服务基础设施，提供平台化、网络化和在线化开放、共享服务。推进大数据交易平台建设，同时支持各地大数据交易所和交易中心建设，鼓励政务信息资源、公共信息资源和其他企事业单位信息资源进交易所交易，强化数据分级分类和脱敏等工作，确保个人信息、商业秘密和国家信息安全。鼓励互联网企业建设企业数据开放平台，提供深度数据挖掘服务，为外部企业开展业态创新提供有效支撑。

（二）强化数据全链条安全管理

规范信息系统和网络平台开发、建设和运维全过程的数据资源管理，出台相关实施指南、技术标准、合同规范和管理制度等，建立贯穿于开发、建设、运维等全过程的数据内控机制，确保整个过程数据管理的可管、可控。对存储重要信息的信息系统和网络平台开发、建设和运维等全环节要进行报备管理，强化企业终身责任意识，确保数据泄露后的可查可溯。继续开展对重要信息系统和网络平台数据安全保障的日常执法检查，提高执法技术保障支撑能力。

（三）加强数据保护关键技术研究

加快推进数据采集、存储、传输、开放、共享、流通、交易、使用等过程的全生命周期标准化安全管理，出台相关技术标准和实施指南，以安全管理标准化降低数据泄露风险。加强数据库相关技术研究，大力发展国产数据库和大数据分析工具，强化数据溯源技术攻关研究。

（四）提高监管执法在线化水平

整合网信、公安、工信、商务等部门相关职能和执法力量，建设国家级数据安全保护执法监管平台，提高执法监管的网络化、平台化、在线化水平，强化对网络和大数据技术的运用，建立常态化、在线化的数据安全保护执法机制。充分整合互联网企业、金融机构、通信运营商等部门资源，构建信息共享和执法互助机制，提高网络监管平台技术和资源保障。

（五）增强法律法规的可操作性

出台对《中华人民共和国网络安全法》《中华人民共和国数据安全法》《中华人民共和国个人信息保护法》相关条款的司法解释、实施细则、操作指南和技术标准，明确可进入市场流通交易的数据类型及要求，提高法律的引导性和可操作性。制定数据托管存储、开放共享、流通交易、挖掘利用等环节的合同范本，明确相关数据安全保障技术、责任机制、使用边界、销毁处理等内容要求，确保数据全生命周期可管可控。加强法律法规宣传，提高用户保护个人信息安全的意识，确保用户数据不被非法交易者通过不正当途径采集和窃取。

第五节　全面构建数据深度治理体系

目前，我国正处在推动互联网、大数据、人工智能和实体经济深度融合的关键时期，个人信息滥采滥用、企业数据交易纠纷频发、公共数据开放开发滞后、国家跨境数据流动风险较大等一系列问题，深刻地影响和制约着我国数字经济持续健康发展和数字化转型进程推进。加快数字化转型，做强做优做大我国数字经济，加快构建数字社会，推进数字中国建设，亟须加强国家数据治理，以有效手段护航国家数字化转型。

一、我国数据开发利用存在问题

（一）个人信息开发利用日益频繁，滥采滥用现象日益严重

随着移动互联网的快速发展，各类移动应用深入大众购物、交通出行、社交娱乐、学习研究等各个环节，为生活提供了很多便利。出于服务精细优化和商业精准营销的需要，各类移动应用对个人信息的采集和开发利用越来越频繁，通信、位置、社交、网购、喜好等个人信息采集越来越多，数据挖掘分析越来越深入，对个人画像越来越精准。据相关统计，目前在智能手机上平均每安装 1 个移动 App 就需要获取 15 项以上的个人信息。这种现象背后，存在以下隐忧与问题。一是个人信息被各类网络过度应用或超范围采集。二是个人信息在数据主体不知情的情况下被企业转移和流通交易，甚至被不法分子以不正当途径获取并进行非法交易。三是个人信息被应用于非正常营销活动或犯罪行为，大数据被应用于商业"杀熟"、精准诈骗、"人肉搜索"等不法目的。四是个人信息被过度画像，不正当分析个人生理健康、兴趣爱好、生活习惯、社会关系等个人私密信息，侵犯了个人隐私权益，危害了个人安全。五是个人特殊数据被以非安全形式采集、存储和流通，包括基因、指纹、肖像等个人唯一生物信息。六是个人信息删除、可携带等权益得不到有效保障，个人对遗留在网络平台上的数据控制权十分有限，删除和携带数据成本较高。

（二）企业数据交易纠纷频繁发生，数据流通缺乏市场规则

近年来，随着企业间业务合作的深入，企业之间数据流通越来越频繁，数据交易纠纷也随之增加。一些网络云平台采用对数据进行专有格式加密等方式，阻碍用户数据和应用跨平台迁移，对数字市场竞争规则造成了一定程度的破坏。现象背后的问题主要如下。一是数据流通交易缺乏统一的规范性国家合同文本，交易双方权利和义务难以得到全面有效规范，致使个人信息等未被授权的数据被流通交易，或者数据超双方合同授权约定使用乃至非授权使用等现象较为常见。二是数据流通交易缺乏计量、定价标准和溯源手段，数据交易定价无序，交易数据质量得不到保障。三是非法数据交易增多，企业数据人为泄露、非法窃取、地下黑市交易等现象频发，社会各界普遍存在数据进入流通交易会导致数据失控的担忧。四是设置技术壁垒阻碍数据跨平台转移，数据在不同企业平台之间迁移难度大、成本高，平台通过数据"绑架用户"现象普遍。五是数据垄断问题日益严重，互联网企业频繁并购加剧数据集中，并利用大数据影响市场自发交易行为，市场竞争规则遭到破坏。

（三）公共数据共享开放呼声高涨，开放开发实质推进缓慢

随着"互联网＋政务服务"和"一站式"协同监管的不断推进以及各类互联网服务的发展，社会对公共数据共享开放开发的呼声越来越强烈。发展"互联网＋政务服务"、推进"一站式"监管都离不开多个政务部门公共数据的支持。另外，随着各类互联网服务的发展，互联网企业为了更好地开展平台治理，对基础性公共信息资源开放的需求变得越来越迫切。然而，公共数据开放共享的进展却不乐观。一是政务数据资源共享和交换困难重重，政务专网割据、信息孤岛林立、政务信息资源部门化的局面致使政务信息资源共享交换推进不畅，跨区域、跨层级、跨部门协同监管难以高效实现。二是政府和企业数据对接推进缓慢，人口、法人、证照、信用等政府持有的基础信息难以对企业高效开放，导致互联网企业开展网络服务缺少资质、证照、信用等基础信息验证支撑，网络平台自身治理面临困难。三是受治理机制约束，重要公共企业数据难以高效向社会开放，社会价值难以有效发挥，影响了公共服务创新和品质提升，以及数字经济发展。

（四）数据跨境流动开发愈发频繁，国家安全风险持续加大

一是汽车、医疗器械、工程装备等领域有越来越多国外公司进入中国开展业

务，大部分此类公司由于未在中国新建企业数据中心，便直接将面向国内用户服务过程中产生的数据传输到国外数据中心，给国家数据治理和监管带来了较大困难。二是随着大数据应用的深入，互联网、金融、电信、交通、电力等领域企业在数据挖掘过程中，选择国外数据外包服务商的越来越多。由于国内企业涉外数据合作没有得到有效规范，服务外包导致大量重要数据流入国外公司，合作结束后没有及时销毁，给国家安全带来隐患。三是部分境外组织和机构利用我国流出的大数据资源，发布我国特殊敏感领域大数据报告，影响国内社会舆论。四是跨境数据流动缺乏有效监管，规范制度缺乏，监管手段滞后，技术支撑能力不足，使得国家数据主权难以得到有效保障。

二、加强我国数据深度治理建议

（一）加快数据要素规则制定

一是加快制定数据应用伦理道德准则，综合考虑社会需求、发展趋势、应用场景、潜在风险、民族风俗、文化习惯、宗教信仰、法律法规等相关要素，明确数据应用的宗旨、目的、原则等，把准大数据发展航向。二是加快个人信息保护相关规则制定，制定个人信息采集、流通和开发利用宗旨原则、负面清单、流程规范、防护要求和操作指南等，明确个人信息权利，确保个人信息采集、流通、开发和利用安全有序。三是加快企业间数据流通、交易、开发相关规则制定，建立数据定量和计价参考指南，编制企业间数据交易合同参考样本，出台企业间数据流通、交易、开发流程规范，完善数据交易纠纷处理机制。四是完善公共数据开放开发规则，出台公共数据开放开发管理办法，明确数据开放开发主题目录、时间表、路线图、激励考核机制。五是加快跨境数据流动相关规则制定，出台跨境数据流通负面清单，建立并完善跨境数据流动安全评估机制。六是加快梳理大数据应用"雷区"，制定大数据应用负面清单，明确大数据应用禁区，做好负面清单的动态维护，更好地促进大数据发展。

（二）加快构建新型数据综合治理机制

一是加快形成政府监管、企业履责、社会监督、网民投诉等多主体参与，经济、法律、技术等多种手段相结合的数据综合治理格局。二是强化政府数据监管，革新理念、优化流程、创新手段，提高政府对数据全生命周期协同治理能力。三是压实企业履职责任，规范企业数据采集、存储、流通、交易和开发等各环节安全保障措施，建立企业数据合规和风险控制机制，促进企业自律，推进数据治理关口前移。四是完善社会监督机制，鼓励开展第三方数据监测和评估服务，发挥行业联盟和媒体监督作用，推进社会化协同治理。五是增强网民数据安全意识，普及数据安全使用和保护意识，畅通网络举报渠道，发挥网民作为数据治理首要监察员的作用。六是要综合运用经济、法律、技术等多种手段，多措并举，强化数据综合治理，提高经济制裁、法律威慑和技术阻断能力。

（三）提高国家数据治理技术支撑能力

一是加快构建政府数据治理网络大平台，强化大数据和人工智能技术深度应用，推进数据治理的数字化、网络化和智能化，提高网络空间数据采集、传输、存储、开发和利用等环节态势感知监测水平，提升实时应急响应和协同联动能力。二是加强数据流通溯源等关键基础技术攻关，强化数据清洗、数据标记、数据加密、数据检索等技术研究，提高对数据交易、个人信息保护、跨境数据流动等领域的监管支撑能力。

（四）强化行业自律作用

发挥好行业组织作用，加快制定大数据发展行业自律公约，倡导行业自律，提高行业自身治理能力，解决法律法规滞后问题。一是加快构建数据合规联盟，围绕个人信息保护、企业数据交易流通、公共数据开放开发、国家跨境数据流动等领域，加快制定数据采集、流通、开发和利用的行业规范和标准，加快形成数据治理方面的行业共识，提高行业自律能力。二是依托行业联盟，发布数据治理行业自律承诺，推动互联网、电信、金融等领域大数据应用更加重视数据合规性，更加重视个人信息保护、商业诚信和社会公德，形成社会引导和示范效应，带动全行业数据应用公信力的整体提升。三是开展行业数据开发和治理发展水平评估，总结行业数据开发和治理经验，查找问题和不足，提高数据应用社会透明度，提升社会对企业数据应用的信任度。四是加强数据开发利用和治理行业交流，定期组织相关企业开展应用创新和治理研讨，探索数据应用和治理模式创新。

第六节　全面规范信息服务算法行为

在网络平台服务盛行的今天，数字生活中每个人时刻都在接受算法服务，同时也无法避免地受到算法影响和控制。算法是企业服务模式和商业模式的代码化，既属于企业的知识产权，又代表着企业核心竞争力，历来就是竞争性的商业机密，一直在黑暗和封闭的空间中野蛮生长，除了开发它的公司和程序员之外，无人知晓算法这个黑盒子里面的运行机制究竟是什么。大数据"杀熟"、投其所好型推荐、伪造排序精选榜单、不合理的竞价检索过滤和决策调度、人为操控社会舆论焦点等不良算法利用行为，引发的社会危害已经开始显现。为了维护网络空间传播秩序、市场秩序和社会秩序，防止利用算法干扰社会舆论、打压竞争对手、侵害消费者权益等行为，防范算法滥用带来意识形态、经济发展和社会管理等方面危险隐患，加强信息服务算法治理已经刻不容缓。

一、信息服务算法应用暴露问题

（一）不良算法催生了大数据"杀熟"

部分商家基于大数据分析技术，对已经养成消费习惯的忠诚老顾客，暗中提高销售价格，坑害消费者利益，此类行为被称为大数据"杀熟"。基于大数据的千人千面个性化服务，通过个人让渡部分个人隐私，帮助企业做最优决策，本来是双方互利共赢的事情。但部分不良商家却动起了大数据的歪脑子，利用大数据这个利器作恶，掌控消费者消费习惯，给消费者打上成堆数据标签，然后利用这些数据标签和消费者的消费习性牟取不正当利益。网络平台企业利用技术实施大数据"杀熟"行为具有隐蔽性，除了企业自身之外，消费者完全不知晓无良企业在数据黑箱里究竟装了哪些作恶运算法则，也无法在智能计算定义运行的经济社会中"独善其身"。

（二）不良算法加剧了投其所好

互联网在带来自由开放的同时，很大程度上加深了投其所好的程度和个人见识偏见。随着互联网不断发展，网络内容服务越来越个性化，它会投个人所好，为个人准备其想看到的东西。网络平台会根据用户历史记录，制定投其所好的个性化服务推荐算法，使得每个人会看到不同的内容，爱看八卦的人会每天不断地被推荐八卦内容，爱好军事的人不断地被推荐军事内容，爱好体育的人就不断地被推荐体育内容，甚至在搜索引擎上输入同一个关键词，不同的人搜索的结果都可能是不一样的。对网络平台而言，这种投其所好的行为，其受欢迎程度会越来越高，其平台用户规模和流量也会越来越大，最终表现为企业收益的增长。但对个体而言，网络平台这种做法在满足个体兴趣爱好的同时，也会渐渐让个人变得知识面狭窄，更有甚者，如果网络平台推送的是博眼球、不良、不健康的内容，则会导致受众个体养成不良嗜好或偏好，从而误入歧途。每个人看到的都是他愿意看到的一部分信息，且这种现象在不断加剧，这就是网络平台推荐算法造成的互联网"回音壁"现象，互联网在打破信息壁垒的同时，也在形成新的壁垒。

（三）不良算法破坏包容普惠发展

网络平台按照网络行为主体的服务能力、服务质量和信用记录进行等级划分，在服务对象选择服务时为其提供更好的遴选参考，这种做法在一定程度上也破坏了包容普惠发展，相比那些规模比较庞大、服务能力比较强、服务质量把关控制严、具有长期信用积累的大型企业，成立时间比较短、信用积累和服务能力有限，但具有很强创新能力的初创企业或中小企业，网络平台这种全面量体的比较做法，进一步强化了马太效应，大大压缩了创新型中小企业生存发展空间，对行业创新也构成了极大危害。另外，目前许多网络平台按照服务使用积分值来区分客户服务等级的做法也破坏了包容普惠发展。与较为频繁使用网络服务的年轻人相比，老年人和未成年人等属于较少使用网络服务的群体，网络平台按照使用历史积分值来区分客户优先服务等级，提供不同等级的服务，老年人和未成年人这两类本该享受更多帮扶的群体在信息服务算法面前，其应享受的权利却被无情地剥夺，人与人之间的数字鸿沟被进一步拉大。

（四）不良算法破坏市场公平竞争

目前，部分互联网企业利用排序精选、检索过滤、调度决策等业务，一味以自身利益最大化为唯一决策依据，却忽视社会关注度、市场欢迎度、消费者认可度等算法的内在要求，采取竞价排名、流量造假、人为干预等模式，伪造虚假热搜等排序精选榜单，反馈人为干扰的检索过滤结果，实施不公平的业务调度决策，严重地扰乱了市场竞争秩序，破坏了市场公平竞争，导致"劣币驱逐良币"，影响了市场健康发展。

（五）不良算法忽视劳动者权益保护

目前，部分互联网企业利用业务调度算法，实施不合理的订单和收益分配规则，出现了订单分配不公平、无视或迫使劳动者疲劳服务、过度抽取提成等问题，严重地侵害了劳动者劳动、收益、休息休假等权利，埋下了安全生产隐患，打击了劳动者积极性。部分互联网企业利用排序精选、检索过滤等算法，向消费者推送未经查验的不合格的商品或服务，导致消费者权益等受损，部分消费者甚至付出了生命代价。

（六）不良算法扰乱了社会传播秩序

目前，部分互联网企业在互联网新闻资讯等信息服务领域，不合理地利用个性化推送、排序精选、检索过滤、生成合成等算法，通过新闻推送、排序热榜、搜索热榜等形式，操控社会舆论，制造和传播虚假信息，人为推高社会舆论和制造社会舆论焦点，严重地扰乱了社会传播秩序。部分企业利用业务优势操控社会舆论，实施不正当竞争行为，屏蔽企业自身负面信息，向用户频繁推送竞争对手的负面信息，抹黑和打击竞争对手，严重地扰乱了市场竞争秩序。

二、信息服务算法问题原因分析

（一）忽视了算法代表着企业价值观

信息服务算法是企业服务模式和商业模式代码化的结果，已经超越了技术本身，里面蕴含着企业经营服务模式、商业模式、经营价值理念和企业价值观。算法虽然不具有道德规制的属性，但算法的开发者是受到人性控制的。算法有价值观属性，算法的价值观就是企业的价值观，算法伦理道德缺陷是企业价值观上的缺陷。部分企业利用大数据算法实施"杀熟"行为，跟部分传统线下企业对新客户实施"杀生"行为一样，都是违背商业诚信的。部分企业大肆宣扬技术中立、算法中立等观点，为了博大众眼球、赢商业利益，宣传和推动低俗内容，吸引点击率和访问率。一些办网站的一味追求高点击率，做社交平台的成为谣言扩散器，做搜索的仅以给钱的多少作为排位的标准，实质是满眼都是企业的利益，却忽视了企业应遵守的社会公德和应肩负的社会责任。

（二）缺乏对算法的深度监管和治理

算法作为蕴含在软件和网络平台内部的运行规则，天生具有很大的隐蔽性和不透明性，加上算法一定程度上代表着企业商业模式和竞争模式，企业核心算法的公开度和透明性向来比较低。传统各部门监管模式都是基于业务合规性的，但互联网业务的分布式和后台管理等特性，给利用集中监测手段来判断业务合规性的传统监管模式带来了很大挑战。由于数据采集访问、算法内容分析、系统开放等一系列技术性问题，大数据"杀熟"、流量造假、伪造排序精选榜单、人为干预检索过滤结果、人为操控舆论等违规业务很难监测，只有从算法内容层面加强深度治理，方可既治标又治本。

（三）缺乏深层次的行业自律机制

大数据开发利用等方面的各类行业协会联盟很多，但是聚焦在软件和网络平台信息服务算法合规性方面的行业协会联盟目前稀缺。行业协会联盟缺位使得企业对行业算法目标宗旨、应用标准、运行规则等方面缺乏公开交流探讨，尚未形成统一共识。企业在设计算法时，就光盯着企业利益最大化，缺乏行业共识规则约束，加剧了行业乱象，甚至部分企业自诩算法为"技术创新"。行业评估是规范行业乱象、引导行业发展的重要手段，关于软件信息服务算法方面行业评估的缺失，也使得部分企业算法胡作非为的情况缺乏了同行业的专业性监督。

三、加强信息服务算法治理建议

（一）鼓励企业公开信息服务算法

一是推进排序精选、检索过滤、个性推送、调度决策、生成合成等领域信息服务算法原理和流程公开，提高信息服务算法的透明度和社会公信力。二是鼓励网络平台服务企业算法代码公开或算法开源，从社会伦理、法律法规、商业合规、劳动者权益保护、舆论安全等角度广泛接受社会监督，不断推进算法演进和发展。三是加强对网络平台企业信息服务算法的公开交流和研讨，围绕维护社会公德、加强个人权益保护、促进市场公平竞争、维护社会传播秩序等需要，共商网络世界算法创新准则、算法创新禁区、算法治理模式等。

（二）压实企业算法安全主体责任

一是建立健全企业算法安全责任制度和科技伦理审查制度，健全企业算法安全管理组织机构，加强风险防控和隐患排查治理，提升应对算法安全突发事件的能力和水平。二是面向排序精选、检索过滤、个性推送、调度决策、生成合成等重点领域，建立信息服务算法试运行前的报备制度，备案算法作用、运行原理、技术实现、应用场景、自评合规性等情况，提高对算法商业应用的监督检查支撑能力。三是建立算法安全评估制度，从舆论动员能力、个人权益保护、商业合规性等角度，加强算法应用前安全测试和影响力评估，在部分领域实施算法使用准入管理，提前做好风险预测和技术防范。四是明确企业信息服务算法对未成年人、老年人等相关权益保护，不得诱导未成年人沉迷，充分考虑老年人的实际需求。

（三）加强算法应用动态监管治理

一是建立算法网络监测平台，变革传统监测治理手段，应用互联网、大数据、人工智能等技术手段，加强对信息服务算法数据采集、运行过程、社会影响等方面动态监测，强化事中监管，提高对风险监测、预警、防范和处置能力。二是建立算法监督检查机制，根据企业算法备案内容，加强对企业网络平台持续监测和不定期抽查，提高算法备案制度的影响力，确保算法备案制度落到实处。三是支持和鼓励高等院校、科研院所、行业组织等机构，开展网络算法第三方监测、评估等方面研究，加快算法社会服务准则等相关规则的制定研究，促进信息服务算法朝着正确方向发展。四是针对用户规模庞大的网络服务平台，建立算法安全审查制度，加强网络平台核心信息服务算法的定期性安全性测试和审查，做好社会影响力评估分析，确保不出现重大负面影响和系统性风险。

（四）构建算法应用行业自律机制

一是以大型网络平台为主体，构建网络平台服务算法联盟，围绕数据挖掘、隐私保护、精准营销等领域，加快制定算法宗旨、应用标准、运行规则、负面清单等相关行业规则，加快形成算法创新方面的行业共识，提高行业自律能力。二是依托行业联盟，发布算法应用行业自律承诺，推动龙头企业算法应用更加重视个人信息保护、商业诚信和社会公德，形成社会引导和示范效应，带动全行业算法公信力的整体提升。三是开展行业算法应用发展水平评估，总结行业算法发展经验，查找问题和不足，提高算法社会透明度，提升社会对企业算法应用的信任度。四是加强算法创新行业交流，定期组织相关网络平台企业开展算法应用创新研讨，共同商讨网络世界算法创新应用模式。

大数据开启了信息化发展的新时代，数字时代无论是发展数字经济还是建设数字社会，都离不开大数据这一核心要素。数字时代是一个全新发展理念的时代，需要树立正确的发展观来引导大数据健康发展。数字时代也是一个全新发展动能的时代，需要积极推进创新应用来培育各领域发展新动能。数字时代更是一个规则全新重塑的时代，需要健全的规则机制护航大数据。不能把事务决策权盲目地让渡给数据和算法，忽视了技术发展带来的不完善性，更不能把规则制定权随意地让渡给算法开发者，忽视了利益作祟等原因加剧社会不公平不公正现象。放任算法开发者为所欲为，大数据资源和应用有可能从人人梦想淘金的矿藏变成"潘多拉魔盒"。

第七节　构建人工智能发展治理体系

近年来，随着移动通信、云计算和各类智能终端等技术的发展，"云、网、端"加速融合，算力、算法、算数协同发力，促进人工智能技术广泛应用，加速了经济社会数字化、智能化转型。技术创新是把"双刃剑"，人工智能技术也不例外。人工智能技术在促进经济社会运行效率和服务品质提升的同时，也暴露出一系列潜在风险隐患问题，技术被滥用误用现象频繁发生，对个人权益保护、市场公平竞争、社会运行秩序、公共安全保障、可持续发展等都造成了潜在威胁。为充分发挥和释放出人工智能强大的跨界融合渗透、倍增和溢出效应，推进人工智能产业健康发展，亟待加快构建人工智能发展治理体系。

一、人工智能广泛应用呼唤监管

（一）人工智能技术得到广泛应用

近年来，移动通信网络持续迭代升级，宽带网络广泛普及和大幅提速、云计算服务广泛渗透应用，智能终端感知计算能力大幅提升，各领域数据资源大幅增长，算法模型创新得到大幅突破，有效地促进了人工智能场景应用探索，在商贸零售、工业制造、交通物流、治安防控、医疗卫生、文旅旅游、新闻媒体等领域，人工智能技术开始逐步深入应用，涌现出了智能客服、无人商店、黑灯工厂、无人驾驶、服务机器人、机器人主播、智能巡检等一些典型应用，为技术试验、产业转型和服务创新提供了探索路径。

（二）人工智能技术应用乱象频出

近年来，人工智能技术广泛深入应用，在促进经济社会智能化转型的同时，也给经济社会管理带来了前所未有的新挑战，甚至埋下了发展的安全新隐患。例如，人脸识别技术滥用，导致个人隐私信息随意被采集、存储和利用，甚至被流转贩卖，侵犯了个人权益，严重危害个人隐私安全。网络机器人虚假刷单和刷榜，制造虚假流量，大肆评论灌水造假，严重地扰乱了网络市场发展秩序，影响了网络市场公平竞争，给网络市场发展蒙上了阴影。利用人工智能合成技术自动化生成大量网络虚假信息，严重侵犯了个人隐私和数字版权，污染了网络社会环境，给网络虚假信息治理带来了新挑战。网络爬虫机器人泛滥，侵犯了企业网上资产，严重影响网络运营者正常开展业务。语音机器人被广泛应用到经济社会各领域，环境声音静听默认开启，给环境隐私安全带来了新挑战。人工智能技术发展应用如无规范、无节制地滥用，势必会掀开技术滥用的"潘多拉魔盒"。

（三）人工智能发展亟待建章立制

人工智能技术应用以机器自我决策取代人工决策、以机器执行取代人工作业，人工智能技术的广泛应用对现有政策体系、管理制度和监管手段都提出了新挑战，制度建设难以适应技术快速发展应用，这一点日益明显，亟待加快建立人工智能发展治理制度和监管体系。例如，人工智能催生无人驾驶汽车发展应用，无人驾驶汽车上路行驶，对现有道路交通安全法律法规和汽车安全规范等都提出了新挑战，道路交通安全事故认定、责任划分、汽车安全测评等问题都亟须完善和明确。人工智能技术被广泛应用到影像识别等医疗服务领域，对医院治疗规范提出了新挑战，影像机器识别误判导致错误诊疗会引发医疗事故，事故认定、责任划分该如何确定亟待明确。较多涉及个人隐私、公共安全、市场秩序等领域人工智能应用治理规范亟待明确，这样人工智能技术发展才能更好地造福人类。

二、推进人工智能发展坚持原则

（一）权益保护原则

人工智能技术应用不能对法律法规赋予公民个人的各项基本权利造成侵害，应坚持以人为本发展理念，切实尊重法治、人权和民主价值观，切实充分维护个人人格尊严，保护个人隐私和数据安全，保障个人的权利与自由。

（二）无歧视公平原则

人工智能技术应用要保持公平、平等和非歧视原则，不能因个人国籍、性别、语言、种族、民族、宗教、肤色、社会出身、人际关系、政治见解等不同而实行差别化待遇或歧视。人工智能技术应用不能扰乱市场竞争、社会管理、生产运行、工作学习、交通运输和公共场所等经济社会运行秩序，要维护公平、有序的经济社会运行发展秩序。

（三）透明清晰原则

人工智能决策算法必须是透明、可解释、易于理解的，人工智能系统运行流程、过程数据和决策是可追溯、可还原、可验证的。黑盒、不可解释、难以理解、不可追溯、不可还原的人工智能系统存在巨大安全隐患和社会风险，应禁止研发和场景应用。

（四）安全可控原则

人工智能系统算法必须是足够安全、可靠和稳健的，能够有效应对处理系统运行全生命周期阶段中出现的错误或不一致问题，不会造成不合理、不可预测、不可控的安全风险。同时，人工智能系统对外部攻击应具备足够的安全防御能力，保障系统、平台、数据和网络安全，防止系统被入侵和被操控。

（五）责任清晰原则

设计和部署人工智能系统使用的人员必须承担相应匹配责任。当人工智能产品造成事故时，事故责任是可以鉴定的，并且各方责任是清晰的。若人工智能解决方案的错误、缺陷、偏见或造成其他负面影响，一经发现，应立即予以承认并积极地加以处理。

（六）包容普惠原则

人工智能发展要促进不同地区、不同行业和不同人群公平分享技术发展红利，推进区域发展差距缩小，推动行业均衡发展，促进对弱势群体的包容，缩小数字鸿沟，减少区域、经济、社会、性别等方面的不平等，实现更好的包容性增长。

（七）造福人类原则

人工智能技术发展必须实现让技术更好地赋能经济社会发展，人工智能产品的研发和应用必须满足促进经济社会向前发展的前提，促进积极的社会变革，增强人类拓展、创新、发展等能力，增强可持续性和生态责任。阻碍人类发展进步的人工智能技术行为都必须得到有效遏制。

三、构建人工智能监管治理体系

（一）完善人工智能发展制度建设

一是建立和完善人工智能发展道德准则，明确人工智能发展宗旨、原则、禁区、负面清单等，从道德层面规范约束人工智能发展方向。二是完善人工智能行业管理规章，建立重点行业人工智能应用安全评估、测试验证、业务准入等制度。三是建立人工智能安全应用技术规范、管理办法、操作指南、标准规范、安全标准等。四是加快修订相应上位法，积极鼓励人工智能技术应用的同时，明确技术应用规范要求及应用禁区。五是健全人工智能数据管理制度，统筹平衡考虑产业发展与个人隐私保护等问题。六是压实企业创新应用主体责任，完善企业内部风险控制机制，确保人工智能技术不滥用误用。

（二）构建人工智能技术应用测评体系

加快构建交通、医疗、金融、能源、国防等涉及个人隐私、公共安全、国家安全领域的人工智能技术产品和解决方案测评体系，加强决策算法、数据开发利用、安全保障、软硬件设备等合理合规性、稳定可靠性、安全可控性方面测试评估，确保智能决策算法公平合理、透明清晰、可追溯、无歧视等，确保数据开发利用合理、合规和合法，确保安全保障管理规范和技术有力，确保软硬件设备质量可靠、运行稳定、安全可控。

（三）推进人工智能发展行业自律

建立人工智能行业创新自律联盟，推进人工智能技术应用行业标准规范建设，发布行业自律公约或社会倡议，提升技术创新应用行业自律能力。发挥好协会联盟在推进行业自律中的牵引作用，加强对企业价值观、社会责任、自律意识引导，鼓励更多企业加入行业自律公约。定期发布行业人工智能应用自评估报告，检视行业人工智能技术应用发展问题，剖析潜在社会风险和安全隐患。

第八节　增强网络空间安全保障能力

网络空间是人类信息技术进步和应用普及拓展的新空间，对推动人类开启新的跨越式发展具有重要意义，已经成为世界各国培育经济发展新动能、塑造国家竞争新优势、推进可持续发展的重要抓手。网络空间蕴含的政治、经济、社会、军事等战略价值越来越大，世界主要大国围绕网络空间展开了激烈争夺和对抗，对国际竞争、经济全球化、世界政治经济格局调整都产生了重大和深远的影响。

一、我国网络空间面临风险和挑战

（一）网络空间关键基础设施和基础资源受制于人

由于国际互联网发源于美国，美国利用先发优势掌控了国际互联网关键基础设施和关键基础资源，形成了对全球各国互联网发展的把控和威慑。以发挥互联网运行总控作用的根域名服务器为例，它犹如互联网运行"心脏"，美国政府掌控了全球 13 台根域名服务器中的 10 台，只要简单配置一下根域名服务器，就可以让某个国家在网络空间中消失。另外，IP 地址资源犹如地址门牌号，是发展互联网业务不可或缺的重要资源。美国政府长期利用 ICANN 操控着国际互联网地址分配，自己占据了大量优质地址资源，造成了全球网络地址资源分配严重不均，对包括我国在内的互联网业务快速崛起的国家形成了有效的资源遏制。尽管 ICANN 管辖权已经移交，但美国政府仍然能通过多种手段形成对 ICANN 业务管理的深度影响。

（二）互联网关键技术和核心应用安全可控水平低

路由器、服务器、操作系统、数据库和应用软件等软硬件是互联网运行和应用的要素，关系着互联网运行安全和价值发挥。美国依靠微软、IBM、英特尔、思科、谷歌、苹果、高通、甲骨文等信息产业"八大金刚"定义了从芯片、操作系统、网络协议、应用软件到网络服务等整个互联网运行架构和使用模式。在美国企业中，英特尔和高通的芯片，思科和瞻博网络的路由器，谷歌、苹果和微软的操作系统，惠普、戴尔、IBM 和思科的服务器，甲骨文、微软和 IBM 数据库在互联网运行中发挥着不可或缺作用。全球网络信息产业发展都是建立在美国公司定义的技术框架之上，美国在该领域的巨大优势，为其在网络空间拓展和自由行动提供了坚强的技术支撑。我国和其他国家的网络信息产业都是建立在美国产业的基础之上，犹如玻璃瓶一样透明，又犹如摩天大厦建立在沙滩上一样，根基极为不牢固。

（三）成为全球各类网络攻击最主要受害国之一

网络攻击日趋复杂，网络黑客呈现出规模化、组织化、产业化和专业化等发展特点，攻击手段日新月异、攻击频率日益频繁、攻击规模日益庞大，各类网络攻击事件对我国经济社会发展造成的影响越来越大。网络犯罪日益呈现出分工精细化、利益链条化、操作专业化等特点，社交软件已经成为网络犯罪的重要工具，网络犯罪年年持续递增，影响越来越大，已经成为我国第一大犯罪类型。重大网络数据泄露事件频繁发生，社会破坏性越来越大，对保障个人隐私、商业秘密和国家安全都造成了极大影响。网络恐怖主义加速蔓延，恐怖主义利用互联网内外遥相呼应，对国家安全造成了巨大挑战。

（四）网络空间战略防御和全球化威慑能力薄弱

网络空间已经成为继陆、海、空、天之后的第五战略，是各国主权不可分割的一部分，围绕网络主权国家之间的争夺和竞争越来越激烈。美国、英国、日本、德国等多个国家加快构建网络空间作战部队，提高网络空间战略威慑能力。特别是美国，利用其技术产业优势，较早组建了网络部队，多年来持续不断扩大网络部队规模。2017 年，美国又将网络司令部升级成为美军第十个联合作战司令部，地位与美国中央司令部等主要作战司令部持平。美国在网络空间形成了自由行动和先发制人的战略优势，具备了全球警戒、全球到达和全球作战等三种能力，对我国等全球各国的国家网络空间都构成了巨大威胁和挑战。

二、加强网络空间安全保障建议

（一）加快构建新一代网络基础设施体系

加快 5G、IPv6 下一代网络基础设施建设，抢先部署域名解析服务器，拓宽网络传输带宽，提高网络覆盖率，增强网络移动和无线服务能力。加强云计算、大数据等网络空间应用基础设施建设，构建国家一体化大数据中心，完善统一的绿色安全数据中心标准体系、互联互通的分布式网络存储支撑体系、资源共享的灾备应急响应体系。积极布局浮空平台、低轨卫星通信、空间互联网等前沿技术网络，持续推进北斗系统建设和应用，加快 GPS 应用向北斗系统迁移步伐，抢先布局太空互联网。加快移动物联网 NB-IoT 网络建设，加大 NB-IoT 部署力度，提供全面的网络覆盖和服务质量，全面增强 NB-IoT 接入支撑能力。

（二）推进网络信息产业全链条自主创新

充分利用大国大市场和体制机制等优势，加快构建核心电子元器件、高端芯片、基础软件等网络信息产业关键核心技术自主创新机制，统筹资金、人才、需求、政策等多方面的资源，集中力量实施重点突破工程。发挥互联网企业大规模应用优势，支持其在高端芯片、操作系统、数据库、服务器等领域自主创新，鼓励自有创新技术大规模商用转化。充分利用云计算、大数据、物联网和人工智能等技术发展带来的产业升级换挡机遇，大力发展云操作系统、云数据库、大数据系统、物联网芯片、人工智能系统等新产品和新服务，推进新产品、新服务跨界融合发展，抢先布局新兴服务市场，力争实现赶超发展。

（三）建立安全可靠的网络安全保障体系

完善国家网络安全管理制度，健全网络安全态势感知、安全事件预警预防及应急处置机制，建立统一高效的网络安全风险报告、情报共享和研判处置机制，进一步提升对网络安全事件的应急处置能力。落实通信运营商、互联网企业在网络空间安全保障中的主体责任和首要责任制度，加强设施保障、技术支撑、人员管理和制度约束等建设，提高重点企业网络安全防范能力。加强金融、能源、电力、通信、交通等重点行业和政务、电商、民生服务等重要领域信息系统的安全防护，落实国家信息安全等级保护制度，加强关键信息基础设施认定和备案管理，强化技术防护手段和措施。加强移动互联网、云计算、大数据、物联网等网络应用基础设施安全保障，完善技术融合、复杂网络环境下的网络安全管理制度，强化新技术产品和服务的安全审查，增强技术应用安全保障水平。

（四）加快构建网络空间战略防御体系

加快发展网络空间战略核心设施，全面部署网络空间战略预警设施，推进国家网络靶场建设，积极储备网络战战略物资，大力发展网络空间非对称性"杀手锏"武器，提高网络战技术和设施保障能力。加快组建国家网络空间作战部队，提高网络空间战略威慑能力，强化国家战略支撑力量对国家网络空间防御保障，确保网络空间主权不受侵犯。加强网络战军民协同机制建设，充分发挥大型互联网企业在维护网络空间基础设施中的战略核心地位，加快建立与大型互联网企业信息共享、业务联动、统筹指挥的网络空间战略攻防机制。加快建立网络空间战略攻防国际合作机制，推进网络空间战略互信，深化网络空间主权共识，共同反对网络霸权和科技霸凌等行为。

网络空间的产生和发展对人类生产生活产生了重大而深远的影响，不仅拓展了人类的活动空间，更是增强了人类的发展能力，让人类生产生活活动有史以来首次突破时空、环境和自然资源等外在因素限制。随着经济社会活动向网络空间的拓展，网络空间开发、利用和安全保障水平越来越成为影响各国发展水平和竞争能力的决定性要素。深刻认识网络空间面临的风险和挑战，积极利用、主动应对、抢先部署，才能实现让互联网更好地造福人民和提升国家竞争力。

第九节　加快构建网络综合治理体系

网络空间是信息技术变革创新带给人类发展的新空间，是数字经济发展的重要载体空间，是世界各国竞相争夺的战略高地。随着互联网和经济社会的日益深度融合，网络空间快速膨胀，网络社会快速崛起，已经成为人类的第二活动空间和活动社会，网络空间安全和网络社会稳定影响重大，网络综合治理已经时不我待。加快构建多管齐下、共同推进的网络综合治理新格局，有利于让网络更加安全平稳运行，实现让互联网更好地造福百姓、造福社会。构建国家网络空间治理新体系，需要根据国家战略需求，把握系统观、整体观和全局观，从网络设施、网络平台、网络应用、网络市场、社交网络、网络数据、网络技术、网络犯罪、网络内容、网络安全等十大方面，全面系统推进国家网络空间治理。

一、全面系统推进网络空间治理

（一）网络设施治理

加强网络设施治理是确保互联网安全平稳运行的基础，有利于保障网络整体运行安全，提升网络设施精细化管控能力，提高网络基础服务质量。一是加强关键网络基础设施治理，加强对域名服务器、骨干网路由器、重要云平台等的管理，确保技术安全和管理安全。二是加强网络接入设施治理，强化对云平台、IP地址、域名、带宽等接入资源的精细化管理，确保网络基础设施服务商为合法合规的经营者提供服务。三是加强网络传输服务治理，强化网络中立，推进网络基础设施业务无差别服务，提升网间传输带宽，加强网间服务质量检测，促进基础电信服务互联互通，确保网络传输公平，提升网络传输质量。

（二）网络平台治理

加强网络平台治理是保障网络经济健康发展的基础，有利于强化网络平台合规合法运行，提升平台自我治理能力，保障平台服务经济社会发展。一是构建网络平台治理自治机制，建立健全各类网络平台身份认证、信用分级、信息审核、公共信息实时巡查、应急处置、个人信息保护等相关信息安全管理制度以及业务流程管理制度，确保平台具备有效的业务运行管理机制和安全风险控制机制。二是加强网络平台垄断治理，加快对利用垄断协议、滥用市场支配地位、滥用行政权力排除和限制竞争等垄断行为的调查进度，强化对互联网企业投资并购等经营者集中行为的穿透性审查，防范资本无序扩大，保障市场公平竞争和创新活力。三是强化网络平台社会影响力治理，加强对网络科技企业利用平台规模效应、社会动员能力以及与媒体企业的投资关联关系等，对政治事件、社会舆论、司法审判等发挥潜在引导影响行为的监管。

（三）网络应用治理

加强网络应用治理是保障网络经济健康发展的核心，有利于规范行业网络信息服务秩序、保障网络服务公平公正、维护用户各类权益。一是加强网络应用业务准入治理，根据行业从业条件要求，建立健全行业信息服务规范，堵住新兴业态利用网络平台规避行业监管等行为。二是加强网络应用数据开发利用治理，规范网络应用数据的采集条件、采集范围、应用领域、使用期限等，构建网络应用数据使用安全测评和动态监测机制，确保网络应用不滥采滥用数据。三是加强网络应用算法治理，建立网络应用算法安全评估制度，从舆论动员能力、个人隐私保护、商业合规性、竞争公平公正性、服务包容普惠性等角度，加强网络算法应用前的安全测试和影响力评估。

（四）网络市场治理

加强网络市场治理是保障网络经济健康发展的关键，有利于规范网络市场秩序，保障市场公平竞争，营造良好网络营商环境。一是加强网络市场登记注册管理，规范电子商务主体资格，压实电子商务平台对进入平台的经营者进行信息核验、登记、公示等的责任。二是加强网络市场售假行为治理，构建常态化网上网下部门联动机制，严厉打击网上销售假冒伪劣产品、不安全食品及假药劣药等行为。三是加强网络市场不正当竞争行为治理，严厉打击网络虚假宣传、恶意营销、刷单炒信、违规促销、违法搭售、捆绑安装、非法弹窗、违法广告、不正当价格、不公平格式条款、破坏其他经营者合法提供的网络产品或者服务正常运行等不正当竞争行为。

（五）社交网络治理

加强社交网络治理是构建和谐网络空间的必要保障，有利于提升社交网络精细化管理能力，促进社交网络的合法利用，保障社交网络平稳健康运行。一是加强社交网络不实信息治理，推进社交网络实名制管理，开展社交网络用户信誉等级评定，构建社交网络谣言监测以及辟谣机制。二是加强社交网络动员能力治理，建立健全技术应用风险评估制度，规范群组管理制度，完善平台动态监测、巡查和信息阻断机制。三是加强未成年人网络保护，构建有利于未成年人健康成长的社交网络空间，加快建立预防未成年人沉迷网络游戏的机制。

（六）网络数据治理

加强网络数据治理是保障网络经济安全发展的关键，有利于规范数据流动秩序，保障网络数据安全平稳流动，持续释放数据流动红利。一是加强个人信息网络开发利用治理，加快制定个人信息采集、流通和开发利用的宗旨原则、负面清单、流程规范、防护要求和操作指南等。二是加强企业数据网络流通交易治理，编制规范化的企业间数据流通交易合同参考范本，出台企业间数据流通、交易流程规范和管理办法，完善数据交易纠纷处理机制。三是加强跨境数据流动治理，出台跨境数据流通负面清单，建立并完善跨境数据流动安全评估、动态监测等机制。四是加强电信、金融、能源、水利、交通等特殊领域数据治理，确保重点领域重要数据不出境。

（七）网络技术治理

加强网络技术治理是释放网络技术应用发展红利的关键，有利于规范新技术的使用，规避新技术使用潜在风险。一是建立健全网络新技术应用规则，加快建立云计算、大数据、物联网、人工智能、5G、区块链、元宇宙、自动驾驶、深度伪造、数字货币等新兴技术应用规则，明确技术应用宗旨、原则、准则等，防止技术滥用误用。二是加快制定网络新技术应用标准和规范，充分考虑新技术应用场景及安全性要求，制定新技术应用技术参数标准、使用环境条件标准、安全保障标准，完善技术测评等相关规范，促进新技术安全合理使用。三是加强网络新技术应用风险评估，统筹考虑技术安全、经济安全、社会安全，加强技术成熟度、脆弱性、风险隐患等方面的评估。

（八）网络犯罪治理

加强网络犯罪治理是建设法治网络空间的必要保障,有利于震慑网络犯罪,推进依法管网治网,维护网络空间经济社会秩序。一是加强网络技术犯罪治理,加快推进对网络入侵、网络窃密、制作和传播网络病毒、高技术污染等网络技术型犯罪的治理,提高治理技术支撑能力。二是加强网络传统犯罪治理,强化盗窃、诈骗、色情、赌博、洗钱、教唆或传播犯罪方法等传统犯罪类型网络化的治理,创新治理模式和手段,理顺治理主体,推进网上网下联动,提高应急响应处理能力。三是加强网络恐怖主义治理,强化网络恐怖主义音视频等资源的清理,切断恐怖主义思想网络蔓延途径。

（九）网络内容治理

加强网络内容治理是构建清朗网络空间的必要保障,有利于促进网络内容开发利用,培育健康向上的网络文化氛围,释放网络内容传播正能量。一是加强网络文化内容治理,强化网络游戏、音视频、文图等内容的管理,杜绝色情、暴力、恐怖、赌博、迷信等不健康内容的传播和价值观渗透。二是加强网络新闻治理,强化互联网新闻服务许可管理,规范网络新闻采编,严厉打击利用网络新闻实施敲诈勒索等行为。三是加强网络广告治理,规范付费搜索广告,清理欺骗、诱导和扰民广告,查处网络虚假和禁止类广告。四是加强网络个人信息治理,打击网上泄露个人信息、"人肉搜索"等网络暴力行为,强化未成年人网络保护。

（十）网络安全治理

加强网络安全治理是保障网络空间安全的基础,有利于从基础层面根治安全隐患,确保产品安全、技术安全、人员安全和管理安全。一是加强网络信息系统安全治理,严格落实国家各类网络安全管理要求,增强安全保障技术支撑能力,加强运维人员和外包服务人员管理,确保技术安全和人员安全。二是加强物联网络接入安全治理,建立金融、电信、能源、水利、交通、医疗、政务、国防等重点行业物联网产品的安全评测和等级认证制度,加强对物联网产品芯片、协议和嵌入软件的安全性检查,保障连接、组网、配置、设备选择与升级、数据和应急管理等方面的安全可控,确保重要物联网产品在联网应用环境下的稳定性、安全性和保密性。

二、加快构建网络综合治理新格局

网络治理涉及各地区各部门和各行各业，既是技术治理问题，也是经济和社会治理问题，需要统筹谋划，全方位、系统性推进。2018 年，习近平总书记在全国网络安全和信息化工作会议中指出：要提高网络综合治理能力，形成党委领导、政府管理、企业履责、社会监督、网民自律等多主体参与，经济、法律、技术等多种手段相结合的综合治网格局。

（一）强化政府管理，提高网络空间监管治理能力

网络空间已经成为人类活动的重要空间，网络社会已经成为现实社会的重要组成部分，对现实社会的运行运转的影响越来越大。当前，网络社会正在发展形成中，运行机制、规章制度、执法手段等治理机制尚未完善，构建网络社会政府管理机制已经刻不容缓。一是加快完善适应网络社会发展的法律法规和行业规章制度。面向经济社会数字化、网络化和智能化发展趋势，重点夯实网络安全、关键基础设施保护、电子证照、个人信息保护、数据管理等基础性法律法规，加快完善社交网络、电子政务、电子商务、网络新闻、网约车、互联网金融、互联网医疗等融合创新领域的行业管理规章制度，确保网络空间运行有章可循。二是开展网络空间运行监测治理。变革传统监管治理模式，推进监管治理手段的数字化、网络化和智能化，构建现代化监管治理大平台，打通跨部门、跨层级、跨区域监管数据流通渠道，促进监管数据无缝实时流动，完善业务协同联动机制，提高运行监测、态势感知、应急响应、在线处置等能力。

（二）压实企业履责，推进网络空间治理关口前移

业务平台治理机制是网络时代社会治理的重要组成部分。网络平台处在网络社会治理最前端，只有强化网络平台治理机制，压实互联网企业的主体责任，促进平台自律和自治，才能构建高效的网络社会治理机制。一是完善平台治理规章制度。完善的治理规章制度是平台能够合规、安全、有效运行的制度保障，是衡量网络平台治理能力的首要指标。要建立健全身份认证、信用分级、信息审核、公共信息实时巡查、应急处置、个人信息保护等相关信息安全管理制度以及业务流程等业务管理制度，确保平台具备有效的管理运行机制和安全风险控制机制。二是强化平台业务实时治理。网络平台具有全天候运行、动态变化、影响迅速等

特点，不同用户规模的网络平台，只有配备与之相适应的管理资源，才能提高实时治理能力。要建立健全平台自我管理功能，构建用户动态管理机制，加强业务实时监督，完善用户日志管理，提高业务事中阻断和事后溯源能力。三是加强平台安全保障。网络安全保障关系到平台的持续运行，只有加强制度、技术、人员等全方位安全保障体系建设，才能提高平台在复杂网络访问情况下的安全保障能力。要建立健全入侵监测、电子认证、访问控制、安全审计等安全防护措施，完善对网络、主机、系统、平台等各个对象的安全保障措施，构建数据采集、存储、传输、流通、开放、共享、开发、利用全链条信息安全防护机制。

（三）完善社会监督，积极发挥社会协同治理效应

社会监督是综合治理的重要形式之一，网络综合治理也要发挥人民群众社会监督作用，发动广大人民群众，依靠人民群众打好人民战争，实现网络综合治理党、政、军、民、产、学、研的大协同。一是畅通网络监督渠道。网络综合治理需要构建适应网络行为特征的网络监督渠道。各类网络平台要及时补充和完善群众举报等社会监督平台功能，推进平台监督功能和网监部门互联互通，完善跨部门、跨层级、跨区域协同执法机制，提高对网络造谣、网络售假、网络诈骗、网络色情、网络恐怖主义等违法犯罪行为的在线监督、举报和查处能力，弥补网络平台治理过程中技术、人员等支撑能力不足等问题。二是强化媒体监督作用。媒体监督是社会监督的重要力量，有利于扩大事件影响、深挖事件幕后本质、倒逼事件问题加速解决。要鼓励和支持社会媒体敢于对网络平台造谣生事、传播违法信息、虚假宣传、大数据"杀熟"、个人信息违规利用、不正当竞争等行为进行揭露报道，倒逼企业诚信经营。

（四）提高网民自律，做好网络空间秩序的维护者

网民自律是网络社会平稳运行的最有效保障，要强化网民主体自律作用，引导网民慎识、慎思、慎言、慎独。一是提倡做网络空间遵纪守法公民。网络空间不是"法外之地"，公民在网络空间的行为活动也要遵纪守法。要消除网络空间"法外之地""不受限制"等错误认识，加强对网络空间规章制度和法律法规的学习和认识，自觉抵制网络空间谣言、恐怖、淫秽、贩毒、洗钱、赌博、窃密、诈骗等违法犯罪活动，做网络空间中的遵纪守法公民。二是提高公民对网络行为的鉴

别和判断能力。网络世界纷繁复杂，网络现象扑朔迷离，公民对网络行为的鉴别和判断能力，一定程度上影响着网络空间的秩序。要加快提高公民网络素养，多措并举，推进网络诚信体系建设，弘扬不跟风、不盲从的网络精神，支持敢于发声、善于发声、巧于发声，自觉做好网络空间秩序的维护者。三是积极传播网络正能量。正能量是网络的立身之本，更是推动社会和谐进步的强大动力。要弘扬时代主旋律，传播正能量、彰显正能量、点赞正能量，让积极向上的正能量充满网络空间。

（五）综合手段施策，多措并举确保综合治理成效

要综合经济、法律、技术等多种手段，多措并举，强化网络综合治理。一是提高经济制裁能力。加强对违法行为企业的惩治力度，将处罚力度与企业经营收入规模、银行信贷、企业信用等要素挂钩，提高违法成本。二是提高法律保障能力。要加快网络空间运行法律法规体系建设，坚持依法治网、依法办网、依法上网，对网络空间违法犯罪行为做到有法可依、有法必依、执法必严、违法必究，让互联网在法治轨道上健康运行。三是提高技术支撑能力。应对时空观变化、网络化运行、社会化协同对执法带来的新挑战，加快构建数字化、网络化和智能化综合治理监管大平台建设，强化与社会网络大平台的互联，提高网络综合治理技术保障能力。

互联网是当今世界各国发展最大的"变量"，加快推进国家网络空间治理，让网络空间成为支撑经济社会转型的重要加速器，才能让互联网成为经济社会发展最大的"增量"。国家网络空间治理需要系统化和体系化治理手段，更需要高瞻远瞩、与时俱进、以人为本、包容审慎的治理思维，从而让互联网在新发展中源源不断释放红利。

第十节　压实网络平台企业社会责任

互联网企业作为数字经济时代最为先进的生产力代表,肩负着推动社会创新发展的重要历史责任和社会责任,是国家创新驱动战略的重要实施者,是国家治理体系和治理能力现代化的重要助力者,是国际竞争新优势提升的重要塑造者。发展好、维护好、引导好互联网企业的发展,引导互联网企业与国家战略方向相向而行,推动互联网企业创新和健康发展,事关经济新动能培育,事关经济社会提档升级,事关中华民族伟大复兴。

一、互联网企业肩负的重大社会责任

(一)推动国家重大战略落地和实施

随着互联网作为通用目的基础设施的普遍安装,互联网和经济社会加速高度融合发展,互联网信息服务已经成为社会运行的基础性、支撑性、关键性信息服务,互联网企业的经济社会地位重要性变得愈加凸显。互联网企业以创新、协调、绿色、开放、共享的发展理念为发展指引,已经成为国家重大战略的主要实施者和推动者。当前,互联网企业不仅成为数字经济、网络强国、电子商务、"互联网+"、云计算、大数据、人工智能等国家网络科技类战略的首要实施者,发挥着网络科技创新引领、应用普及推广、与经济社会融合创新等首要作用,也成为"一带一路"、京津冀协同发展、长江经济带、长江三角洲一体化、粤港澳大湾区等诸多国家重大战略的重要参与者,以信息服务来增强区域协同发展和参与经济全球化等能力。

(二)培育经济社会发展新动能

互联网已经成为当前经济社会发展重要创新要素,互联网企业已经成为当前经济社会发展新动能重要培育者。互联网促进了技术创新和应用创新,技术红利正在快速释放,新技术的普及应用已经成为当前经济社会创新发展的重要力量来源,成为国家应对经济新常态、培育经济新动能、跨越中等收入陷阱的重要抓手,成为立足新发展阶段、贯彻新发展理念、构建新发展格局的重要支撑力量。互联网促进了经济社会运行体组织方式、服务模式、商业模式创新，组织方式解绑、新服务发展、商业模式重构让经济运行更加高效和富有活力，网络化、平台化和生态化企业组织模式，众包、众创、众筹、众扶资源配置模式，移动服务、个性化定制、网络制造、远程运维等服务模式，精准服务、产销一体、服务化制造等新商业模式，正在创造了一个个新的经济发展动能源泉。

（三）推进经济社会转型提档升级

互联网企业已经成为当前经济社会转型、提档升级的主要推动者，服务业的提档升级、制造业的转型升级都离不开与互联网的融合创新发展。电子商务让传统服务业踏上了提档升级的高速列车，以电子商务应用为主要特征的现代服务业正在快速崛起。商超零售、餐饮娱乐、旅游住宿、家政服务、交通出行等领域电子商务的应用，不仅拓展了企业营销市场，及时对接了供求信息，更是大大提升了服务质量。互联网已经成为当前推进工业转型升级、提质增效的先导力量，互联网应用已经深入渗透到了工业企业研发设计、生产制造、经营销售、供应链管理等各个环节，推动了企业组织方式和生产模式变革创新，孵化出了个性化定制、用户全程参与、体验式制造、网络化协同制造、众包众创等新型制造服务模式。

（四）推进城乡和区域均等化发展

互联网企业是当前推进城乡区域均等化发展最为强劲的力量。互联网正在逐步改变城乡二元的经济形态，繁华商场、大型超市、知名医院、名牌大学这些以前象征着城里人"特权"的资源，如今在互联网发展浪潮下逐渐消失。由于电子商务的发展，新生代农民利用电子商务实现了"全球买"和"全球卖"，通过在线教育圆了大学梦，依托远程医疗服务享受到了城市大医院的医疗服务。农村淘宝承载了千万农民工和返乡大学生创新创业之梦，从卖普通产品到卖各种定制产品和服务，从生产定做、包装发货、物流运输，农村淘宝展现出一派生机勃勃的景象。依托电子商务平台，让贫困地区和边远山区农民把特色农产品销售出去，实现脱贫致富，已成为当前贫困地区实现脱贫致富和乡村振兴的重要手段。

（五）培育新时期国际竞争新优势

发展互联网已经成为网络经济时代一个国家培育国际竞争新优势的重要利

器。互联网互联互通，网络没有国界，受各国政策壁垒阻扰相对较少，已成为开展国际竞争新的重要赛场。互联网信息服务已经成为各国推动经济社会转型提档升级的基础性信息服务，提供全球化互联网服务将成为全球化竞争时代把握和引领国际规则制定权的重要抓手。跨国公司外交时代已经过去，互联网企业外交时代正在到来，全球大量互联网企业崛起，促使国际政治经济新秩序加速重塑。华为、阿里巴巴、字节跳动等大型网络科技企业的崛起和"走出去"，改变了国际社会对中国的认识，大大提高了我国企业对他国经济社会活动的影响力，增强了中国对网络空间国际规则体系制定的话语权。

（六）促进国家治理体系和能力现代化

互联网信息服务的发展正在弥补政务信息服务"最后一公里"能力不足的短板，支撑了政府履职能力提升，促进了国家治理体系和治理能力现代化。"互联网＋政务服务"、移动政务、大数据决策、政务微博、政务微信、政务 App 等的广泛应用，深刻改变了政府传统运行模式，构建起网络化、在线化、数据化和智能化全天候政府，精准服务、在线监管、预测预判、事中事后处置、网络民意调查等能力全面提升，创新了宏观调控、社会管理、公共服务和市场监管模式，促进国家治理体系和治理能力现代化。政府社会治理和服务正因为互联网信息服务变得更加深入、广泛、精准和高效，互联网企业正在以服务创新成为政府提升治理能力的重要依托载体。

（七）推进信用社会服务体系创建

互联网企业的发展正在为经济社会发展构建一个网络化、在线化的数字化运行空间，电子商务、社交娱乐、交通出行、文化旅游、金融支付、餐饮住宿、新闻资讯等各类互联网应用，以数字形式在网络空间中将个体活动、企业活动保存了下来，全程记录、处处留痕、事后可溯等模式让网络经济时代的经济社会活动更加可信，个人信用、企业信用等信息将变得可实时化采集和综合化分析，信用成为网络经济时代最为宝贵的财富，基于信用的经济社会活动将全面普及。互联网企业的发展正在开启中国信用社会发展新序幕，重塑中国经济社会运行新秩序，为中国经济社会持续健康发展创造最为可靠的环境保障。

（八）打造国家网络空间钢铁万里长城

互联网企业已经成为国家网络空间钢铁万里长城的首要守护者。互联网和经济社会的融合发展将经济社会运行搬进了网络空间，网络空间成为各国经济社会活动的重要新空间。世界许多国家都将网络空间视为继领土、领海、领空、太空之后的第五战略空间，随着经济社会活动向网络空间的延伸，网络空间承载的经济社会和国家安全价值将越来越大，谁率先掌握了网络空间规则制定，谁就能赢得未来发展的主导权。互联网企业是国家网络空间技术创新的引领者，是国家网络空间的首要开拓者，也是网络空间安全的重要守护者，数据中心、网络平台、网络服务的技术创新、应用推广、安全保障都与互联网企业的发展壮大密不可分。

二、互联网企业社会责任履行存在问题

（一）部分企业平台监管主体责任缺失

部分电子商务平台非法交易、假货交易和虚假交易横行，缺乏对入驻商户有效的资质审核和线下查验程序，弄虚作假入驻商店交易量、评价和信用，导致消费者因被蒙骗而权利受到重大损失。部分网络社交平台成为谣言扩散器，为了获取用户和流量，放任谣言传播，侵犯了个人隐私，影响了企业正常的生产经营活动和经济社会正常运行。部分搜索平台仅以给钱的多少作为排位和推荐的标准，干扰和误导了大众对产品和服务的判断，引发了医疗事件等众多惨痛教训。部分微博平台放任某些具有广泛影响力的影视、体育、网络明星，以及"大V"、博主、网络主播、"意见领袖"发表不实或错误言论，公众场合之下扭曲事实、扰乱视听。部分网络平台盗版泛滥，严重了侵害了原创作者的知识产权。

（二）部分业务发展违背社会主流价值观

部分网络平台为推广新服务，打着色情服务擦边球进行病毒式营销，不仅与企业自身形象格格不入，更严重扭曲了社会价值观。部分网络直播平台为了扩大影响，增加平台用户数量，放任主播色情引诱、扭曲人性、炫耀富贵、激化仇恨、搞怪欺骗等丑陋的直播行为，大肆冲击公共伦理道德底线，严重影响了全社会的道德氛围。部分网络社交平台内容审查把关不严，成为线下色情交易场所线上撮合集市，助长了色情交易服务的发展。部分新闻网站虚假新闻、新闻敲诈和新闻腐败等问题时有发生，严重损害了新闻媒介的公信力，扰乱了社会正常运行秩序。

（三）部分业务发展忽视对未成年人的关爱

部分网络平台虚拟空间制作、发布、传播游戏等产品和服务时，缺乏对未成年人的关爱，诱导未成年人实施暴力、欺凌、自杀、自残、性接触、流浪、乞讨等不良行为，诱导未成年人使用烟草、酒类等不适宜未成年人的产品，诱导未成年人产生厌学、愤世、自卑、恐惧、抑郁等不良情绪，破坏了未成年人网络空间安全，侵害了未成年人合法网络权益，对未成年人身心健康造成了巨大危害。

（四）部分业务游离在法律法规灰色地带

部分网络平台表面上号称属于数字科技公司，专注于行业信息服务，底下却屡屡突破底线，借着行业信息服务外衣，干着各种违法乱纪的行为。以部分非法互联网金融企业为例，企业打着金融技术创新的幌子，但没有守住法律底线和政策红线，落实信息服务中介性质，背后干着设立资金池、发放贷款、非法集资、自融自保、虚假宣传、虚构标的、夸大融资项目收益前景等非法金融行为，给人民财产和国家金融秩序的稳定造成了严重危害。部分网络外卖平台只顾企业自身利益最大化，却让没有卫生经营许可企业、环境卫生脏乱差企业入驻平台开展公共餐饮服务，对大众餐饮安全造成了严重威胁。

三、压实平台企业履职和社会责任建议

（一）加强宣传引导，提高互联网企业社会责任意识

一是借助发生的互联网企业责任缺失事件契机，充分利用电视台、网站和报刊等各种渠道，高强度加强互联网企业社会责任意识重要性的宣传，营造互联网企业加强社会责任担当社会氛围。二是充分利用"3·15"国际消费者权益日，加强对社会责任缺失互联网企业的曝光力度，形成对责任缺失互联网企业的持续震慑。三是举办互联网企业社会责任担当优秀案例展，对优秀企业进行表扬表彰，并加大媒体的宣传力度，引导社会采购和使用有责任、有担当的互联网企业服务，自觉抵制社会责任缺失的互联网企业。

（二）加强监管力度，提高社会责任缺失企业查处力度

一是创新互联网企业监管治理模式，推进网络化、平台化和在线化监管，提升对责任缺失互联网企业的在线监管水平，提高对突发事件发现和查处能力。二是推进政府和社会共治模式，鼓励社会各界积极参与网络空间治理，培育网络维护志愿者，加强对互联网企业责任缺失行为的网络举报力度。

（三）加强评估评价，建立互联网企业社会责任评价机制

一是主管部门要每年委托第三方机构开展对互联网企业社会责任担当发展情况的评估评价，并发布互联网企业社会责任担当年度发展报告和典型案例集。二是弘扬先进、树立榜样，每年评选互联网企业社会责任百强企业，建立互联网企业社会责任百强榜，并建议各地将互联网企业社会责任纳入地方政府对互联网企业政策扶持的重要参考依据。三是将互联网社会责任履行情况纳入企业信用记录，对社会责任严重缺失的互联网企业实施多部门联合惩戒机制，对打着创新旗号却严重违法乱纪的互联网企业加快查处取缔力度。

（四）倡导行业自律，发挥互联网协会价值观引导机制

一是发挥互联网协会作用，引导互联网企业签署社会责任公约，提高企业承担社会责任的自觉性。二是借助世界互联网大会、中国互联网大会等知名会议，举办互联网企业社会责任论坛，就重点领域互联网企业社会责任缺失状况进行开放式研讨，提高企业关注度。

国家的进步离不开企业的壮大和健康发展，对于互联网企业，我们不仅要鼓励其积极创新，同时也要引导其健康发展，让互联网企业发展和国家战略、社会进步、人类文明等发展方向同向而行。

第十一节　理性对待和利用元宇宙技术

2021 年以来，元宇宙概念火爆互联网产业界，脸书、微软、苹果、腾讯等互联网巨头纷纷宣布布局元宇宙，脸书公司更是大力度宣布将公司名称"Facebook"更改为"Meta"，并宣称在五年时间内将把公司从一家社交媒体公司转变成为一家元宇宙公司。以元宇宙概念为抓手，通过包装、整合和提升已有的软硬件技术产品，拓展新场景应用，打造新的应用消费热点，带动互联网产业发展，已经引发产业界极大兴趣。近期，元宇宙成为产业界和资本市场的新宠，大量企业纷纷宣称转行元宇宙领域，各路资本纷纷涌入，各类媒体大肆宣传，元宇宙瞬间成为互联网产业新热点和新宠儿。当前，元宇宙技术发展还处在起步阶段，需要理性务实看待元宇宙技术应用以及未来发展可能引发的变革，切勿因为资本热炒而把元宇宙视为能解决任何问题的"万能筐"，什么都往里面装。

一、元宇宙是虚实结合的数字空间

元宇宙是集成移动互联网、云计算、大数据、物联网、人工智能、区块链、虚拟现实等技术，按照物理世界运行规律打造成的数字虚拟空间。元宇宙空间不是一个独立的虚拟空间，而是一个与物理空间相互映射、协同互动的虚拟空间。元宇宙技术也不是一项独立的技术，而是建立在现有信息技术发展成果上的技术综合集成和应用创新提升。随着信息技术的持续创新和深入应用，元宇宙中万事万物的发展运行规律与物理世界中的人、事、物的发展运行规律越来越趋同和逼近，进而使得人类不仅可以利用元宇宙虚拟空间开展社交娱乐活动，还可以利用元宇宙中虚拟的技术、资金、人才、物资进行生产生活模拟实验，为人类探索发展提供重要技术平台支撑。与现有网络空间相比，元宇宙空间因可更加逼真地模拟物理空间运行规律，而能提供更好的沉浸式体验感和模拟仿真支撑能力。

二、元宇宙应用创新发展演进路径

元宇宙应用也是随着技术发展不断深化的一个过程。

从短期来看，为社交娱乐、文旅教育、商贸服务等领域用户提供沉浸式体验服务会是元宇宙技术当前及未来一段时间的主要应用场景。依托元宇宙技术，上述领域信息服务模式将会有新的颠覆式变革，与文字、语音、视频等互联网交互服务模式相比，元宇宙带来的全方位沉浸式服务，将会让用户具有全方位身临其境的体验。这期间，物联网、大数据、人工智能、虚拟现实等技术在元宇宙中的深度融合应用是关键。

从中期看，面向技术研发攻关领域提供技术模拟仿真平台可能将会是元宇宙技术的主要应用场景。元宇宙技术应用将会为装备制造、航空航天、生物医药、新材料、新能源等领域技术研发攻关研究提供虚实结合的仿真平台，提供人机全面融合、沉浸式设计仿真环境。这期间，各领域研发设计和仿真模拟软件技术与元宇宙深度融合应用是关键。

从长期看，生命科学、物质科学、海洋科学、地球与空间科学、信息科学等领域的超前探索研究可能将会是元宇宙技术的重要用武之地。元宇宙技术应用将会为上述领域的科学探索提供更加完善的模拟探索环境，为人类研究自身、物质、宇宙和未来提供更加宽阔的平台。这期间，基因库平台、高能物理实验设备、海洋监测网、天文望远镜、空间站等各类经济社会数字化平台系统与元宇宙平台的互联互通和信息共享是关键，为元宇宙模拟和探索未知世界提供丰富的数据支撑。

总之，随着元宇宙技术的发展，人类将可能利用信息技术创造一个与物理世界更加趋同的高级形态的数字孪生空间，为人类创新发展提供新的空间环境。

三、元宇宙应用带来的影响和变革

推动元宇宙发展，可能会产生以下影响和变革。

一是撬动信息技术产业新一轮发展。继互联网、大数据、人工智能之后，元宇宙技术将有可能成为信息技术产业发展的新引擎，以元宇宙新消费概念为抓手，通过包装、整合和提升现有软硬件产品和技术，推动技术综合集成和融合应用，面向新场景应用打造新的产品供给和服务体验，将会撬动信息技术产业新一轮的发展，全面激发软硬件服务厂商技术产品创新积极性和活力。

二是升级提档现有产业业态。从"互联网+""大数据+""人工智能+"发展到"元宇宙+"，元宇宙技术的发展和应用，必将会带来一次信息技术和经济社会融合模式革命。元宇宙技术将会率先对社交娱乐、文化旅游、教育医疗、商贸服务等领域服务模式带来新的改变，给予在线服务更加逼真的体验，让在线服务具有更加身临其境的沉浸式体验感。同时技术应用也会催生出新的商业模式，促进产业生态繁荣。

三是为技术创新和科学研究提供重要平台支撑。元宇宙的发展为各领域技术攻关、科学研究、前瞻探索提供了新的仿真实验平台，推动科技研究仿真模拟实验从软件仿真向人机高度融合、环境更为逼真的虚拟空间仿真转变，将对装备制造、航空航天、生物医学、新材料、新能源等领域技术攻关，以及生命、物质、地球、海洋、宇宙等领域深度探索研究产生深远影响。

四、推进元宇宙技术健康发展建议

元宇宙技术的发展和推进，不能简单地崇尚技术为王，任何一项技术的社会应用和普遍推广，都需要考虑以下多种因素。

（一）洞察应用需求

元宇宙技术应用创新，必定不是对现有数字应用业态的简单补充，而应该是一种数字服务的提档升级。拓展元宇宙场景过程中，要深挖具有技术应用替代性、服务全面提档性等效应的元宇宙应用场景。切记在不摸清需求的情况下，类似于区块链技术发展初期，忽视用户体验、社会价值、经济价值、监管边界，热衷于炒作概念，过度迷信技术能力，不恰当地将元宇宙技术宣传为万能技术和经济社会问题的"救世主"。另外，在元宇宙技术推广过程中，要把用户体验放在首位，不能对用户所处环境、专业能力、经济条件等有太多额外的要求。

（二）强化技术创新

元宇宙应用是信息技术发展和应用创新的成果，未来推动元宇宙应用深化，依然需要靠技术创新持续推动。要持续推动信息感知、数据处理、数据建模、软件定义、虚实仿真、场景渲染、人工智能、信息安全等相关技术创新，深化相关技术在元宇宙环境中的综合集成和深度融合应用。

（三）重视社会价值

技术是中性的，但是技术应用创新是蕴含社会价值观的，技术应用必须促进社会发展，而不能成为扰乱社会秩序、阻碍社会进步的温床或杀手。元宇宙技术应用要赋能人类全面健康和可持续发展，全方位提升各地区、各层次、各阶层、各代人的幸福感、获得感和安全感。"元宇宙＋网游""元宇宙＋社交"等应用带来的过度沉浸式体验可能会使得青少年沉迷其中不能自拔，影响青少年健康成长，要提前防治。元宇宙技术应用要促进人类科技进步，为人类科学探索赋能，让人类更深层次认识自然规律，更好地探索和改造自然。

（四）平衡经济价值

技术能否推广成功和普遍应用，除了技术本身成熟度之外，技术应用带给使用者的经济价值是决定性因素。作为一项可持续推广的场景应用，发展和应用元宇宙技术，除了要考虑社会价值之外，还必须考虑实践场景应用的经济价值，要兼顾短期和长期投入产出比。从长期来看，元宇宙技术在任何一个场景中应用，只有其释放的直接和间接经济价值大于投入，这样的应用才可持续、可推广。一味宣传技术自身能力、融合渗透性和安全性，把元宇宙技术视为一个筐，什么都往里面装，却忽视技术应用投入成本和产出效益，是一种忽视商业价值的盲目行为。

（五）警惕监管边界

元宇宙技术的普遍应用，将会创造一个与经济社会更加广泛融合的虚拟数字空间。与互联网应用创造的网络空间相比，元宇宙世界对物理空间带来的影响或许会更大；与网络空间一样，如果缺乏相关的规则制度，也必将会造成各种违法乱纪行为丛生。对于黄赌毒、诈骗盗窃、敲诈勒索、暴恐暴力、病毒攻击、数据滥用等已在网络空间蔓延的违法乱纪行为，如果缺乏相应制度和技术规则，元宇宙虚拟世界也将会沉沦为各种违法乱纪行为的温床。

第十二节　加快数字科技安全预警体系建设

近年来，大数据、人工智能、自动驾驶等新科技的发展，不仅推动了技术和产业变革，也对社会治理、公共安全、人类发展等产生了重要影响和冲击，数字科技发展自身安全风险日益突出，技术滥用现象时有发生。加快构建数字科技安全预警体系，加快数字新技术应用规则制定，从技术安全、产业安全、道德伦理安全、法律监管安全等方面全方位做好新技术应用风险防范，防止新技术滥用和误用，才能更好地促进技术应用和产业发展，不断释放数字科技发展滚滚红利。

一、加强数字科技技术安全风险防范

技术安全是新技术大规模应用的必要前提，要加强技术安全监测，构建技术安全监测体系，确保重要领域新技术应用安全稳妥推进。一是加快制定新技术应用标准和规范，充分考虑新技术应用场景及安全性等要求，加快制定新技术应用技术参数标准、使用环境条件标准、安全保障标准，完善相关标准规范，促进新技术安全合理应用。二是加强新技术应用安全测试，创新技术测试模式，丰富测试场景应用种类，提高测试强度，强化对测试结果数据深度挖掘分析，提升对技术安全性的深度洞察能力。三是构建新技术应用安全评估机制，加强对技术成熟度、可靠性、稳定性、脆弱性等各方面的深入评估，确保技术应用安全可靠。四是稳步推进新技术应用试点，构建新技术创新应用试验场，强化新技术应用试点强度，及时研究和解决出现的问题，做好相关试点的总结评估以及技术改进工作，并逐步扩大新技术应用试点范围。

二、加强数字科技产业安全风险防范

新技术的发展会引发产业变革，进而会引起产业新旧交替变革，对产业结构、产业组织、产业要素都会带来强烈冲击。要加强产业安全监测，构建新技术产业安全监测体系，稳步推进新技术应用推广，平滑新技术对产业发展带来的颠覆式冲击。一是结合技术发展趋势和新技术成熟度，加快制定新技术涉及领域产业转型升级规划，明确新技术应用的推广时间、路线图等，引导市场发展预期，有序推进新技术涉及领域的产业转型升级，降低新技术应用引发的新旧产业更替带来的冲击和影响。二是推进产业多元化发展，不断优化产业结构，积极培育新兴产业，持续推动产业转型升级，提高产业抗更替风险能力。三是着力加强产业工人新技术技能培训，面向新技术产业发展，及时提高产业工人对新技术的认知和应用能力，做好部分产业工人转移就业工作，防止新技术应用引发大规模失业潮等。

三、加强数字科技伦理道德安全风险防范

科技向善是新技术发展必须坚持永恒不变的宗旨，新技术发展过程中必须充分考虑社会伦理道德，加强伦理道德安全风险防范，实现技术发展与社会伦理道德建设相向而行。一是综合技术、管理、法律、伦理、道德等方面专家，分行业、分领域设立新技术应用伦理道德委员会，从技术、算法、数据、规则、应用等多方面，加强对行业新技术应用伦理道德的研究、咨询和指导。二是加强新技术应用伦理道德准则研究，综合考虑社会需求、技术发展、法律法规、民族文化、社会风俗等相关要素，本着与时俱进、包容审慎、促进发展、造福人类的原则，加快制定各新技术应用领域伦理道德准则，明确相关技术应用伦理道德红线和禁区。三是建立新技术研发和应用推广伦理道德报备和审查制度，加强推广应用前的伦理道德问题评估，防止个人或企业为了自身利益，扭曲技术应用，肆意踩踏伦理道德的"红线"。

四、加强数字科技法律监管安全风险防范

每一种技术的发展和大规模应用，都有可能引起经济社会运行状态和发展模式的调整，必须加快完善法律法规和监管手段，才能更好地弥补新技术发展引发的社会运行状态以及发展模式调整出现的法律空白和监管缺位问题。一是结合新技术发展和应用推广进度，及时修订已有法律法规体系，建立健全新技术领域法律法规体系，及时弥补大数据、人工智能、自动驾驶、无人机、服务机器人等领域技术发展引发的法律空白问题，明确相关领域技术发展的法律禁区，实现让科技创新不踩雷。二是根据法律法规和社会伦理道德的要求，加快新技术领域监管规则制定，出台新技术监管事项清单，明确监管流程和处罚细则。三是加快新技术应用监管能力建设，加快面向新技术发展的测试、监测、评估、认证等实验室和在线平台能力建设，为主管部门行业监管提供有效技术支撑保障。

数字科技安全是国家安全的重要组成部分，随着全球数字科技创新的不断深入和与人类生产生活的深度融合，数字科技创新引发的技术应用风险已经成为社会发展的重大风险源之一。坚持底线思维，着力防范化解重大风险，必须本着与时俱进、促进发展、造福人类的原则和前提，加快数字科技安全预警监测体系建设，加强对数字科技发展的全方面安全监测和预警，让数字科技发展大步行进在健康发展的轨道上。

第八章

数字化发展的未来：

提速转型进程步伐，推进共同发展共同治理

加快数字化转型，推进数字中国建设，是"十四五"期间乃至未来更长一段时间，我国推进经济社会高质量发展的重要抓手之一，有利于充分利用全球信息技术发展机遇推动经济社会实现全面转型提档升级。深化数字世界互信和共治，构建网络空间命运共同体，是数字时代我国全面参与全球发展与合作的需要，有利于为包括我国在内的世界各国推进数字化发展创造更加公平、有序的发展环境。

第一节 培育领导干部数字素养，提高数字时代治国理政能力

2018 年，习近平总书记在全国网络安全和信息化工作会议讲话中强调，各级领导干部特别是高级干部要主动适应信息化要求、强化互联网思维，不断提高对互联网规律的把握能力、对网络舆论的引导能力、对信息化发展的驾驭能力、对网络安全的保障能力。数字时代正在全面到来，各级领导干部的数字素养水平，关系到地区数字经济发展新动能培育，关系到地区经济社会数字化转型进程，关系到治国理政能力的提升。习近平总书记对各级领导干部提出的四种能力新要求，是作为新时代领导干部顺应时代发展要求必备的素质能力之一，有助于各级领导干部在工作中转变工作思路、创新工作方法、开创工作新局面，更好地提高数字中国和网络强国新时代对经济社会发展驾驭能力。

一、提高对互联网规律的把握能力

互联网正在深刻地影响人类发展历史进程。深入理解和紧紧把握互联网规律，加快推动互联网融合创新，有助于更好地提高驾驭经济、治国理政、造福百姓等能力，已经成为各级领导干部适应和引领网络强国新时代的必备技能之一。

（一）提高互联网创新引领意识

互联网作为基础性、战略性和先导性基础设施，已经成为技术创新、产品创新、服务创新、业态创新、管理创新和商业创新等各类创新最为活跃的领域。要深刻领会互联网创新引领作用，大力推动互联网和经济社会各领域融合创新，把互联网作为培育经济发展新动能、促进治理体系和治理能力现代化、落实创新驱动发展战略的重要抓手。

（二）提高网络空间发展意识

网络空间已经成为人类活动的第二空间，与物理空间并驾齐驱，对物理空间技术流、资金流、人才流、物资流等资源优化配置发挥着越来越重要的作用，已经成

为世界主要国家和地区抢占未来发展主导权的必争战略之地。要积极推动网络空间发展，拓展网络经济发展新空间，加快网络空间运行规则制定，更好地提高对网络空间发展的驾驭能力。

（三）提高互联网普遍服务意识

互联网在推动均等化发展、缩小发展鸿沟、共享发展成果等方面正在发挥着无可替代的作用，已经成为世界各国提高发展包容性的重要抓手之一。要持续扩大互联网基础设施覆盖面，提高网络速率，降低网络资费，丰富信息产品供给，推进信息无障碍服务，为大众提供用得上、用得起、用得好的网络信息服务，让亿万人民在共享互联网发展成果上有更多获得感。

（四）提高互联网风险管控意识

互联网互联互通，网络空间纷繁复杂，世界各国围绕网络空间争夺日趋激烈，利益博弈日益激烈，网上网下事件相互串烧，加上网络空间运行规则还在不断完善中，新事物引发的风险层出不穷。要加强对互联网事物的研判，提高对潜在风险的预测能力，及时做好风险防范和管控，提高对互联网运行和发展的驾驭能力。

二、提高对网络舆论的引导能力

网络世界在为人类创造即时、无障碍的交流平台的同时，也成为传播有害信息和造谣生事的温床。积极融入网络社会，主动开展网络调研和问政，敢于同不良网络舆论做斗争，已经成为网络强国时代各级领导干部治国理政的必备技能之一。

（一）培育积极网络社会融入意识

网络社会打破了物理社会时空限制，在为人类交流、沟通、合作提供了极大便利的同时，也成为当前加强社会治理的主战场。要积极拥抱网络社会，主动参与网络社会活动，摸清和把握网络社会发展规律，提高网络社会驾驭能力，为参与网络舆论引导提供经验支撑。

（二）善于应用网络开展决策理政

网络调研和网络问政是新时代党员干部走群众路线的必备技能，有助于更好、更快、更全面、更深入地了解群众所思所想。要学会通过网络走群众路线，善于应用微博、微信、论坛等社交工具，开展网络调研和问政，了解群众所思所愿，收集好想法好建议，积极及时回应网民关切、解疑释惑。

（三）发挥网络舆论引导先锋作用

网络舆论对经济社会发展的影响越来越深入，加强网络舆论引导已经成为保发展、维稳定、促和谐重要工作内容之一。要经常上网看看，潜潜水、聊聊天、发发声，提高通过互联网组织群众、宣传群众、引导群众、服务群众的本领，消除网络舆论洪水猛兽、唯恐祸从口出、避之不及等思维，敢于同网上传播有害信息、造谣生事等行为做斗争，敢于同不良思潮和不当言行做斗争，善于为网络舆论做疏导。

三、提高对信息化发展的驾驭能力

信息化代表新的生产力和新的发展方向，已经成为引领创新、驱动转型、塑造优势的先导力量，加快推进信息化发展，已经成为各级领导适应和引领网络强国新时代的必备技能之一。

（一）提高信息科技发展把握意识

以互联网、大数据、人工智能为代表的信息科技已经成为通用目的技术，日益加速与经济社会发展融合，对产业转型、国家治理和国际竞争都产生了深远影响。要全面强化信息科技的前瞻意识，以时不我待、只争朝夕的精神加快推动信息领域核心技术突破，推进信息产业全面创新发展，紧抓产业体系和供应链体系建设，推动技术、产业、政策协同发力。

（二）提高信息化应用发展推进意识

信息化应用是信息科技服务经济社会的主要途径，大力推进信息化应用，有助于更好、更快地释放信息红利。要以推行电子政务、建设智慧城市、发展智能工业、打造数字生活等为抓手，大力推进互联网、大数据、人工智能等信息技术在经济社会各领域的融合创新应用，以信息化应用来推动模式创新、管理提档和服务升级。

（三）提高信息化发展政策创新意识

新技术的发展会对已有政策体系带来新的冲击，信息技术的发展和普及应用给社会发展和治理带来了新机遇和新挑战，创新信息化发展推进政策，才能更好地把握机遇和应对挑战。要加强对信息化发展的前瞻性研究，敏锐抓住信息化发展的历史机遇，及时调整和完善已有政策体系和监管体系，让政策体系和监管体系更好地护航信息化发展，促进信息红利加速释放。

四、提高对网络安全的保障能力

网络安全问题和经济社会问题相互交织，其复杂程度已经超越了技术本身，成为影响经济社会发展的全局性问题，主动防范和化解新技术应用带来的潜在风险，加强网络空间治理，提升网络安全保障能力，已经成为各级领导适应和引领网络强国新时代的必备技能之一。

（一）提高网络安全警惕意识

随着互联网、物联网向经济社会各领域的深度渗透，传统网络安全已经蔓延到了经济社会各个领域，未来网络安全问题就像火灾一样将无处不在，其引发的将不仅仅是断网本身，还可能包括引起社会动荡和运行停滞。在推进信息技术普及应用过程中，要把网络安全保障意识挺在前面，无论是推行电子政务、建设智慧城市还是发展智能工业过程，要时刻提高网络安全警惕意识，强化网络安全保障，完善管理制度和技术支撑，筑牢安全发展基石。

（二）提高网络空间治理意识

网络空间安全已经远远超过了传统网络安全范畴，互联网和经济社会各领域融合产生新业态引发的网络空间新风险，以及诈骗、偷窃、色情、恐怖主义等传统违法犯罪行为的数字化和网络化，已经成为网络空间最大的安全隐患。要加快行业治理向网络空间领域拓展，加强对新业态发展引发风险的研判，加快治理手段革新，强化新技术在网络空间治理中的应用，提高网络时代行业治理能力。

信息化发展浪潮正在席卷全球，以互联网为代表的信息技术正在加速重塑整个经济社会运行模式，深刻地影响着产业发展、国家治理和国际竞争。时代变革创新、快速发展，对领导干部提出了新要求，各级领导干部作为各地区、各部门、各行业发展的推动者，需要与时俱进，用新思想、新方法、新技能武装自己，才能不断提高自己为人民服务的本领。

第二节 加快数字化转型，推进数字中国建设

国家"十四五"规划纲要作出了"加快数字化发展、建设数字中国"战略决策部署。数字化代表新的生产力和新的发展方向，已经成为引领创新、驱动转型、塑造优势的先导力量。数字中国是国家信息化发展的新阶段，加快数字中国建设，是贯彻落实习近平新时代中国特色社会主义思想、统筹推进国家信息化发展、全面建设现代化强国的必然要求。迎接和拥抱数字时代，加快数字化转型，推进数字中国和网络强国建设，加快建设数字经济、数字社会、数字政府，以数字化转型整体驱动生产方式、生活方式和治理方式变革，将为开启全面建设社会主义现代化国家新征程提供重要牵引和支撑。

一、我国数字化转型发展新趋势

信息技术具有很强的渗透、溢出、带动和引领等效应，信息技术创新和普及应用已经成为培育经济发展新动能、推动社会提档升级、构筑竞争新优势的重要手段。党的十九大提出要推动互联网、大数据、人工智能和实体经济深度融合，国家"十四五"规划纲要提出要加快数字化发展，建设数字中国。当前及今后一段时间，我国数字化发展将会进入一个新阶段，呈现出一些新的特点。

（一）数字基础设施加速发展有效支撑数字化应用新需求

新型数字基础设施建设将驱动国家数字化发展进入新阶段，有力支撑数字中国、智慧社会和网络强国建设和数字经济发展，为技术创新、产业创新、应用创新和创新创业提供重要基础支撑。一是 5G 移动通信网络将加速部署，特别是 5G 独立组网模式部署，将大大提升万物泛在互联和行业专业接入服务能力，开启移动通信行业差异化场景服务新时代，有力支撑行业数字化特殊差异需求。二是由"云、网、端"组成的新型数字基础设施，将全面渗透到经济社会各行各业，形成车联网、工业互联网、医联网等各具特色的产业互联网基础设施，成为推动行业智能化转型的关键支撑。三是物联网、大数据、人工智能、区块链等一批公共应用基础设施建设将全面推进，集聚算力、算法和算数等各类技术的开放平台，

将有力支撑产业共性应用和创新创业。四是北斗系统实现全球服务，太空互联网将进入探索试验期，有效支撑空天海等各种特殊场景下的数字化建设需求。

（二）信息技术产业将有望实现多点突破和价值全线提升

我国网络科技企业将会大力投资和布局关键信息技术的研发攻关，推动我国信息技术产业从跟跑向并跑转变，局部领域有望实现全球领跑。一是关键核心技术"卡脖子"短板将会得到一定程度缓解，在高端芯片、核心电子元器件、重要基础软件等领域，国内企业将有可能乘势崛起，大型网络科技企业都会积极投入巨额资金推进基础关键核心技术研发，以防技术"卡脖子"引发生存危机，ICT产业全链条产业环节多点受制于人的问题将得到有效缓解。二是ICT产业链上下游协同、产业生态打造、商业化应用等诸多方面有望取得一定突破，特别是在云服务、手机芯片、物联网操作系统、网络数据库、5G智能终端、语音图像识别技术等领域有望实现全球并跑甚至领跑。三是国内企业信息技术产品高端综合集成能力和品牌知名度将会全面提升，国内ICT企业将会从产业链价值中低端向中高端迈进，中国制造的部分高端信息产品有望享誉全球。

（三）经济社会数字化转型将全面推动各领域高质量发展

经济社会将进入全面数字化转型发展的新阶段，网络的普遍安装和互联、软硬综合集成能力全面提升、信息服务种类的创新丰富，都将推动经济社会各领域数字化高质量发展。一是数字经济和实体经济深度融合发展，将驱动经济按照新发展理念高质量发展，各领域产业数据驾驭能力全面增强，电子商务、在线服务、共享经济、智能制造、移动应用等各种业态将会全面融入产业发展的各个环节，推动产业组织模式、服务模式和商业模式全面创新发展，有效助推供给侧结构性改革。二是数字中国和智慧社会的加速推进，智能城市、城市大脑、数字孪生城市、智慧小镇、"互联网＋政务服务"、移动服务等的发展，将综合驱动社会信息化进入全面互联、综合集成、智慧应用的发展新阶段，全面推动社会服务提档升级。

（四）数据驾驭能力将重塑经济社会发展模式和竞争格局

信息流引领物资流、技术流、资金流、人才流已经成为数字经济时代最本质的特征，未来经济社会各领域发展竞争对数据的依赖性将会越来越强，数据流通速度、使用成本、汇聚能力和驾驭能力将成为各行各业发展力和竞争力的决定性要素。一是构建有效利益激励机制和技术支撑机制，打通数据流动障碍，促进数据无缝实时流动，将成为绝大多数部门和企业推进数字化建设的首要举措。二是发展产业互联网，构建行业交易信息中介服务或技术创新服务平台，建设行业数据信息枢纽和技术知识创新枢纽，将成为企业把握产业竞争主导权的重要抓手。三是加强物联网、大数据、人工智能等技术应用，深化数据挖掘和分析，提升场景应用和服务能力，将成为各行各业提升竞争力的重要利器。

（五）数字政府加速建设将引领和促进政府发展方式转型

数字政府建设将开启数字政府发展新局面，全面推动基础设施统建共享、政务业务协同联动、决策治理数据支撑。一是政务云、基础信息库、电子签章、电子认证、政务自助终端等政务基础设施统建共享步伐进一步加快，区域政务云将加速推动部门系统整合和互联，电子证照库、电子签章、电子认证等将有力支撑"互联网 + 政务服务"推进，小程序将成为政务自助服务的重要载体。二是一体化政务服务平台建设将加速倒逼跨部门、跨层级信息共享和业务协同联动，有望打破信息共享和业务协同发展长期困境。三是互联网、物联网、大数据等技术应用将成为政府提升经济调节、社会管理、公共服务、市场监管、生态保护等履职决策能力的重要抓手，"互联网 + 政务服务""互联网 + 监管"的推行，不仅可提升政府在线服务、实时感知、在线监管、预警预测等能力，而且可促进经济社会运行数据的汇聚，推动"数据说话、数据决策"的数字政府建设。

（六）网络空间将全面开启人类发展新空间和竞争新赛道

网络空间已经成为和物理空间并驾齐驱的人类发展新空间，对经济发展、社会进步、国际竞争等都将产生新的影响，未来网络空间的开发和利用将会深入影响人类发展和竞争格局。一是网络空间将为破解实体经济发展难题提供支撑，网络空间中的企业发展不受资源环境约束，电子商务、在线服务等网络空间服务模式将推动企业发展方式转变，大大提升企业市场拓展、经营管理和产业链协同等能力。二是网络空间将开启全球竞争新赛道，国家间网络空间博弈更加激烈，世界主要大国将围绕数字贸易、跨境数据流动、网络安全等问题进行博弈，网络空间规则制定将会引起更加激烈的斗争，并对全球政治、经济、贸易、军事等产生重大深远影响。

（七）网络科技企业将成长为国家综合实力提升中坚力量

网络科技企业代表先进生产力，网络科技企业发展壮大将加速推动国家创新驱动发展和竞争力全面跃升。一是网络科技企业将成为推动国家信息科技从跟跑向并跑、领跑转变的主力军，高端芯片、操作系统、数据库、服务器、存储器等长期制约我国信息产业价值提升的关键产品和技术，有望依赖网络科技企业实现全链条突破，产业安全可控能力大幅增强。二是网络科技企业将成为国家重要数字基础设施创新发展的核心推动力，移动支付、电子商务、社交娱乐等应用服务平台和云计算、物联网、大数据、人工智能等开放创新平台，将成为网络科技企业引领和推动国家数字经济发展的重要抓手。三是网络科技企业将成为"互联网+""大数据+""人工智能+"等国家战略实施的主力军，为推动经济社会的数字化、网络化和智能化转型提供新技术、新产品、新服务和新模式支撑，加速助力推动互联网、大数据、人工智能和实体经济深度融合。四是网络科技企业将成为国家影响力和竞争力输出的引领者，随着网络科技企业云服务、电子商务、移动支付等服务的"走出去"，我国在国际社会的影响力和竞争力将会有全面的质的跃升。

（八）数据安全将成为经济社会各领域数字化发展聚焦点

网络数据安全问题将会成为国家网络信息安全的核心问题，数据安全问题将会在各个领域全面爆发，围绕数据采集存储、传输流通、开发利用的治理将会进一步完善。一是数据采集存储将会受到严格的规范管理，尤其是对 App 个人信息采集、存有个人信息的信息系统的开发和运维将会受到全面的规范管理，App 个人信息滥采滥用、信息系统个人信息监守自盗和漏洞泄露等现象将会得到有效遏制。二是数据传输流通安全形势更为严峻，随着数字经济发展，经济社会各领域对数据资源的需求量猛增，政务数据开放、企业间的数据交易、跨境数据流动等都有很强需求，但现有技术能力将很难支撑数据安全、平稳、有序流动的需求。三是数据开发利用安全问题将会全面爆发，大数据"杀熟"、个人信息深度关联挖掘等数据滥用问题将会频繁出现。

二、推进数字中国建设重要意义

加快数字中国建设是贯彻落实习近平新时代中国特色社会主义思想的新抓手。2000 年，时任福建省省长的习近平同志高瞻远瞩，在全国率先提出建设"数字福建",对福建省信息化长期发展做了顶层设计和统筹部署。多年来,"数字福建"不断创新发展,成就硕果累累,公共行政服务、群众生产生活、城市管理等信息化建设,深刻地改变了福建人民的工作和生活方式,特别是在电子政务等领域引领了全国风向。2015年,习近平主席在第二届世界互联网大会开幕式上提出了推进"数字中国"建设,对国家数字化发展作出了新的战略部署,该部署成为新时代推进国家数字化发展的重要指引。

加快数字中国建设是开启全面建设现代化国家新征程的需要。信息技术发挥着对经济发展和社会进步引领性作用,信息化改变了世界的竞争方式和格局,决定着一个国家发展水平和国际竞争能力。以信息化驱动现代化,加快数字中国建设,是建设现代化强国的必经之路和重要抓手。推进新型工业化、信息化、城镇化、农业现代化道路同步发展,全面建设现代化国家,迫切需要以数字中国建设统筹推进政治、经济、社会、文化、生态文明等各领域的数字化发展。

三、全面系统推进数字中国建设

数字中国建设意义十分重大,推动数字中国建设刻不容缓。加快数字中国建设,以数字化驱动现代化,需要构建以下八个体系。

(一)信息基础设施体系

构建网络宽带高速、陆海空天一体、能力持续升级的信息基础设施体系。加快推进光纤宽带网络、5G网络、下一代互联网、北斗系统、卫星互联网、广播电视网等各类网络基础设施部署和升级,完善国际国内海路光缆建设,持续扩大网络覆盖范围,提供陆海空天一体化网络接入服务能力。持续推进宽带普及提速,加快光网改造和移动通信网向5G升级,优化骨干网络结构,拓展互联网国际出口带宽,全面构建全光网城市,提供高速、泛在、先进、绿色、安全的网络接入服务能力。推进网络信息基础设施智能化转型,加快互联网骨干直联点、新型互联网交换中心、互联网跨境传输通道等网络关键核心基础设施建设,超前部署超大容量光传输系统、高性能路由设备和智能管控设备,实现网络服务能力持续提升和网络管理智能化。

（二）信息产业支撑体系

构建产业链条完善、技术安全可控、信息服务丰富的信息产业支撑体系。发挥体制机制和大国大市场优势，紧紧抓住云计算、大数据、物联网、人工智能等技术发展的历史契机，创新信息产业发展推进模式，加快补齐核心电子元器件、高端芯片、基础及关键应用软件等产业链短板。全面推进基础技术、通用技术、非对称技术、"杀手锏"技术、前沿技术、颠覆性技术等各类技术攻关，推进产业链关键环节核心技术安全可控，促进产业链条完善，保障产业链安全。推动网络运营、电子信息制造、软件开发、信息服务、安全保障等产业链环节的协同发展，促进基础性信息服务创新，增强产业生态圈打造能力，提升产业链供应链创新链价值链协同发展能力。

（三）数字经济发展体系

构建产业跨界融合、业态创新活跃、治理审慎包容的数字经济发展体系。深入实施"互联网＋"、大数据、人工智能、数字经济等国家战略，大力发展网络科技新业态，加快应用互联网促进传统服务业提档升级，深化制造业和互联网深度融合，大力发展工业互联网平台，促进产业转型升级和提质增效。鼓励企业积极利用互联网、大数据、人工智能等技术和思维，推动企业组织模式、服务模式和商业模式转型提档升级，培育新服务、新模式和新业态。本着鼓励创新、包容审慎的原则，加快制定新兴产业监管规则，创造新旧业态公平发展的市场环境，强化平台经济反垄断和反不正当竞争，加强数字经济监测统计体系建设，做好潜在风险的研判和管控，护航数字经济。

（四）数字政府治理体系

构建资源开放共享、业务协同联动、线上线下融合的数字政府治理体系。加快政务信息资源共享交换和公共信息资源开放目录体系编制和平台建设，提升政务信息资源跨部门、跨层级、跨区域共享交换能力，促进公共信息资源社会开发利用，加强政企数据对接和合作，释放数据红利。加快数字政府建设推进步伐，本着"一站式"服务和"一体化"监管的原则，持续优化政务服务和社会治理流程，加快发展"互联网＋政务服务"，打造一体化政务服务平台和社会治理综合指挥平台，提升政务业务数据无缝流动能力，促进政务业务协同联动和协同服务能力。根据线上业务特点，同步调整、完善和优化线下人员、设备、场所等服务体系，增强无障碍服务能力，促进线上线下业务深度融合。

（五）信息惠民服务体系

构建渠道丰富多样、服务普遍覆盖、内容贴近日常的信息惠民服务体系。拓展信息惠民服务渠道，充分利用移动应用、自助终端、网站、数字电视、智能家居等网络化方式和社会企业渠道，构建多样化、泛在化、便捷化的惠民服务信息接入渠道。充分利用互联网、通信、金融、能源、广电等企业网络平台渠道广覆盖优势，加强信息惠民服务推送，推行信息普遍覆盖和信息无障碍服务，提高信息惠民服务城乡、区域、人群均等化水平。充分利用社会资源完善信息惠民服务，加强政府和社会合作，提供家政服务、医疗卫生、文化教育、交通出行等贴近日常生活的惠民信息服务，提高惠民服务专业化、市场化和社会化水平。

（六）数据资源发展体系

构建流通交易规范、开发利用活跃、安全保障有力的数据资源发展体系。创新数据流通交易模式，鼓励发展平台化、网络化、在线化流通交易服务，完善数据流通交易规则，加强流通交易数据使用范围、使用目的、使用周期等管控。重点强化政务、互联网、金融、通信、交通、医疗、能源、水利等重点领域数据资源共享开放、流通交易和开放利用，推动公共数据授权运营，构建开放式数据资源应用创新服务体系，以数据红利推动各领域管理服务提档升级和产业业态创新。完善数据资源安全保障规章制度，构建数据资源全生命周期安全保障体系，增强数据系统安全管理能力，提升数据资源安全保障产业技术支撑能力和数据资源流通交易溯源能力。

（七）网络空间治理体系

构建规则制度健全、措施手段先进、共享开放合作的网络空间治理体系。加快网络空间行为规则制定，重点完善数据开发利用、数据流动交易、社交网络、平台经济、融合创新、新技术应用等领域治理法律法规和规章制度体系，提升网络空间治理法治化水平。增强网络空间治理技术支撑能力，创新网络空间治理模式，构建数字化、网络化、智能化网络空间监管治理平台，提升态势感知、监测预警、应急处置、协同联动等能力。加强网络空间治理国际合作，积极推进多边多方治理，完善双边、多边网络空间对话协商机制，积极参与国际组织网络空间行为规则制定，提升网络空间治理国际话语权。

（八）网络安全保障体系

构建制度规范健全、多方协同联动、应急响应快速的网络安全保障体系。完善网络安全保障制度，重点加强关键信息基础设施、重要信息系统、大型网络平台、大数据汇聚、新技术应用等方面的网络安全保障制度建设，提高系统、平台、应用、数据、技术等安全保障能力。适应网络安全发展形势，加快构建网络安全保障大平台，促进网络安全监管数据的快速、实时、无缝流动，提升跨部门、跨层级、跨区域业务协同能力，完善线上线下融合协同机制，实现网络安全事件快速响应和应急处置。

数字化正在深刻影响和改变世界发展，牢牢把握数字中国建设的战略机遇，以数字化驱动现代化建设，大力推进数字经济、数字社会、数字政府、数字生态建设，驱动生产方式、生活方式、治理方式变革，对于决胜全面建成小康社会、实现"两个一百年"奋斗目标具有重要战略意义。

第三节　深化数字世界互信共治，推进网络空间命运共同体建设

当前，新一轮信息技术革命正在为人类创造数字化世界，将深刻改变人类生产生活方式，极大地提高社会生产力，为人类开创未来提供新的发展空间。数字世界是人类发展的共同空间，发展和治理数字世界是各国共同的责任和义务。深化数字世界发展互信，加强数字世界发展共治，完善数字世界发展规则，是数字世界持续健康发展的重要保障，是完善全球治理体系的重要内容，是构建网络空间命运共同体的重要选择。

一、全球互联网发展新趋势

当今世界网络信息技术日新月异，互联网正在全面融入经济社会生产和生活各个领域，引领了社会生产新变革，创造了人类生活新空间，带来了国家治理新挑战，并深刻地改变着全球产业、经济、利益、安全等格局。互联网正在成为21世纪影响和加速人类历史发展进程的重要因素，成为推动全球创新与变革、发展与共享、和平与安全的重要议题。把握互联网发展趋势，深化互联网应用，加强互联网治理，才能让互联网更好地服务人类社会发展。当前全球互联网呈现出了以下发展趋势。

（一）互联网将成为全球产业升级的助推器

互联网正在为全球产业发展构建起全新的发展和运行模式，推动产业组织模式、服务模式和商业模式全面创新，加速产业转型升级。众包、众创、众筹、网络制造等无边界、人人参与、平台化、社会化的产业组织新模式，将让全球各类创新要素资源得到有效适配和聚合优化，移动服务、精准营销、就近提供、个性定制、线上线下融合、跨境电商、智慧物流等服务将让供求信息得到及时有效对接，按需定制、人人参与、体验制造、产销一体、协作分享等新商业模式将全面变革产业运行模式，重塑产业发展方式。互联网构建的网络空间，将让产业发展更好地聚集创新要素，更好地应对资源和环境等外部挑战，将推动全球产业发展迈入

创新、协调、绿色、开放、共享的数字经济新时代。

（二）互联网将成为世界创新发展的新引擎

互联网已经成为全球技术创新、服务创新、业态创新和商业模式创新最为活跃的领域，互联网企业正成为未来全球创新驱动发展中最为广泛、最为耀眼、最为强劲的创新动能源泉，成为全球技术创新、产业创新、业态创新、产品创新、市场创新和管理创新的引领者。人口、资源、市场等驱动国家发展的传统红利要素，正全面让位于互联网创新发展的红利要素，互联网创新将成为推动世界持续发展的重要新动能，引领人类全面跨入创新发展的快车道，创新、智能、变革的社会正因为互联网创新加速到来。

（三）互联网将成为造福人类的重要新渠道

科技改变未来、让生活更美好，对此，人们受益于互联网发展而得到广泛体验。互联网促进了开放共享发展，泛在化的网络信息接入设施、便捷化的"互联网＋"出行信息服务、全天候的指尖网络零售模式、"一站式"旅游在途体验、数字化网络空间学习环境、普惠化在线医疗服务、智能化在线养老体验、无时空边界的网络社交娱乐环境将全面点亮数字生活，开启人类智慧生活新时代，将极大地促进国家、区域、城乡、人群等的协调、开放和共享发展，促使世界发展成果更好地惠及全人类。

（四）互联网将成为各国治国理政的新平台

"指尖治国"将成为新常态，"互联网＋政务服务"、移动政务、大数据决策、微博、微信、脸书、推特等的广泛应用将深刻改变政府传统运行模式，已构建的数字化、网络化、智能化在线政府，实现了"一网通办""全程网办""秒批秒办""一网统管""综合指挥"，在线服务、实时监管、风险研判、事中事后处置、社会态势感知等能力全面提升，创新了经济调节、社会管理、公共服务、市场监管和环境保护模式，加速了国家治理体系和治理能力现代化。

（五）互联网将成为国际交流合作的新舞台

互联网正在开启一个大连接时代，网络让世界变成了"鸡犬之声相闻"的地球村，相隔万里的人们不再"老死不相往来"。互联网服务已经成为国际交流合作的重要桥梁，不仅让不同国家、区域、民族、种族和宗教等的人群开始进行文化交流和业务合作，更是开启了一个新的世界外交时代。互联网服务外交模式将与资源外交、市场外交、金融外交、军事外交等传统外交模式变得同等重要，以人为本、服务发展为宗旨的互联网服务外交、互联网企业家外交的时代将全面开启，世界交流合作正在因为互联网而变得紧密和谐。

（六）互联网将成为世界大国对抗的新战场

互联网和经济社会的融合发展让网络空间成为各国经济社会活动的重要新空间，世界许多国家都将网络空间视为继领土、领海、领空、太空之后的第五战略空间。随着经济社会活动向网络空间的延伸，未来网络空间承载的经济社会和国家安全价值将越来越大，谁率先掌握了全球网络空间规则制定权，谁就能赢得未来世界发展的主导权。网络空间深刻地影响着国际关系，未来各国围绕网络空间的争夺将会变得更加激烈，各国在网络空间的无硝烟对抗冷战将长期持续存在。和平与发展是世界未来之大势，加强国际互联网治理，尊重网络空间主权，维护网络空间和平安全，减少网络空间摩擦，寻求网络空间利益共同点，建立网络空间新型大国关系，构建网络空间命运共同体，将成为未来世界谋求和平与新发展的共同呼声。

（七）互联网将成为提升国际竞争的新利器

互联网互联互通，网络没有国界，受限于各国政策壁垒的情况较少，全球化的互联网服务将成为一国参与国际竞争的重要利器，互联网服务输出将成为数字经济时代一国构建国际竞争力的重要手段，网络服务将成为互联网发达国家对不发达国家进行政治渗透、经济干预和社会动员的重要手段，国家之间政治、经济、社会、军事等各类竞争越来越离不开互联网。建立和完善网络空间对话协商机制，研究制定全球互联网治理规则，使全球互联网治理体系更加公正合理，更加平衡地反映大多数国家意愿和利益，才能更好地促进各国的竞争与合作，才能更好地构建公正合理的国际政治经济新秩序，才能更好地促进世界共同发展和共同繁荣。

（八）互联网将开启信用社会发展新序幕

互联网正为经济社会发展构建一个网络化、在线化的数字化运行空间，与互联网相关的各类经济社会活动均在网络空间中以数字形式保存了下来，全程记录、处处留痕、事后可溯等模式将让网络经济时代的经济社会活动更加可溯、可治、可信，个人信用、企业信用等信用信息将变得可实时化采集和综合化分析利用，信用成为网络经济时代最为宝贵的财富，基于信用的经济社会活动将更加全面普及，互联网将开启全球信用社会发展新序幕。

（九）网络安全将成为人类面临的共同挑战

互联网为人类社会构建了全新的发展空间，随着网络空间成为人类发展新的价值要地，网络空间安全问题日益突出。网络攻击形势日趋复杂，网络黑客组织呈现出规模化、组织化、产业化和专业化等新特点，黑客攻击手段日新月异、攻击频率日益密集、攻击影响日益扩大，各类网络攻击事件对全球经济社会发展造成的影响越来越大。网络犯罪日益呈现出分工精细化、利益链条化、操作专业化等新特点，社交软件已经成为网络犯罪的重要依托工具和温床，网络犯罪数量年年递增，社会影响越来越大，已经成为世界主要国家和地区第一大犯罪类型。重大网络数据泄露安全事件频繁发生，社会破坏性和影响越来越大，对保障个人隐私、商业秘密和各国安全都造成了极大影响。网络恐怖主义日益加速蔓延，恐怖分子和极端势力利用互联网内外勾结、遥相呼应，对各国安全造成了巨大挑战。另外，随着互联网向物联网领域的拓展，网络安全问题延伸到了经济社会各个领域。加强网络空间治理，打击网络犯罪和网络恐怖主义，携手共同应对全球网络安全问题，将成为未来世界共同关注的重要议题。

二、深化互信是数字世界持续发展的基础

（一）深化网络基础设施联通互信

网络基础设施互联互通是互联网核心要义，也是互联网价值不断最大化的前提和保障，强化网络基础设施联通互信，促进网络规模不断壮大和能力不断增强，才能让互联网生态更加丰富多彩。一是加快全球海陆光缆建设进度，超前部署超大容量光传输系统，推动网间带宽持续扩容，提高各国网络出口带宽，促进信息大规模自由流动。二是优化国际互联网网络架构和域名解析服务体系，加快国家间直接互联，推进网络架构扁平化，发展域名点对点解析服务，解决网络传输能

力瓶颈、时延过长、安全单点失效等问题。

（二）深化网络信息产业发展互信

网络信息产业创新是保障推动互联网不断发展的基础，加强网络信息产业发展互信，强化网络信息产业全球分工和协同，构建全球网络信息产业发展生态圈，促进全球网络信息产业创新、协同、开放、共享发展。一是推进网络信息产业全球协同创新，鼓励和支持各国依托各自优势开展全球协同研发，共同加强网络信息产业基础性、前沿性、关键性等技术和问题研究。二是推进网络技术产业全球共享发展，坚决反对科技霸凌行为，不搞网络技术产业威胁，构建安全可靠的网络技术产业供应链体系，保障网络技术产品和服务安全无歧视，实现网络技术产业发展成果全球普惠化。

（三）深化网络文化交流合作互信

互联网是传播人类优秀文化、弘扬正能量的重要载体，文化因交流而多彩，文明因互鉴而丰富，网络文化交流合作互信才能让世界文化加速融合发展。一是加强网络文化交流，共同打造网上文化交流共享平台，推动世界优秀文化交流互鉴，共同推动网络文化繁荣发展，丰富人们精神世界，促进人类文明进步。二是尊重网络文化的多样性和差异性，理性处理本国网络文化与其他国家网络文化的差异，鼓励和而不同，推进各国网络文化包容互鉴。

（四）深化网络空间监管治理互信

网络空间是数字经济发展的重要依托载体，网络空间治理关系到数字经济健康发展，加强网络空间监管治理是各国发展数字经济的共同选择。一是尊重各国网络空间监管治理模式，尊重不同国家因社会制度、宗教信仰、文化传统、风俗习惯、产业发展等情况的差异选择不同网络治理道路和模式的权利，摒弃以信息流动自由等为借口，将适合自己技术产业等国情发展的网络治理模式强加于他国。二是加强网络监管治理模式的交流沟通，就网络谣言、网络诈骗、网络黑客、网络恐怖主义等全球共同面对的网络公害问题，加强沟通磋商和协同联动治理，共同推进全球互联网治理体系的构建和完善。

（五）深化网络空间安全防御互信

网络安全防御是国家战略防御的重要内容之一，加强网络空间安全防御互信，尊重各国网络主权，不从事、纵容或支持危害他国国家安全的网络活动，才能更好地促进国家间战略互信。一是不凭借技术产业实力发展各类网络攻击性武器，不对他国网络空间设施进行入侵和干扰，不对他国搞网络渗透、网络威慑、网络攻击等各种敌对行为，保持网络空间和平共处。二是加强网络空间安全威胁的信息共享和交换，推进网络空间武装防御力量的透明化，探讨网络空间安全联合防御思路和措施，携手应对全球性的网络空间安全问题。

三、推动共治是数字世界持续发展的保障

（一）加强网络基础设施共治

网络基础设施是支撑国际互联网运行的关键设施，加强网络设施共治，推进全球网络基础设施安全、高效、均等利用，才能保障国际互联网平稳运行。一是加强互联网根域名服务器等关键基础设施的共治，实现联合国框架下多利益攸关方共治，防止个别国家利用根域名服务器掌控权推行网络霸权主义，危害其他国网络空间安全和国家安全。二是加强互联网网络地址等关键基础资源的共治，加快推进 IPv6 大规模应用，促进网络地址分配数量和质量的区域均等化，满足互联网新兴国家发展数字经济对网络地址日益增长的需求，推进全球互联网发展不平衡、不充分问题的解决。

（二）加强网络经济发展共治

网络经济是经济发展新模式和新方向，加强网络经济发展共治，推进网络经济持续、健康、快速发展，有助于更好地推动全球经济转型提档升级。一是加强网络经济技术创新共治，加快物联网、大数据、人工智能、区块链等技术应用规则的制定，让技术创新更好、更快地服务于人类自身发展，最大限度降低技术创新"双刃剑"效应。二是加强网络经济新业态共治，适应互联网跨界融合发展趋势，加快融合型领域法律法规、行业管理规章等制度的制定和治理模式手段的升级，促进传统业态和融合业态公平发展，提升政府对新业态监管治理能力。

（三）加强网络社会运行共治

网络社会是信息技术进步创造的人类社会新空间，加强网络社会运行共治，加快完善和制定网络社会运行规则，才能让互联网更好地造福人类发展。一是共同推进网络社会制度建设，加快推进技术创新应用、产业跨界融合、数据流通交易、个人信息保护、网络空间安全等领域相关规则的制定，尽快将网络社会纳入法治轨道，保障网络社会在规则和制度下平稳、有序、健康运行。二是携手加强网络犯罪共治，适应传统犯罪"＋互联网"的快速严峻发展态势，强化各国在网络谣言、网络盗窃、网络欺诈、网络恐怖主义等各方面的协同联动治理，为网络经济发展营造公平、有序、清朗的网络空间。

（四）加强网络政治生态共治

网络政治关系到网络空间开放合作和和平安全，加强网络政治共治，加快构建全球网络政治新秩序，才能让网络空间更加和平安全。一是加快建立全球网络政治新秩序，构建和平、安全、开放、合作的网络空间，推进网络命运共同体构建，建立多边、民主、透明的全球互联网治理体系，让《联合国宪章》宗旨和原则在网络空间中得到有效贯彻和落实。二是共同反对网络霸权主义，提高网络空间主权认识，尊重各国自主选择网络发展道路、网络管理模式、互联网公共政策和平等参与国际网络空间治理的权利，维护网络空间和平和自由。

（五）强化网络安全威胁共治

网络安全是互联网平稳高效运行的基础，是数字经济时代经济社会平稳运行的前提和保障，加强网络安全共治，协同应对全球性网络安全问题，才能让互联网更好地造福全人类。一是加强全球性网络黑客问题共治，完善协同联动应急机制，增强技术支撑能力，共同应对全球大规模网络攻击事件，提高跨区域协同打击和跨国黑客产业链整治能力。二是加强新型网络安全问题共治，强化对云计算、大数据、物联网、人工智能等新技术应用引发的新型网络安全风险研判，做好风险管控和规则制定。

互联网的飞速发展，引领了社会发展新变革，创造了人类生产生活新空间，拓展了国家治理新领域，极大提高了人类认识世界、改造世界的能力。互联网给人类的生产生活带来的巨大变化才刚刚开始，互联网驱动人类全面发展的列车才刚刚启动，未来想象空间无限。正确看待互联网，积极拥抱互联网，用好管好互联网，建设网络空间新秩序，构建网络空间命运共同体，倡导国际社会在网络空间尊重差异、凝聚共识，聚焦发展、助力创新、深化互信、加强共治、完善规则，我们才能让互联网繁荣发展的机遇和成果更好造福世界、造福人类和造福未来。

| 参考资料 |

（一）政策文件

[1] 中共中央办公厅、国务院办公厅，《2006—2020年国家信息化发展战略》，2006年5月。

[2] 中共中央办公厅、国务院办公厅，《国家信息化领导小组关于我国电子政务建设指导意见》（中办发〔2002〕17号），2002年。

[3] 中共中央办公厅、国务院办公厅，《国家信息化领导小组关于推进国家电子政务网络建设的意见》（中办发〔2006〕18号），2006年。

[4] 中共中央办公厅、国务院办公厅，《国家信息化发展战略纲要》（中办发〔2016〕48号），2016年7月17日。

[5] 中共中央办公厅、国务院办公厅，《关于促进移动互联网健康有序发展的意见》，2017年1月15日。

[6] 中共中央办公厅、国务院办公厅，《推进互联网协议第六版（IPv6）规模部署行动计划》，2017年11月26日。

[7] 中共中央办公厅、国务院办公厅，《关于加强网络文明建设的意见》，2021年9月14日。

[8] 中央网络安全和信息化委员会，《"十四五"国家信息化规划》，2021年12月27日。

[9] 国务院，《关于印发"十三五"国家信息化规划的通知》（国发〔2016〕73号），2016年12月15日。

[10] 国务院，《关于积极推进"互联网+"行动的指导意见》（国发〔2015〕40号），2015年7月1日。

[11] 国务院，《关于印发促进大数据发展行动纲要的通知》（国发〔2015〕50号），2015年8月31日。

[12] 国务院，《关于印发新一代人工智能发展规划的通知》（国发〔2017〕35号），2017年7月20日。

[13] 国务院，《关于深化制造业与互联网融合发展的指导意见》（国发〔2016〕28号），2016年5月13日。

[14] 国务院，《关于深化"互联网+先进制造业"发展工业互联网的指导意见》，2017年11月19日。

[15] 国务院，《关于加快推进"互联网+政务服务"工作的指导意见》（国发〔2016〕55号），2016年9月25日。

[16] 国务院，《关于加快推进政务服务标准化规范化便利化的指导意见》（国发〔2022〕5号），2022年2月7日。

[17] 国务院办公厅,《关于加快推进电子证照扩大应用领域和全国互通互认的意见》(国办发〔2022〕3号),2022年1月20日。

[18] 国务院办公厅,《关于印发全国一体化政务服务平台移动端建设指南的通知》(国办函〔2021〕105号),2021年9月29日。

[19] 国务院办公厅,《关于进一步优化地方政务服务便民热线的指导意见》(国办发〔2020〕53号),2020年12月28日。

[20] 国务院办公厅,《关于加快推进政务服务"跨省通办"的指导意见》(国办发〔2020〕35号),2020年9月24日。

[21] 国务院办公厅,《关于建立政务服务"好差评"制度提高政务服务水平的意见》(国办发〔2019〕51号),2019年12月3日。

[22] 国务院办公厅,《关于推进政务新媒体健康有序发展的意见》(国办发〔2018〕123号),2018年12月7日。

[23] 国务院,《关于加快推进全国一体化在线政务服务平台建设的指导意见》(国发〔2018〕27号),2018年7月25日。

[24] 国务院办公厅,《关于印发进一步深化"互联网+政务服务"推进政务服务"一网、一门、一次"改革实施方案的通知》(国办发〔2018〕45号),2018年6月10日。

[25] 国务院办公厅,《关于印发开展基层政务公开标准化规范化试点工作方案的通知》(国办发〔2017〕42号),2017年5月9日。

[26] 国务院办公厅,《关于转发国家发展改革委等部门推进"互联网+政务服务"开展信息惠民试点实施方案的通知》(国办发〔2016〕23号),2016年4月14日。

[27] 国务院办公厅,《关于运用大数据加强对市场主体服务和监管的若干意见》(国办发〔2015〕51号),2015年6月24日。

[28] 国家发展改革委,《关于印发"十四五"推进国家政务信息化规划的通知》(发改高技〔2021〕1898号),2021年12月24日。

[29] 国家发展改革委、中央网信办、工业和信息化部、国家能源局,《关于加快构建全国一体化大数据中心协同创新体系的指导意见》(发改高技〔2020〕1922号),2020年12月23日。

[30] 国家发展改革委、中央网信办、工业和信息化部、国家能源局,《关于印发〈全国一体化大数据中心协同创新体系算力枢纽实施方案〉的通知》(发改高技〔2021〕709号),2021年5月24日。

[31] 国家发展改革委、中央网信办,《关于推进"上云用数赋智"行动 培育新经济发展实施方案》(发改高技〔2020〕552号),2020年4月7日。

[32] 国家发展改革委、中央网信办、工业和信息化部等部门,《关于支持新业态新模式健康发展 激活消费市场带动扩大就业的意见》(发改高技〔2020〕1157号),2020年

7月14日。

[33] 国家发展改革委、中央宣传部、中央网信办等部门,《关于整治虚拟货币"挖矿"活动的通知》(发改运行〔2021〕1283号),2021年9月3日。

[34] 工业和信息化部办公厅,《关于印发"5G+工业互联网"512工程推进方案的通知》(工信厅信管(2019)78号),2019年11月19日。

[35] 工业和信息化部办公厅,《关于推动工业互联网加快发展的通知》(工信厅信管〔2020〕8号),2020年3月6日。

[36] 工业和信息化部,《关于加强车联网网络安全和数据安全工作的通知》(工信部网安〔2021〕134号),2021年9月15日。

[37] 工业和信息化部,《关于加强智能网联汽车生产企业及产品准入管理的意见》(工信部通装〔2021〕103号),2021年7月30日。

[38] 工业和信息化部,《关于印发〈新型数据中心发展三年行动计划(2021—2023年)〉的通知》(工信部通信〔2021〕76号),2021年7月4日。

[39] 工业和信息化部、中央网信办、科学技术部等部门,《关于印发〈物联网新型基础设施建设三年行动计划(2021—2023年)〉的通知》(工信部联科〔2021〕130号),2021年9月10日。

[40] 工业和信息化部、中央网络安全和信息化委员会办公室,《关于印发〈IPv6流量提升三年专项行动计划(2021—2023年)〉的通知》(工信部联通信〔2021〕84号),2021年7月8日。

[41] 工业和信息化部、中央网信办、国家发展改革委等部门,《5G应用"扬帆"行动计划(2021—2023年)》(工信部联通信〔2021〕77号),2021年7月5日。

[42] 工业和信息化部,《关于印发〈"双千兆"网络协同发展行动计划(2021—2023年)〉的通知》(工信部通信〔2021〕34号),2021年3月25日。

[43] 工业和信息化部,《关于印发〈基础电子元器件产业发展行动计划(2021—2023年)〉的通知》(工信部电子〔2021〕5号),2021年1月15日。

[44] 国家互联网信息办公室、国家税务总局、国家市场监督管理总局,《关于进一步规范网络直播营利行为促进行业健康发展的意见》(税总所得发〔2022〕25号),2022年3月25日。

[45] 国家互联网信息办公室、中央宣传部、教育部等部门,《关于印发关于加强互联网信息服务算法综合治理的指导意见的通知》(国信办发文〔2021〕7号),2021年9月17日。

[46] 国家互联网信息办公室,《关于进一步压实网站平台信息内容管理主体责任的意见》,2021年9月15日。

[47] 中国人民银行、中央网信办、最高人民法院等部门,《关于进一步防范和处置虚拟货

币交易炒作风险的通知》（银发〔2021〕237号），2021年9月15日。

[48] 中央网信办秘书局，《关于进一步加强娱乐明星网上信息规范相关工作的通知》，2021年10月26日。

[49] 中央网信办秘书局，《关于进一步加强"饭圈"乱象治理的通知》，2021年8月25日。

[50] 市场监管总局、国家网信办、国家发展改革委等部门，《关于落实网络餐饮平台责任，切实维护外卖送餐员权益的指导意见》，2021年7月26日。

[51] 人力资源社会保障部、国家发展改革委、交通运输部等部门，《关于维护新就业形态劳动者劳动保障权益的指导意见》（人社部发〔2021〕56号），2021年7月16日。

[52] 中国银保监会办公厅，《关于进一步规范商业银行互联网贷款业务的通知》（银保监办发〔2021〕24号），2021年2月19日。

[53] 工业互联网专项工作组，《工业互联网创新发展行动计划（2018—2020年）》（工信部信管函〔2018〕188号），2018年5月31日。

[54] 工业互联网专项工作组，《关于印发〈工业互联网创新发展行动计划（2021—2023年）〉的通知》（工信部信管〔2020〕197号），2020年12月22日。

[55] 外交部、国家互联网信息办公室，《网络空间国际合作战略》，2017年3月1日。

（二）法律法规和部门规章

[1] 《中华人民共和国电子商务法》

[2] 《中华人民共和国个人信息保护法》

[3] 《中华人民共和国数据安全法》

[4] 《中华人民共和国网络安全法》

[5] 《中华人民共和国密码法》

[6] 《中华人民共和国电子签名法》

[7] 《中华人民共和国反垄断法》

[8] 《中华人民共和国反不正当竞争法》

[9] 《关键信息基础设施安全保护条例》

[10] 《国务院关于在线政务服务的若干规定》

[11] 中共中央办公厅，《党委（党组）网络安全工作责任制实施办法》，2017年8月15日。

[12] 国务院反垄断委员会，《关于平台经济领域的反垄断指南》（国反垄发〔2021〕1号），2021年2月7日。

[13] 国家互联网信息办公室、工业和信息化部、公安部等部门，《互联网信息服务算法推荐管理规定》（令第9号），2021年12月31日。

[14] 国家互联网信息办公室、国家发展改革委、工业和信息化部等部门，《网络安全审查办法》（令第8号），2021年12月28日。

[15] 国家互联网信息办公室、国家发展改革委、工业和信息化部等部门,《汽车数据安全管理若干规定(试行)》(令第7号),2021年8月16日。

[16] 国家互联网信息办公室、公安部、商务部等部门,《网络直播营销管理办法(试行)》,2021年4月23日。

[17] 国家互联网信息办公室,《网络信息内容生态治理规定》(令第5号),2019年12月15日。

[18] 国家互联网信息办公室等部门,《关于印发网络音视频信息服务管理规定的通知》(国信办通字〔2019〕3号),2019年11月18日。

[19] 国家互联网信息办公室秘书局、工业和信息化部办公厅、公安部办公厅等部门,《关于印发App违法违规收集使用个人信息行为认定方法的通知》(国信办秘字〔2019〕191号),2019年11月28日。

[20] 国家互联网信息办公室,《儿童个人信息网络保护规定》(令第4号),2019年8月22日。

[21] 国家互联网信息办公室、国家发展改革委、工业和信息化部等部门,《关于发布云计算服务安全评估办法的公告》(2019年第2号),2019年7月2日。

[22] 国家互联网信息办公室,《区块链信息服务管理规定》,2019年1月10日。

[23] 国家互联网信息办公室,《金融信息服务管理规定》,2018年12月26日。

[24] 国家互联网信息办公室、公安部,《具有舆论属性或社会动员能力的互联网信息服务安全评估规定》,2018年11月15日。

[25] 国家互联网信息办公室,《微博客信息服务管理规定》,2018年2月2日。

[26] 国家互联网信息办公室,《互联网用户公众账号信息服务管理规定》(令第10号),2021年1月22日。

[27] 国家互联网信息办公室,《互联网群组信息服务管理规定》,2017年9月7日。

[28] 国家互联网信息办公室,《互联网论坛社区服务管理规定》,2017年8月25日。

[29] 国家互联网信息办公室,《互联网跟帖评论服务管理规定》,2017年8月25日。

[30] 国家互联网信息办公室,《互联网新闻信息服务新技术新应用安全评估管理规定》,2017年10月30日。

[31] 国家互联网信息办公室,《互联网新闻信息服务管理规定》,2017年5月2日。

[32] 国家互联网信息办公室,《互联网直播服务管理规定》,2016年11月4日。

[33] 国家互联网信息办公室,《互联网信息搜索服务管理规定》,2016年6月25日。

[34] 国家互联网信息办公室,《互联网用户账号名称管理规定》(令第10号),2015年2月4日。

[35] 国家互联网信息办公室,《移动互联网应用程序信息服务管理规定》,2022年6月14日。

[36] 国家互联网信息办公室秘书局、工业和信息化部办公厅、公安部办公厅，《关于印发常见类型移动互联网应用程序必要个人信息范围规定的通知》（国信办秘字〔2021〕14号），2021年3月12日。

[37] 工业和信息化部、国家互联网信息办公室、公安部，《网络产品安全漏洞管理规定》（工信部联网安〔2021〕66号），2021年7月12日。

[38] 工业和信息化部，《互联网域名管理办法》（令第43号），2017年8月24日。

[39] 工业和信息化部，《移动智能终端应用软件预置和分发管理暂行规定》，2016年12月16日。

[40] 工业和信息化部，《电信和互联网用户个人信息保护规定》，2013年7月16日。

[41] 中央网信办，《国家网络安全事件应急预案》，2017年1月10日。

[42] 市场监管总局，《关于加强重点领域信用监管的实施意见》（国市监信发〔2021〕28号），2021年5月19日。

[43] 市场监管总局、国家发展改革委、财政部等部门，《公平竞争审查制度实施细则》，2021年6月29日。

[44] 市场监督管理总局，《网络交易监督管理办法》，2021年3月15日。

[45] 文化和旅游部，《网络表演经纪机构管理办法》（文旅市场发〔2021〕91号），2021年8月30日。

[46] 文化和旅游部，《在线旅游经营服务管理暂行规定》（令第4号），2020年8月20日。

[47] 文化部，《网络表演经营活动管理办法》（文市发〔2016〕33号），2016年12月2日。

[48] 交通运输部、国家税务总局，《网络平台道路货物运输经营管理暂行办法》，2019年9月6日。

[49] 交通运输部、工业和信息化部、公安部等部门，《网络预约出租汽车经营服务管理暂行办法》，2016年7月27日。

[50] 国家卫生健康委员会、国家中医药管理局，《互联网医院管理办法（试行）》，2018年7月17日。

[51] 国家卫生健康委员会、国家中医药管理局，《互联网诊疗管理办法（试行）》，2018年7月17日。

[52] 国家发展改革委，《网络交易价格举报管辖规定（试行）》（发改价监规〔2016〕2245号），2016年10月25日。

[53] 国家食品药品监督管理总局，《网络餐饮服务食品安全监督管理办法》，2017年11月6日。

[54] 银行业监督管理委员会、工业和信息化部、公安部等部门，《网络借贷信息中介机构业务活动管理暂行办法》，2016年8月24日。

[55] 国家新闻出版广电总局、工业和信息化部，《网络出版服务管理规定》，2016年2月

4 日。

[56] 最高人民检察院,《人民检察院办理网络犯罪案件规定》, 2021 年 1 月 22 日。

[57] 国家广播电视总局,《广播电视和网络视听领域经纪机构管理办法》(广电发〔2022〕34 号), 2022 年 5 月 20 日。

[58] 国家新一代人工智能治理专业委员会,《新一代人工智能伦理规范》, 2021 年 9 月 25 日。

[59] 国家互联网信息办公室,《未成年人网络保护条例(征求意见稿)》, 2022 年 3 月 14 日。

[60] 国家互联网信息办公室,《互联网弹窗信息推送服务管理规定(征求意见稿)》, 2022 年 3 月 2 日。

[61] 国家互联网信息办公室,《互联网信息服务深度合成管理规定(征求意见稿)》, 2022 年 1 月 28 日。

[62] 国家互联网信息办公室,《网络数据安全管理条例(征求意见稿)》, 2021 年 11 月 14 日。

[63] 国家互联网信息办公室,《数据出境安全评估办法(征求意见稿)》, 2021 年 10 月 29 日。

[64] 国家互联网信息办公室,《互联网用户账号名称信息管理规定(征求意见稿)》, 2021 年 10 月 26 日。

[65] 国家互联网信息办公室,《互联网信息服务管理办法(修订草案征求意见稿)》, 2021 年 1 月 8 日。

[66] 国家互联网信息办公室,《网络安全威胁信息发布管理办法(征求意见稿)》, 2019 年 11 月 20 日。

[67] 工业和信息化部,《网络产品安全漏洞收集平台备案管理办法(征求意见稿)》, 2021 年 9 月 13 日。

[68] 市场监管总局,《互联网广告管理办法(公开征求意见稿)》, 2021 年 11 月 26 日。

[69] 市场监管总局,《禁止网络不正当竞争行为规定(公开征求意见稿)》, 2021 年 8 月 17 日。

[70] 市场监管总局,《互联网平台落实主体责任指南(征求意见稿)》, 2021 年 10 月 29 日。

[71] 市场监管总局,《互联网平台分类分级指南(征求意见稿)》, 2021 年 10 月 29 日。

[72] 公安部,《网络安全等级保护条例(征求意见稿)》, 2018 年 6 月 27 日。

[73] 国家卫生健康委医政医管局,《互联网诊疗监管细则(征求意见稿)》, 2021 年 10 月 26 日。

(三)世界主要国家和地区发布的数字化转型相关战略、规划、标准、报告等文件

[1] 美国白宫,《联邦云计算战略》, 2011 年 2 月 8 日。

[2] 美国国家标准和技术研究所，《云计算标准路线图》，2011 年 7 月。

[3] 美国国家标准和技术研究所，《云计算参考架构》，2011 年 9 月。

[4] 美国国家标准和技术研究所，《云计算定义》，2011 年 9 月。

[5] 美国国家标准和技术研究所，《美国政府云计算技术路线图》，2011 年 11 月。

[6] 美国联邦航空局，《联邦航空局云计算战略》，2012 年 5 月。

[7] 美国国防部，《国防部云战略》，2019 年 2 月 4 日。

[8] 欧盟委员会，《在欧洲释放云计算潜能》，2012 年 9 月 27 日。

[9] 欧盟委员会，《欧盟云计算战略：云为欧洲数字战略赋能》，2019 年 5 月 16 日。

[10] 英国政府，《英国政府云计算战略》，2011 年 3 月。

[11] 澳大利亚宽带、通信和数字经济部，《澳大利亚国家云计算战略》，2013 年 5 月。

[12] 美国国家科学技术委员会，《为人工智能的未来做好准备》，2016 年 10 月 13 日。

[13] 美国国家科学技术委员会，《国家人工智能研究与发展战略计划》，2016 年 10 月 13 日。

[14] 美国白宫总统行政办公室，《人工智能、自动化与经济报告》，2016 年 12 月 20 日。

[15] 美国国会，《人工智能和国家安全》，2018 年 4 月。

[16] 美国国会，《人工智能和国家安全（更新版）》，2019 年 1 月。

[17] 美国国家科学技术委员会，《国家人工智能研究与发展战略更新计划》，2019 年 6 月。

[18] 美国国家标准和技术研究院，《可解释的人工智能的四个原则》，2021 年 9 月。

[19] 欧盟委员会，《欧洲人工智能战略》，2018 年 4 月 25 日。

[20] 欧盟委员会，《人工智能协调计划》，2018 年 12 月。

[21] 欧盟委员会，《人工智能白皮书》，2020 年 2 月。

[22] 欧盟委员会，《人工智能协调计划（2021 年修订版）》，2021 年 4 月 21 日。

[23] 英国下议院科学和技术委员会，《机器人技术和人工智能》，2016 年 10 月。

[24] 英国政府科学办公室，《人工智能：未来决策的机会与影响》，2016 年 11 月。

[25] 英国政府，《在英国发展人工智能产业》，2017 年 10 月。

[26] 英国政府，《产业战略：人工智能领域行动》，2018 年 4 月。

[27] 英国政府，《国家人工智能战略》，2021 年 9 月 22 日。

[28] 法国政府，《国家人工智能战略》，2017 年 3 月。

[29] 法国政府，《有意义的人工智能：走向法国和欧洲的战略》，2018 年 3 月。

[30] 法国政府，《人工智能发展战略》，2018 年 3 月。

[31] 德国联邦政府，《联邦政府人工智能战略要点》，2018 年 7 月。

[32] 韩国第四次工业革命委员会，《人工智能研发战略》，2018 年 5 月。

[33] 韩国政府，《人工智能国家战略》，2019 年 12 月 17 日。

[34] 美国国会参议院，《2021 年美国创新与竞争法案》，2021 年 6 月。

[35] 美国国会众议院，《2022 年美国竞争法案》，2022 年 2 月。

[36] 日本，《半导体产业紧急强化方案》，2021 年 11 月。

[37] 欧盟委员会，《芯片法案》，2022 年 2 月 8 日。

[38] 美国国家科学技术委员会，《先进制造业国家战略计划》，2012 年 2 月。

[39] 法国政府，《法国机器人发展计划》，2013 年 3 月。

[40] 德国国家科学工程院，《保障德国制造业的未来：关于实施工业 4.0 战略的建议》，2013 年 4 月。

[41] 日本国家机器人革命推进小组，《机器人新战略》，2015 年 2 月。

[42] 美国国际战略研究中心，《美国国家机器智能战略》，2018 年 3 月。

[43] 美国政府，《量子信息科学和技术发展规划》，2002 年。

[44] 美国国家科学技术委员会，《量子信息科学国家战略概述》，2018 年 9 月。

[45] 美国国会参议院，《国家量子倡议法案》，2018 年 12 月 21 日。

[46] 美国白宫量子协调办公室，《美国量子网络战略愿景》，2020 年 2 月。

[47] 欧盟委员会，《量子信息处理和通信：欧洲研究现状、愿景与目标战略报告》，2010 年 4 月。

[48] 英国量子技术战略顾问委员会，《量子技术国家战略》，2015 年 3 月。

[49] 英国量子技术战略顾问委员会，《英国量子技术路线图》，2015 年 9 月。

[50] 欧盟委员会，《欧洲新工业战略》，2020 年 3 月 10 日。

[51] 法国政府，《新工业法国战略》，2013 年 9 月。

[52] 法国经济部、工业与数字事务部，《未来工业计划》，2015 年 4 月。

[53] 欧盟委员会，《单一数字市场》，2015 年 5 月。

[54] 欧盟委员会，《欧洲数据战略》，2020 年 2 月 19 日。

[55] 欧盟委员会，《欧盟机器人民事法律规则》，2016 年 10 月。

[56] 欧洲科学与新技术伦理组织，《关于人工智能、机器人及"自主"系统的声明》，2018 年 3 月。

[57] 欧盟委员会，《人工智能道德准则》，2019 年 4 月。

[58] 欧盟委员会人工智能高级别专家组，《可信任人工智能的政策和投资建议》，2019 年 6 月 26 日。

[59] 二十国集团（G20）贸易和数字经济部长会议，《G20 人工智能原则》，2019 年 6 月。

[60] 欧盟委员会，《人工智能法》，2021 年 4 月 21 日。

[61] 英国政府，《通往无人驾驶之路：自动驾驶汽车测试实践守则》，2015 年 7 月。

[62] 英国运输部和国家基础设施保护中心，《联网和自动驾驶汽车网络安全关键原则》，2017 年 8 月。

[63] 美国国会，《自动驾驶法案》，2017 年 7 月。

[64] 美国国会，《商业人脸识别隐私法案》，2019 年 3 月。

[65] 欧盟委员会，《应对线上虚假信息：欧洲方案》，2018 年 4 月。

[66] 欧盟委员会，《反虚假信息行为准则》，2018 年 9 月。

[67] 欧盟委员会，《一般数据保护条例》，2016 年 4 月 14 日。

[68] 欧洲数据保护委员会，《欧盟机构通过互联网服务处理个人数据保护指南》，2016 年 10 月。

[69] 欧盟委员会，《隐私和电子通信条例（草案）》，2017 年 1 月 10 日。

[70] 欧盟委员会，《欧洲数据经济中的私营部门数据共享指南》，2018 年 4 月 25 日。

[71] 欧盟委员会，《数据法案》，2022 年 2 月 23 日。

[72] 欧洲议会，《数据治理法案》，2022 年 4 月 6 日。

[73] 欧洲数据保护委员会，《车联网个人数据保护指南》，2021 年 3 月 9 日。

[74] 澳大利亚竞争和消费者委员会，《竞争与消费者（消费者数据权）规则 2020》，2020 年 2 月 5 日。

[75] 欧盟和美国协定，《安全港协议》，2000 年。

[76] 欧盟和美国协定，《欧盟—美国数据保护总协定》，2016 年 6 月。

[77] 欧盟和美国协定，《欧美隐私盾协议》，2016 年 8 月。

[78] 美国众议院，《促进数字隐私技术法案》，2022 年 5 月 11 日。

[79] 欧盟委员会，《欧盟非个人数据自由流动框架条例》，2018 年 11 月。

[80] 欧盟委员会，《欧盟非个人数据自由流动框架条例指南》，2018 年 11 月。

[81] 美国国防部，《网络中心战》，2001 年 7 月。

[82] 美国白宫，《网络空间安全国家战略》，2003 年 2 月。

[83] 美国白宫，《网络空间可信身份国家战略》，2011 年 4 月。

[84] 美国政府，《网络空间国际战略》，2011 年 5 月。

[85] 美国国防部，《国防部网络空间行动战略》，2011 年 7 月。

[86] 美国政府，《国家网络空间战略》，2018 年 9 月。

[87] 法国政府，《法国信息系统防御和安全战略》，2011 年 2 月。

[88] 法国政府，《法国国家数字安全战略》，2015 年 10 月。

[89] 美国国会，《2019 年安全和可信电信网络》，2020 年 3 月 12 日。

[90] 美国政府，《5G 与超越 5G 的安全法案 2020》，2020 年 3 月 23 日。

[91] 美国白宫，《5G 安全国家战略》，2020 年 3 月 23 日。

[92] 欧洲议会，《欧盟网络与信息系统安全指令》，2016 年 7 月 6 日。

[93] 欧盟委员会，《网络安全法案》，2019 年 6 月 27 日。

[94] 美国白宫，《关键基础设施和关键资产物理保护国家战略》，2003 年 3 月。

[95] 美国国家标准和技术研究院，《提升关键基础设施网络安全框架 1.1 版本》，2018 年

4 月 16 日。

[96] 欧盟委员会，《打击恐怖主义活动，加强关键基础设施保护的通讯》，2004 年。

[97] 欧盟委员会，《欧洲关键基础设施保护计划》，2006 年 12 月 12 日。

[98] 欧盟委员会，《欧盟关键基础设施认定和安全评估指令》，2008 年 12 月 8 日。

[99] 欧洲网络与信息安全局，《欧洲关键信息基础设施保护方法》，2015 年 7 月。

[100] 俄罗斯联邦委员会，《主权互联网法》，2019 年 4 月 22 日。

[101] 美国国会，《澄清域外合法使用数据法案》，2018 年 2 月 6 日。

[102] 欧盟委员会，《数字经济公平税收规则提案》，2018 年 3 月 21 日。

[103] 英国政府，《政府网络安全战略 2022—2030》，2022 年 1 月 25 日。

[104] 美国商务部，《全球跨境隐私规则宣言》，2022 年 4 月 21 日。

[105] 美国白宫，《互联网未来宣言》，2022 年 4 月 28 日。

[106] G7 集团，《可信数据自由流动计划》，2022 年 5 月 11 日。

[107] 美国国会，《美国数据隐私和保护法案》，2022 年 6 月 3 日。

（四）作者本人发表的文章

[1] 陆峰 . 工业软件：推动制造业由大变强的关键 [N]. 学习时报，2016-12-05（A7）.

[2] 陆峰 . 物联网：推进数字中国建设的关键 [N]. 学习时报，2017-03-20（A3）.

[3] 陆峰 . 无人驾驶汽车开启升级换代序幕 [N]. 学习时报，2017-06-21（A7）.

[4] 陆峰 . 无人驾驶时代：中国如何实现弯道超车 [N]. 学习时报，2017-10-11（A7）.

[5] 陆峰 . 我国网络空间面临的风险和挑战 [N]. 学习时报，2017-11-01（A7）.

[6] 陆峰 . 全球互联网发展九大趋势 [N]. 学习时报，2017-12-20（A5）.

[7] 陆峰 . 大数据发展推动数字中国建设 [N]. 学习时报，2018-01-10（A5）.

[8] 陆峰 . 网络强国时代领导干部要注重提高四种能力 [N]. 学习时报，2018-05-02（A6）.

[9] 陆峰 . 工业互联网：制造业转型升级的新引擎 [N]. 学习时报，2018-05-23（A6）.

[10] 陆峰 . 大数据时代亟待加强网络平台算法治理 [N]. 学习时报，2018-07-18（A6）.

[11] 陆峰 . 构建网络综合治理新格局 [N]. 学习时报，2018-08-08（A6）.

[12] 陆峰 . 加快构建国家数据治理体系 [N]. 学习时报，2018-09-26（A6）.

[13] 陆峰 . 抓住新一代人工智能发展的重大战略机遇 [N]. 学习时报，2018-11-14（A6）.

[14] 陆峰 . 加快数字政府建设的七大思维 [N]. 学习时报，2019-01-18（A3）.

[15] 陆峰 . 加快数字中国建设的八大要点 [N]. 学习时报，2019-02-22（A3）.

[16] 陆峰 . 加快科技安全预警监测体系建设 [N]. 学习时报，2019-03-20（A6）.

[17] 陆峰 . 大数据健康发展需要新机制护航 [N]. 学习时报，2019-04-12（A3）.

[18] 陆峰 . "互联网 +" 时代亟须加快政府监管创新 [N]. 学习时报，2019-04-17（A6）.

[19] 陆峰 . 准确把握工业互联网发展推进路径 [N]. 学习时报，2019-08-09（A8）.

[20]　陆峰 . 积极谋划我国数字货币发展 [N]. 学习时报，2019-08-16（A3）.

[21]　陆峰 . 找准信息保护与开发利用的平衡点 [N]. 学习时报，2019-09-20（A3）.

[22]　陆峰 . 推动在线政务发展的五条建议 [N]. 学习时报，2019-10-23（A7）.

[23]　陆峰 . 构建适应数字时代的治理新机制 [N]. 学习时报，2019-11-01（A3）.

[24]　陆峰，司晓 . 加快实施产业互联网国家战略 [N]. 学习时报，2019-11-13（A7）.

[25]　陆峰 . 构建智慧城市高质量发展运行机制 [N]. 学习时报，2019-11-29（A3）.

[26]　陆峰 . 数字科技推动新旧动能转换 [N]. 学习时报，2020-03-13（A3）.

[27]　陆峰 . 企业数字化转型的八个关键点 [N]. 学习时报，2020-04-03（A3）.

[28]　陆峰 . 中国信息化发展八大趋势 [N]. 学习时报，2020-04-08（A6）.

[29]　陆峰 . 全面系统推进国家网络空间治理 [N]. 学习时报，2020-05-22（A3）.

[30]　陆峰 . 发挥数据生产要素的创新引擎作用 [N]. 学习时报，2020-06-12（A3）.

[31]　陆峰 . 5G 是否意味着 WiFi 的终结 [N]. 学习时报，2021-01-22（A3）.

[32]　陆峰 . 培育打造企业数字竞争力 [N]. 学习时报，2021-08-20（A3）.

[33]　陆峰 . 加快数字政府建设的七大要点 [N]. 光明日报，2018-04-26（15）.

[34]　陆峰 . 加强数据治理 护航数字经济 [N]. 光明日报，2018-11-22（15）.

[35]　陆峰 . 发挥好互联网支持双创作用 [N]. 经济日报，2019-07-12（9）.

[36]　陆峰 . 互联网培育经济发展新动能 [N]. 中国经济时报，2016-11-08（A5）.

[37]　陆峰 . 发展数字经济　构建现代化经济体系 [N]. 中国经济时报，2018-04-02（A5）.

[38]　陆峰 . 大数据"杀熟"呼唤行业深度治理 [N]. 中国经济时报，2018-04-24（A4）.

[39]　陆峰 . 从 Uber 案裁决看我国数字经济新业态监管治理 [N]. 中国经济时报，2018-06-21（A5）.

[40]　陆峰 . 以"互联网 +"助推乡村振兴 [N]. 中国经济时报，2018-12-25（A5）.

[41]　陆峰 . 关于元宇宙发展的几点认识和思考 [EB/OL].（2021-11-23）[2022-03-27].

[42]　陆峰 . 大数据促进我国经济社会创新发展 [EB/OL].（2016-12-28）[2022-03-27].

[43]　陆峰 . 业态创新层出不穷　大数据红利加快释放 [N]. 中国电子报，2017-08-22（6）.

[44]　陆峰 . 人工智能：塑造国家竞争新优势 [N]. 中国电子报，2017-09-26（7）.

[45]　陆峰 . 实施 LTE 网络端到端 IPv6 改造，开启网络强国建设新篇章 [N]. 中国电子报，2018-05-08（3）.

[46]　陆峰 . 释放网络发展红利，培育经济发展新动能 [N]. 中国电子报，2018-05-29（3）.

[47]　陆峰 . 补齐物联网发展短板，夯实数字中国建设基石 [N]. 中国电子报，2018-07-17（4）.

[48]　陆峰 . 打造自主可控的物联网产业链 [EB/OL].（2019-05-26）[2022-03-27].

[49]　陆峰 . 互联网新经济与实体经济共振发展 [J]. 互联网经济，2017（3）：34-37.

[50]　陆峰 . 互联网公司承担社会责任现状 [J]. 互联网经济，2017（8）：34-39.

[51]　陆峰.大数据时代,突破个人隐私保护困境 [J].互联网经济,2018(4):34-39.

[52]　陆峰.互联网点亮智慧生活 [J].互联网经济,2016(4):34-37.

[53]　陆峰,司晓,闫德利,等.数字经济开启中国经济发展新方位 [J].互联网天地,2017(5):8-11.

[54]　陆峰.特朗普《国家网络战略》的中国对策 [J].互联网天地,2018(10):9-13.

[55]　陆峰.以互信和共治推进数字世界持续发展 [J].互联网天地,2018(12):28-30.

[56]　陆峰.扎实推进人工智能和制造业融合发展 [J].新经济导刊,2018(9):25-27.

[57]　陆峰.加快推动 5G 发展,释放强大溢出效应 [J].新经济导刊,2019(2):28-30.

[58]　陆峰.做数字化转型主力军 [J].瞭望,2022(6):36-37.

[59]　陆峰.制造业数字化转型推进路径及方式 [J].中国工业和信息化,2022(1):12-16.

[60]　陆峰.推动工业软件突围的路径和方式 [J].中国工业和信息化,2022(2):60-64.

[61]　陆峰.新型智慧城市建设思路和机制研究 [J].中国工业和信息化,2022(5):12-16.